LE DÉBUT D'UN TEMPS NOUVEAU

PREMIER RAPPORT EN VUE D'UNE STRATÉGIE DE REVITALISATION DES LANGUES ET DES CULTURES DES PREMIÈRES NATIONS, DES INUITS ET DES MÉTIS

Rapport présenté à la ministre du Patrimoine canadien par le
Groupe de travail sur les langues et les cultures autochtones
Juin 2005

On peut demander des exemplaires du présent rapport par voie électronique à : www.aboriginallanguagestaskforce.ca
ou par courriel à : Direction des langues autochtones
Direction générale des affaires autochtones
Ministère du Patrimoine canadien
12, rue York, 3e étage Est, local 12-3-A
Ottawa (Ontario) K1A 0M5

Couverture : Heather Nottaway
Sonny Thomas
Photographies : Cattroll Photo Associates, www.cattroll.com

Le Groupe de travail tient à remercier les Aînés, les membres des collectivités et les membres du Cercle d'experts qui ont participé aux consultations ainsi que les personnes et les organismes qui ont présenté des mémoires. Les conclusions et les recommandations intégrées au présent premier rapport reflètent leur contribution.

ISBN 0-662-69121-0
N° de catalogue CH4-96/2005

N'hésitez pas à nous faire parvenir vos commentaires :
Site Web : www.aboriginallanguagestaskforce.ca
Numéro sans frais : 1 866 353-3178
Courriel : info@aboriginallanguagestaskforce.ca

À l'honorable Liza Frulla
Ministre du Patrimoine canadien

C'est avec plaisir que nous vous transmettons, au nom du Groupe de travail sur les langues et les cultures autochtones, le rapport intitulé **Le début d'un temps nouveau – Premier rapport en vue d'une stratégie de revitalisation des langues et des cultures des Premières nations, des Inuits et des Métis.**

Nous désirons sincèrement que ce rapport soit considéré comme une étape importante dans le processus de renouvellement des relations avec les Premières nations, les Inuits et les Métis, et qu'il nous aidera à retrouver notre fierté et notre estime envers nous-mêmes ainsi qu'à redonner espoir aux jeunes pour les générations à venir.

Respectueusement soumis,

Ron Ignace
Président

Mary Jane Jim
Coprésidente

Le 28 juin 2005
Winnipeg, Canada

Membres du Groupe de travail sur les langues et les cultures autochtones

À l'arrière, de gauche à droite : Alexina Kublu, Rosemarie McPherson, Helen Klengenberg, Linda Pelly-Landrie, Amos Key Jr.

À l'avant, de gauche à droite : Frank Parnell, Ruth Norton, Ron Ignace, Mary Jane Jim, Bruce Flamont

Le début d'un temps nouveau – Premier rapport en vue d'une stratégie de revitalisation des langues et des cultures des Premières nations, des Inuits et des Métis

Résumé

Nos principes directeurs

Les membres du Groupe de travail se sont fondés sur les valeurs et les principes que leur ont montrés les Aînés. Leur travail est inspiré de la vision selon laquelle les langues des Premières nations, des Inuits et des Métis sont un don du Créateur et qu'elles incarnent des valeurs et des convictions spirituelles uniques et irremplaçables permettant à ceux qui les parlent d'entretenir des liens avec leurs ancêtres et de participer à des cérémonies sacrées. Selon cette vision, les membres de la génération actuelle doivent recommencer à parler ces langues sacrées et vivantes et à les transmettre à leurs descendants, de façon que la septième génération et les générations suivantes les maîtrisent. Selon cette vision, le renouvellement de la langue est l'expression de l'autonomie nationale des Premières nations, des Inuits et des Métis au sein d'un pays qui, dans une approche holistique, a reconnu dans ses lois que leurs langues étaient les premières langues du Canada. Selon cette vision, le Canada doit fournir un soutien administratif constant aux langues des Premières nations, des Inuits et des Métis, et les Canadiens de toutes origines doivent reconnaître, partager et soutenir ces principes et ces valeurs.

Partie I — Introduction au rapport du Groupe de travail

Les membres du Groupe de travail reconnaissent que le présent rapport n'est qu'un début et qu'il jette les bases d'un travail communautaire de longue haleine, qui n'est pas encore commencé. La langue et la culture sont les fondements nationaux des Premières nations, des Inuits et des Métis, et les membres du Groupe de travail n'ont nullement l'intention de porter atteinte aux droits des Autochtones ou aux droits conférés par traité en vertu de l'article 35 de la *Loi constitutionnelle de 1982*. Nous n'utilisons pas l'expression « Autochtone », qui occulte les distinctions entre les Premières nations, les Inuits et les Métis et ne tient pas compte des différentes relations de gouvernement à gouvernement que ces peuples ont entretenues et entretiennent toujours entre eux et avec le Canada.

Partie II — Le Groupe de travail sur les langues et les cultures autochtones

Composition

La ministre du Patrimoine canadien a annoncé, en décembre 2002, que le Canada avait l'intention de créer un centre destiné à la préservation, à la revitalisation et à la promotion des langues et des cultures autochtones qui serait assorti d'un budget de 160 millions de dollars sur dix ans. Pour conseiller la Ministre, on a créé, en décembre 2003, un groupe de travail dont les dix membres – Bruce Flamont, Ron Ignace, Mary Jane Jim, Amos Key Jr., Helen Klengenberg, Alexina Kublu, Rosemarie McPherson, Ruth Norton, Frank Parnell et Linda Pelly-Landrie – ont été nommés à l'unanimité par les partenaires, soit l'Assemblée des Premières nations, l'organisme Inuit Tapiriit Kanatami et le Ralliement national des Métis, en collaboration étroite avec le gouvernement du Canada. Pour soutenir le Groupe de travail, on a aussi créé un Cercle d'experts formé de leaders, d'enseignants et de travailleurs communautaires, venus de toutes les régions du pays, qui possédaient une expérience et des connaissances en matière linguistique et culturelle.

Mandat et attributions

Au moment de leur nomination, les membres du Groupe de travail ont reçu le mandat d'élaborer une stratégie nationale visant à préserver, revitaliser et mettre en valeur les langues et les cultures des Premières nations, des Inuits et des Métis. On a précisé par la suite leurs attributions en leur demandant de fournir des conseils sur la structure et les fonctions du centre linguistique et culturel proposé et de présenter un rapport à la Ministre.

Comment nos Aînés ont orienté les tâches du Groupe de travail

Les membres du Groupe de travail viennent des collectivités des Premières nations, des Inuits et des Métis de partout au Canada, mais ils sont tous du même avis :

la langue et la culture sont conservées et transmises à l'échelle de la famille et de la collectivité, sanctifiées par les cérémonies et les pratiques spirituelles et symbolisées par la présence inspirante des Aînés. Le 14 mai 2004, avant le début des consultations, les membres du Groupe de travail ont rencontré les Aînés, afin de leur demander aide et bénédiction. À partir de ce moment, toutes leurs activités ont été imprégnées de respect à l'égard du caractère sérieux et sacré de la tâche à accomplir.

Démarche et activités

Des facteurs administratifs et des motifs politiques indépendants de la volonté du Groupe de travail, y compris un délai serré, expliquent qu'il n'a pas été possible de respecter tous les éléments du mandat. Les membres du Groupe de travail ont néanmoins réussi à obtenir le soutien des Aînés, à réaliser un examen documentaire et à mener des recherches, à organiser 16 groupes de discussion communautaires à l'échelle du Canada, à consulter les organismes nationaux des Premières nations, des Inuits et des Métis, à préparer des protocoles et des lignes directrices pour les recherches, à évaluer et à analyser les résultats des consultations et les autres données réunies et, enfin, à rédiger le présent premier rapport.

Partie III — Nos langues et nos cultures : pierre angulaire de nos philosophies

Nos langues : nos valeurs sociales et spirituelles

La philosophie et la culture d'un peuple sont enchâssées dans sa langue qui leur permet de s'exprimer. La langue et la culture sont la clé de l'identité collective et de l'esprit national des Premières nations, des Inuits et des Métis. Leurs langues se sont créées ici, et elles sont structurées différemment des langues nées ailleurs, parce qu'elles sont fondées sur les relations.

Nos langues : notre connexion avec la terre

L'une des plus importantes relations qu'expriment les langues des Premières nations, des Inuits et des Métis est la relation avec la terre. « La terre » ne se limite pas au paysage physique, mais englobe les êtres vivants, les plantes ainsi que les relations historiques et spirituelles qui unissent un peuple à son territoire. Les langues des Premières nations, des Inuits et des Métis montrent que les humains ne sont pas séparés de la terre. Ils ont la responsabilité de la protéger et de conserver toutes les connaissances sacrées et traditionnelles qui la concernent.

Le passé : cultures différentes, points de vue différents

Parmi les nombreuses différences entre les traditions culturelles des Premières nations, des Inuits et des Métis, et celles des autres Canadiens, la plus marquée est la tradition orale. La tradition orale est le privilège des Aînés et des autres personnes qui ont hérité la responsabilité sacrée de transmettre des histoires reflétant la relation qui lie les personnes avec les lieux et les événements qui les définissent. Les langues des Premières nations ont été les langues officielles des traités historiques et, aujourd'hui, on se fonde sur la tradition orale pour les interpréter.

Nos langues et nos cultures : notre nation

Les Premières nations, les Inuits et les Métis forment des nations, selon la définition première de cette expression, puisque ce sont des groupes de personnes liées par une langue, une culture et une origine ethnique communes et par le désir collectif de conserver leur caractère distinctif. Au moment de la Confédération, le Canada n'a pas tenu compte de cette définition, et ses politiques d'assimilation subséquentes ont contribué au déclin de la langue. Les pratiques, les traditions et les coutumes indissociables des langues des Premières nations, des Inuits et des Métis sont le fondement des droits autochtones et des droits issus de traités enchâssés dans la Constitution.

Nos langues : notre responsabilité, le devoir du Canada

Même si le déclin de la langue est dû en partie à des tendances observées à l'échelle internationale, il est aussi lié, il ne faut pas se le cacher, aux mesures d'assimilation prises par le Canada dans le passé, notamment le système des pensionnats. Le Canada a manqué à son devoir de protection des langues et des cultures des Premières nations, des Inuits et des Métis, et c'est pourquoi il doit maintenant fournir les ressources nécessaires à leur rétablissement. Cette responsabilité incombe à tous les ministères fédéraux. Cependant, les membres des Premières nations, les Inuits et les Métis doivent aussi jouer un rôle : ils sont en effet les premiers et les plus importants enseignants de leurs langues et de leurs cultures.

Partie IV — Les langues des Premières nations, des Inuits et des Métis : situation actuelle

Nos langues : la diversité de nos peuples

Une stratégie nationale de revitalisation linguistique et culturelle doit tenir compte de la diversité des Premières nations, des Inuits et des Métis, ainsi que de la vitalité actuelle de leurs langues. On ne sait pas exactement combien il existe de langues et de dialectes, mais on sait que 61 langues différentes sont parlées aujourd'hui. Les Premières nations en parlent 59. Les Inuits parlent différents dialectes de l'inuktitut, et les Métis parlent michif et certaines langues des Premières nations.

Situation des langues des Premières nations, des Inuits et des Métis

Il existe quelques études qui évaluent la vitalité d'une langue, à l'échelle de la collectivité, en dénombrant le nombre de locuteurs compétents et le taux de transmission de génération en génération; cependant, en raison de leur nature préliminaire et incomplète, les membres du Groupe de travail les ont interprétées avec circonspection. Quoi qu'il en soit, ces études montrent que les langues des Premières nations, des Inuits et des Métis ne présentent pas toutes la même vitalité; certaines sont florissantes, mais d'autres sont en voie de disparition. Il arrive même qu'une langue parlée par un grand nombre soit florissante dans une région ou une collectivité, et menacée dans d'autres.

Utilisation de la langue à la maison

Les membres du Groupe de travail ont examiné avec attention les données d'autres sources préliminaires et incomplètes ainsi que celles du Recensement, de l'Enquête auprès des peuples autochtones et de l'évaluation linguistique des Premières nations réalisée en Colombie-Britannique. De ces sources, on a extrait de l'information sur les personnes qui parlent leur langue maternelle, l'âge des personnes qui connaissent une langue autochtone et la langue utilisée à la maison. En tant que langues maternelles, le cri, l'ojibway et l'inuktitut sont viables, selon ces données, mais elles perdent du terrain. En Colombie-Britannique, on observe un déclin marqué de la transmission des langues des Premières nations de génération en génération.

Les langues des Premières nations, des Inuits et des Métis en milieu urbain

Une analyse des données du Recensement révèle que l'utilisation de leur langue est beaucoup moins forte chez les membres des Premières nations qui résident à l'extérieur d'une réserve, et que le michif est sérieusement menacé. On doit conclure que, puisque les membres des Premières nations, les Inuits et les Métis qui vivent dans une ville n'ont pas tendance à utiliser leur langue à la maison, la transmission de génération à génération est extrêmement difficile.

Résumé de la situation des langues

Les études et les enquêtes permettent de brosser un tableau multidimensionnel des langues des Premières nations, des Inuits et des Métis. Dans certains cas, la langue n'est parlée que par une poignée d'Aînés, dans d'autres, par des dizaines de milliers de personnes. Les grands groupes linguistiques comme le cri, l'ojibway et l'inuktitut sont viables, puisqu'ils comptent au moins 25 000 locuteurs, jeunes ou vieux. Toutefois, toutes les langues, y compris celles que l'on juge viables, perdent du terrain et sont en déclin.

Partie V — Appels à l'action

Appel lancé par l'Assemblée des Premières nations

Les Premières nations font pression depuis 1972 afin d'obtenir que le gouvernement fédéral soutienne leurs langues. En 1998, l'Assemblée des Premières nations a déclaré l'état d'urgence en ce qui concerne les langues et a demandé au Canada de reconnaître les langues des Premières nations et de les soutenir financièrement. En 2000, l'Assemblée des Premières nations a proposé une « politique sur les langues des Premières nations du Canada », selon laquelle le Canada reconnaîtrait que les langues des Premières nations sont les premières langues du pays et il aiderait les Premières nations à protéger, à utiliser et à mettre en valeur leurs langues, ainsi qu'à mettre sur pied des programmes et des services linguistiques relevant de leur compétence.

La Commission royale sur les peuples autochtones

La Commission royale sur les peuples autochtones considère que la revitalisation des langues est la clé du renouvellement des relations que le Canada entretient avec les Premières nations, les Inuits et les Métis. Elle a fait remarquer que le pouvoir de définir les priorités, d'élaborer des politiques ou d'adopter des lois en matière linguistique est, selon la Constitution, un des pouvoirs fondamentaux d'un gouvernement autochtone autonome. Bien qu'on doive cesser d'axer les mesures de conservation ou de revitalisation de la langue sur les établissements officiels et viser les collectivités, les familles et les réseaux sociaux, la Commission a exhorté le Canada à collaborer avec les Premières nations, les Inuits et les Métis afin de créer une fondation linguistique autochtone nationale pour soutenir toutes ces mesures.

Appels à l'action récents des organismes politiques nationaux

Les membres du Groupe de travail ont consulté directement les organismes nationaux des Premières nations, des Inuits et des Métis. L'Assemblée des Premières nations préférerait que la fondation linguistique vise les langues des Premières nations exclusivement. Le Ralliement national des Métis préférerait que le financement des programmes linguistiques passe par le bureau de l'Interlocuteur fédéral, qui le distribuerait à ses membres provinciaux. L'Inuit Tapiriit Kanatami n'a pas de préférence, mais se réserve le droit de participer à l'échelle nationale et de consacrer sa part du financement aux programmes répondant explicitement aux besoins prioritaires des Inuits.

Partie VI — Ce qu'on nous a dit pendant les consultations

Ce que nos Aînés ont dit

Situation actuelle

Bon nombre des aînés qui se sont exprimés pendant les consultations attribuent la perte de leurs langues et de leurs cultures à leur passage dans les pensionnats. Ils disent que les Premières nations, les Inuits et les Métis sont arrivés à un carrefour, par rapport à leurs langues et à leurs cultures ; ils doivent faire des choix, prendre des mesures et faire participer les Aînés. Ils ont mis l'accent sur les centres urbains et sur les jeunes en demandant du financement et des mécanismes de soutien afin d'aider les jeunes à apprendre leurs langues et leurs cultures traditionnelles et à en être fiers.

Éthique et valeurs

Les Aînés ont souligné que la langue, la culture, les valeurs spirituelles et le sentiment d'identité des Premières nations, des Inuits et des Métis étaient des concepts inséparables. Même si des enregistrements ou des documents écrits constituent des ressources supplémentaires utiles, il faut que la langue reste vivante : pour cela, elle doit être utilisée tous les jours. L'enseignement des langues doit prendre en compte l'importance des valeurs que ces langues véhiculent.

Pratiques personnelles

Les Aînés ont demandé aux membres des Premières nations, aux Inuits et aux Métis de respecter les principes suivants :

- Ne pas oublier nos langues.
- Parler et écrire nos langues.
- Enseigner et apprendre nos langues.
- Respecter les autres dialectes et ne pas tourner en ridicule la façon dont d'autres parlent.
- Mettre l'accent sur les jeunes.
- Agir d'abord à la maison pour soutenir la volonté de faire revivre nos langues.
- Travailler ensemble pour préparer le terrain pour nos peuples.
- Unir nos voix.

Établissements d'enseignement et gouvernements

Les Aînés ont lancé un appel pressant aux établissements d'enseignement en leur demandant de s'attacher aux éléments suivants :

- programmes de formation, y compris des écoles bilingues et d'immersion, des camps culturels et des programmes d'enseignement de la langue en milieu urbain;
- contrôle des cours de langue par les Premières nations, les Inuits et les Métis, de façon que l'apprentissage de la langue soit obligatoire, que l'on augmente le temps d'enseignement de la langue et que l'on offre des cours et des programmes, y compris au niveau supérieur, sur les langues et les cultures des Premières nations, des Inuits et des Métis;
- élaboration de ressources pédagogiques, y compris des programmes, des livres, du matériel promotionnel ou du matériel d'appoint et des technologies, la réalisation de recherches afin de répondre aux besoins de professions comme la médecine, le droit ou le génie;
- activités visant à encourager les jeunes à assumer la responsabilité de la préservation de la langue;
- élaboration d'autres ressources de formation, par exemple des programmes de mentorat en langue, des programmes de formation de professeurs de langues et la reconnaissance officielle de la capacité des Aînés d'enseigner la langue, y compris la reconnaissance de leur capacité professionnelle.

On a aussi pressé les gouvernements de :

- reconnaître la valeur des langues et des cultures traditionnelles en les enchâssant dans la Constitution;
- mettre en place une infrastructure visant à préserver et à soutenir les langues (p. ex., un plan stratégique, des normes s'appliquant aux programmes linguistiques et culturels, des directives sur le financement direct des collectivités, des lignes directrices sur la sensibilisation culturelle à l'intention des chercheurs et des agents de programme, la protection des connaissances traditionnelles, des centres linguistiques et culturels communautaires régis par des conseils d'Aînés et des membres de la collectivité, des lois sur les langues des Premières nations selon lesquelles les chefs ainsi que les membres et les employés des conseils doivent connaître leurs langues traditionnelles et la normalisation des langues écrites);
- favoriser la mise en valeur des ressources, y compris des modes de vie qui favorisent la rétention de la langue, en soutenant financièrement :
  - l'élaboration et la distribution de ressources pour l'enseignement, de technologies et de documents de recherche;
  - des recherches sur les langues, les cultures et les connaissances traditionnelles;
  - les Premières nations, les Inuits et les Métis qui

choisissent d'adopter un mode de vie traditionnel ainsi que tous les projets visant à enseigner aux jeunes les compétences nécessaires pour vivre de manière traditionnelle ou de la terre.

Ce que le peuple a dit

Le rôle des langues des Premières nations, des Inuits et des Métis

En 2004, 16 consultations ont été organisées dans diverses collectivités du Canada, dans le cadre desquelles de nombreuses personnes ont affirmé que la capacité de parler sa propre langue aidait une personne à comprendre qui elle est par rapport à elle-même, à sa famille, à sa collectivité et à la Création. On y a fait état des liens entre la langue et la spiritualité d'une personne et du fait qu' accorder de l'importance à la langue, à la spiritualité et aux cérémonies permettait à une personne d'avoir une meilleure estime de soi, au peuple de se familiariser avec sa culture et à la collectivité d'entamer un processus de guérison. On a déploré la disparition de la langue et de la culture, surtout au regard des jeunes à la dérive entre leur culture et la culture dominante de la société canadienne, et souligné que la revitalisation de la langue et de la culture était une façon de panser ses blessures et de reprendre contact avec la terre. La perte de la langue a été attribuée aux politiques d'assimilation adoptées par le Canada, principalement le système des pensionnats, ainsi qu'au laisser-aller des personnes, des institutions et du gouvernement.

Statut des langues des Premières nations, des Inuits et des Métis

De nombreux participants ont proposé des mesures de revitalisation de la langue, y compris en demandant qu'une loi fédérale accorde aux langues des Premières nations, des Inuits et des Métis la même reconnaissance et le même droit au respect qu'aux langues française et anglaise. Ils ont aussi préconisé qu'on leur accorde le même soutien financier qu'aux langues officielles et qu'on adopte d'autres lois visant à protéger les connaissances traditionnelles de façon à ce que les Premières nations, les Inuits et les Métis puissent prendre en main les mesures de revitalisation de leurs langues et de leurs cultures et en recueillir les fruits.

Nécessité d'une stratégie de revitalisation dirigée par la collectivité

Les participants se sont entendus pour dire qu'il fallait adopter une stratégie de revitalisation qui serait dirigée par la collectivité, que les collectivités devaient s'engager à définir des priorités et à élaborer et mettre en œuvre des plans visant tous les groupes d'âge. Il faut prendre des mesures immédiates afin de mettre un terme à la disparition de la langue. La stratégie devra s'étendre sur un siècle afin de réparer les torts causés par de nombreuses décennies de négligence; elle devra cependant s'attacher en particulier aux langues les plus menacées.

Rôles et priorités d'une organisation linguistique nationale

Les participants ont proposé qu'une organisation linguistique nationale joue les rôles clés suivants :

- coordonner les activités de recherche et la planification d'une stratégie linguistique à long terme;
- augmenter la sensibilisation en ce qui concerne l'importance des langues des Premières nations, des Inuits et des Métis;
- conclure des partenariats avec l'industrie, les gouvernements et les peuples autochtones des autres régions du monde;
- distribuer les fonds aux collectivités.

Les participants se sont entendus pour dire que l'organisation devait être simple et que son infrastructure la plus légère possible. Ils désirent aussi que la prise de décisions se fasse à l'échelle régionale, que les collectivités qui ne comptent plus que de rares locuteurs compétents reçoivent un financement immédiat et que l'ensemble des collectivités reçoivent un financement pour mener des recherches à l'échelle de la collectivité et planifier des programmes linguistiques à long terme. De l'avis de tous, l'enseignement de la langue et de la culture doit être l'objectif principal du programme; de nombreux participants ont en outre recommandé que l'organisation coordonne un ou plusieurs centres d'échange de façon à favoriser l'échange de ressources et de résultats des recherches sur les pratiques exemplaires.

Partie VII — Protéger et promouvoir nos langues

Protéger et promouvoir les langues à l'échelle nationale

Les langues autochtones sont en voie de disparition partout dans le monde, y compris au Canada. Peu importe le nombre de leurs locuteurs, toutes les langues des Premières nations, des Inuits et des Métis sont dans la même situation. De nombreux facteurs justifient que l'on prenne tous les moyens nécessaires pour assurer leur survie.

Premièrement, ce sont les premières langues qui ont été parlées au Canada, des milliers d'années avant le français et l'anglais. Elles sont l'assise de l'esprit national des Premières nations, des Inuits et des Métis, sont reconnues par des traités et enchâssées dans l'article 35 de la *Loi constitutionnelle de 1982*. Il existe un lien très étroit entre les personnes qui parlent ces langues et le territoire canadien; le Groupe de travail recommande le rétablissement du lien physique qui unit les Premières nations, les Inuits et les Métis à leur territoire. Il recommande aussi que l'on renforce ce lien dans le cadre d'ententes de gouvernement à gouvernement de cogestion ou de modes de gestion semblables (Recommandation 1).

De plus, les langues des Premières nations, des Inuits et des Métis contiennent une mine de connaissances traditionnelles pouvant être utiles au Canada et au reste du monde. En tant que signataire de la *Convention sur la diversité biologique* des Nations Unies, le Canada a le devoir de préserver les connaissances traditionnelles. Les nouvelles lois canadiennes ou internationales sur les connaissances traditionnelles soutiennent la recommandation du Groupe de travail, selon laquelle le Canada doit collaborer avec les Premières nations, les Inuits et les Métis à l'élaboration de mesures plus efficaces visant à protéger les connaissances traditionnelles et à en partager les fruits (Recommandation 2).

Le Canada est toujours en train de se construire; c'est une autre raison pour laquelle il faut s'efforcer de sauvegarder ces langues. Le Canada a reconnu qu'en ce qui concerne les Premières nations, les Inuits et les Métis, sa Constitution n'était pas encore claire. Il a aussi formellement reconnu avoir, dans le passé, tenté de supprimer leurs langues et leurs cultures. Dans ce contexte, le financement national visant le français ou l'anglais, d'une part, les langues des Premières nations, des Inuits et des Métis, d'autre part, offre un contraste encore plus frappant.

Planification du statut des langues des Premières nations, des Inuits et des Métis

L'expérience internationale démontre que les programmes réussis de revitalisation de la langue exigent un partenariat entre le gouvernement et les collectivités dont la langue est en péril. Ils exigent aussi l'adoption de mesures gouvernementales – par exemple, accorder à une langue minoritaire le statut de langue officielle – afin de contrer la perception selon laquelle les langues moins parlées sont des langues inférieures.

Les langues autochtones, des langues officielles

On est en train d'étudier des lois qui accorderaient le statut de langue officielle à plusieurs langues autochtones parlées dans les Territoires du Nord-Ouest et au Nunavut. Le Groupe de travail a fait observer que, sans un financement suffisant des programmes et des services pertinents, le statut de langue officielle protège bien mal les langues en péril. Il a aussi souligné l'écart entre le financement du français, dans ces territoires, et celui qui vise les langues des Premières nations, des Inuits et des Métis.

Aménagement linguistique à l'échelle internationale

L'expérience de l'Irlande et de la Nouvelle-Zélande montre bien que, sans le soutien populaire, le statut de langue officielle ne favorise pas vraiment la revitalisation de la langue. Il faut pouvoir compter sur le soutien et l'engagement de la communauté linguistique elle-même, sur une infrastructure appropriée et sur un financement adéquat. Le Groupe de travail recommande qu'une loi fédérale reconnaisse les langues des Premières nations, des Inuits et des Métis afin d'en promouvoir l'utilisation et de les protéger (Recommandation 3) et que le gouvernement fédéral verse un financement au moins égal à celui versé pour le français et l'anglais (Recommendations 4 et 5).

Le statut de la langue et la personne

L'expérience internationale confirme que le statut d'une langue influe sur la volonté d'une personne de l'utiliser et de la soutenir. Les politiques passées visant à priver de leur langue et de leur identité les milliers d'enfants qui ont été placés dans des pensionnats ont en effet provoqué chez beaucoup d'entre eux une rupture avec leur peuple et les ont amenés à considérer leurs langues comme inférieures.

L'examen de la critique formulée récemment par l'Assemblée des Premières nations à l'endroit de l'organisme Résolution des questions des pensionnats indiens met en relief les souffrances psychologiques subies par les victimes de ces pensionnats, qui les ont empêchées de transmettre leurs langues et leurs cultures. Le processus actuel de règlement hors cour proposé par le gouvernement fédéral ne permet aucunement de réparer les torts subis, même s'il résulte de mesures équivalant à un non-respect des obligations fiduciaires du gouvernement fédéral. Le Groupe de travail soutient la recommandation de l'Assemblée des Premières nations et va plus loin en demandant que l'on accorde une indemnisation à toute personne qui a fréquenté ces pensionnats : ce serait ouvrir la voie à la reconnaissance, pour toutes ces personnes, de la valeur des langues des Premières nations, des Inuits et des Métis (Recommandation 6).

Aménagement linguistique dans les collectivités des Premières nations, des Inuits et des Métis

Les participants aux consultations ont demandé du financement visant leurs priorités communautaires; et les données internationales montrent que la participation de la base est la clé de la revitalisation des langues. Pour ces raisons, le Groupe de travail recommande l'adoption d'une stratégie linguistique nationale à long terme, planifée par les collectivités, visant la langue et soutenue par les organismes régionaux et nationaux des Premières nations, des Inuits et des Métis (Recommandation 7).

Puisqu'il faudra des données exactes et à jour pour étayer une stratégie nationale à long terme, le Groupe de travail recommande que l'organisation linguistique nationale coordonne une enquête sur la situation linguistique menée par les collectivités, et que le gouvernement du Canada finance cette enquête au-delà du niveau actuel de ses engagements financiers visant la langue et la culture (Recommandation 8).

L'expérience internationale montrant qu'il est possible de revitaliser des langues en péril ou disparues, le Groupe de travail recommande que le Canada fournisse un financement supplémentaire afin de soutenir les langues des Premières nations, des Inuits et des Métis les plus menacées de disparition (Recommandation 9) de manière à permettre la mise en œuvre immédiate de projets supplémentaires de revitalisation linguistique, par exemple la documentation et l'archivage.

Enseignement de la langue

Nécessité d'un enseignement adapté à la culture

À l'occasion de la Table ronde sur l'apprentissage continu, le Canada s'est rallié à l'opinion du Groupe de travail, selon laquelle l'enseignement de la langue peut jouer un rôle central dans la revitalisation de la langue.

1. Programmes d'immersion linguistique
   On est en train d'explorer les avantages du bilinguisme sur les plans de l'apprentissage et de la vie sociale, y compris les retombées positives observées à la suite des programmes d'immersion linguistique des Premières nations et des Inuits. On met aussi en relief l'inégalité du financement des programmes fédéraux d'immersion en langue française et des programmes des Premières nations, des Inuits et des Métis. Le Groupe de travail recommande que le Canada fournisse un financement équivalent au programme d'immersion linguistique des Premières nations, des Inuits et des Métis (Recommandation 10) et qu'il finance des programmes d'immersion linguistique de cinq semaines à l'intention des jeunes des Premières nations, des Inuits et des Métis, tout comme il finance les programmes d'immersion anglaise ou française offerts aux jeunes (Recommandation 11).

2. Programmes de langue seconde
   L'expérience de l'Europe montre que la maîtrise d'une langue seconde exige un niveau élevé de ressources de programme et de formation des professeurs et suppose qu'il soit possible d'utiliser cette langue à l'extérieur de la salle de classe. De nombreuses écoles des Premières nations, financées par le ministère des Affaires indiennes et du Nord canadien, offrent des programmes de langue seconde visant une langue des Premières nations, mais elles n'ont pas les ressources financières ou les autres ressources (des mécanismes de soutien régionaux, par exemple) grâce auxquelles les étudiants pourraient, au bout du compte, parler couramment cette langue. Selon une étude menée par une Première nation, il y aurait lieu de créer un fonds de dotation fédéral afin de réaliser cet objectif. Le Groupe de travail est d'accord et recommande que le MAINC augmente le montant du financement versé aux écoles des Premières nations pour qu'il atteigne le même niveau de financement que celui accordé par les provinces à leurs écoles (Recommandation 12).

Le rôle de la collectivité dans l'enseignement de la langue

Les personnes qui enseignent une langue affirment que, pour revitaliser une langue en voie de disparition, il faut pouvoir compter sur l'engagement de l'ensemble de la collectivité, particulièrement des parents et des Aînés, de façon à ce que les enfants qui commencent l'école connaissent déjà un peu leur langue et qu'ils aient l'occasion de l'utiliser à l'extérieur de la salle de classe.

Enseignement de la langue dans les établissements correctionnels

Les membres des Premières nations, les Inuits et les Métis qui se trouvent dans un établissement correctionnel fédéral manifestent un intérêt renouvelé pour l'apprentissage de leur propre culture. Cet intérêt a justifié la création de trois programmes adaptés à la culture. Dans les établissements à sécurité maximale, le programme des « unités de cheminement » permet aux Aînés d'offrir un encadrement. Dans les établissements à sécurité minimale, on permet aux détenus de réintégrer graduellement la société en participant à la vie de leur collectivité. Dans les pavillons de ressourcement dirigés par la collectivité, on prodigue les enseignements traditionnels des Premières nations, des Inuits et des Métis et on offre diverses méthodes de guérison. Le Groupe de travail recommande que le gouvernement du Canada fasse un pas de plus et qu'il finance l'enseignement des langues des Premières nations, des Inuits et des Métis dans les établissements correctionnels fédéraux (Recommandation 13).

Formation des professeurs de langues

Pendant les consultations, certains participants ont demandé qu'il y ait plus de professeurs de langue et que ceux-ci soient mieux formés. Le Groupe de travail est d'accord avec cette proposition et recommande que le Canada et les provinces mettent sur pied, en s'inspirant d'autres programmes fédéraux d'apprentissage de la langue à l'intention des jeunes, un programme permettant aux jeunes des Premières nations et des collectivités inuites et métisses qui désirent devenir professeurs d'apprendre leur propre langue et d'obtenir des bourses d'études pour des programmes d'été ou de participer à des programmes d'emploi pertinents (Recommandation 14).

La Commission royale sur les peuples autochtones et les ministres de l'Éducation du Canada ont déjà demandé que l'on forme et que l'on embauche un plus grand nombre de professeurs membres des Premières nations et des collectivités inuites et métisses. Les écoles des Premières nations offrent des salaires et des avantages sociaux inférieurs, et l'on n'a toujours pas examiné le rôle que pourraient jouer les établissements d'enseignement postsecondaire des Premières nations, des Inuits et des Métis au chapitre de la formation. Le Groupe de travail recommande que les organismes des Premières nations, des Inuits et des Métis et le Conseil des ministres de l'Éducation (Canada) fassent le point sur la question de la formation des professeurs et des professeurs de langue et sur le rôle que les établissements d'enseignement postsecondaire des Premières nations, des Inuits et des Métis pourraient jouer (Recommandation 15). Il demande aussi que le ministère des Affaires indiennes et du Nord canadien finance ces établissements de façon à ce qu'ils puissent jouer un rôle plus important (Recommandation 16).

Partie VIII — Une organisation linguistique nationale

Conformément à son mandat et à la lumière des opinions exprimées par les participants aux groupes de discussion et par les organismes nationaux des Premières nations, des Inuits et des Métis, le Groupe de travail recommande la création du Conseil des langues et des cultures (CLC) qui poursuivra le travail qu'il n'a pas été en mesure de mener à terme et qui orientera l'élaboration d'une stratégie linguistique nationale à long terme (Recommandation 17).

Conseil des langues et des cultures

le Groupe de travail a jugé qu'il y avait avantage à tirer profit de la mémoire et de la sagesse collectives de son équipe; c'est pourquoi il a recommandé que ses membres soient nommés membres d'un conseil provisoire, pour un mandat d'un an, afin de parachever le travail qu'il n'a pu réaliser à l'intérieur du délai relativement court de son mandat (Recommandation 18).

Vision, énoncé de mission et principes

Le Groupe de travail a proposé pour le CLC une vision selon laquelle les activités de revitalisation des langues des Premières nations, des Inuits et des Métis, « seront axées sur les enfants, centrées sur les Aînés et dirigées par les collectivités ». Il a aussi formulé un énoncé de mission à l'effet de « soutenir et défendre les mesures de préservation, de maintien et de revitalisation de nos langues et de nos cultures ». Selon le Groupe de travail, le CLC reposerait sur les principes suivants :

- égalité d'accès pour tous les groupes linguistiques et communautaires;
- établissement des priorités par région après consultation des collectivités linguistiques;
- transparence, responsabilité financière et reddition de comptes au gouvernement du Canada et aux gouvernements des Premières nations, des Inuits et des Métis;
- reconnaissance appropriée et rémunération juste des Aînés pour leur expertise et la transmission de leurs connaissances traditionnelles.

Mandat

Le CLC aurait pour mandat de superviser la stratégie linguistique nationale, y compris :

- établir une structure opérationnelle visant l'affectation de fonds aux organismes nationaux des Premières nations, des Inuits et des Métis, le soutien à l'élaboration des politiques et la création de centres de communication et de centres d'échange régionaux;
- poursuivre les travaux du Groupe de travail, notamment en consultant le gouvernement fédéral dans le but de coordonner le plus efficacement possible les politiques et les programmes de soutien aux langues et aux cultures, y compris l'autonomie gouvernementale et la revendication territoriale globale et les ententes linguistiques territoriales;
- consulter les gouvernements provinciaux afin d'encourager la collaboration et de faire avancer une stratégie linguistique intégrée;
- présenter des recommandations à la ministre du Patrimoine canadien et aux autres intervenants en ce qui concerne les programmes, la planification et l'administration, y compris le financement et les critères d'évaluation;
- faire des pressions en vue de la nomination d'un commissaire national aux langues pour contrôler la mise en œuvre de la stratégie linguistique nationale.

Structure

Le CLC devrait être un organisme indépendant et apolitique. Son conseil d'administration devrait être composé de 15 membres représentatifs (six membres des peuples des Premières nations, deux Inuits, deux Métis, un représentant d'un groupe linguistique en voie de disparition, deux Aînés, un jeune, un agent du gouvernment du Canada) dont le mandat de trois ans serait renouvelable par tranches, et d'un président sans droit de vote doté d'un mandat de quatre ans. Les membres devraient avoir de l'expérience dans le domaine de l'aménagement des programmes linguistiques, de l'enseignement des langues, de la gestion d'organismes sans but lucratif, de la gestion financière et de l'administration de programme. Ils devraient aussi bien connaître les structures communautaires et gouvernementales et parler couramment une des langues utilisées par les Premières nations, les Inuits ou les Métis.

Rôles et responsabilités

Les responsabilités et les rôles du CLC seraient les suivants :

- superviser l'élaboration et la mise en œuvre de la stratégie linguistique nationale;
- cerner les nouvelles priorités, y réagir et mettre en œuvre un plan fondé sur les priorités communautaires;
- élaborer et mettre en œuvre un processus visant une bonne répartition des fonds;
- cerner ou établir des liens à l'échelle nationale, provinciale ou territoriale, municipale et locale et cerner des processus gouvernementaux permettant de soutenir la mise en œuvre de la stratégie linguistique nationale;
- faire la promotion des langues en les présentant comme une partie intégrante de l'identité des Canadiens, des Premières nations, des Inuits et des Métis;
- élaborer des cadres de reddition de comptes;
- renseigner le public et les intervenants au sujet de la stratégie;
- concevoir des méthodes d'évaluation efficaces sur plusieurs années et s'entendre avec les régions pour le partage des responsabilités relatives à l'exécution de ces évaluations;
- recueillir les rapports présentés par les organismes participants et présenter un rapport annuel sur les dépenses, les programmes, les services et les résultats;
- élaborer et mettre en œuvre une politique sur les conflits d'intérêts et un code d'éthique.

Reddition de comptes

Puisqu'il n'existe pas de définition claire de la compétence linguistique, il est difficile de mesurer les résultats des mesures prises, et cela peut nuire à l'évaluation. Le CLC devrait établir, de concert avec les collectivités et les régions, un ensemble clair d'objectifs et de résultats ainsi que les mécanismes de contrôle et les mesures d'évaluation. Ce cadre d'évaluation devra respecter les normes de l'entente de financement de l'Initiative des langues autochtones (ILA).

Finances

Services de traduction pour les membres des Premières nations, les Inuits et les Métis qui parlent français

Les évaluations de l'ILA montrent que les services offerts aux francophones sont inadéquats; le Groupe de travail recommande donc d'augmenter le financement fédéral du CLC de façon à pouvoir offrir la gamme complète des services aux membres des Premières nations, aux Inuits et aux Métis qui parlent français (Recommandation 19).

Situation actuelle : Initiative des langues autochtones

L'ILA, créée en 1998 et dotée d'un budget de cinq millions de dollars par an sur quatre ans, avait pour objectif de contrer le déclin des langues des Premières nations, des Inuits et des Métis. Le Groupe de travail a pris connaissance d'une évaluation récente selon laquelle il était urgent de réexaminer le mode de gestion des fonds de cette initiative de façon à garantir que les fonds soient libérés au moment qui convienne le mieux et que la répartition des nouveaux fonds tienne compte des écarts entre les régions.

Période d'intérim : les cinq prochaines années

À partir des résultats des consultations et de leurs propres observations, les membres du Groupe de travail ont conclu qu'il fallait de toute urgence verser la somme de 160 millions de dollars promise en 2002 pour les langues des Premières nations, des Inuits et des Métis; le Groupe de travail recommande en outre que cette somme soit versée sur cinq ans plutôt que sur dix ans (Recommandation 20).

Fonds de dotation

Le Groupe de travail a pesé les avantages et les inconvénients d'un fonds de dotation dont la structure serait celle d'un organisme de bienfaisance ou d'une fondation. Les participants aux consultations n'ont pas été en faveur de la création d'un fonds de dotation, et la plupart préféraient que les fonds destinés à la revitalisation de la langue soient immédiatement accessibles. Le Groupe de travail voudrait que le CLC continue d'étudier la question et de consulter à ce sujet; il croit qu'il y aurait avantage, à long terme, à se doter d'un fonds de ce type, surtout parce que celui-ci permettrait de générer des fonds de sources autres que gouvernementales, et il recommande que le Canada fournisse les fonds nécessaires pour doter ce fonds à perpétuité (Recommandation 21).

Exécution à court terme des programmes

Le Groupe de travail comprend que les collectivités et les organismes des Premières nations, des Inuits et des Métis désirent maintenir en place les structures régionales d'exécution des programmes et les processus locaux de prise de décisions qui existent déjà. Il recommande que le versement de la plus grande partie des fonds déjà engagés par le Canada soit décentralisé de façon à ce que ces structures et ces processus restent en place, et que la répartition actuelle des fonds de l'ILA destinés aux langues reste la même (Premières nations, 75 %; Inuits, 15 %; Métis, 10 %) jusqu'à ce qu'une stratégie linguistique nationale à long terme soit élaborée et mise en place, d'ici cinq ans (Recommandation 22).

Le Groupe de travail a retenu, de tous les aspects positifs de l'ILA, un ensemble de principes qui pourront orienter la répartition des fonds entre les régions, et il recommande que cette répartition tienne compte, dans le cas des Premières nations, des différences au chapitre de la situation de la langue et de la population et s'appuie sur des formules de financement élaborées de manière à tenir compte des régions dotées d'une grande population et de nombreuses communautés linguistiques (Recommandation 23).

Fonds pour les projets nationaux

Le Groupe de travail croit que le CLC sera en meilleure position que les organismes régionaux ou locaux pour réaliser certains types de projets. Dans certains cas, la portée de ces projets dépasse une région ou un groupe linguistique, par exemple lorsqu'il s'agit d'examiner des modèles de centres d'échange nationaux, de mener des recherches ou des analyses sur les lois fédérales en matière de reconnaissance de la langue ou encore de coordonner l'enquête de référence nationale. Le Groupe de travail recommande que 10 % des crédits annuels provenant de l'engagement de 160 millions de dollars du Canada soient affectés au CLC et servent à ces fins (Recommandation 24).

Fonds pour les projets innovateurs

Pendant les consultations, de nombreux participants ont dit qu'il fallait utiliser les nouvelles technologies et adopter des approches innovatrices pour assurer l'enseignement de la langue et sa revitalisation. Le Groupe de travail est d'accord avec cette proposition et recommande la création d'un fonds visant à promouvoir l'élaboration, la mise à l'essai, l'évaluation et l'intégration de nouvelles méthodes pédagogiques en indiquant que ce fonds fédéral serait distinct des engagements actuels, de façon à ne pas grever le financement dont ont besoin de toute urgence les collectivités afin de contrer le déclin de la langue actuellement observé (Recommandation 25).

Conclusion

Le Groupe de travail voit le présent rapport comme la première étape d'un projet qui s'étendra sur un siècle afin de revitaliser les langues et les cultures des Premières nations, des Inuits et des Métis. Il croit qu'avec l'aide du Canada et la volonté commune des collectivités, des familles et de tous les membres des Premières nations, des Inuits et des Métis, ce projet sera mené à terme. Le Canada doit reconnaître son riche patrimoine linguistique et admettre que ce sont les histoires orales, les chants et les danses qui témoignent des liens qui unissent les Premières nations, les Inuits et les Métis au territoire. Ils donnent sa texture et ses couleurs au tissu du Canada et font que celui-ci n'est semblable à nul autre pays ailleurs au monde. En faisant revivre les langues et les cultures des Premières nations, des Inuits et des Métis, on s'assure que ces peuples resteront forts tant et aussi longtemps que le soleil brillera, que l'herbe poussera et que les rivières couleront.

Recommandations du Groupe de travail

1. **Lien entre les langues et la terre**
   Le Groupe de travail recommande que les gouvernements des Premières nations, des Inuits et des Métis et les gouvernements fédéral, provinciaux et territoriaux concluent des ententes ou des accords de gouvernement à gouvernement en ce qui concerne les ressources naturelles, l'environnement durable et les connaissances traditionnelles. Ces ententes ou accords devront reconnaître qu'il est important pour les Premières nations, les Inuits et les Métis d'entretenir une relation étroite avec la terre et leurs territoires traditionnels, surtout les régions sauvages, les sites patrimoniaux ou sacrés et les sites destinés aux pratiques spirituelles, et ils devraient comprendre des dispositions sur la participation réelle de ces peuples aux mesures de gouvernance, de gestion, de cogestion ou de compétences mixtes.

2. **Protection des connaissances traditionnelles**
   Le Groupe de travail recommande que le Canada adopte une approche plus holistique pour assurer la protection et l'utilisation des connaissances traditionnelles ainsi que des avantages qui en découlent, conformément à la *Convention sur la diversité biologique* des Nations Unies et collabore davantage avec les Premières nations, les Inuits et les Métis, et particulièrement les Aînés, dans le processus de planification commune énoncé dans la *Convention*.

3. **Reconnaissance, protection et promotion inscrites dans les lois**
Le Groupe de travail recommande que le Canada adopte une loi visant à reconnaître, à protéger et à promouvoir les langues des Premières nations, des Inuits et des Métis en leur qualité de premières langues du Canada. Cette loi, qui sera élaborée avec la collaboration des Premières nations, des Inuits et des Métis, doit reconnaître le statut de nos langues au sein de la Constitution, affirmer qu'elles constituent un des fondements nationaux des peuples des Premières nations, des Inuits et des Métis, être assortie de ressources financières visant leur préservation, leur revitalisation, leur promotion et leur protection et, enfin, créer un poste de commissaire aux langues des Premières nations, des Inuits et des Métis.

4. **Ressources équitables pour le soutien linguistique**
Le Groupe de travail recommande que le Canada accorde aux langues des Premières nations, des Inuits et des Métis un soutien financier au moins égal à celui versé pour le français et l'anglais.

5. **Soutien des langues par tous les ministères fédéraux**
Le Groupe de travail recommande que le soutien financier des langues des Premières nations, des Inuits et des Métis ne provienne pas seulement du ministère du Patrimoine canadien et de celui des Affaires indiennes et du Nord canadien, et que tous les ministères, et en particulier ceux de la Justice, de la Santé et des Ressources humaines et du Développement des compétences, adoptent des politiques et versent un financement suffisant pour permettre la prestation de services et de programmes visant à promouvoir les langues des Premières nations, des Inuits et des Métis de la même manière que pour le français et l'anglais.

6. **Dédommagement et réconciliation**
Le Groupe de travail recommande que le Canada mette en œuvre, le plus tôt possible, la recommandation de l'Assemblée des Premières nations à l'effet qu'un montant forfaitaire soit versé à titre d'indemnisation à toute personne qui a fréquenté un pensionnat indien. En outre, le Canada et les Églises devraient constituer un fonds de dédommagement à partir duquel on versera un montant forfaitaire à toute personne qui a fréquenté un pensionnat indien, à titre de réparation des souffrances émotionnelles et psychologiques provoquées par la coupure d'avec la famille et la collectivité, et la langue et la culture.

7. **Une stratégie linguistique nationale**
Le Groupe de travail recommande qu'une stratégie linguistique nationale soit élaborée et planifiée à l'échelle de la collectivité par les groupes linguistiques des Premières nations, des Inuits et des Métis et par leurs organismes régionaux et nationaux représentatifs, et que l'organisation linguistique nationale proposée en assure la coordination et le soutien technique.

8. **Enquête de référence sur la situation linguistique**
Le groupe de travail recommande que, comme première étape d'une stratégie nationale à long terme, l'organisation linguistique nationale coordonne une enquête de référence sur la situation linguistique. Cette enquête sera réalisée par les Premières nations, les Inuits et les Métis dans le cadre des mesures d'aménagement linguistique et d'évaluation des besoins des collectivités. Il recommande aussi que le financement de cette enquête soit distinct des engagements actuels.

9. **Financement des langues en voie de disparition**
Le Groupe de travail recommande que le Canada, outre les engagements actuels, affecte aux collectivités des Premières nations, des Inuits et des Métis dont la langue est en voie de disparition les fonds nécessaires pour qu'elles puissent mettre en œuvre les mesures supplémentaires afin de préserver leurs langues.

10. **Financement des programmes d'immersion**
Le Groupe de travail recommande que le Canada verse, pour les programmes d'immersion dans les langues des Premières nations, des Inuits et des Métis, un financement supplémentaire équivalant à celui versé pour le français et l'anglais, par le truchement du volet Éducation dans la langue de la minorité du programme Développement des communautés de langues officielles.

11. **Financement des programmes d'immersion à l'intention des jeunes**
Le Groupe de travail recommande que le Canada accorde à des jeunes des Premières nations, des Inuits et des Métis des bourses qui leur permettront de participer à des cours d'immersion de cinq semaines dans leur langue et leur culture de la même façon qu'il accorde des bourses aux jeunes francophones et anglophones dans le cadre du volet Apprentissage de la langue seconde du programme Mise en valeur des langues officielles.

12. **Financement équitable des écoles des Premières nations**
Le Groupe de travail recommande que le ministère des Affaires indiennes et du Nord canadien finance les écoles des Premières nations conformément aux normes et au niveau de financement établis par les ministères de l'Éducation dans les ententes-cadres sur les frais de scolarité.

13. **Enseignement de la langue dans les établissements correctionnels**
Le Groupe de travail recommande que le ministre de la Sécurité publique et de la Protection civile et le commissaire du Service correctionnel du Canada s'appuient sur les pouvoirs qui leur sont conférés par la *Loi sur le système correctionnel et la mise en liberté sous condition* afin d'assurer le financement fédéral des programmes de langue et d'améliorer les programmes culturels offerts aux membres des Premières nations, aux Inuits et aux Métis détenus dans les établissements correctionnels fédéraux.

14. **Possibilités de formation pour les étudiants de niveau postsecondaire**
Le Groupe de travail recommande que le Canada et le Conseil des ministres de l'Éducation (Canada) conçoivent, dans le cadre de leur plan d'action pour l'éducation des Autochtones, un programme visant à encourager les étudiants de niveau universitaire issus d'une Première nation ou d'une collectivité inuite ou métisse qui envisagent une carrière dans l'enseignement, particulièrement dans l'enseignement des langues, à maîtriser leurs langues en participant à un programme d'apprentissage ou à un autre type d'enseignement de la culture dans leur collectivité. Il recommande en particulier que les bourses d'été ou les programmes d'emploi soient offerts conformément aux mécanismes d'administration des programmes de formation linguistique offerts aux jeunes francophones et anglophones.

15. **Formation des professeurs de langues**
Le Groupe de travail recommande que les organismes des Premières nations, des Inuits et des Métis et le Conseil des ministres de l'Éducation (Canada) fassent le point sur les projets en matière de formation des professeurs et des professeurs de langues membres d'une Première nation ou d'une collectivité inuite ou métisse en ce qui concerne le recrutement et le maintien en poste. Il recommande en outre que, dans le cadre de cet examen, on évalue le rôle que peuvent jouer les établissements d'enseignement postsecondaire des Premières nations, des Inuits et des Métis par rapport à la formation des professeurs des programmes d'immersion linguistique.

16. **Établissements d'enseignement postsecondaire des Premières nations, des Inuits et des Métis**
Le Groupe de travail recommande que le ministère des Affaires indiennes et du Nord canadien fournisse des ressources supplémentaires aux établissements des Premières nations, des Inuits et des Métis, de niveau postsecondaire ou autres, de façon à ce qu'ils puissent créer des programmes de formation de professeurs de langues et, plus spécifiquement, de professeurs d'immersion linguistique.

17. **Une organisation linguistique nationale**
Le Groupe de travail recommande la création d'un organisme permanent formé de représentants des Premières nations, des Inuits et des Métis, le Conseil des langues et des cultures (CLC).

18. **Création du CLC**
Le Groupe de travail recommande que ses membres actuels soient nommés membres d'un conseil provisoire et qu'ils aient la responsabilité de mettre sur pied le CLC. Les membres du conseil provisoire seront nommés pour une année et seront chargés des tâches suivantes :
- parachever la structure de gouvernance du CLC;
- élaborer un plan stratégique sur trois ans;
- mettre en place la structure opérationnelle en préparant les budgets d'exploitation, en cernant les besoins en dotation et en embauchant du personnel;
- négocier le transfert des fonds réservés aux langues autochtones versés par Patrimoine canadien;
- élaborer le mandat et superviser une étude de planification visant un centre d'échange sur les langues;
- planifier et exécuter les recherches nécessaires pour la réalisation d'une enquête de référence et pour l'aménagement linguistique à l'échelle communautaire;
- chercher des candidats pour les postes à combler au CLC;
- dresser une liste des candidats retenus et fournir cette liste aux organismes nationaux des Premières nations, des Inuits et des Métis qui se chargeront de la sélection finale.

19. **Services offerts aux francophones**
Le Groupe de travail recommande que les Programmes d'appui aux langues officielles versent un financement de façon à permettre au CLC d'offrir la gamme complète de services aux membres des Premières nations, aux Inuits et aux Métis qui parlent français.

20. Utilisation du financement à court terme
Le Groupe de travail recommande que l'appui financier de 160 millions de dollars qui a été promis soit versé de toute urgence aux collectivités des Premières nations, des Inuits et des Métis afin qu'elles mettent en œuvre des mesures de préservation et de revitalisation des langues qui s'étendront sur cinq ans, plutôt que sur dix ans comme il avait été proposé, compte tenu de la situation critique des langues et des besoins cernés par les collectivités.

21. Création d'un fonds de dotation pour la langue
Le Groupe de travail recommande que le Canada affecte des fonds à la création d'un fonds de dotation qui servira à financer à perpétuité les programmes linguistiques offerts dans les collectivités.

22. Administration du financement à court terme
Le Groupe de travail recommande de décentraliser l'administration de la plus grande partie des fonds versés par le Canada de façon à ce que les structures de prise de décisions relatives aux langues des Premières nations, des Inuits et des Métis puissent rester en place et continuer de fonctionner. Il recommande aussi de respecter le mode actuel de répartition des fonds à l'échelle nationale adopté pour l'Initiative des langues autochtones (langues des Premières nations, 75 %; langues des Inuits, 15 %; langues des Métis, 10 %) jusqu'à ce qu'une stratégie linguistique nationale à long terme ait été élaborée et mise en œuvre, d'ici cinq ans.

23. Financement provisoire pour les programmes linguistiques des Premières nations
Le Groupe de travail recommande que la répartition du financement visant les langues des Premières nations tienne compte des différences sur le plan de la population et de la situation linguistique entre les régions. Il recommande en outre que l'on mette au point des formules de financement selon lesquelles le financement de base restera au même niveau et des ajustements seront apportés pour le financement des régions qui comptent une grande population et de nombreuses collectivités linguistiques.

24 Fonds pour les projets nationaux
Le Groupe de travail recommande que l'on réserve une tranche de dix pour cent (10 %) des crédits annuels qui proviennent des engagements de 160 millions de dollars, afin de créer un fonds pour des projets nationaux qui sera administré par le CLC, en collaboration avec les organismes politiques nationaux des Premières nations, des Inuits et des Métis.

25. Fonds pour les projets innovateurs
Le Groupe de travail recommande que le Canada verse au CLC un financement qui servira à la création d'un fonds visant à soutenir les projets innovateurs, les recherches et l'adaptation des nouvelles technologies à l'enseignement des langues et aux mesures de revitalisation de celles-ci. Il recommande aussi que le financement du fonds pour les projets innovateurs soit distinct de la somme de 160 millions de dollars déjà réservée et qu'il reflète plutôt la participation et le soutien de tous les ministères du gouvernement fédéral.

Table des matières

NOS PRINCIPES DIRECTEURS 3

PARTIE I : Introduction au Rapport du Groupe de travail 7

PARTIE II : Le Groupe de travail sur les langues et les cultures autochtones 13
Composition 13
Mandat et attributions 13
Comment nos Aînés ont orienté les tâches du Groupe de travail 15
Démarche et activités 16

PARTIE III : Nos langues et nos cultures : pierre angulaire de nos philosophies 21
Nos langues : nos valeurs sociales et spirituelles 21
Nos langues : notre connexion avec la terre 23
Le passé : cultures différentes, points de vue différents 24
Nos langues et nos cultures : notre nation 26
Nos langues : notre responsabilité, le devoir du Canada 28

PARTIE IV : Les langues des Premières nations, des Inuits et des Métis : situation actuelle 33
Nos langues : la diversité de nos peuples 33
Situation des langues des Premières nations, des Inuits et des Métis 33
Utilisation de la langue à la maison 35
Les langues des Premières nations, des Inuits et des Métis en milieu urbain 36
Résumé de la situation des langues 37

PARTIE V : Appels à l'action 43
Appel lancé par l'Assemblée des Premières nations 43
La Commission royale sur les peuples autochtones 43
Présentations des organismes politiques nationaux des Premières nations, des Inuits et des Métis 45

PARTIE VI : Ce qu'on nous a dit pendant les consultations 59
Ce que nos Aînés ont dit 59
Ce que le peuple a dit 64
Statut des langues des Premières nations, des Inuits et des Métis 66
Nécessité d'une stratégie de revitalisation dirigée par la collectivité 66
Rôles et priorités d'une organisation linguistique nationale 67

PARTIE VII : Protéger et promouvoir nos langues 75
Protéger et promouvoir les langues à l'échelle nationale 75
- Recommandation 1 : Lien entre les langues et la terre 77
- Recommandation 2 : Protection des connaissances traditionnelles 78

Planification du statut des langues des Premières nations, des Inuits et des Métis 80
- Pièce 1 : Gouvernement des Territoires du Nord-Ouest, Stratégie sur les langues autochtones 81
- Recommandation 3 : Reconnaissance, protection et promotion inscrites dans les lois 84
- Recommandation 4 : Ressources équitables pour le soutien linguistique 84
- Recommandation 5 : Soutien des langues par tous les ministères fédéraux 84

Le statut de la langue et la personne 84
- Recommandation 6 : Dédommagement et réconciliation 86

Aménagement linguistique dans les collectivités des Premières nations, des Inuits et des Métis 86
- Recommandation 7 : Une stratégie linguistique nationale 87
- Pièce 2 : Plan d'action pour la sauvegarde des langues en péril, UNESCO 88
- Recommandation 8 : Enquête de référence sur la situation linguistique 89
- Recommandation 9 : Financement des langues en voie de disparition 90
- Pièce 3 : Propositions d'interventions selon la santé de la langue 91
- Pièce 4 : Financement des langues au Nunavut pour 2001-2002 92

Enseignement de la langue 93
Recommandation 10 : Financement des programmes d'immersion 95
Recommandation 11 : Financement des programmes d'immersion à l'intention des jeunes 95
Recommandation 12 : Financement équitable des écoles des Premières nations 98
Recommandation 13 : Enseignement de la langue dans les établissements correctionnels 101
Recommandation 14 : Possibilités de formation pour les étudiants de niveau postsecondaire 102
Recommandation 15 : Formation des professeurs de langue 103
Recommandation 16 : Établissements d'enseignement postsecondaire des Premières nations, des Inuits et des Métis 103

PARTIE VIII : Une organisation linguistique nationale 107
Conseil des langues et des cultures 107
Recommandation 17 : Une organisation linguistique nationale 107
Recommandation 18 : Création du CLC 109
Finances 110
Pièce 5 : Répartition du financement de l'ILA, 1998-1999 à 2001-2002 112
Services de traduction pour les membres des Premières nations, les Inuits et les Métis qui parlent français 114
Recommandation 19 : Services offerts aux francophones 114
Recommandation 20 : Utilisation du financement à court terme 114
Fonds de dotation 114
Recommandation 21 : Création d'un fonds de dotation pour la langue 116
Exécution du programme à court terme 116
Recommandation 22 : Administration du financement à court terme 117
Recommandation 23 : Financement provisoire pour les programmes 117
Fonds pour les projets nationaux 117
Recommandation 24 : Fonds pour les projets nationaux 118
Fonds pour les projets innovateurs 118
Recommandation 25 : Fonds pour les projets innovateurs 119

PARTIE IX : SOMMAIRE THÉMATIQUE DES RECOMMANDATIONS ET CONCLUSION 123
Sommaire thématique des recommandations 123
Conclusion 126

Annexe A : Membres du Groupe de travail sur les langues et les cultures autochtones 131
Annexe B : Membres du Cercle d'experts 133
Annexe C : Les Aînés 135
Annexe D : Extrait des protocoles et des lignes directrices sur l'élaboration et la mise en œuvre de recherches portant sur les connaissances des Premières nations, des Inuits et des Métis 137
Annexe E : Nombre de personnes qui parlent une langue autochtone 141
Annexe F : Conventions internationales 143
Annexe G : Engagements financiers du Plan d'action pour les langues officielles 145
Annexe H : Plan d'action pour la diversité culturelle 147

Bibliographie 149
Générale 149
Juridique 155

NOS PRINCIPES DIRECTEURS

L'une de nos responsabilités consiste à faire en sorte que notre langue soit transmise aux générations futures. Elle est notre âme et notre identité, et c'est avec elle que nous célébrons notre unicité.

NOS PRINCIPES DIRECTEURS

Notre travail, en tant que membres du groupe de travail, est fondé sur les valeurs et les principes que nous ont appris les Aînés de nos collectivités respectives ainsi que sur les consultations organisées dans différentes collectivités du Canada.

Nous croyons que les langues des Premières nations, des Inuits et des Métis sont sacrées et qu'elles sont un don du Créateur.

Nous croyons que nos langues sont des langues vivantes et qu'elles doivent être utilisées chaque jour dans nos collectivités, comme expression de notre appartenance continue à la nation.

Nous croyons que les langues des Premières nations, des Inuits et des Métis représentent à la fois le passé et l'avenir. Pour établir une relation avec nos ancêtres, nous devons utiliser notre langue; c'est une façon d'honorer leur esprit. Nous devons toutefois adapter nos langues aux nouveaux environnements, aux nouvelles situations et aux nouvelles technologies.

Nous croyons que chaque génération de locuteurs est responsable de la préservation et de la revitalisation des valeurs, des croyances spirituelles et traditionnelles ainsi que des cérémonies sacrées, qui sont toutes uniques et irremplaçables.

Notre tâche consiste à faire en sorte que les peuples des Premières nations, des Inuits et des Métis de la génération actuelle maintiennent leurs traditions en retrouvant et en consolidant leurs capacités de parler et d'être compris dans leurs propres langues. Nous devons aussi faire en sorte que, jusqu'à la septième génération et aux générations qui la suivront, nos jeunes maîtriseront leurs langues et comprendront les connaissances traditionnelles et les valeurs spirituelles qu'elles incarnent.

Nous croyons que, pour atteindre la plénitude, le Canada doit reconnaître officiellement que les langues des Premières nations, des Inuits et des Métis sont les premières langues du pays. Cette reconnaissance doit être soutenue par des lois et des instruments institutionnels permanents semblables à ceux que l'on a adoptés pour la langue française et la langue anglaise.

Nous sommes convaincus que tous les Canadiens reconnaîtront, partageront et soutiendront nos principes et nos valeurs.[1]

---

1 Nous avons choisi d'énoncer ces principes de manière générale dans le but de refléter les points communs entre les Premières nations, les Inuits et les Métis, qui, sans être identiques, sont semblables.

PARTIE I :

INTRODUCTION AU RAPPORT DU GROUPE DE TRAVAIL

Pour faire ce travail, nous devons nouer des relations et réussir l'unité; nous croyons tous en effet à la même chose.

PARTIE I : Introduction au Rapport du Groupe de travail

Nous reconnaissons que la langue et la culture sont les fondements nationaux des Premières nations, des Inuits et des Métis et que ces peuples, en tant que nations, entretiennent des relations d'égal à égal avec les gouvernements fédéral, provinciaux et territoriaux du Canada. Notre travail a pour point de départ cette réalité fondamentale; nous n'avons donc nullement l'intention de porter atteinte aux droits des Autochtones ou aux droits conférés par traité aux peuples des Premières nations, aux Inuits et aux Métis, en vertu de l'article 35 de la *Loi constitutionnelle de 1982*.

Notre rapport est fondé sur les droits ancestraux et les droits issus de traités dont il est question dans l'article 35 de la Loi. Toutefois, nous avons choisi de ne pas utiliser le terme « autochtone » pour utiliser plutôt, le plus souvent possible, les expressions « Premières nations, Inuits et Métis » ou, parfois PNIM. Nous croyons que ces termes sont plus appropriés puisqu'ils mettent de l'avant le caractère unique et distinctif des cultures, de l'histoire et des identités des peuples des Premières nations, des Inuits et des Métis. À notre avis, en utilisant sans discernement le terme « autochtone », on risque de masquer de façon involontaire ce caractère distinctif et de ne pas reconnaître les différences historiques ou actuelles dans les relations de gouvernement à gouvernement.

La présente introduction constitue la partie I de notre rapport. Nous avons organisé les parties II à VIII de la façon qui convenait le mieux, de l'avis des membres du Groupe de travail, à la présentation de nos constatations et des conclusions que nous avons réussi à en tirer dans le temps qui nous était imparti. Nous comprenons que ce n'est qu'un début, et qu'il y a encore beaucoup de travail à faire pour assurer la survie et la croissance du grand nombre de langues et de cultures des Premières nations, des Inuits et des Métis dans les années à venir. Nous avons aussi réfléchi à la meilleure façon de présenter, à la partie VI, le résultat des consultations organisées à l'échelle du pays, et en particulier la première rencontre fondamentale avec les Aînés qui a eu lieu à Winnipeg. Cette réunion avec nos Aînés et les consultations subséquentes forment le cœur de notre rapport.

La partie II, intitulée « **Le Groupe de travail sur les langues et les cultures autochtones** », décrit qui nous sommes et la façon dont nous voulons nous acquitter de notre tâche. Elle se divise en quatre sections. Nous y expliquons d'abord dans quel contexte politique le Groupe de travail a été créé, en 2002, et présentons les membres. Nous y présentons aussi les membres du Cercle d'experts que nous avons consultés pendant notre travail. Nous exposons en outre le mandat général que nous a confié le ministre du Patrimoine canadien ainsi que les détails qui nous ont été transmis par la suite. Une section distincte de la Partie II décrit en détail la première rencontre cruciale avec les Aînés venus de toutes les régions du Canada, au cours de laquelle ils nous ont donné leur bénédiction et leurs conseils. Sans cette rencontre, notre travail n'aurait pas pu se poursuivre. Pour terminer cette partie, nous analysons les limites de notre mandat ainsi que les difficultés que nous avons eues à l'exécuter pleinement, compte tenu des ressources limitées et du délai qui nous a été imposé.

Vient ensuite la partie III, intitulée « **Nos langues et nos cultures : Pierre angulaire de nos philosophies** ». On y analyse le contexte philosophique et spirituel dans lequel s'inscrit notre rapport – c'est-à-dire l'importance centrale de nos langues et de nos cultures pour le sentiment d'appartenance à une collectivité, l'identification à un peuple des Premières nations, aux Inuits ou aux Métis ainsi que la place que ces peuples occupent dans l'univers. Pour nous, la langue est le principal véhicule de la culture; nous donnons des exemples des philosophies uniques qu'incarnent les langues distinctives des Premières nations du Canada et qui sont transmises par la tradition orale. Nous y soulignons aussi que les nombreuses langues des Premières nations, des Inuits et des Métis sont surtout axées sur les relations et qu'elles reflètent notre profond attachement à la terre, en renforçant notre identité de premiers peuples du Canada, tout en nous permettant de participer aux cérémonies sacrées dirigées par nos Aînés.

Nous explorons ensuite les différences au chapitre des perspectives culturelles entre les Premières nations, les Inuits et les Métis et les autres Canadiens au contexte du processus qui a mené aux traités historiques avant d'analyser les relations entre les pratiques culturelles des Premières nations, des Inuits et des Métis et les droits enchâssés dans l'article 35 de la *Loi constitutionnelle de 1982*. Nous percevons les Premières nations et les nations inuites et métisses dans l'optique de leurs langues et cultures distinctives, et nous analysons les obligations de fiduciaire du Canada, selon lesquelles il doit réparer les injustices découlant des politiques d'assimilation adoptées dans le passé. Pour conclure cette partie de notre rapport, nous donnons des exemples spécifiques de la manière dont les mesures adoptées par les Églises et les pensionnats ont, avec l'appui du gouvernement fédéral, contribué à la menace qui pèse actuellement sur les langues des Premières nations, des Inuits et des Métis.

La partie IV de notre rapport, intitulée « **Les langues des Premières nations, des Inuits et des Métis : Situation actuelle** », traite des diverses réalités linguistiques actuelles. À partir des données de la partie précédente, nous analysons la vaste gamme de ces réalités et leurs répercussions sur l'aménagement et les programmes linguistiques à l'échelle locale, régionale et nationale. Nous étudions tout d'abord le vaste éventail des langues utilisées par les Premières nations, les Inuits et les Métis du Canada : nous comptons en effet 11 familles linguistiques, 61 langues et un nombre inconnu de dialectes.

Nous examinons ensuite la vitalité des langues en fonction du nombre de locuteurs et de l'existence d'un mode de transmission intergénérationnelle en gardant à l'esprit le fait que nous pourrions obtenir de meilleures données sur le nombre de locuteurs efficaces et qu'il n'y a pas de définition universellement reconnue de la compétence linguistique. En nous appuyant sur des données publiées et sur des sondages à l'échelle des collectivités, nous mettons en relief les différents degrés de vitalité des langues des Premières nations, des Inuits et des Métis en nous servant d'une échelle allant de « florissante » à « menacée ».

Nous utilisons ensuite les mesures de la transmission intergénérationnelle, par exemple la langue parlée à la maison, pour examiner les tendances générales qui concernent la vitalité de la langue selon différents facteurs, par exemple le nombre de locuteurs, le groupe d'âge, le niveau de compréhension et la langue utilisée à la maison. Nous étudions aussi la situation en milieu urbain et le déclin de la langue chez les peuples des Premières nations vivant à l'extérieur d'une réserve et chez les Inuits et les Métis séparés de leurs collectivités d'origine. Nous indiquons en outre que les lacunes des données existantes rendent nécessaire la collecte de données exactes et à jour sur l'utilisation de la langue et la transmission intergénérationnelle.

La partie V de notre rapport, intitulée « **Appel à l'action** », analyse le rôle clé joué par l'Assemblée des Premières nations, depuis plusieurs décennies, pour attirer l'attention sur l'importance de ces questions et proposer la création d'une fondation linguistique et culturelle des Premières nations au moyen d'une loi fédérale. Nous examinons aussi l'approche adoptée dans le rapport final de la Commission royale de 1996 sur les peuples autochtones et nous en commentons les conclusions. Enfin, nous reproduisons les documents qui nous ont été présentés en 2004 par l'Assemblée des Premières nations, Inuit Tapiriit Kanatami et le Ralliement national des Métis

La partie VI, intitulée « **Ce qu'on nous a dit pendant les consultations** », forme la principale partie de notre rapport. Nous y faisons état de tous les commentaires et conseils fournis par les collectivités des Premières nations, des Inuits et des Métis en ce qui concerne les nombreuses questions soumises au Groupe de travail. Le compte rendu des consultations se divise en deux sections. La première résume les commentaires et les conseils sur les questions de fond qui nous ont été fournis pendant la première réunion décisive avec les Aînés, qui a eu lieu à Winnipeg. Les commentaires sont regroupés sous quatre rubriques : la situation actuelle; l'éthique et les valeurs; les pratiques individuelles; les mesures institutionnelles et gouvernementales.

La deuxième section résume les commentaires exprimés pendant les 16 consultations organisées un peu partout au pays. Pendant ces consultations communautaires, on a non seulement commenté les conseils fournis par les Aînés, mais aussi proposé et peaufiné le concept d'une Organisation linguistique nationale. Les deux sections comprennent les commentaires et les conseils des membres du Cercle d'experts. Nous présentons nos observations en fonction des quatre grands thèmes qui se sont dégagés des consultations. Nous analysons d'abord le rôle important que joue la langue au moment de communiquer avec le Créateur ou avec la terre, et d'échanger les uns avec les autres. Nous examinons ensuite le statut des langues des Premières nations, des Inuits et des Métis, en indiquant qu'une stratégie de revitalisation axée sur les collectivités est nécessaire. Nous traitons enfin du rôle d'une Organisation linguistique nationale et de ses priorités et nous reprenons les recommandations spécifiques visant à mieux soutenir l'aménagement linguistique et l'enseignement de la langue dans la collectivité.

Dans la partie VII, intitulée « **Protéger et promouvoir nos langues** », nous mettons en application les leçons tirées d'autres programmes de revitalisation de langues menacées en respectant les grands thèmes qui se sont dégagés des consultations communautaires, c'est-à-dire le rôle des langues des Premières nations, des Inuits et des Métis, la planification, l'aménagement linguistique à l'échelle de la collectivité, l'enseignement de la langue. À la fin de chacune de ces sections, nous formulons des recommandations précises sur les mesures que l'on devrait prendre afin de connaître les peuples des Premières nations, les Inuits et les Métis et soutenir leurs efforts de préservation, de protection et de promotion de leurs langues.

La partie VIII de notre rapport s'intitule « **Une organisation linguistique nationale** ». Nous y examinons la question d'une entité linguistique nationale, comme l'exige notre mandat, en tenant compte des commentaires reçus pendant les consultations. Nous cherchons à déterminer comment un Conseil des langues et des cultures (CLC) pourrait diriger la planification et l'administration d'une stratégie nationale à long terme visant la revitalisation des langues. Dans les premières sections, nous proposons une vision du CLC axée sur les enfants et ciblant les adultes à l'échelle des collectivités; nous formulons ensuite un énoncé de mission qui met l'accent sur le soutien et la défense des langues et des cultures des Premières nations, des Inuits et des Métis; et nous proposons un mandat en plusieurs points, visant notamment l'affectation de fonds aux organismes des Premières nations, des Inuits et des Métis, le soutien à l'élaboration de politiques et de recherches sur la revitalisation des langues, l'aide technique et financière, ainsi que le lobbying auprès des gouvernements dans toutes sortes de domaines liés aux langues et aux cultures, y compris la création d'un poste de commissaire national aux langues des Premières nations, des Inuits et des Métis.

Nous proposons ensuite une structure pour le CLC, qui comprendrait 15 membres dont nous précisons les qualités, les rôles et les responsabilités. Nous recommandons une série de principes, par exemple un accès égal par tous les groupes linguistiques et communautaires, l'évaluation des besoins et des priorités en matière de langues, par collectivité, ainsi que le respect des lignes directrices et règlements modernes en matière de responsabilisation et de transparence financière. Nous rappelons que l'absence d'une définition universellement reconnue de la compétence linguistique rend difficile la gestion axée sur les résultats et l'application de mesures de responsabilisation et nous demandons que le CLC élabore des paramètres appropriés, avec la collaboration des régions et des collectivités.

Nous examinons ensuite la question du financement de l'apprentissage et de la promotion des langues des Premières nations, des Inuits et des Métis à la lumière des dernières constatations de l'Initiative des langues autochtones (ILA), programme créé en 1998 par Patrimoine canadien, et de l'opinion des personnes que nous avons consultées pour notre travail. Nous proposons un programme et une stratégie provisoires (sur cinq ans) en établissant pour conclure que la structure du CLC devrait favoriser la coordination et le soutien des projets visant les langues des Premières nations, des Inuits et des Métis tout en évitant de créer une bureaucratie centralisée. Nous expliquons pourquoi les fonds devraient, dans la plupart des cas, être distribués aux organismes et collectivités des Premières nations, des Inuits et des Métis dans les proportions utilisées pour le financement de l'ILA, qui réserve 75 % des fonds aux Premières nations, 15 %, aux Inuits, et 10 %, aux Métis. Enfin, nous traitons de la création d'un fonds de dotation, d'un fonds pour les projets nationaux et d'un fonds pour les projets innovateurs. Nous concluons cette partie en formulant une série de recommandations qui résument nos opinions et nos conclusions.

PARTIE II :

LE GROUPE DE TRAVAIL SUR LES LANGUES ET LES CULTURES AUTOCHTONES

Nous devons continuer à préparer l'avenir dans un même esprit afin de préserver nos langues et nos cultures; nous pouvons le faire en dépit des réalités qui nous entourent.

PARTIE II : Le Groupe de travail sur les langues et les cultures autochtones

Composition

En décembre 2002, dans la foulée des engagements énoncés dans le Discours du trône de 2002, la ministre de Patrimoine canadien a annoncé que le Canada mettrait sur pied un Centre des langues et des cultures autochtones qui serait chargé de la conservation, de la revitalisation et de la promotion des langues et des cultures des Premières nations, des Inuits et des Métis. À cette époque, il était déjà évident que, pour garantir la survie et la croissance de leurs langues et de leurs cultures, les Premières nations, les Inuits et les Métis du Canada devaient en assumer la responsabilité et le contrôle par l'entremise d'organismes communautaires locaux.

Au début de 2003, la Ministre est passée à l'étape suivante et a créé le Groupe de travail sur les langues et les cultures autochtones, organisme dont les conseils orienteraient cette nouvelle activité. Elle a ensuite demandé aux organismes des Premières nations, des Inuits et des Métis de lui recommander, avant la fin de 2003, des personnes bien renseignées sur les questions linguistiques et culturelles et qui seraient prêtes à se mettre au service du Groupe de travail. À partir d'une longue liste de membres potentiels, la Ministre a nommé dix personnes au Groupe de travail. Les invitations ont été faites avec l'accord unanime de tous les partenaires, c'est-à-dire le gouvernement du Canada, l'Assemblée des Premières nations, Inuit Tapiriit Kanatami et le Ralliement national des Métis.

Les membres du Groupe de travail sont les suivants : Bruce Flamont, Ron Ignace, Mary Jane Jim, Amos Key Jr., Helen Klengenberg, Alexina Kublu, Rosemarie McPherson, Ruth Norton, Frank Parnell et Linda Pelly-Landrie. On trouvera à l'annexe A le profil de chacun des membres.

On a aussi réuni des leaders, des enseignants et des travailleurs communautaires possédant une expérience et des connaissances sur les langues et les cultures des Premières nations, des Inuits et des Métis et représentatifs de toutes les régions du Canada, pour créer le Cercle d'experts. Le rôle de ce dernier était de renseigner les membres du Groupe de travail et, à ce titre, de fournir des conseils, des documents de recherche ou toute autre forme d'aide au besoin. On trouvera le nom des membres du Cercle d'experts à l'annexe B.

Mandat et attributions

Dans la lettre d'invitation qu'elle a envoyée aux membres actuels du Groupe de travail, la Ministre souligne l'importance, pour le Canada, du patrimoine linguistique et culturel des Premières nations, des Inuits et des Métis et indique que le Groupe de travail a reçu le mandat général de proposer une stratégie linguistique nationale :

> Le mandat officiel du Groupe de travail consiste à proposer une stratégie nationale de préservation, de revitalisation et de promotion des langues et des cultures autochtones. Leurs recommandations viseront entre autres le soutien aux collectivités pour la préservation de leurs langues, l'apprentissage interactif, l'éducation, les communications et les possibilités de partenariats, un service d'archives et un centre d'échange national pour les pratiques exemplaires et les outils de même que l'apprentissage et les échanges interculturels qui enrichiront la vie des Canadiens et Canadiennes de toutes origines ethniques.

S'appuyant sur l'engagement pris par le Canada de créer un Centre des langues et des cultures autochtones, le ministère du Patrimoine canadien a ensuite précisé les attributions du Groupe de travail en ce qui concerne spécifiquement le Centre proposé :

1. Le Groupe de travail sur les langues et les cultures autochtones (Groupe de travail) étudiera les questions suivantes et présentera au ministre de Patrimoine canadien des recommandations à leur sujet :
   A. Le rôle et le mandat d'une association sans but lucratif proposée comme élément clé d'une stratégie nationale globale pour la conservation, la revitalisation et la promotion des langues et des cultures autochtones;
   B. Des noms appropriés pour l'association, provisoirement nommée Centre des langues et des cultures autochtones (CLCA);
   C. La structure de gouvernance et le cadre de travail opérationnel proposés pour le CLCA, la composition du conseil d'administration de la société et les critères de sélection des membres, qui devront être conformes aux dispositions des

politiques du Conseil du Trésor et de la *Loi sur la gestion des finances publiques* et se refléter dans les règlements administratifs et les statuts pertinents;

D. Les priorités clés en ce qui concerne les activités et les axes opérationnels proposés pour le CLCA, y compris :
   (i) Encourager et appuyer des activités réalisées à domicile et axées sur les collectivités, y compris la recherche et le développement de méthodes et d'outils innovateurs pour accroître la transmission des langues et des cultures autochtones de génération en génération;
   (ii) Utiliser l'apprentissage interactif et les modèles de communication par l'entremise de technologies de pointe;
   (iii) Produire et diffuser de l'information sur les approches et les pratiques pertinentes;
   (iv) Recueillir, conserver et échanger de la documentation audio-visuelle et des documents écrits liés à l'histoire, aux langues et aux cultures autochtones;
   (v) Favoriser une plus grande connaissance et une meilleure appréciation des langues et des cultures autochtones en tant que partie intégrante du patrimoine national du Canada.

E. Un cadre de responsabilisation qui résume clairement les objectifs et les mécanismes de présentation des rapports d'activités, de mesure et d'évaluation des résultats;

F. Un système visant à garantir des pratiques de gestion financière de grande qualité conformes aux principes comptables généralement reconnus; des processus d'évaluation des propositions de financement et de révision des décisions de financement; des dispositions relatives à la reddition de comptes et aux mesures de redressement;

G. Des options touchant la manière dont les installations appropriées pourront soutenir les activités du CLCA proposé;

H. La possibilité d'obtenir le statut d'organisme de bienfaisance et de recevoir du financement d'autres sources, y compris d'autres ordres de gouvernement, du secteur privé et d'organismes bénévoles, et des stratégies efficaces visant la viabilité financière à long terme;

I. Des approches efficaces afin d'éliminer le chevauchement et le dédoublement des tâches, d'améliorer la coordination et de maximiser les résultats des politiques et des programmes fédéraux actuels qui soutiennent, directement ou indirectement, les langues et des cultures autochtones (y compris en établissant des liens appropriés avec l'autonomie gouvernementale, les revendications globales et les ententes linguistiques territoriales).

2. Au cours de l'exécution de ces activités, le Groupe de travail devra :
   A. Fonctionner de manière ouverte, transparente et inclusive, en harmonie avec l'esprit de partenariat et de collaboration entre les peuples autochtones et le gouvernement du Canada, et en reconnaissant et respectant la diversité des peuples autochtones;
   B. Solliciter l'avis des organismes autochtones et des gouvernements provinciaux et territoriaux qui participent à la conservation, à la revitalisation et à la promotion des langues et des cultures autochtones et en tenir compte;
   C. Recevoir l'avis d'autres groupes intéressés et concernés, tels que les Aînés, les jeunes et les parents, et en tenir compte;
   D. Solliciter l'avis et la participation des membres du Cercle d'experts, surtout pendant les premières étapes du travail et avant la présentation du rapport final, et lorsque les membres du Groupe de travail le jugent nécessaire;
   E. Recueillir l'avis d'autres personnes et organismes experts en conservation, revitalisation et promotion des langues et cultures autochtones;
   F. Commander des études liées directement à l'exécution de son mandat;
   G. Élaborer les pratiques et procédures considérées nécessaires à l'exécution efficace de son mandat.

3. Le Groupe de travail devra :
   A. Remettre un rapport sur l'exécution de son mandat au ministre de Patrimoine canadien, le 15 septembre 2004;
   B. Remettre les rapports d'activités provisoires requis par le Ministre;
   C. Mettre à la disposition du Ministre les copies de soumissions reçues et les copies de recherches effectuées par le Groupe de travail au cours de son mandat.

Comme on le verra de façon plus détaillée dans la suite du présent rapport, l'adaptation du mandat initial aux attributions plus précises imposées par la suite s'est révélée problématique et a exigé plus de temps que l'on exige habituellement de membres d'un groupe de travail ou d'une commission de ce type. Les conseils des Aînés ont été essentiels pour la réussite de cet exercice.

Comment nos Aînés ont orienté les tâches du Groupe de travail

Les membres du Groupe de travail venaient de collectivités des Premières nations, des Inuits et des Métis de différentes régions du pays. Leurs délibérations reflétaient les perspectives, les pratiques et les traditions dont ils étaient les héritiers et qui constituaient leur bagage culturel respectif. Toutefois, tous les membres partagent un même point de vue : bien que la langue et la culture soient un attribut national, elles sont conservées et transmises à l'échelle de la famille et de la collectivité, sanctifiées par les cérémonies et les pratiques spirituelles et symbolisées par la présence inspirante des Aînés. Une fois créé, le Groupe de travail a tenu quelques réunions puis, avant d'entamer les consultations, a décidé conformément aux traditions d'entreprendre une démarche importante et de rencontrer les Aînés de toutes les régions du Canada afin d'obtenir leur aide et leur bénédiction (on trouvera à l'annexe C la liste des Aînés consultés). La première réunion a eu pour cadre un festin traditionnel organisé par le peuple anishnabe à Winnipeg (Manitoba). Les Aînés ont pu, pendant la cérémonie du calumet et le festin spirituel, conseiller les membres du Groupe de travail et bénir leurs travaux. Ils nous ont conseillé de respecter le protocole de chaque nation et de chaque territoire où nos consultations allaient nous mener. Pendant le rassemblement, les Aînés ont raconté des histoires et ont participé à des danses traditionnelles avec les membres du Groupe de travail; ils nous ont donné la sanction traditionnelle en nous permettant d'organiser des consultations, comme prévu, dans chacun des territoires des Premières nations, des Inuits et des Métis que nous avions l'intention de visiter.

Le second jour, les membres du Groupe de travail ont eu l'occasion d'expliquer leur tâche aux Aînés et de leur demander des conseils explicites. On les a aussi priés de donner leur opinion sur les questions suivantes :

- Comment pouvons-nous préserver ou sauvegarder nos langues?
- Comment pouvons-nous mobiliser tous les ordres de gouvernement afin qu'ils répondent à nos besoins?

On peut classer les réponses fournies par les Aînés en quatre grands thèmes.

La situation actuelle

Cette question porte sur les répercussions de l'érosion des langues et des cultures traditionnelles sur les membres des Premières nations, les Inuits et les Métis ainsi que sur leurs familles et leurs collectivités.

L'éthique et les valeurs

Les Aînés ont insisté à de nombreuses reprises sur la valeur des connaissances traditionnelles et sur les principes d'éthique que nous devions garder à l'esprit tout au long de notre travail en tant que Groupe de travail. En conséquence, en juin 2004, nous avons élaboré un protocole et des lignes directrices sur l'élaboration et la mise en œuvre de recherches portant sur les connaissances autochtones (*Protocol and Guiding Principles for Conducting and for the Implementation of Research Using Aboriginal Knowledge*), réflexion sur les manières les plus efficaces d'exécuter notre tâche adéquatement et dans le plus grand respect. Ce document constitue un outil devant nous aider à gérer les recherches liées à notre mandat en garantissant que les chercheurs ne pourront pas exploiter le savoir culturel traditionnel. On y expose en outre les différentes approches utilisées pour recueillir des connaissances traditionnelles. Vous trouverez ce document à l'annexe D.

Pratiques individuelles

Les commentaires réunis dans cette section concernent tous les gestes que nous posons, à titre personnel, pour conserver ou soutenir les langues et les cultures des Premières nations, des Inuits et des Métis. De par son essence même, le choix personnel est un outil précieux de sensibilisation à la valeur et à l'importance de nos langues et de nos cultures. En faisant une cause personnelle, on peut amener la collectivité, les leaders, les jeunes et les gouvernements à y souscrire; c'est un aspect utile du choix personnel.

Mesures institutionnelles et gouvernementales

Les commentaires de cette section visent les mesures que les institutions et les divers ordres de gouvernement peuvent prendre afin de soutenir la conservation, la revitalisation et la santé des langues et des cultures des Premières nations, des Inuits et des Métis. Par « gouvernement », on désigne les gouvernements fédéral, provinciaux et territoriaux et ceux des Premières nations, des Inuits et des Métis.

Les discussions de fond engagées avec les Aînés durant cette importante réunion de deux jours sont analysées en détail dans la partie VI, intitulée « Ce qu'on nous a dit pendant les consultations ». Dans ce contexte, on a pu, de manière plus efficace qu'il n'est possible ici, mettre en relief l'importance fondamentale des conseils qu'ils nous ont donnés et établir des liens entre leurs opinions et nos propres recommandations.

Cette réunion de deux jours avec les Aînés nous a permis de constater qu'au bout du compte toutes les tâches du Groupe de travail étaient entreprises dans un profond respect pour le sérieux du travail qui nous était confié. Nous avons donc organisé des consultations et commandé des recherches en respectant les divers groupes des Premières nations, des Inuits et des Métis que nous avons rencontrés tout au long de l'année dernière. Nous avons fait du respect de tous ces groupes notre priorité, et c'est pourquoi les consultations ont exigé plus de temps. En raison du caractère sacré du travail que nous devions réaliser, il aurait été impossible de se contenter de moins.

Démarche et activités

Dès le départ, les membres du Groupe de travail se sont rendu compte qu'on avait sous-estimé de beaucoup le temps nécessaire à une réalisation respectueuse, exhaustive et réfléchie de son mandat. À cela se sont ajoutés d'autres problèmes. Par exemple, le gouvernement du Canada ainsi que l'Assemblée des Premières nations, Inuit Tapiriit Kanatami et le Ralliement national des Métis ont dû se consulter au sujet du mandat et de la composition du Groupe de travail. La création d'un groupe de cette taille supposait en outre de nombreuses tâches administratives. Pour toutes ces raisons, le Groupe de travail a dû attendre qu'une bonne partie de l'année 2004 se soit écoulée avant de commencer le travail proprement dit.

En conséquence, s'il voulait respecter l'échéance du 15 septembre 2004, le Groupe de travail disposait de moins d'une année pour exécuter son mandat et présenter un rapport à la ministre de Patrimoine canadien. C'était impossible, pour de nombreuses raisons.

La première raison est liée à l'ampleur de la tâche et à l'importance cruciale des enjeux. Indiquons par exemple que les expériences internationales ne visaient la plupart du temps qu'une seule langue. Le Groupe de travail, de son côté, devait proposer des politiques et des mécanismes de financement afin de répondre aux besoins d'au moins 61 langues. Cette tâche énorme s'est révélée un défi particulier compte tenu du délai et des restrictions budgétaires imposés au Groupe de travail. S'il a été impossible de respecter le délai initial, c'est aussi, deuxièmement, parce qu'il a fallu harmoniser les principes directeurs du Groupe de travail – dont on a déjà parlé –, le premier mandat d'ordre général émanant de la Ministre et les attributions plus précises fournies ultérieurement par le ministère de Patrimoine canadien. Il a donc fallu, pour commencer, interpréter le mandat et ses attributions à la lumière des principes directeurs. Le premier énoncé du mandat du Groupe de travail illustre bien ce dilemme. En effet, le Groupe doit présenter des recommandations sur « le rôle et le mandat d'une association sans but lucratif proposée comme élément clé d'une stratégie nationale globale pour la conservation, la revitalisation et la promotion des langues et des cultures autochtones ».

À première vue, ce libellé laisse entendre qu'une stratégie nationale existe déjà et qu'il faut que le Groupe de travail accorde la priorité à la composition et au fonctionnement du Centre des langues et des cultures autochtones proposé. Autrement dit, on présume que le Centre s'intégrera à un cadre stratégique existant et qu'il en sera l'une des composantes. C'est pourquoi les membres du Groupe de travail ont jugé qu'il fallait d'abord déterminer de façon générale quels éléments devaient constituer la stratégie nationale avant d'étudier de façon plus détaillée les questions techniques liées à la conception d'une entité qui deviendrait le Centre des langues et des cultures autochtones ainsi que des structures et procédures connexes.

Presque toutes les personnes consultées au cours de l'année dernière par les membres du Groupe de travail soutenaient cette interprétation de l'ordre dans lequel il lui fallait procéder. Les nombreuses personnes qui nous ont fait partager leurs connaissances et leur expérience semblent unanimes pour dire qu'il fallait élaborer une stratégie nationale de longue haleine permettant aux collectivités des Premières nations, des Inuits et des Métis de contrôler leur destinée et selon laquelle le Centre des langues et des cultures autochtones proposé jouerait un rôle de coordination plutôt qu'un rôle central ou prédominant. Les membres du Groupe de travail ont jugé qu'ils étaient tenus de respecter cette interprétation et de présenter ces priorités de la façon la plus exhaustive possible dans le présent rapport. Compte tenu de la diversité des peuples des Premières nations, des Inuits et des Métis du Canada et de leurs différentes réalités linguistiques actuelles, ce travail s'est révélé ardu.

L'échéance du 15 septembre 2004 était impossible à respecter, troisièmement, en raison de la transition entre le gouvernement du premier ministre Chrétien et celui du premier ministre Martin, à la fin de 2003, des élections nationales qui ont suivi et du climat général d'incertitude, au sein du gouvernement, en ce qui concerne les politiques et les programmes s'adressant aux Autochtones.

Enfin, le Groupe de travail n'a pas la même indépendance, par rapport au gouvernement, qu'une commission d'enquête publique; il ne contrôle pas son budget et n'emploie ni ne dirige aucun employé. Il dépend donc entièrement de l'appui du gouvernement fédéral pour l'exécution de son mandat. En conséquence, il n'a pas pu échapper aux répercussions des changements structurels et fonctionnels au sein de l'administration du gouvernement fédéral, y compris l'impartition des services et le roulement du personnel du secrétariat du ministère du Patrimoine canadien, chargé de soutenir le Groupe de travail. Malgré ces problèmes, le Groupe de travail a exécuté toutes les activités suivantes au cours de l'année dernière.

Premier trimestre de 2004

- Examen du mandat et des attributions
- Adoption de l'énoncé de mission et de vision
- Évaluation des besoins et élaboration d'un plan de travail
- Collecte de données auprès des personnes-ressources du gouvernement, des Aînés et des divers organismes
- Collecte et examen de la documentation concernant les modèles de gouvernance, les recherches sur la langue et la culture ainsi que des rapports précédents, notamment le rapport de la Commission royale sur les peuples autochtones et le rapport *Améliorer la santé des Canadiens*

Deuxième trimestre de 2004

- Consultation des Aînés afin d'obtenir leur aide et leur bénédiction
- Consultation d'organismes et d'intervenants communautaires des Premières nations, des Inuits et des Métis – Organisation, dans toutes les régions du Canada, de 16 groupes de discussion réunissant les membres de notre Cercle d'experts, des intervenants clés, des Aînés et des membres de la collectivité (moyenne de 39 participants par groupe)
- Augmentation du nombre de documents de recherches recueillis grâce à la création d'un numéro sans frais et d'un site Web

Troisième trimestre de 2004

- Compilation et analyse des informations tirées des consultations et des données recueillies
- Exécution sur commande d'une recherche sur les pratiques exemplaires, à l'échelle internationale, concernant la revitalisation de la langue, d'un document d'information sur les langues autochtones du Canada et d'une évaluation de la situation des langues des Premières nations, des Inuits et des Métis
- Examen des résultats et réflexion au sujet des recommandations préliminaires
- Activités individuelles et collectives visant à faire connaître et comprendre notre mandat

Quatrième trimestre de 2004

- Recrutement et formation de rédacteurs aux fins du premier rapport
- Animation continue de séances d'information et de consultations auprès des organismes des Premières nations, des Inuits et des Métis
- Mise au point des résultats, réalisation d'un consensus sur les recommandations
- Élaboration de directives sur la conception du rapport et ses aspects artistiques
- Adoption d'une stratégie de communication et de sensibilisation avant et après la publication du rapport

PARTIE III :

NOS LANGUES ET NOS CULTURES : PIERRE ANGULAIRE DE NOS PHILOSOPHIES

La langue fait partie de nous. Même avant notre naissance, dans le ventre de notre mère, nous pouvions l'entendre. Elle fait partie de nous, c'est notre identité.

PARTIE III : Nos langues et nos cultures : pierre angulaire de nos philosophies

Nos langues : nos valeurs sociales et spirituelles

Nos langues sont plus que des outils de communication. Elles décrivent aussi qui nous sommes, en tant que peuples, et nous renseignent sur les relations que nous entretenons les uns avec les autres et avec la terre. Feu Eli Taylor, Aîné de la Première nation de Sioux Valley, l'explique en ces termes :

> Le Créateur nous a donné les langues autochtones comme partie intégrante de la vie. Les langues autochtones incarnent notre rapport unique au Créateur, nos attitudes, nos croyances, nos valeurs, et la conception fondamentale de ce qui est vrai. La langue autochtone est un atout dans l'éducation, formelle et informelle. La langue autochtone contribue à la fierté plus grande de l'histoire et de la culture de la communauté : participation et intérêt accrus à l'éducation de leurs enfants, et au respect plus grand des Aînés. La langue est le moyen principal par lequel la culture s'accumule, se partage, et se transmet d'une génération à l'autre. La langue ancestrale est essentielle à l'identité et la rétention de la culture[2].

La philosophie et la culture d'un peuple sont enchâssées dans sa langue et s'expriment à travers elle. La langue est l'axe de circulation d'un réseau de valeurs culturelles sous-jacentes à la conscience, qui modèlent la sensibilité de chaque locuteur, son identité et les relations qu'il entretient avec les autres et avec l'univers proprement dit. Les philosophies que reflètent les langues des Premières nations, des Inuits et des Métis sont passablement différentes de celles que reflètent les langues européennes comme le français ou l'anglais. Mary Siemens, spécialiste de la langue des Flancs-de-chiens des Territoires du Nord-Ouest, décrit ainsi les différences :

> [Traduction] Nous accordons beaucoup d'importance à notre langue, le flanc-de-chien, parce qu'elle nous désigne comme un peuple dont la culture est unique au sein du territoire que nous occupons. Notre langue soutient notre culture, notre avenir, notre histoire et notre patrimoine. Notre personnalité, nos origines, le territoire que nous réclamons et toutes nos légendes se fondent sur la langue que nous parlons.
>
> Notre culture dépend de notre langue parce que celle-ci propose une façon unique d'expliquer notre mode de vie. Elle décrit les noms de tous les lieux qui se trouvent sur notre territoire et que nos ancêtres ont parcourus. Nous avons des mots précis pour décrire les activités saisonnières, les rassemblements sociaux et les relations familiales. Les règles qui régissent nos vies assurent la stabilité de nos collectivités, et nos jours de fête, qui rassemblent tout notre peuple, se reflètent dans notre langue. La perte de notre langue signifierait non seulement notre affaiblissement en tant que peuple, mais aussi l'appauvrissement de notre mode de vie, puisque tout cela dépend énormément de notre langue[3].

Nos langues ont pris naissance ici, et elles sont fondamentalement différentes de celles qui sont parlées et qui ont évolué dans les autres régions du monde[4]. Les structures les plus profondes de nos langues reflètent nos philosophies, qui nous distinguent et nous définissent comme des peuples nord-américains uniques. Ainsi, les langues des Premières nations, des Inuits et des Métis possèdent plus de mots pour décrire la nature parce qu'elles font de nombreuses références à la géographie, au climat, à la faune et à la flore ainsi qu'aux forces visibles et invisibles qui animent l'univers. Mais les différences entre les langues des Européens et celles des Premières nations, des Inuits et des Métis se n'arrêtent pas au vocabulaire.

Nos langues, malgré qu'elles soient aussi différentes les unes des autres que le sont les nombreuses langues parlées en Europe, expriment surtout des relations. En général, elles répugnent à isoler le locuteur des autres personnes ou encore des événements ou des phénomènes universels qu'il décrit. Cette valeur culturelle est très courante dans nos langues : on reconnaît qu'il existe

2 Assemblée des Premières nations, *Vers la renaissance des langues des Premières nations*, Ottawa, 1992, p. 14.

3 Northwest Territories Literacy Council, *Languages of the Land: A Manual for Aboriginal Language Activists*, Yellowknife, 1999, p. 9.

4 C'est aussi vrai pour le michif, langue historique et officielle de la nation métisse, que pour les autres langues autochtones. Le michif a vu le jour sur le continent nord-américain et, malgré ses origines à la fois cries et françaises, elle reflète la culture unique et le caractère distinctif de la nation métisse. Le titre d'une conférence sur le michif, tenue en 2005, met bien en relief son caractère unique : « Nos enfants et nos langues, comme autrefois » - *Nutr Zaafahn pi Nutr Laang, Kaayash Aachimowyn.*

une relation entre l'esprit du locuteur et la personne, la chose ou l'événement qu'il décrit.

L'inuktitut illustre bien le renforcement linguistique des relations entre le locuteur et sa représentation du monde. Par exemple, tandis que le français ou l'anglais ne possède qu'un ou deux verbes signifiant « connaître », la langue des Inuits en compte plusieurs qui dépendent de la chose connue et de la façon dont cette « connaissance » a été acquise. Voici, à titre d'exemple, quelques verbes du dialecte igloolik du Nord-de-l'Île-de-Baffin :

- ᖃᐅᔨ- ᒡᖕᒋᖕᒍᒥᒧᓂ-˙ « Découvrir quelque chose » (processus)
- ᖃᐅᔨᒪ- ᒡᖕᒋᖕᒍᒥᒧᓂᒪᖕᒍ-˙ « Avoir découvert quelque chose », c'est-à-dire « savoir » (état)
- ᓴᓗ- ᒡᓴᖕᒍᓗᒥ-˙ « Ne pas savoir » (état)
- ᓴᓗᔪᓐᓇᐃᖅ- ᒡᓴᖕᒍᓗᒥᒧᒥᓴᓴᖕᒍᓂᖕᒋ-˙ « Cesser de ne pas savoir » (processus)
- ᓇᓗᓐᖕᒋ- ᒡᓴᖕᒍᓗᒥᓴᓴᑐᓂ-˙ « Ne pas ignorer », c'est-à-dire « savoir » (état)
- ᓱᖅᑯᐃᖅ- ᒡᐅᒥᖕᒋᖕᒋᒥᓂᖕᒋ-˙ « Prendre conscience d'une chose ou la comprendre soudainement » (processus)
- ᓱᖅᑯᐃᒪ- ᒡᐅᒥᖕᒋᖕᒋᒥᓂᒪᖕᒍ-˙ « Avoir compris » (état)
- ᑐᑭ ᒡᑎᒥᓄᓂ˙ « Signification, sens »
- ᑐᑭᓯ- ᒡᑎᒥᓄᓂᐅᓂ-˙ « Trouver la signification », c'est-à-dire « comprendre »[5]

Cette liste ne contient pas tous les verbes en inuktitut que l'on peut traduire par « savoir » ou « connaître ». De toute évidence, les verbes de cette liste et tous les autres peuvent se traduire adéquatement dans une langue européenne, puisque aucune langue ne détient le monopole de l'art de l'expression. Ce qu'il faut retenir, c'est que la présence de ces verbes précis dans la langue inuktitut montre bien qu'elle a été formée par l'environnement qui l'a vue naître. Ainsi, les personnes qui parlent inuktitut font part directement, à eux-mêmes ou à d'autres personnes, de la façon dont elles ont assimilé leur expérience du monde inuit. C'est tout cela qu'elles communiquent aux autres lorsqu'elles leur transmettent des informations.

L'anishnabe fournit d'autres exemples de la façon dont les langues autochtones insistent sur les relations. Sa structure établit entre le sujet et l'objet d'une phrase une relation différente que ce qui existe en français ou en anglais. Dans la plupart des cas, un locuteur anishnabe mentionnera d'abord la personne (*gin*) ou l'objet (*ihweh*) qui est l'objet de l'énoncé, mais référera à lui-même plus loin dans la phrase. En français, on dira : « Je vous parle. » En anishnabe, on dirait plutôt, normalement, à peu près ceci : « Vous vous faites parler par moi. » On peut formuler cette phrase ainsi : « *gin geganonin.* »

Aucune structure linguistique n'est supérieure à une autre. Le français et l'anishnabe proposent différentes manières de faire ressortir les différents aspects de l'expérience humaine du monde et des autres. L'anishnabe permet au locuteur de mettre l'accent sur la nature des objets de l'énoncé ainsi que sur les relations entre ces objets. Contrairement au français, qui met l'accent sur la conscience de soi et sur ce que locuteur désire dire, l'anishnabe permet au locuteur de s'attacher à la conscience de l'autre, qui est une condition préalable à toute expression verbale. Dans ce contexte, la langue est plus qu'un simple outil de communication de l'information, c'est un événement social dont l'objectif est de créer et d'alimenter le réseau des identités et des relations au centre duquel se trouve le locuteur.

Cela dit, le locuteur peut facilement changer l'ordre normal sujet-objet en fonction des différents contextes; la souplesse inhérente à l'anishnabe le lui permet. En français, on a rarement l'occasion de dire, sans que cela paraisse étrange : « Vous vous faites parler par moi. » En anishnabe, toutefois, il n'est ni étrange ni rare que l'on inverse le sujet et l'objet afin de s'adapter à différentes fonctions sociales ou pour fixer l'attention de l'interlocuteur sur ce que le locuteur veut dire. On doit le faire par exemple pour raconter une histoire. Dans certaines cérémonies, en outre, il est approprié et même tout à fait indiqué de dire en anishnabe une phrase équivalente à « Je vous parle », soit : *niin giwi ganoninim*. Cette formulation reconnaît que le locuteur s'adresse à un groupe, dans le cadre d'une cérémonie.

Cet exemple met en outre en lumière le fait que l'utilisation de la langue anishnabe revêt un caractère sacré. Pour qui veut participer pleinement aux dimensions spirituelles de la société anishnabe, il est absolument essentiel de connaître le vocabulaire sur le bout des doigts, de pouvoir s'exprimer avec facilité, de connaître les contextes qui exigent que l'on modifie l'ordre des mots ou que l'on utilise des expressions particulières, anciennes ou relevées et que l'on maîtrise divers mécanismes pertinents. L'Aîné Tobasonakwut Kinew souligne les relations entre la langue, d'une part, et la capacité de comprendre les cérémonies et d'y participer, d'autre part :

[Traduction]

> Si vous voulez faire quelque chose pour les langues, vous devez être capable de participer aux cérémonies de votre peuple. Si vous ne pouvez pas participer aux cérémonies de votre peuple, votre langue n'aura aucun fondement spirituel[6].

5 Selon la linguistique de l'inuktitut, un tiret signifie que cette racine est un verbe qui exigera un sujet pour devenir un mot complet.

6 Groupe de travail sur les langues et les cultures autochtones, *Report on Proceedings: Consultation with Elders*, Winnipeg (Manitoba), mai 2004, p. 6.

Nos langues : notre connexion avec la terre

Parmi toutes les relations reflétées par les langues des Premières nations, des Inuits et des Métis, la relation fondamentale concerne notre connexion avec la terre. Dans toutes nos langues, les mots qui désignent « la terre » reflètent le fait que la terre n'est pas qu'un simple paysage physique composé de divers éléments matériels connus de la science. La « terre », le « pays », la « place » – on attribue une signification plus subtile à tous ces termes et aux termes équivalents. Dans la langue des Secwepemc (Shuswap), par exemple, le mot *tmicw*, qui désigne la terre, englobe la faune et la flore ainsi que toutes les relations historiques ou spirituelles qu'entretiennent les personnes avec celles-ci[7].

On trouve dans l'innu-aimun d'autres exemples de la façon dont nos langues mettent de l'avant les relations avec la terre. Même si les Européens les ont baptisés Montagnais et Naskapis respectivement, les Innus de Sheshatshiu et de Natuashish forment un seul peuple qui parle une même langue, l'innu-aimun, et qui, selon les mêmes traditions, chasse, fait du commerce et se déplace sur le vaste territoire du Labrador.

L'innu-aimun reflète ce style de vie. Il compte un grand nombre de noms et de verbes qui reflètent les relations complexes que les locuteurs entretiennent entre eux et avec la nature et les espèces sauvages. Cette langue comprend un ensemble exhaustif de termes ayant trait à la chasse, qui décrivent chaque détail de la géographie et du climat du territoire traditionnel. Le terme « *nutshimit* » – qui désigne le « pays », considéré sous l'angle des relations qu'entretiennent les Innus avec la terre, les animaux et les esprits – fournit le cadre conceptuel du sentiment d'identité traditionnel des Innus et de la place qu'ils occupent dans l'univers en s'appuyant sur les liens constants avec l'histoire des Innus et le monde naturel, social ou mythologique[8]. La langue soutient donc ce sentiment de connexion intime avec la terre ainsi qu'une orientation philosophique qui accorde la préférence à l'arrière-pays du Labrador pour les rassemblements sociaux, les fêtes et les activités spirituelles. Après s'être établis de façon permanente dans des villages côtiers, les Innus ont perdu leur capacité de renouveler leurs relations avec la terre, que leur langue reflète pourtant. Ils ont aussi beaucoup plus de difficulté à tenir des cérémonies sur les sites sacrés de leur territoire traditionnel. Les Innus se sont adressés à plusieurs reprises aux gouvernements du Canada et de Terre-Neuve-et-Labrador pour demander que l'on reconnaisse leur connexion avec leur propre terre et que l'on trouve un moyen de répondre à leurs besoins. C'est même l'une des clés de l'établissement de relations stables et durables entre les Innus et les gouvernements.

7 P.J. Murphy, George P. Nicholas et Marianne Ignace (dir.), *Coyote U: Stories and Teachings From the Secwepemc Educational Institute,* Penticton (Colombie-Britannique), Theytus Books, 1999, p. 15.

8 Pour en savoir plus sur le caractère essentiel du nutshimit au regard du sentiment d'identité des Innus et de la place qu'ils occupent dans l'univers, consultez l'ouvrage *Gathering Voices: Finding Strength to Help Our Children* (Toronto : Douglas et McIntyre, 1995) de la Nation Innu et du Conseil de bande des Innus Mushuau. Consultez aussi le site Web officiel de la Nation Innu, à l'adresse suivante : www.innu.ca.

Toutes ces relations, dont témoignent nos langues, signifient que nous ne sommes pas séparés de la terre. Elles signifient aussi que nous sommes responsables de la terre et de tout ce qui s'y trouve. Si nous avons hérité de cette responsabilité, c'est que le Créateur a placé les divers peuples des Premières nations, des Inuits et des Métis en des endroits particuliers qui continuent d'assurer leur subsistance. Le chef Edmund Metatawabin, de Fort Albany, explique ainsi la relation que les peuples cris entretiennent avec leur territoire traditionnel, qui entoure la Baie James :

> Les Mushkegowuks de la baie James, dont les ancêtres sont là depuis 10 000 ans, croient que le Créateur les a mis sur cette terre, dans ce jardin, pour qu'ils s'en occupent à l'intention de ceux qui ne sont pas encore nés. Si nous devons entretenir ce jardin, cela signifie qu'il faut nous occuper de son environnement physique. Cela signifie également qu'il faut maintenir des liens harmonieux avec les autres peuples et avec les animaux dont nous avons besoin pour subsister[9].

Prendre soin de la terre se fait de nombreuses manières. Chez les Anishnabes de l'Ontario et du Manitoba, par exemple, la récolte du riz sauvage, qui assure la subsistance du peuple, constitue, pour les familles qui en sont chargées, un engagement à vie et une responsabilité sacrée qui doit être assumée de façon appropriée et conformément à des protocoles stricts. Pour les Anishnabes, la responsabilité de la terre impose aussi le choix du prochain responsable, qui devra être un membre méritant de la génération suivante, au sein de la famille étendue, et vise à ce que les générations qui n'ont pas encore vu le jour puissent, à leur tour, profiter de la terre.

La responsabilité de la terre exige aussi que l'on assure la protection des lieux importants qui nous permettent de reprendre contact avec la terre qui nous définit en tant que peuples. C'est sur ces lieux sacrés que se déroulent les

9 Canada, Commission royale sur les peuples autochtones, Rapport final de la Commission royale sur les peuples autochtones, volume 1 « Un passé un avenir », Ottawa, Approvisionnements et Services Canada, 1996, p. 632

cérémonies spirituelles ou autres. C'est aussi là que l'on trouve les types particuliers de plantes ou de matériaux qui servent à la peinture ou aux cérémonies. Dans certains cas, des familles ont la responsabilité spirituelle de ces lieux spéciaux et elles doivent respecter les protocoles traditionnels. Dans d'autres cas, les lieux sacrés sont le site des jeûnes ou des quêtes de la vision, des lieux de sépulture ou encore des endroits ayant une valeur historique parce que des événements importants de la vie d'un peuple s'y sont déroulés.

La mémoire de ces lieux et leur signification sont préservées dans la tradition orale des divers peuples des Premières nations, des Inuits et des Métis. Par tradition, la narration orale dans la langue d'un peuple est la prérogative des Aînés ou d'autres personnes possédant des qualités uniques et qui ont hérité de la responsabilité sacrée de conserver et de transmettre les histoires qui reflètent le caractère distinctif de ce peuple et ses relations avec les lieux et les événements qui l'ont défini.

Dans des causes liées aux droits des Autochtones et aux droits issus des traités, les tribunaux ont reconnu la place qu'occupe l'histoire orale. La Cour suprême du Canada, par exemple, dans l'affaire *Delgamuukw c. Colombie-Britannique*, a prononcé une décision fondamentale pour permettre l'usage, dans la salle d'audience, du *adaawk* et du *kungax*, les récits oraux des Gitksans et des Wet'suwet'ens, respectivement. L'*adaawk* et le *kungax* contiennent les plus importants renseignements sur les lois, les histoires, les traditions et les descriptions du territoire traditionnel de ces deux nations; ces récits se transmettent oralement de génération à génération et constituent un témoignage vivant de la relation du peuple avec sa terre et des lieux particuliers de ce territoire. En rendant sa décision, la Cour a cité la Commission royale sur les peuples autochtones qui décrit ainsi de façon succincte la tradition orale des Autochtones :

> Les récits oraux du passé reposent en grande partie sur des expériences subjectives. Ce ne sont pas de simples comptes rendus factuels, mais des « faits auxquels viennent se greffer les histoires de toute une vie ». Il est également probable qu'ils soient associés à des lieux précis et qu'ils fassent allusion à des familles et à des collectivités précises. Tout cela donne l'impression d'une multitude d'histoires, dont chacune est influencée en partie par la façon dont un peuple se perçoit, se définit par rapport à l'environnement et exprime son unicité[10].

Nous sommes issus de la terre – cette terre-ci, notre terre. Nous lui appartenons, nous en faisons partie, et c'est elle qui nous confère notre identité. Nos langues nous rappellent sans cesse cette vérité. C'est pourquoi la rétention, la consolidation et l'expansion des langues et des cultures des Premières nations, des Inuits et de Métis ont tant d'importance pour nous et, en fait, pour tous les Canadiens. C'est que nos langues, qui prennent forme grâce au souffle même qui nous donne la vie, nous rappellent quotidiennement notre identité. Si les Canadiens, et en particulier les jeunes, ne sont pas sensibilisés à cette réalité et qu'ils ne la comprennent pas, jamais ils ne pourront l'apprécier.

Le passé : cultures différentes, points de vue différents

Les langues et les philosophies des Premières nations, des Inuits et des Métis du Canada sont uniques. C'est ce qui explique que nous ne pouvons pas toujours envisager les choses de la même façon que les autres Canadiens. D'ailleurs, on ne devrait pas s'attendre à cela de notre part. Les raisons pour lesquelles nous adoptons des approches différentes pour régler les problèmes qui affectent nos relations avec les autres Canadiens et avec les gouvernements du Canada prennent leurs racines dans les différentes philosophies reflétées par nos langues et nos cultures distinctives. Comme on l'a dit devant l'Assemblée des Premières nations, nos langues ancestrales commandent l'accès à notre identité et la rétention de notre culture, parce que chacune d'elles nous renseigne sur notre identité et nos origines.

Les Premières nations, les Inuits et les Métis jettent rarement sur le passé le même regard que les autres Canadiens. Les différences de perspective entre les Premières nations du Canada et les autres Canadiens ont été signalées à maintes reprises dans différents rapports. Elles ont même fait l'objet d'une section distincte du volume 1 du rapport final de la Commission royale sur les peuples autochtones. La Commission y souligne les différences, au chapitre de l'interprétation des événements historiques, entre les peuples des Premières nations, les Inuits et les Métis et les Canadiens non autochtones, et elle attribue ces différences au fait que leurs points de vue sont fondés sur des traditions culturelles complètement différentes[11].

D'ailleurs, pour les peuples des Premières nations, les Inuits et les Métis, le passage du temps ne signifie pas nécessairement la fin d'un événement historique. Les conséquences du passé conservent une réalité qu'il est difficile d'exprimer dans des langues comme le français

10 *Delgamuukw c. Colombie-Britannique*, 1998, 1 C.N.L.R. 14 à 49.

11 Canada, Commission royale sur les peuples autochtones, *op. cit.*, note 9, p. 32.

et l'anglais, fondées sur les concepts de la linéarité du temps, du lien strict de cause à effet, du progrès matériel et de l'évolution sociale. Pour les premiers peuples du Canada, il est impossible d'oublier le passé, de s'en détourner délibérément ou de considérer qu'il n'a plus de pertinence. Le passé est toujours présent, mais il a pris une forme différente; on doit l'envisager à la lumière des nouvelles circonstances et à celles de l'avenir.

La manière dont les Premières nations, les Inuits et les Métis envisagent le passé se reflète dans leurs traditions orales. Les récits oraux sont utiles à de nombreux égards; ils servent notamment à transmettre de l'information sur un événement historique particulier. Ils ont aussi des fins sociales, qui dépassent le seul objectif d'offrir un compte rendu neutre de l'Histoire. Traditionnellement, nous jugeons qu'il est vain, voire même présomptueux, de croire que l'on peut présenter de façon détachée le compte rendu d'un événement particulier. Comme l'indique la citation que l'on vient de tirer de la décision *Delgamuukw*, concernant l'*adaawk* et le *kungax* des Gitksan et Wet'suwet'en, la façon dont une personne conçoit un événement se confond avec l'information qu'elle transmet, au point qu'il est impossible, et même préjudiciable, d'établir une distinction entre l'histoire que raconte cette personne et ses valeurs, perceptions, considérations et motivations.

Nos traditions orales poursuivent donc de nombreux objectifs. Elles visent notamment à former le caractère moral de celui à qui on raconte une histoire, à faire connaître différents aspects de la culture par l'entremise d'histoires ou de chants sacrés ou encore à étayer les revendications territoriales d'une famille ou d'un clan ou ses prétentions à l'autorité sociale ou au prestige. Comme l'exige la structure de nos nombreuses langues, la tradition orale n'isole pas; au contraire, elle crée des liens importants, les entretient et les transmet, intacts, aux générations suivantes. Voilà pourquoi notre tradition orale a survécu et est considérée comme une façon unique de décrire l'expérience de l'homme dans le monde; voilà pourquoi nous sommes restés des peuples distincts.

Lorsque les Premières nations ont conclu des traités, elles ont fondé leurs décisions, principalement, sur la tradition orale, et c'est toujours sur ce fondement qu'elles les interprètent. Les instruments de nos relations avec les autres Canadiens, par exemple les traités ou les autres protocoles, ne sont pas des accords conclus une fois pour toutes, et ils ne concernent pas un événement situé dans un passé maintenant révolu; ce sont au contraire des réflexions vivantes sur les relations qui nous lient aux autres Canadiens. Ces instruments sont toujours vivants.
Ils doivent durer aussi longtemps que le soleil brillera et que l'herbe poussera. Ce sont des témoignages concrets des relations continues que nous entretenons et, à ce titre, ils doivent être respectés et renouvelés périodiquement.

Ces traités ont été enregistrés oralement dans nos langues, qui étaient les langues officielles des négociations qui ont précédé la conclusion des traités et celle des traités proprement dit. C'est pourquoi les représentants de l'État ont dû traduire, de l'anglais vers nos diverses langues, toute la terminologie exigée par l'élaboration des traités. Il n'est pas facile pour les personnes qui parlent nos langues de concevoir la terre comme un bien dont on peut disposer de la façon dont le laisse entendre la terminologie technique des nombreux traités établis en anglais au Canada. Nous parlons la même langue que nos ancêtres qui ont conclu ces accords. Nous avons de la difficulté à croire qu'ils avaient bien compris ce que signifiaient des phrases comme celle-ci : « [Les Indiens] cèdent, abandonnent, remettent et rendent [...] à jamais tous droits, titres et privilèges quelconques qu'ils peuvent avoir terres... »

Ce libellé figure dans les traités numérotés conclus entre 1871 et 1921 dans le Nord de l'Ontario, les Prairies, le Nord-Est de la Colombie-Britannique et certaines régions du Sud du Yukon et des Territoires du Nord-Ouest. D'autres traités, signés ailleurs au Canada, reprennent ce libellé. Des concepts de ce type sont pertinents aux relations féodales traditionnelles de l'Europe occidentale, selon lesquelles les êtres humains possèdent la terre et peuvent en disposer comme ils le désirent. Toutefois, ces concepts étaient et demeurent étrangers à notre façon de voir le monde, selon laquelle, comme nous l'avons déjà expliqué, les êtres humains entretiennent une relation tout à fait différente avec la terre.

Au cours des dernières décennies, la qualité des traductions fournies à nos ancêtres est devenue un problème, et les tribunaux s'efforcent de le régler afin d'établir la nature réelle des ententes conclues entre les nations signataires des traités et l'État. Cela nous permet d'espérer que les tribunaux du Canada vont enfin commencer à accorder crédit à nos traditions orales dans les causes qui concernent les droits autochtones et les droits conférés par traité. Un grand nombre de ces causes concernent les revendications présentées par nos peuples au sujet des terres ancestrales ou des droits liés à ces terres. Puisque nos langues reflètent notre relation avec la terre et avec les activités qui se déroulent sur cette terre, il est non seulement juste, mais tout à fait approprié, d'entendre les éléments de preuve contenus dans nos traditions orales et exprimés dans nos langues et d'en ternir compte comme il se doit.
Bref, il est évident que, pour les Premières nations, les Inuits et les Métis, la langue et la culture sont inséparables. Elles ont cependant été séparées, à divers degrés, au fil du temps. Ce processus s'est enclenché dès

les premiers contacts entre nos ancêtres et les Européens qui ont, les premiers, visité nos rives et qui ont cru, par erreur, avoir trouvé un nouveau monde.

Mais ce monde n'était pas perdu, certainement pas à nos yeux, du moins. Et il n'était nouveau que pour ceux qui n'y avaient jamais vécu. Pour nous, il s'agissait d'un monde ancien, d'un monde familier qui avait vu naître nos langues, nos cultures et notre identité. C'était un monde auquel nous étions rattachés par des liens qu'il était impossible de définir avec les mots des nouveaux arrivants.

Nos langues et nos cultures : notre nation

Dans l'introduction au présent rapport, nous avons indiqué que nous reconnaissons que la langue et la culture sont les fondements nationaux des Premières nations, des Inuits et des Métis, et que nos nombreuses nations entretiennent des relations de gouvernement à gouvernement avec les gouvernements fédéral, provinciaux et territoriaux. Notre appartenance à une nation n'est pas un concept nouveau. Elle est même, depuis le tout début, un élément clé des relations entre les Premières nations, les Inuits et les Métis et les gouvernements qui représentaient l'État. Comme le fait remarquer Regina Crowchild, cette appartenance à une nation s'incarne dans l'autonomie gouvernementale et se reflète dans l'établissement des traités :

> Quand nos peuples ont conclu des traités, ils constituaient des nations. Les gens se demandent pourquoi, qu'est-ce qu'une nation? Eh bien, seules les nations peuvent conclure des traités. Avant l'arrivée des non-autochtones, nos peuples vivaient dans une société politique unique. Ils avaient leurs propres langues. Ils avaient leurs propres croyances spirituelles. Ils avaient leurs propres institutions politiques. Ils avaient un territoire sur lequel ils pouvaient affirmer une continuité historique.
>
> Au sein de ces structures, ils ont pu signer des traités entre eux, en tant que tribus, en tant que nations vivant sur cette terre. C'est en cette qualité qu'ils ont conclu des traités avec les Britanniques. Ils l'ont fait de nation à nation. Ce traité définit ce que devait être notre relation avec la Couronne britannique et ses gouvernements successifs[12].

[12] Transcription des commentaires exprimés par Regina Crowchild, ancienne présidente de l'Indian Association of Alberta, pendant les consultations menées par la Commission royale sur les peuples autochtones, le 11 juin 1992 à Edmonton (Alberta) et reproduits, au Canada dans le rapport de la Commission royale sur les peuples autochtones – *Une relation à redéfinir*, Partie I (Ottawa, ministère de l'Approvisionnement et des Services, Canada, 1996, p. 9).

L'esprit national des Premières nations, des Inuits et des Métis ne reposait pas sur les mêmes fondements que celui des pays européens, qui constituaient souvent un regroupement compliqué de peuples dont la langue, la religion et les traditions étaient différentes et qui ont été réunis par la force ou en raison de considérations dynastiques. Les Premières nations, les Inuits et les Métis sont des nations dans le sens original et véritable du terme – un regroupement de personnes réunies par les liens de la langue, de la culture et de l'origine ethnique et qui ont en commun la volonté de conserver leur caractère unique et leur autonomie politique.

L'organisation interne complexe des familles, des clans et de la parenté signifiait que les gouvernements des Premières nations, des Inuits et des Métis s'appuyaient sur un consensus plutôt que sur des décrets émanant d'un prince ou d'un parlement. L'ancienne langue, celle que parlaient nos ancêtres avant l'ajout d'éléments modernes provenant des contacts avec les Européens, conférait force et solennité au discours que tenaient nos chefs devant les nations européennes. Les Premières nations, les Inuits et les Métis n'ont jamais remis en question le fait qu'ils constituaient une nation ni les liens sacrés qui unissaient cette nation à la terre, et ils n'ont jamais eu l'intention de nier ceux-ci.

La *Proclamation royale de 1763* montre que la couronne d'Angleterre l'entendait de la même manière. Émise par le roi d'Angleterre en réponse aux incursions des colons sur nos territoires, elle fait référence aux relations de nation à nation et aux obligations fiduciaires de protection de notre territoire qui échoient à l'État, comme on le voit dans la citation suivante :

> ... que les différentes nations et tribus de sauvages avec lesquelles nous avons quelques relations et qui vivent sous notre protection, ne soient ni inquiétées, ni troublées dans la possession de telles parties de nos domaines et territoires qui ne nous ont pas été cédées, ni n'ont été achetées par nous, leur sont réservées ou à aucun d'eux, comme leur pays de chasse...[13]

Cet engagement commun envers les relations de nation à nation s'est maintenu bien après le début de l'ère coloniale. En 1867, cependant, la couronne d'Angleterre a répudié cette entente commune et ses propres politiques en donnant au Parlement du Canada compétence sur « les Indiens et les terres réservées pour les Indiens » en vertu du paragraphe 91(24) de la *Loi constitutionnelle de 1867*. Notre nation a été presque entièrement laissée de côté

[13] *Proclamation royale de 1763*, L.R.C., 1985, appendice II, n° 1.

par la nouvelle structure fédérale. L'année suivante, le Canada a pris le contrôle direct de nos territoires[14] et, en 1876, a adopté la première version de la *Loi sur les Indiens* dans le but de rationaliser et de faciliter l'administration de nos terres ainsi que de contrôler l'autonomie politique des Premières nations, des Inuits et des Métis[15].

Comme on le signale dans de nombreuses décisions judiciaires et études publiées, y compris le rapport de la Commission royale sur les peuples autochtones, le Canada a de plus en plus manqué à ses promesses, au cours des décennies qui ont suivi la Confédération, en ne respectant pas les relations de nation à nation inscrites dans la Proclamation royale et les différents traités; il a au contraire adopté des politiques explicites visant à affaiblir notre nation et à nous assimiler à la population du Canada[16]. On traitera de façon détaillée des politiques d'assimilation adoptées par le Canada dans la section intitulée « Nos langues : Notre responsabilité, le devoir du Canada ».

Quoi qu'il en soit, les nombreux traités historiques dont on vient de parler, les traités plus récents conclus au Québec, en Colombie-Britannique et dans le Nord du Canada ainsi que les traités en cours de négociation et les traités annoncés ont pour prémisse la reconnaissance, par le Canada, du fait que les Premières nations, les Inuits et les Métis, à titre de locuteurs des premières langues parlées au Canada, étaient – et demeurent – des nations avec lesquelles il est pertinent et juste d'entretenir des relations différentes des relations entretenues avec les autres groupes de Canadiens. C'est là un fait historique ainsi qu'une réalité politique et constitutionnelle moderne. L'esprit national des Premières nations, des Inuits et des Métis, qui nous distingue de façon fondamentale des autres Canadiens, est reconnu et affirmé dans l'article 35 de la *Loi constitutionnelle de 1982*; il correspond aux droits des Autochtones et aux droits garantis par traités.
Avant l'arrivée des Européens sur notre continent, la « collectivité humaine complexe et hétérogène »[17] des peuples autochtones vivant sur notre territoire formait un monde en soi – un monde séparé de l'Europe par une énorme distance et dont les langues, les cultures, les traditions et les philosophies étaient toutes aussi éloignées. Les contacts constants avec les Européens ont débouché sur une longue période de coopération s'appuyant sur un grand nombre de partenariats commerciaux et d'alliances militaires. Cette collaboration a supposé une adaptation considérable à la culture de l'autre et a présidé à la conclusion d'alliances spontanées ou de traités et protocoles plus officiels; tout cela a resserré les liens entre les sociétés des Premières nations, des Inuits et des Métis et les sociétés des immigrants.

Malgré les relations économiques et les alliances qui se sont formées, nous avons néanmoins continué de fonctionner dans des univers séparés pendant cette période de coopération. Nos cultures respectives n'ont pas perdu leur caractère distinctif. En fait, les traits qui nous distinguent les uns des autres – et tous les aspects des cultures des Premières nations, des Inuits et des Métis qui nous distinguaient et nous distinguent toujours des autres Canadiens – sont au cœur des droits reconnus aux Autochtones et confirmés par l'article 35 de la *Loi constitutionnelle de 1982*. Dans l'arrêt *Van der Peet*, la Cour suprême du Canada affirme que les droits des Autochtones sont fondés sur les pratiques, coutumes et traditions inhérentes aux cultures distinctives des peuples autochtones[18]. Dans le commentaire suivant, la Cour explique cette affirmation :

[Traduction]

> ... Les pratiques, les traditions et les coutumes sont un élément central et explicite de la culture distinctive d'une société... elles contribuent au caractère distinctif de sa culture – c'est-à-dire qu'elles ont *réellement créé la société telle qu'elle est*[19]. [en italiques dans l'original]

Dans d'autres décisions clés, les tribunaux ont clairement reconnu et soutenu le caractère distinctif de nos cultures et de nos langues. Par exemple, dans l'arrêt *Sioui*, la Cour suprême dit de l'approche adoptée par l'Europe envers les Premières nations qu'il « s'avère de bonne politique d'entretenir avec elles des relations très proches de celles qui étaient maintenues entre nations souveraines[20]. » D'ailleurs, les jugements des tribunaux ne visent pas uniquement les Premières nations. Dans d'autres causes, les tribunaux ont formulé des commentaires favorables sur le caractère distinctif inhérent des Inuits et des Métis, et de leurs cultures.

En 1979, dans l'arrêt *Baker Lake*[21], par exemple, la Cour fédérale a reconnu le bien-fondé du titre ancestral détenu

14 *Acte pourvoyant à l'organisation du Département du Secrétaire d'État du Canada, ainsi qu'à l'administration des Terres des Sauvages et de l'Ordonnance*, C.S., 1868, c. 42.

15 On trouvera une analyse plus détaillée de la *Loi sur les Indiens* dans le rapport de la Commission royale sur les peuples autochtones, *voir* note 9, p. 255–322.

16 *Ibid.* p. 137–99.

17 J.R. Miller, *Skyscrapers Hide the Heavens: A History of Indian-White Relations in Canada*, Presses de l'Université de Toronto, Toronto, 1989, p. 4.

18 *Van der Peet c. The Queen*, 1996, 4 C.N.L.R., 177 à 201.

19 *Ibid*, 204.

20 *R. c. Sioui*, 1990, 3 C.N.L.R., 127..

21 *Baker Lake c. ministère des Affaires indiennes et du Nord canadien*, 1979, 1 F.C., 487.

par les Inuits de la région de Baker Lake, dans les Territoires du Nord-Ouest. La Cour a fondé sa décision sur le fait qu'au moment où l'Angleterre a établi sa souveraineté, les Inuits habitant cette région appartenaient à une société organisée occupant de façon exclusive des terres ancestrales[22]. Par la suite, les Inuits ont utilisé cet important précédent jurisprudentiel pour réclamer, en vertu de leur statut inhérent de nation confirmé par leurs traditions, leurs langues et les cultures, l'autonomie gouvernementale sur de vastes régions des territoires ancestraux du Nunavik (nord du Québec), du Nunavut et du Nunaakput (les Territoires du Nord-Ouest). Dans le nord du Labrador, des négociations sont en cours afin de régler les revendications territoriales et d'accorder aux Inuits l'autonomie gouvernementale au Nunatsiavut.

Plus récemment, dans l'arrêt *Powley*, la Cour suprême a reconnu que la communauté métisse de Sault Ste. Marie (Ontario) et des environs avait le droit constitutionnel de chasser pour se nourrir. La portée de cette décision va beaucoup plus loin que la question de la chasse; en effet, la Cour a pris le temps d'étudier les origines et la culture des Métis et de formuler des commentaires. Au sujet du caractère distinctif des Métis, qui les désigne comme un peuple ayant droit à la protection de la Constitution, la Cour formule l'observation suivante :

> Les Métis du Canada ont en commun d'avoir créé une culture nouvelle et une identité collective distincte de celles de leurs ancêtres indiens ou inuits d'une part et de leurs ancêtres européens d'autre part [...] Le trait important qui caractérise les Métis du point de vue constitutionnel est leur statut spécial en tant que peuples ayant vu le jour entre le premier contact des Indiens avec les Européens et la mainmise effective de ces derniers sur le territoire. L'inclusion des Métis à l'art. 35 représente l'engagement du Canada à reconnaître et à valoriser les cultures métisses distinctives, cultures qui se sont développées dans des régions n'étant pas encore ouvertes à la colonisation et qui, comme l'ont reconnu les rédacteurs de la *Loi constitutionnelle de 1982*, ne peuvent survivre que si les Métis bénéficient de la même protection que les autres communautés autochtones[23].

En résumé, il est clair que les Premières nations, les Inuits et les Métis sont des nations, pas seulement parce qu'elles présentent les attributs juridiques et politiques d'une nation, conformément à la définition des tribunaux européens ou canadiens, mais parce que, depuis toujours et aujourd'hui encore, leurs langues, leurs cultures, leurs formes traditionnelles d'organisation politique sont indéniablement différentes, qu'elles jouissent de l'autonomie gouvernementale et qu'elles ont toutes le désir de conserver tous les traits qui concourent à les distinguer.

Nos langues : notre responsabilité, le devoir du Canada

Les relations uniques de l'État avec les Premières nations, les Inuits et les Métis sont, par nature, fiduciaires. Tous les gouvernements canadiens qui agissent au nom de l'État ont donc une obligation de loyauté envers les peuples autochtones du Canada et le devoir de les protéger. De plus, cette obligation ne peut être déléguée à un ministère ou à un organisme. Elle relève de l'ensemble des gouvernements du Canada, des provinces et des territoires; elle ne peut être confiée à une autre entité, et il est impossible de s'y soustraire. Le gouvernement fédéral, par exemple, ne peut déléguer au ministère du Patrimoine canadien, comme il le fait pourtant, les obligations de la Couronne selon lesquelles il doit protéger nos langues. D'importants ministères fédéraux, par exemple ceux de la Justice, des Affaires indiennes et du Nord canadien, de la Santé, de la Sécurité publique et de la Protection civile, de même que de grands organismes fédéraux comme la Commission de la fonction publique, doivent, entre autres, respecter ces obligations.

Cela dit, cependant, le Canada ne peut se substituer à nous lorsqu'il s'agit de parler de nos langues. Il ne peut pas les revitaliser. Il ne peut pas en assurer la promotion parmi nos peuples. Nous devons, puisque cela est légitime, nous charger de l'enseignement de nos langues et de nos cultures – nous sommes les premiers professeurs, et les plus compétents. Nous devons d'abord parler nos propres langues à nos enfants, dans nos foyers et dans nos collectivités, et nous devons le faire tous les jours. Nous ne pouvons nous décharger de cette tâche sur les écoles ou la génération suivante. Si nous voulons conserver, revitaliser et protéger nos langues, nous devons appliquer des méthodes et des stratégies traditionnelles et contemporaines, et élaborer de nouvelles approches. Nous croyons qu'ainsi, il sera possible d'assurer le maintien et l'utilisation des langues des Premières nations, des Inuits et des Métis, particulièrement chez les jeunes.

Bien des facteurs expliquent la situation actuelle de nos langues. Même si le Canada et les Églises ont reconnu leur part de responsabilité à l'égard des préjudices causés à nos langues et à nos cultures, nous reconnaissons que d'autres

22 *Ibid.*, 557–58.

23 *R. c. Powley*, 2003, 4 C.N.L.R., 321, à la page 327.

facteurs, liés à des tendances internationales, ont accentué encore davantage la perte de la langue et de la culture chez les Premières nations, les Inuits et les Métis. Mais nous ne sommes pas obligés d'y voir des obstacles insurmontables qui nuiraient à notre appel à l'action.

Nos langues et nos cultures doivent pouvoir s'épanouir sans contraintes avec le soutien de la collectivité et des leaders de tous les paliers. Nous recommandons, dans le présent rapport, l'élaboration d'une stratégie nationale complète qui sera mise en œuvre par un organisme linguistique national représentant les Premières nations, les Inuits et les Métis. Cette stratégie s'appuie sur le postulat selon lequel nous devons réagir à la situation actuelle de nos langues et de nos cultures y compris les langues en voie d'extinction et les langues menacées. Les langues des Premières nations, des Inuits et des Métis sont toutes sacrées, et elles sont aussi importantes les unes que les autres. Elles exigent toutes une attention immédiate. Comme l'a indiqué une participante pendant les consultations organisées à Fort Qu'Appelle, en Saskatchewan :

[Traduction]

> ... Notre langue est sacrée. Nos cérémonies et nos prières se déroulent dans notre langue, et nous devons absolument l'apprendre.
>
> Nos petits-enfants errent; ils sont perdus parce qu'ils ont perdu leur langue. Nous devrions faire de notre mieux pour enseigner cette langue, avec les moyens dont nous disposons. Nous n'avons pas besoin de programmes. Nous avons des outils : des chaises, des tables, des bureaux. Nous avons tout ce dont nous avons besoin pour enseigner la langue. Vous parlez de programmes, et il en existe déjà une foule. On dépense des milliers de dollars, mais ces programmes ne sont pas adaptés à notre mode de vie[24].

Dans le passé, le Canada a pris des mesures qui étaient en réalité des tentatives délibérées d'affaiblir nos langues et nos cultures et il est dans l'obligation de fournir les ressources nécessaires pour soutenir une stratégie à long terme. Le racisme systémique et les agressions constantes visant notre identité fondamentale de premiers peuples habitant le territoire nous empêchent encore de vivre selon notre culture et de parler notre propre langue. C'est pourquoi il est devenu urgent de redonner à nos langues la place qui leur revient de droit.

Une bonne partie du rapport final de la Commission royale sur les peuples autochtones est consacrée à la description détaillée des mesures adoptées par le Canada dans le passé. Le Canada a imposé des déplacements, il a attaqué les gouvernements traditionnels et les pratiques spirituelles, et il a restreint les définitions inscrites dans la *Loi sur les Indiens*, ce qui a exclu certaines personnes des réserves, il a créé des pensionnats et il a adopté une foule d'autres mesures. Il avait pour objectif l'assimilation – c'est-à-dire l'élimination des différences entre les membres des Premières nations, les Inuits et les Métis, d'une part, et les autres Canadiens, d'autre part. Pour cela, il a cherché à affaiblir nos langues et nos cultures.

Nous n'allons pas nous étendre sur ces mesures préjudiciables; nous désirons simplement indiquer qu'elles résultent de l'attitude de supériorité raciale et culturelle affichée par les représentants du Canada et en raison de laquelle tout ce qui rendait les Premières nations, les Inuits et les Métis différents les rendait supposément inférieurs. Les pensionnats ainsi que les missionnaires offrent l'exemple le plus convaincant qui soit de la façon dont ces attitudes se traduisaient en pratique. L'objectif était ni plus ni moins de transformer les enfants des « sauvages » en adultes « civilisés » en leur enseignant à travailler comme la majorité et à se conformer aux mœurs et aux coutumes des anglophones en nombre dominant dans les provinces et territoires où ces écoles étaient situées.

La langue était la clé de ce processus de rééducation. Par exemple, à l'école Shingwauk, en Ontario, le révérend E.F. Wilson a dit aux représentants du gouvernement fédéral qu'il se faisait un point d'honneur à ce que les jeunes garçons parlent anglais parce que c'était la meilleure des façons de progresser dans la civilisation[25]. D'autres rapports et ouvrages ont documenté les effroyables châtiments dont ont été victimes les enfants qui vivaient dans ces écoles. Ils étaient souvent punis pour avoir simplement parlé leur langue ou pour avoir adopté un comportement conforme à leur propre culture. Mary Carpenter rend compte des méthodes employées pour la déposséder de sa langue, de sa culture et de son identité d'Inuite :

> Après une vie entière passée à être battue, à avoir faim, à me tenir debout sur une jambe dans un corridor et à marcher pieds nus dans la neige pour avoir parlé en inuvialuktun, et à avoir eu le visage frotté avec une pâte piquante, ce qui nous empêchait de nous exprimer à la manière esquimaude qui consiste à lever les sourcils pour dire «oui»

24 Groupe de travail sur les langues et les cultures autochtones, *Report on Proceedings: Consultation in Ft. Qu'Appelle*, Ft. Qu'Appelle (Saskatchewan), le 12 juin 2004, p. 29–30.

25 Cité dans le rapport de la Commission royale sur les peuples autochtones, *op. cit.*, note 9, p. 341.

et à froncer le nez pour dire «non», j'ai vite perdu la capacité de parler ma langue maternelle. Quand une langue meurt, le monde qui l'a engendrée tombe aussi en morceaux[26].

En fin de compte, on n'a pas réussi à assimiler les peuples des premières nations, les Inuits et les Métis. Ils existent toujours. Malgré les mesures coercitives qui visaient à éradiquer nos langues, celles-ci ont réussi à survivre. Nous en discuterons plus loin dans la section intitulée « Les langues des premières nations, des Inuits et des Métis – Situation actuelle ». Comme le révèlent les consultations organisées par le Groupe de travail (Partie VI), cependant, les peuples des Premières nations, les Inuits et les Métis sont déterminés à réparer les torts du passé. Ils sont prêts à assumer la responsabilité de la revitalisation de nos langues et de nos traditions. Mais ils n'y arriveront pas seuls. Ils nous ont dit qu'ils avaient besoin de l'aide des autres nations, mais aussi de celle du Canada.

Le Canada a fait un pas dans la bonne direction lorsqu'il a décidé de nous aider à assumer nos responsabilités. En 1997, dans la *Déclaration de réconciliation*, le Canada a reconnu que ses actions passées « ont mené à l'affaiblissement de l'identité des peuples autochtones, à la disparition de leurs langues et de leurs cultures et à l'interdiction de leurs pratiques spirituelles[27]. » Il reconnaît en particulier sa responsabilité à l'égard du système des pensionnats qui ont « empêché [les enfants] de parler leur propre langue, ainsi que d'apprendre leurs coutumes et leur culture[28] ». Le Canada a fait un autre pas dans la même direction, en 1998, en créant, au sein du ministère du Patrimoine canadien, l'Initiative des langues autochtones[29], première étape de la revitalisation de nos langues.

Nous prenons acte de ces premiers gestes posés par le Canada. Ils ont été utiles en commençant à sensibiliser l'ensemble des Canadiens et de mobiliser ceux qui enseignent les langues des Premières nations, des Inuits et des Métis ainsi que toutes les personnes qui militent en faveur de ces langues. Nous demandons au Canada de faire un pas de plus. Nous allons maintenant exposer notre vision de cette prochaine étape – de tout ce que nous devrons faire, ensemble, pour que les futures générations d'Autochtones du Canada puissent vivre dans une langue qu'elles connaîtront et réaliser la vision des langues vivantes proposée par notre Groupe de travail.

26 *Ibid.*, p. 372.

27 Canada, Ministère des Affaires indiennes et du Nord canadien, *Rassembler nos forces — Plan d'action du Canada pour les questions autochtones*, Ottawa, ministère des Travaux publics et des Services gouvernementaux, 1997, p. 4.

28 *Ibid.*, p. 5.

29 On trouvera une description de ce programme sur le site Web de Patrimoine canadien, à l'adresse suivante : www.canadianheritage.gc.ca/progs.

PARTIE IV : LES LANGUES DES PREMIÈRES NATIONS, DES INUITS ET DES MÉTIS : SITUATION ACTUELLE

Rentrez dans vos collectivités et n'oubliez pas les jeunes. Il ne faut pas les oublier comme on le fait parfois. Les jeunes sont importants, ils forment la prochaine génération. Nous devons leur demander ce dont ils ont besoin et ce qu'ils veulent, nous devons les amener à participer à ce projet et à en être fiers.

PARTIE IV : Les langues des Premières nations, des Inuits et des Métis : situation actuelle

Nos langues : la diversité de nos peuples

Une stratégie, qui a pour objectif d'aider les Premières nations, les Inuits et les Métis à faire revivre leurs langues et à leur donner plus d'importance, doit refléter la diversité de ces peuples et les divers degrés de vitalité de leurs langues. En outre, les quelque 61 langues qui sont toujours parlées sont, à divers degrés, affaiblies. Certaines sont encore largement utilisées, mais d'autres sont menacées d'extinction. Elles se situent pour la plupart entre ces deux extrêmes, mais elles sont toutes en danger.

Dans la présente section, nous analysons une partie des problèmes et des variations dans la situation des langues en fonction de leurs répercussions sur la planification et les programmes exécutés à l'échelle locale, régionale et nationale. Nous examinons pour commencer le vaste éventail des langues, du point de vue de leur diversité et de leur nombre, puis nous analysons la vitalité de ces langues en fonction du nombre de locuteurs et de l'existence d'un mode de transmission de génération à génération. Et puisque les membres des Premières nations, des Inuits et des Métis vivent souvent éloignés de leurs collectivités d'origine, nous étudions aussi la situation de la langue en milieu urbain.

Les Premières nations parlent, au total, au moins 59 langues, qui constituent le groupe le plus important, sur le plan du nombre, des langues autochtones encore utilisées au Canada. On les a classées en 11 familles linguistiques différentes[30]. Comme on l'a déjà indiqué, chaque langue compte un certain nombre de dialectes. Les langues des trois principales familles linguistiques des Premières nations du Canada – la famille dénée (Athapaskan), la famille algonquine et la famille sioux – sont parlées dans de vastes régions du Canada et des États-Unis. Chaque famille linguistique est unique et distincte des autres. La langue crie, de la famille des langues algonquines, est aussi différente du mohawk, en ce qui concerne sa phonétique, sa grammaire et son vocabulaire, que l'anglais l'est du japonais. On observe même d'énormes différences entre les langues d'une même famille linguistique : le halq'emeylem, langue parlée dans la région de Vancouver (Colombie-Britannique) est aussi différent du Nsilxcen (Okanagan) que le finlandais l'est du hongrois, qui font partie de la famille des langues finno-ougriennes ou ouraliques. C'est en Colombie-Britannique que la diversité linguistique est la plus grande : on y parle la langue de huit des 11 familles linguistiques.

Les Inuits parlent de multiples dialectes d'une seule langue, mais ils peuvent se comprendre les uns les autres. Cette langue unique s'appelle l'inuktitut dans l'Arctique de l'Est, l'inuvialuktun dans la région du delta de Beaufort, l'inunnaqtun dans l'Ouest de l'Arctique et l'inuttitut dans le Nord du Québec et le Labrador[31].

Le michif, l'unique langue nationale des Métis, combine la structure syntaxique et les verbes de la langue crie et la structure d'expressions nominales du français[32]. Outre le michif, de nombreux Métis parlent une des langues des Premières nations, notamment le cri, le dakota, l'ojibway et le déné.

Situation des langues des Premières nations, des Inuits et des Métis

On détermine la vitalité d'une langue selon plusieurs facteurs. Les deux paramètres les plus souvent utilisés visent le nombre de locuteurs « compétents » et le taux de représentants de la génération suivante qui apprennent et parlent la langue (transmission de génération à génération). Il existe déjà des études publiées par des auteurs et des linguistes qui ont estimé le nombre de locuteurs compétents d'une langue particulière ou d'une autre. Nous n'avons cependant aucune donnée précise sur le nombre de locuteurs compétents; c'est qu'il est

30 Lorsque les linguistes ont entrepris de réunir de façon systématique des données sur les langues parlées par les Premières nations et les Inuits de l'Amérique du Nord, pendant la deuxième moitié du XIXe siècle, et de les classer en familles et en groupes en fonction de leurs relations génétiques, ils ont donné à ces familles linguistiques un nom tiré d'un mot qui reflète leurs points communs. Ils ont parfois choisi le mot par lequel se désignait un des groupes autochtones faisant partie de cette famille linguistique (les Salish = les Flathead de Bitterroot Valley, en Idaho; « Algonquins », du peuple algonquin de la vallée de la rivière Outaouais); d'autres fois, ils ont choisi l'expression par laquelle les autres groupes autochtones désignaient les locuteurs de cette famille linguistique (« eskimos » signifiant « fabricants de raquettes » dans les langues algonquines) ou encore un terme choisi par un linguiste (« Athapaskan » serait tiré du mot cri « Athapaskaw » qui désigne des touffes d'herbe ou de roseaux dispersées ici et là). Chacun des groupes autochtones avait, et a encore, un nom qui le désigne en tant que peuple et un nom pour sa langue; ce sont les groupes autochtones eux-mêmes qui ont décidé de l'orthographe de ces mots.

31 Au Nunavut, un comité parlementaire spécial chargé de l'examen de la *Loi sur les langues officielles* a recommandé, dans son rapport provisoire, que l'Inuinnaqtun soit classé à part, avec l'Inuktitut dans la *Loi sur les langues officielles* du Nunavut (Assemblée législative du Nunavut, Comite spécial d'examen de la *Loi sur les langues officielles*, rapport final, décembre 2003).

32 La structure des phrases du michif et la plupart des mots de son vocabulaire sont inspirés du cri. C'est pourquoi on peut aussi classer le michif dans la famille des langues algonquines; c'est d'ailleurs ce qu'a rapporté Statistique Canada.

non seulement difficile de les dénombrer, mais aussi que l'on n'a pas encore répondu à une question fondamentale, à savoir comment déterminer la compétence linguistique[33]. Malgré ces limites, les études en question témoignent de la vitalité relative des langues des Premières nations, des Inuits et des Métis et nous aident à définir le champ d'action d'une stratégie nationale visant la revitalisation des langues. Dans l'une de ces études, Kinkade a compilé des données sur le nombre estimatif de locuteurs et il brosse le tableau suivant des langues des Premières nations et des Inuits[34] :

- Le cri compte, et de loin, le plus grand nombre de locuteurs; on croit qu'ils sont 80 000. Vient ensuite l'ojibway, avec 45 000 locuteurs, l'inuit (inuktitut), avec 25 000 locuteurs et le chipewyan, qui compte 15 000 locuteurs.
- Parmi les langues de moyenne importance on retrouve le micmac, certaines des langues dénées (athapaskan), le mohawk, le dakota et le nakoda; ces langues comptent toutes de 7 000 à 15 000 locuteurs.
- De leur côté, les langues des Salishs de l'intérieur de la Colombie-Britannique, les langues de la famille du tsimshian, le kwakw'ala, le nuu-chaa-nulth et plusieurs langues de moindre importance de la famille dénée du Nord de la Colombie-Britannique, des Territoires du Nord-Ouest et du Yukon comptent de 300 à 1 000 locuteurs.
- Certaines langues des Salishs du littoral, la plupart des langues iroquoiennes, certaines langues des Dénés du Nord, le malécite, ainsi que l'heiltsuk, l'haisla, le ktunaxa et le tlingit, comptent de 50 à 200 locuteurs.
- On indique aussi que d'autres langues comme le han, le tagish, le tahltan, le munsee (delaware) et la langue des Abénakis de l'Ouest et des Tananas d'en Haut comptent moins de 50 locuteurs.

33 Il n'existe encore aucune définition unique ou universellement acceptée de la compétence linguistique. Ce concept reste donc subjectif, et sa définition varie en fonction de la perspective ou de l'expérience de chaque personne. Selon les linguistes, la compétence linguistique suppose la maîtrise précise de la phonologie et de la grammaire, la capacité de communiquer dans la langue et un vocabulaire étendu, y compris un vocabulaire spécialisé. Les locuteurs compétents respectent de façon intuitive les systèmes phonologique et grammatical et ils utilisent un vaste vocabulaire sans devoir recourir aux codes de la langue dominante; leur compétence témoigne de leur connaissance de l'art de la conversation et de la culture. Dans le chapitre intitulé « Sm'algyax Language Renewal: Prospects and Options » (*Revitalizing Indigenous Languages*, sous la direction de Jon Reyhner, Gina Cantoni, Robert N. St. Clair et Evangeline Parsons Yazzie, Northern Arizona University, Flagstaff, Arizona, 1999, p. 17–32, site Web : http://jan.ucc.nau.edu/), Daniel S. Rubin a défini cinq niveaux de compétence — la connaissance passive, la connaissance symbolique, la compétence fonctionnelle, la maîtrise et la créativité.

34 M. Dale Kinkade, « The Decline of Native Languages in Canada », dans *Endangered Languages*, sous la direction de Robert H. Robins et Eugenius M. Uhlenbeck, Oxford, Berg Publishers, 1991, p. 157–76.

Les linguistes et les spécialistes de l'aménagement linguistique évaluent la vitalité d'une langue sur une échelle allant de « prospère » à « menacée ». Voici comment se présentent les différents échelons de l'échelle de Bauman utilisée dans un certain nombre d'études communautaires[35] :

Les langues florissantes comptent des locuteurs de tous les groupes d'âge, et la transmission de génération à génération est ininterrompue; la langue est soutenue dans tous les aspects de la vie communautaire ou familiale et est utilisée pour l'enseignement et les communications.

Les langues stables sont parlées par une masse critique ou un certain pourcentage de personnes représentant toutes les générations; cependant, certains locuteurs utilisent, à la maison, au travail ou pour communiquer avec le reste du monde, une autre langue.

Les langues déclinantes sont parlées par une bonne partie de la population adulte, peut-être la moitié, mais une partie seulement des jeunes et des enfants les comprennent; la plupart d'entre eux utilisent la langue dominante du pays ou de la région.

Les langues en voie de disparition sont parlées par la génération la plus ancienne, les Aînés, mais les adultes en âge de procréer utilisent presque tous une langue différente avec leurs enfants; ils interrompent ainsi la transmission intergénérationnelle.

Les langues dans un état critique ne sont parlées que par une poignée de locuteurs âgés et par un faible nombre d'adultes en âge de procréer; la transmission intergénérationnelle ne se fait plus, et aucun nouveau locuteur n'est formé.

Les langues éteintes ou en latence ne sont plus parlées ni enseignées par personne ni transmises de génération à génération, de façon naturelle. Il est intéressant de signaler que certaines langues officiellement « éteintes » font l'objet de tentatives de revitalisation[36].

Les organismes des Premières nations et ceux des provinces et des territoires ont réalisé des études sur la situation des langues des Premières nations et des

35 Bauman, James, *A Guide to Issues in Indian Language Retention*, Centre for Applied Linguistics, Washington, D.C., 1980.

36 Leanne Hinton et Ken Hale (dir.), *The Green Book of Language Revitalization in Practice*, Academic Press, San Diego, 2000.

Inuits afin de déterminer dans quelle mesure elles étaient transmises de génération en génération[37].

Une étude réalisée à l'échelle du Canada en 1989 (et complétée en 1991 par l'Assemblée des Premières nations) a examiné la survie ou le déclin des langues, à l'échelle de la collectivité, en utilisant l'échelle de Bauman[38]. Sur les 600 collectivités des Premières nations, 171 ont participé à cette étude. On a dégagé les tendances suivantes :

- 21 Premières nations (12 %) utilisaient une langue florissante (plus de 80 % des membres, tous âges confondus, maîtrisaient leur langue, et un grand nombre étaient capables de la lire et de l'écrire).
- 31 Premières nations (18 %) parlaient une langue stable (plus de 60 % des membres, tous âges confondus, maîtrisaient leur langue).
- 48 Premières nations (28 %) utilisaient une langue en déclin (au moins 50 % de la population adulte et un pourcentage moindre de jeunes utilisaient la langue).
- 52 Premières nations (30 %) parlaient une langue menacée de disparition (dans certains cas, moins de 50 % de la population adulte et un pourcentage encore plus faible de jeunes utilisaient la langue; dans d'autres cas, plus de 80 % des Aînés utilisaient la langue, mais personne de moins de 45 ans ne la parlait).
- Dans 11 % des cas (19 Premières nations) la langue était dans un état critique (on comptait moins de dix locuteurs, ou encore aucun locuteur connu ne vivait dans la collectivité).

L'étude de l'Assemblée des Premières nations montre que la vitalité des langues varie énormément selon les différentes collectivités des Premières nations. Par exemple, dans les différentes collectivités des Premières nations, la langue crie de même que les langues dénées étaient soit stables, soit dans un état critique.

Utilisation de la langue à la maison

Contrairement aux études dont nous venons de parler, qui évaluaient le nombre de locuteurs compétents dans chaque collectivité, le Recensement de Statistique Canada et les Enquêtes auprès des peuples autochtones effectuées après ce recensement en 1991, en 1996 et en 2001 mesurent le nombre de personnes qui, au sein des Premières nations, des Inuits et des Métis, parlent une langue maternelle autochtone; l'âge moyen des personnes qui connaissent une langue autochtone et le nombre de personnes qui utilisent une langue autochtone à la maison, fréquemment ou de façon régulière.

Même si le Recensement est une source d'information importante, **il faut faire preuve de circonspection lorsqu'on interprète les données qui concernent les langues des Premières nations, des Inuits et des Métis**. Certaines collectivités n'ont pas participé à l'étude. Les données qui concernent les langues de la famille iroquoienne et certaines langues algonquines ne sont pas représentatives puisqu'elles ne visent pas l'ensemble des réserves. On dispose en outre de données incomplètes sur un grand nombre de langues parlées par de petites populations, qui n'ont pas été traitées séparément, mais qui ont été regroupées dans une même famille linguistique. Le cas le plus frappant est celui du michif. Cette langue est traitée de façon distincte depuis 2001 seulement; auparavant, on la classait parmi les « autres langues algonquines ». Il est en outre possible que le rapport contienne des inexactitudes résultant d'erreurs dans l'échantillonnage ou l'établissement des rapports (lorsque la population visée par l'étude était de petite taille), des techniques utilisées pour l'administration du questionnaire ou encore le libellé des questions sur la langue, que les personnes interviewées n'ont peut-être pas bien comprises.

Malgré les lacunes des données tirées du Recensement qu'a constatées le Groupe de travail, les renseignements l'ont néanmoins aidé à cerner les tendances générales relatives à la vitalité des langues. Selon les données du recensement de 1996, compilées par Norris, trois des langues qui comptent plus de 25 000 locuteurs – le cri, l'ojibway et l'inuktitut – sont des langues « viables ». Cela signifie que les répondants qui ont déclaré utiliser à la maison leur langue autochtone maternelle étaient relativement jeunes et qu'il est possible, en conséquence, que la langue se maintienne grâce à la transmission de génération à génération. Par exemple, l'âge moyen des personnes qui parlent l'inuktitut à la maison était de 23,9 ans – ce qui correspond tout à fait à l'âge de la procréation.

Un certain nombre de langues utilisées par de petites populations (comptant moins de 10 000 personnes) sont

37 Assemblée des Premières Nations 1989, 1991, 2000, Manitoba 1997, Saskatchewan 1991, Gouvernement des Territoires du Nord-Ouest 2000; Enquête sur la langue, bande de Kwadacha (Ignace 2002); Enquête sur la langue, bande d'Heiltsuk (Ignace 2002); Secwepemc Cultural Education Society 1995; Matthew 1999; First Nations, Inuit and Métis Culture, Heritage and Language Foundation (Colombie-Britannique) 2003; Yukon Aboriginal Language Service 2004.

38 Données publiées dans les rapports de l'Assemblée des Premières nations : *Towards Linguistic Justice for First Nations* (Ottawa, 1990) et *Towards Rebirth of First Nations Languages* (Ottawa, 1992). Encore une fois, puisque ces données ont été fournies par les intéressés, il faut les analyser avec circonspection. La manière dont chaque personne évalue sa compétence linguistique a aussi une incidence sur l'enquête.

toujours parlées par les jeunes. Elles pourraient donc se maintenir grâce à la transmission intergénérationnelle. Il s'agit notamment du micmac, du montagnais-naskapi, du malécite, de l'attikamek, de l'oji-cri, de la langue pied-noir, de la famille des langues algonquines, et du dakota, de la famille des langues sioux. D'autres langues sont dans la même situation. Le gitksan, de la famille des langues tsimshiennes ainsi que l'esclave du Sud, le dogrib, le chipewyan, le porteur et le chilcotin, de la famille des langues dénées, sont toutes parlées, à la maison ou ailleurs, par des personnes de moins de 41 ans, c'est-à-dire des personnes qui sont encore en âge de procréer.

Selon les données sur l'âge moyen des locuteurs et l'utilisation de la langue à la maison, dans un certain nombre de cas, la langue est en voie de disparition. C'est le cas notamment des langues salishennes, du nuu-chah-nulth (nootka) et du kuitkiutl (wakashan), du haïda, du kutenai et du tlingit; l'âge moyen des personnes dont c'est la langue maternelle est d'environ 50 ans.

Norris a analysé les données de l'Enquête auprès des peuples autochtones réalisée en 2001[39] pour constater que plusieurs langues, y compris des langues en assez bonne santé, comme le cri et l'ojibway, ont perdu du terrain, puisque le nombre de répondants qui indiquent qu'il s'agit de leur langue maternelle a diminué. La perte est particulièrement importante en ce qui concerne le pied-noir et le porteur. C'est probablement en raison du vieillissement des personnes qui parlent une langue autochtone, qui finiront par disparaître et qui ne sont pas remplacées par de jeunes locuteurs. D'autre part, certaines langues dénées de même que le montagnais-naskapi, l'attikamek et le micmac comptent un plus grand nombre de locuteurs qui indiquent qu'il s'agit de leur langue maternelle. On peut donc croire que les jeunes apprennent cette langue à la maison.

Les données du Recensement de Statistique Canada ne fournissent pas un aperçu complet des nombreuses langues qui ne comptent que quelques locuteurs. Les études réalisées à l'échelle locale permettent cependant de combler cette lacune. En Colombie-Britannique, on vient de faire une évaluation des besoins linguistiques des Premières nations[40] qui a permis de documenter la situation des quelque 30 langues parlées dans cette province. Quoique partielles, les données concernant les langues parlées en Colombie-Britannique permettent d'établir que les locuteurs compétents se répartissent comme suit :

- Aucun n'a moins de cinq ans
- Deux ont entre six et 15 ans
- 16 ont entre 16 et 29 ans
- 153 ont entre 30 et 45 ans
- 1 631 ont entre 46 et 65 ans
- 1 675 ont 65 ans ou plus

Ces données confirment que les langues autochtones de la Colombie-Britannique ne sont plus transmises de génération à génération et que presque aucun enfant n'apprendra une langue autochtone à la maison. Les adultes en âge de procréer, surtout les jeunes adultes, possèdent rarement leur langue maternelle.

En ce qui concerne la compréhension ou l'utilisation partielle de la langue, les réponses sont un peu plus encourageantes; voici comment se répartissent les locuteurs :

- 163 avaient moins de cinq ans
- 748 avaient entre six et 15 ans
- 969 avaient entre 16 et 29 ans
- 1 146 avaient entre 30 et 45 ans
- 1 100 avaient entre 46 et 65 ans
- 407 avaient 65 ans et plus

Comme on le voit, 748 enfants de six à 15 ans connaissent, dans une certaine mesure, une langue des Premières nations; on ne sait pas, toutefois, s'ils l'ont apprise à la maison ou dans le cadre de programmes scolaires. Mais puisque de nombreux adultes en âge de procréer parlent ou comprennent, partiellement, une langue autochtone, il est possible que les enfants puissent l'apprendre à la maison.

Les langues des Premières nations, des Inuits et des Métis en milieu urbain

Une stratégie visant à répondre aux besoins linguistiques devra aussi tenir compte du nombre important de personnes et de familles qui ne vivent plus dans leurs collectivités d'origine. Ces personnes se retrouvent souvent dans de grandes agglomérations urbaines. La Commission royale sur les peuples autochtones souligne l'importance de la langue et de la culture pour les membres des Premières nations, les Inuits et les Métis qui vivent en milieu urbain et met en relief les obstacles qui empêchent un grand nombre d'entre eux de les perpétuer, souvent en raison de problèmes d'ordre social ou économique[41].

39 Pour obtenir le tableau détaillé de ces données, établies par M.J. Norris et citées dans « *The Diversity and State of Aboriginal Languages in Canada* », veuillez consulter l'annexe E.

40 First People's Heritage Language and Culture Council, Victoria, 2003.

41 Voir la partie 7, « La dimension urbaine » au Canada, du rapport final de la Commission royale sur les peuples autochtones, volume 4, Ottawa, 1996.

De plus :

> ... puisqu'ils sont isolés de leurs familles et de leurs collectivités d'origine, qu'il n'existe pas suffisamment de ressources et d'activités adaptées à leurs cultures et qu'ils doivent, pour obtenir des programmes et des services, traiter avec des institutions et des organismes non autochtones, les Autochtones ont de la difficulté à conserver leur identité propre et, encore plus, leurs langues autochtones[42].

Les données de Statistique Canada confirment que les personnes isolées de leur collectivité perdent leurs langues ou en adoptent une autre. Norris a analysé les données du recensement et révélé qu'entre 1996 et 2001, selon plusieurs indicateurs clés, les langues autochtones ont montré des signes de faiblesse chez les Inuits, les Métis et les Indiens de l'Amérique du Nord qui vivent à l'extérieur des réserves[43].

- La proportion d'Indiens de l'Amérique du Nord qui parlent suffisamment bien une langue des Premières nations pour soutenir une conversation est passée de 20 % en 1996 à 16 % en 2001; la proportion de ceux qui parlent leur langue à la maison est passée de 13 % à 8 %.
- Parmi les Indiens de l'Amérique du Nord qui ont 14 ans ou moins et vivent à l'extérieur d'une réserve, la proportion de ceux qui connaissent suffisamment une langue autochtone pour soutenir une conversation a diminué, passant de 12 % en 1996 à 9 % en 2001.

Chez les Métis, la situation de la langue est critique. Seulement 5 % des Métis, tous âges confondus, étaient capables, en 2001, de soutenir une conversation en michif ou dans une langue des Premières nations; l'année précédente, cette proportion s'établissait à 8 %. Seulement 2 % d'entre eux parlaient leur langue à la maison, en 2003, par rapport à 3 %, en 1996. De façon absolue, même si l'on compte près de un million de personnes qui se décrivent comme des Métis, moins de 1 000 d'entre eux sont capables de parler le michif. Donc, moins de la moitié de un pour cent des Métis sont capables de s'exprimer en michif, la langue officielle et historique de la nation Métis.

L'inuktitut, par contre, reste relativement important dans le nord. C'est ce que confirment les données du recensement :

- La proportion d'Inuits capables de soutenir une conversation dans leur langue est restée stable; elle s'établit à 82 % en 1996 et en 2001.
- On constate une légère diminution au chapitre de l'utilisation de la langue à la maison. En 2001, 64 % des enfants inuits parlaient le plus souvent leur langue à la maison; cinq ans plus tôt, cette proportion s'établissait à 68 %.

Le fait qu'en général les langues des Premières nations, des Inuits et des Métis ne soient pas utilisées à la maison par les personnes vivant en milieu urbain rend la transmission intergénérationnelle extrêmement difficile. Les langues parlées des peuples qui présentent un niveau élevé de migration vers les régions urbaines sont extrêmement vulnérables. Il faudra élaborer une stratégie adaptée à cette réalité.

Même si, chez les membres d'une Première nation, les Inuits et les Métis qui sont séparés de leurs collectivités d'origine, la situation de la langue est précaire, il est évident que les Premières nations, les Inuits et les Métis veulent parler leurs langues respectives. L'Enquête auprès des peuples autochtones a permis de mesurer l'intérêt manifesté envers l'apprentissage d'une langue autochtone, par les Métis, les Inuits et les Indiens de l'Amérique du Nord (membres de Premières nations) vivant à l'extérieur d'une réserve. Les Inuits se montrent les plus intéressés (87 %), puis les membres des Premières nations (64 %) et enfin, les Métis (50 %).

Résumé de la situation des langues

Comme l'illustre toute cette analyse, la situation des langues des Premières nations, des Inuits et des Métis n'est pas partout la même parce que les peuples des Premières nations, les Inuits et les Métis ne sont pas semblables. En effet, leurs origines, leur histoire, les régions où ils vivent sont toutes différentes : c'est pourquoi il faudra appliquer des conditions particulières et adopter des approches et des stratégies différentes en vue de la revitalisation de leurs langues.

Par exemple, les peuples des Premières nations occupent la plus grande partie du territoire canadien au sud de l'Arctique et parlent en tout 59 des 61 langues autochtones toujours vivantes dans notre pays. En outre,

---

42 Norris, M.J. et L. Jantzen, « Les langues autochtones en milieu urbain au Canada : Caractéristiques, considérations et conséquences », *Des gens d'ici : Les Autochtones en milieu urbain*, sous la direction de David Newhouse et Evelyn Peters, Bureau du Conseil privé, Ottawa, p. 110.

43 Le terme retenu par le Recensement pour référer aux Premières nations est « Indiens de l'Amérique due Nord ».

l'acculturation à laquelle sont soumises les Premières nations n'a pas partout la même intensité. Certains peuples des Premières nations habitent loin des centres urbains et conservent leur mode de vie traditionnel; d'autres habitent à proximité d'un centre urbain, voire dans un centre urbain, où il est beaucoup plus difficile de conserver sa langue. De plus, bien que de nombreuses Premières nations, particulièrement dans le nord, possèdent ou vont bientôt posséder un gouvernement autonome, la plupart de ces peuples, n'étant pas autonomes, sont assujettis à la *Loi sur les Indiens* et ne disposent pas des outils législatifs qui leur permettraient de prendre des mesures énergiques et de promouvoir l'utilisation de leurs langues dans les fonctions officielles.

La vitalité des langues des Premières nations couvre un large spectre; certaines, comme le cri, sont relativement solides, mais d'autres, comme le han, sont presque éteintes. Toutefois, la situation d'une même langue peut différer selon les circonstances. C'est pourquoi les stratégies visant les langues des Premières nations doivent être axées sur les collectivités et proposer divers modèles, allant de la conservation des langues en bonne santé à la revitalisation des langues en voie de disparition, en passant par le soutien aux langues affaiblies. Le fait que les Premières nations possèdent toutes un territoire et, dans certains cas, un gouvernement autonome, peut servir de fondement à leurs mesures en permettant un plus grand contrôle qu'il n'est possible d'exercer en milieu urbain, où les locuteurs sont plus souvent dispersés et moins organisés sur le plan communautaire.

Les Inuits, de leur côté, parlent une langue unique qui se divise en plusieurs dialectes compris par les uns et par les autres. Les Inuits occupent quatre régions politiques distinctes – le Nunatsiavut (Labrador), le Nunavik (Nord du Québec), le Nunavut et le Nunaakput (Territoires du Nord-Ouest). Ces régions sont toutes situées dans l'Arctique canadien, la plus grande région géographique du Canada. Dans la plupart des cas, les Inuits vivent toujours en petites collectivités nordiques, loin des centres urbains, où il leur est plus facile de conserver de nombreux aspects de leur mode de vie traditionnel. C'est pourquoi ils parlent toujours leurs langues, généralement, malgré l'existence de variantes assez marquées et, dans certaines régions, la présence d'obstacles de plus en plus importants à la transmission intergénérationnelle.

De plus, dans trois régions, les Inuits sont dotés d'un gouvernement autonome et peuvent utiliser leurs langues dans les activités du gouvernement ou dans des contextes plus familiers. Dans la quatrième région, le Nunatsiavut, on est en train de régler les revendications territoriales et de négocier l'autonomie gouvernementale; les habitants auront bientôt le même statut que les Inuits des autres régions, c'est-à-dire qu'ils pourront, par voie législative, promouvoir l'utilisation de leur langue dans les fonctions officielles. En conséquence, les stratégies visant la langue inuite s'attacheront surtout à son maintien par sa transmission de génération en génération; la langue inuite deviendra peu à peu la langue de travail et la langue des communications officielles dans les régions relevant de leur compétence.

La situation des Métis est très différente de celle des Premières nations et des Inuits. Bien que des collectivités métisses se retrouvent partout au Canada, elles sont particulièrement importantes dans l'ouest et le nord-ouest du pays. Les Métis parlent leur propre langue, le michif, de même que la langue de plusieurs des Premières nations. Même si, historiquement, ils sont originaires de l'ouest du Canada – exception faite des peuplements métis de l'Alberta –, ils n'ont pas encore, par des procédures ou des négociations, obtenu un territoire protégé par la constitution, exception faite des peuplements métis de l'Alberta. Les stratégies visant la langue métisse cherchent à fonder la revitalisation hors d'un territoire et c'est un défi de taille.

Même si le michif est à la fois la langue historique et la langue officielle de la nation métisse, elle n'est plus parlée, aujourd'hui, que par moins de 1 000 personnes au Canada. Elle risque de disparaître sous peu si l'on n'adopte pas des mesures immédiates. C'est pourquoi les Métis s'attachent à la restauration de cette langue autrefois largement répandue et à la normalisation de l'orthographe et du vocabulaire michif. Ces mesures ont d'ailleurs débouché sur la publication, par la Fédération des Métis du Manitoba, du premier dictionnaire de langue michif.

Pour résumer, rappelons que les études et enquêtes évaluées par le Groupe de travail brossent un portrait multidimensionnel des langues des Premières nations, des Inuits et des Métis, qui sont parlées, dans certains cas, par quelques Aînés seulement, mais, dans d'autres, par des dizaines de milliers de personnes. On dénombre en tout 61 langues des Premières nations, des Inuits et des Métis. Dans certains cas, malgré des pressions énormes, elles sont toujours utilisées dans des contextes familiaux ou communautaires. Les langues les plus utilisées, par exemple l'inuktitut, le cri, l'ojibway et le montagnais-naskapi, sont viables : elles comptent au moins 25 000 locuteurs, toutes générations confondues. Quoi qu'il en soit, les consultations, les enquêtes locales sur la langue et les études montrent que toutes ces langues, y compris celles que l'on juge « viables », perdent du terrain.

Malgré la gravité de la situation actuelle, les Premières nations, les Inuits et les Métis, représentant souvent des collectivités dont la langue est en péril, poursuivent leurs efforts en vue de redonner à leurs langues une plus grande importance. Les collectivités dont la langue est stable prennent elles aussi des mesures pour la renforcer. Enfin, il ne faut pas perdre de vue le fait que les statistiques sur la langue ne disent pas tout. Comme c'est le cas dans toutes les entreprises, c'est l'esprit qui anime l'être humain et sa volonté de réussir malgré l'adversité qui, au bout du compte, façonnent l'avenir.

PARTIE V :
APPELS À L'ACTION

Les gestes que nous posons aujourd'hui se répercutent sur l'avenir de nos enfants et de nos jeunes. Ce que nous faisons avec la langue touche toutes les générations suivantes.

PARTIE V : Appels à l'action

Appel lancé par l'Assemblée des Premières nations

Ce sont les Premières nations qui, depuis le plus longtemps, exercent des pressions en vue de faire reconnaître leurs langues et d'obtenir du soutien. Par exemple, dès 1972, dans un rapport intitulé *La maîtrise indienne de l'éducation indienne*, la Fraternité nationale des Indiens a demandé que le gouvernement fédéral soutienne l'enseignement des langues et des cultures des Premières nations.

Même si deux rapports subséquents, publiés en 1990 et 1992, soumettaient aux gouvernements des Premières nations des recommandations relatives à la façon de mettre en place des mesures de conservation de leurs langues et de leurs cultures, tous les ordres de gouvernement jugeaient que la situation critique des langues des Premières nations n'était pas prioritaire; ils n'ont changé d'idée que tout récemment. Quoi qu'il en soit, en 1998, l'Assemblée des Premières nations (APN), suite à une résolution de l'Assemblée des chefs déclaré l'état d'urgence en ce qui concerne les langues des Premières nations. Ils ont demandé au Canada de prendre des mesures et :

> [de] reconnaître officiellement et légalement que les langues des Premières nations font partie des langues officielles au Canada et [de] s'engager à fournir les ressources nécessaires pour renverser la perte des langues des Premières nations afin de prévenir l'extinction de [leurs] langues...

Dans ses présentations au gouvernement fédéral, l'Assemblée des Premières nations a affirmé que les droits linguistiques des Premières nations étaient protégés par la constitution, en vertu de l'article 35 de la *Loi constitutionnelle de 1982*, libellé ainsi : « Les droits existants – ancestraux ou issus de traités – des peuples autochtones du Canada sont reconnus et confirmés. » L'Assemblée des Premières nations poursuit en indiquant que, loin d'avoir reconnu et confirmé les droits linguistiques des Premières nations, l'État les a historiquement ignorés. Afin de corriger la situation, on propose que le Canada collabore avec l'APN afin de créer, par législation, une fondation pour les langues des Premières nations.

Ce n'était pas la première fois que l'on proposait un organisme de ce type. En 1989, par exemple, l'ancien Secrétariat d'État a proposé, dans le projet de loi C-37, d'inclure les langues autochtones dans la « *Loi sur l'Institut canadien des langues patrimoniales* ». Les Premières nations s'y sont opposées en invoquant le fait que les langues des Premières nations ne pouvaient être reléguées au rang de langues minoritaires. Elles prétendent plutôt que ces langues ont un statut unique, puisqu'elles sont celles des nations fondatrices du Canada, signataires de traités, et que ce statut doit être reflété dans des dispositions distinctes de façon à en assurer la protection et la survie.

Conformément à la position qu'elle a toujours maintenue à ce sujet, l'Assemblée des Premières nations a proposé, en 2000, d'élaborer une politique canadienne sur les langues des Premières nations. Cette politique poursuivrait, mais ne se limiterait pas, aux objectifs suivants :

- reconnaître que les langues des Premières nations sont les premières langues du Canada;
- protéger et promouvoir le droit et la liberté des Premières nations de revitaliser leurs propres langues, d'en assurer la survie et de les utiliser;
- reconnaître le droit inhérent des Premières nations de prendre des mesures concernant leurs langues en leur accordant un statut officiel dans la conduite de leurs propres affaires internes;
- conclure des accords avec les gouvernements des Premières nations afin d'obtenir compétence en matière de programmes et de services linguistiques des Premières nations[44].

La Commission royale sur les peuples autochtones

La Commission royale sur les peuples autochtones a traité de la question des langues des Premières nations, des Inuits et des Métis dans le volume 3, *Rassembler nos forces* de son rapport de 1996, sous la rubrique « Arts et patrimoine ». La Commission a proposé de travailler à la revitalisation des langues des Premières nations, des Inuits et des Métis dans le cadre d'une stratégie plus générale visant à renouveler les relations entre les gouvernements canadiens et les peuples des Premières nations, des Inuits et des Métis. Cette stratégie avait pour objectif de réparer les préjudices qui découlent de l'interruption de la transmission des cultures autochtones en conséquence des politiques canadiennes d'assimilation.

En ce qui concerne les arts et le patrimoine, la Commission recommandait l'adoption d'une stratégie de vaste portée visant entre autres la restauration de pièces historiques et d'objets sacrés, le renouvellement des cérémonies sacrées, supposant l'accès aux sites nécessaire ainsi que la protection des connaissances traditionnelles

44 Assemblée des Premières nations, *Stratégie nationale pour les langues des Premières nations – Un temps pour écouter, un temps pour agir*, adoptée par résolution par l'Assemblée des chefs, juillet 2000 (on peut consulter le site Web de l'APN à l'adresse suivante : www.afn.ca).

et de l'artisanat. La Commission a aussi demandé que l'on donne une meilleure visibilité aux arts visuels et à l'œuvre de plus en plus importante produite par les nouvelles générations de chercheurs, de journalistes, d'écrivains, de poètes et de cinéastes autochtones.

La langue est le principal véhicule de transmission de la culture; sa revitalisation est donc, de l'avis de la Commission, la clé du rétablissement des Premières nations, des Inuits et des Métis et du renouvellement de leurs cultures. Selon la Commission, la fragilité des langues autochtones et le fait que certaines sont menacées de disparition à court terme ne laissent pas seulement présager la perte d'outils de communication. Ce qu'il faut craindre, au contraire, c'est la perte imminente, et définitive, de représentations différentes du monde ainsi que des perspectives, des connaissances et de l'expérience collective de peuples entiers.

La Commission a indiqué que l'abandon d'une langue autochtone au profit du français ou de l'anglais est la principale raison de la fragilité croissante des langues des Premières nations, des Inuits et des Métis. Elle souligne que la diminution du taux de transmission intergénérationnelle de la langue était due à divers facteurs dont certains sont uniques au Canada, mais d'autres reflètent des tendances plus générales se répercutant sur les langues indigènes et les langues minoritaires du monde entier. Au sujet du ratio entre la langue utilisée à la maison et la langue maternelle, la Commission fait remarquer les écarts importants, au chapitre de la perte de la langue, entre les Premières nations, les Inuits et les Métis d'une région à une autre et d'une collectivité à une autre.

Selon la Commission, avant d'élaborer une politique nationale sur les langues des Premières nations, des Inuits et des Métis, il faut remplir deux conditions. La première est de comprendre les relations de transfert linguistique et le maintien de la langue, compte tenu des tendances mondiales, des études et des programmes de revitalisation. On pourrait utilement étudier les stratégies de revitalisation de la langue mises en œuvre dans d'autres pays pour en tirer des leçons à appliquer à la situation unique du Canada. L'expérience des autres pays pourrait notamment nous aider à évaluer les chances de réussite de mesures particulières, par exemple les programmes d'immersion linguistique.

Même si la Commission n'a rien dit à ce sujet, il est évident qu'avant d'appliquer au Canada les leçons tirées de l'expérience d'autres pays, il faut d'abord et avant tout obtenir de meilleures données de base sur la situation des langues des Premières nations, des Inuits et des Métis. En effet, les données réunies jusqu'ici au Canada sont incomplètes. Sans ces données, la Commission royale n'a pu qu'évaluer de façon générale le déclin des langues autochtones du Canada.

La deuxième condition rattachée à une politique nationale concerne, selon la Commission, les relations entre la langue et l'identité. La Commission considère que la perte d'une langue ne débouche pas nécessairement sur le déclin de la culture et, en conséquence, sur la perte d'identité. Le contexte canadien est unique non seulement en raison des forces historiques qui ont contribué au déclin de la langue, mais aussi parce que ce déclin, au sein de groupes particuliers, ne signifie pas nécessairement l'assimilation à la culture dominante. Les Premières nations, les Inuits et les Métis du Canada ont conservé leur identité distinctive, malgré, dans certains cas, le déclin marqué de leurs langues, qui est parfois irréversible, par exemple en milieu urbain.

Il ne faut pas inférer de cette observation de la Commission que la langue n'est pas liée à l'identité. Dans la même section de son rapport, la Commission souligne le lien vital qui relie la langue, la culture et l'identité, assimilant la langue à « la quintessence de la culture » et en en faisant « le symbole de l'identité[45] ». Ces considérations ont été amplement reprises pendant les consultations que notre Groupe de travail a organisées et dans le cadre desquelles les Premières nations, les Inuits et les Métis de toutes les régions du Canada nous ont parlé de la relation fondamentale qui unit nos langues et notre identité. En outre, dans l'exposé qu'elle a présenté à notre Groupe de travail, l'Assemblée des Premières nations va dans le même sens en affirmant ce qui suit :

[Traduction]

> Nous désirons aussi souligner que, même si nous parlons des « langues », dans notre exposé, nous y incluons les « cultures », puisque nous croyons que les langues et la culture sont une seule et même chose. Sans langue, il n'y a pas de culture[46].

Au sujet de l'identité nationale des Premières nations, des Inuits et des Métis, la Commission conclut que le pouvoir de déterminer les priorités en matière de langues et d'établir des politiques et des lois linguistiques est un pouvoir fondamental indissociable de l'autonomie

45 Canada, Commission royale sur les peuples autochtones, *Rapport final de la Commission royale sur les peuples autochtones*, volume 3, « Rassembler nos forces », Ottawa, Approvisionnements et Services Canada, 1996, p. 612.

46 Comité des chefs sur les langues de l'Assemblée des Premières nations, exposé présenté au Groupe de travail sur les langues et les cultures autochtones, le 25 août 2004, p. 2.

gouvernementale et de l'édification des nations, et que le Canada doit le respecter. S'appuyant sur l'analyse des étapes du renversement du transfert linguistique dans les collectivités autochtones, proposée par Fishman[47], la Commission demande au Canada de prendre immédiatement des mesures, de concert avec les Premières nations, les Inuits et les Métis, afin de soutenir la revitalisation de leurs langues, notamment en créant et en finançant une fondation des langues autochtones selon les paramètres proposés par l'Assemblée des Premières nations en 1988.

Même si, dans la vision de la Commission royale, il était important d'adopter des stratégies nationales et de clarifier les questions de compétence, au bout du compte, la réussite ou l'échec des programmes de revitalisation linguistique sera tributaire des collectivités. Voici à ce propos un extrait de la conclusion et de l'analyse de la langue et de la culture présentée par la Commission royale :

> La préservation ou la revitalisation d'une langue est possible à condition que cette langue continue ou recommence à être transmise d'une génération à l'autre. Comme cela dépend essentiellement des réseaux familiaux et communautaires, l'essentiel des efforts de préservation et de revitalisation ne devra plus être assuré par des institutions mais par les collectivités autochtones, leurs familles et leurs structures sociales. On ne doit pas pour autant écarter les autres possibilités. Il convient au contraire d'évaluer et de prendre en considération l'effet de toutes les mesures, quelles qu'elles soient, sur l'usage et la transmission de la langue dans la vie de tous les jours[48].

Présentations des organismes autochtones politiques nationaux des Premières nations, des Inuits et des Métis

Le Groupe de travail a aussi consulté les représentants d'organismes autochtones nationaux afin de connaître leurs opinions et d'entendre leurs recommandations sur la manière dont les gouvernements et les Premières nations, les Inuits et les Métis devaient collaborer en vue d'élaborer une stratégie nationale sur la revitalisation des langues. Comme on l'a déjà expliqué, les Premières nations, les Inuits et les Métis sont des peuples très différents les uns des autres au chapitre de leurs origines, du territoire qu'ils occupent, de leur histoire et de la situation actuelle de leurs langues.

Cette diversité fait en sorte que les perspectives générales des organismes politiques nationaux qui représentent les Premières nations, les Inuits et les Métis ne peuvent être semblables. Par exemple, l'APN préférerait que l'on mette sur pied une fondation linguistique visant spécifiquement les Premières nations, selon le modèle qu'elle propose depuis plusieurs années. Le Rassemblement national des Métis, de son côté, préférerait que l'interlocuteur fédéral distribue, par le truchement de ses membres, le financement destiné aux programmes linguistiques. Inuit Tapiriit Kanatami n'a pas de préférence, mais voudrait que les Inuits se réservent le droit de participer à l'échelle nationale et d'utiliser sa part du financement éventuel pour la consacrer aux programmes répondant explicitement aux besoins prioritaires des Inuits.

Plutôt que d'essayer de résumer les positions des organismes politiques nationaux des Premières nations, des Inuits et des Métis, les présentations sont reproduites ci-dessous.

---

47 Voir la stratégie en huit étapes de revitalisation de la langue de Fishman, cité dans Canada, Commission royale sur les peuples autochtones, *Rapport final de la Commission royale sur les peuples autochtones, op. cit.,*, 1996, p. 614.

48 Commission royale sur les peuples autochtones, Canada, *op. cit.*, p. 616-617.

Assemblée des Premières nations
Comité des chefs sur les langues
Document présenté au Groupe de travail sur les langues et les cultures autochtones du Ministère

Le 25 août 2004

Remarque : Seule la présentation de l'APN est incluse, compte tenu de l'importance du mémoire.

Préface

Pour les fins du présent exposé, les recommandations qui suivent représentent notre stratégie en ce qui concerne les langues des Premières nations seulement. Nous ne prétendons pas savoir quelles mesures sont les plus indiquées dans le cas des langues des Métis et des Inuits et nous croyons qu'il vaut mieux laisser les Inuits et les Métis prendre les décisions en cette matière.

Dédicace

La présentation suivante est dédiée à nos ancêtres en reconnaissance de leur sagesse, de leur courage, de leur vision et de leur amour pour leur peuple ainsi qu'à toutes les personnes qui luttent afin de conserver vivante la voix de nos ancêtres.

Déclaration des Premières nations

Nous, les premiers peuples sur ces terres, savons que le Créateur nous a mis ici.

Le Créateur nous a donné des lois qui gouvernent toutes nos relations afin que nous vivions en harmonie avec la nature et les hommes.
Les lois du Créateur définissent nos droits et nos responsabilités.

Le Créateur nous a donné nos croyances spirituelles, nos langues, nos cultures et une place sur la Terre mère qui contient tout ce qu'il nous faut pour satisfaire à nos besoins.

Nous avons conservé notre liberté, nos langues et nos traditions depuis des temps immémoriaux.

Nous continuons à exercer les droits, à prendre les responsabilités et à respecter les obligations que nous a donnés le Créateur relativement aux terres où nous avons été mis.

Le Créateur nous a donné le droit de nous gouverner nous-mêmes et le droit à l'autodétermination.

Les droits et les responsabilités qui nous ont été donnés par le Créateur ne peuvent être modifiés ni nous être enlevés par aucune autre nation.

Charte de l'Assemblée des Premières nations, 1982

Déclaration sur les langues des Premières nations

« Notre langue incarne notre rapport unique au Créateur, nos attitudes, nos croyances, nos valeurs et la conception fondamentale de ce qui est vrai. Nos langues représentent la pierre angulaire de notre identité en tant que Peuple. Sans nos langues, nos cultures ne peuvent survivre. »

Vers la justice linguistique pour les Premières Nations, Assemblée des Premières Nations : Principes pour la revitalisation des langues des Premières Nations, septembre 1990

- La Fraternité nationale des Indiens a été créée en 1968; elle est devenue l'Assemblée des Premières nations en 1982.
- L'Assemblée des Premières nations (APN) est un organisme national qui représente les Premières nations du Canada.
- On dénombre au Canada 633 collectivités des Premières nations; elles représentent plus de 50 nations et langues distinctes.

Répercussions de la politique des pensionnats indiens sur les langues des Premières nations

- L'*Acte des Sauvages*, promulgué en 1876, accordait au gouvernement fédéral et à ses agents tous les pouvoirs sur l'éducation des Indiens.
- En vertu de cet Acte, le gouvernement fédéral a élaboré et mis en œuvre des politiques sur les pensionnats et les externats indiens qui visaient à assimiler les enfants indiens dans la société canadienne.
- Les enfants ont été obligés de « désapprendre » la langue, la culture, le patrimoine et les croyances autochtones et d'apprendre une langue, une religion et un mode de vie étrangers.
- Ces politiques sont restées en vigueur pendant plus de 100 ans au Canada.
- Les répercussions de ces politiques destructrices sur les générations suivantes constituent toujours un problème aujourd'hui.

La maîtrise indienne de l'éducation indienne

- En 1972, la Fraternité nationale des Indiens a élaboré, au nom des dirigeants indiens, une déclaration de principe dans le but de reprendre le contrôle de l'éducation de leurs enfants.
- Le 3 février 1973, le ministre des Affaires indiennes et du Nord canadien a officiellement pris acte de ce document et s'est engagé à mettre en œuvre ses diverses directives.
- L'exposé de principe énonce ce qui suit : *« Un enfant qui n'apprend pas les forces qui ont façonné son identité, c'est-à-dire l'histoire de son peuple, ses valeurs, ses traditions et leurs langues, n'apprendra pas à se connaître véritablement en tant qu'individu ni à connaître son potentiel en tant qu'être humain. »*

Les langues des Premières nations en situation d'urgence

- L'Assemblée des Chefs a déclaré un état d'urgence à l'égard des langues des Premières nations lors de la 19e assemblée générale annuelle, le 25 juin 1998, en adoptant la résolution 35/98.
- La résolution contenait les directives clés suivantes :
- *« Que le Gouvernement du Canada reconnaisse officiellement et légalement que les langues des Premières Nations font partie des langues officielles au Canada, et s'engage à fournir les ressources nécessaires pour renverser la perte des langues des Premières Nations afin d'en prévenir l'extinction (...)*
- *« Que le gouvernement du Canada, en partenariat avec l'APN, établisse une Fondation nationale des langues des Premières nations comme véhicule de promotion de nos langues, en accord avec la recommandation de la Commission royale sur les peuples autochtones (...)*
- *« Que cette institution nationale soit mandatée, en recourant à nos propres enseignants et institutions d'enseignement, à faciliter la recherche et la documentation des langues de Premières Nations, le développement d'un curriculum d'immersion en langues des Premières Nations, la formation de professeurs d'immersion en langues autochtones et la promotion des langues dans nos communautés et dans les institutions d'enseignement en général (...) »*

Comité des chefs sur les langues

- Le Comité des chefs sur les langues (CCL) a été créé en 1998 par une résolution du Comité exécutif de l'Assemblée des Premières nations pour s'occuper du dossier de plus en plus préoccupant du déclin des langues des Premières nations.

Mandat du Comité des chefs sur les langues

Le mandat du CCL est de protéger et de maintenir les droits ancestraux et les droits issus de traités en ce qui concerne les langues; il doit aussi conseiller et guider le chef national, le comité exécutif de l'APN, la Confédération des nations et l'Assemblée des chefs et leur présenter des recommandations sur des questions relatives aux langues des Premières nations.

La *Loi constitutionnelle de 1982*

Le paragraphe 35(1) de la Loi enchâsse les droits linguistiques des Première nations dans la Constitution du Canada.

« Les droits existants – ancestraux ou issus de traités – des peuples autochtones du Canada sont reconnus et confirmés. »

Obligation fiduciaire

- Historiquement, l'État a ignoré les droits linguistiques des peuples des Premières nations.
- La Cour suprême a déclaré ce qui suit : *« ...les pouvoirs et la responsabilité historiques de Sa Majesté constituent la source de cette obligation de fiduciaire... [C'est] un principe directeur général d'interprétation du paragraphe 35(1), savoir, le gouvernement a la responsabilité d'agir en qualité de fiduciaire à l'égard des peuples autochtones. »* R c. Sparrow

Obligations du gouvernement fédéral

- Le gouvernement fédéral a, conformément à divers traités ou de par les lois, l'obligation légale de fournir des ressources adéquates nous permettant d'exercer nos droits.

Conventions internationales

- L'article 27 du Pacte international relatif aux droits civils et politiques, adopté par les Nations Unies et ratifié par le Canada au mois d'août 1976, mentionne ce qui suit : *« Dans les États où il existe des minorités ethniques, religieuses ou linguistiques, les personnes appartenant à ces minorités ne peuvent être privées du droit d'avoir, en commun avec les autres membres de leur groupe, leur propre vie culturelle, de professer et de pratiquer leur propre religion, ou d'employer leur propre langue. »*

- L'article 14 du Projet de déclaration des Nations Unies sur les droits des peuples indigènes mentionne ce qui suit : *« Les peuples autochtones ont le droit de revivifier, d'utiliser, de développer et de transmettre aux générations futures leur histoire, leur langue, leurs traditions orales, leur philosophie, leur système d'écriture et leur littérature (...) chaque fois qu'un des droits des peuples autochtones sera menacé, les États prendront les mesures qui s'imposent pour le protéger (...) »*

Fondation des langues des Premières nations

- Depuis 1988, plusieurs propositions visant la création d'une fondation des langues autochtones ont été présentées :
- En janvier 1988, lors de la Conférence sur la politique linguistique des Autochtones, à Ottawa, l'honorable David Crombie, ministre du Secrétariat d'État, a proposé la création d'un institut des langues autochtones.
- En 1989, le Secrétariat d'État intègre les langues autochtones dans le projet de loi C-37, une « Loi constituant l'Institut des langues patrimoniales ». Toutefois, les Premières nations s'opposent à cette inclusion dans le projet de loi C-37 en invoquant que les langues des Premières nations sont uniques puisqu'elles sont les langues des nations fondatrices, signataires de traités, et qu'elles sont déjà visées par des lois fédérales.

Fondation des langues des Premières nations (projet de loi C-269)

- Le 29 novembre 1989, la députée Ethel Blondin présente le projet de loi d'intérêt privé C-269, « Loi constituant la Fondation des langues autochtones », qui se fonde sur le rapport Kirkness. Le projet de loi n'a pas été déposé au Parlement.
- Des pressions exercées en faveur du projet de loi C-269 révèlent qu'il manque de données récentes; l'APN entreprend donc des recherches supplémentaires et documentées dont les résultats sont réunis dans le document intitulé « Toward Linguistic Justice » (Vers la justice linguistique).
- En janvier 1991, se tient une Conférence sur les langues et l'alphabétisation des Autochtones qui débouche encore une fois sur une recommandation visant la création d'une Fondation des langues et de l'alphabétisation des Autochtones.

Fondation des langues des Premières nations (recommandation de la CRPA)

- En 1996, la Commission royale sur les peuples autochtones (CRPA) a recommandé la dotation d'un fonds de 100 millions de dollars pour les langues autochtones, auquel contribueraient aussi le gouvernement fédéral, les Églises et d'autres donateurs privés ou publics.
- La CRPA a recommandé que la fondation soit mise sur pied en deux ans par un organisme fédéral composé d'une majorité de représentants autochtones.
- La CRPA était en outre en faveur du concept selon lequel les langues autochtones devaient obtenir le statut de « langues officielles ».

Fondation des langues des Premières nations (recommandation de l'ILA)

- En juillet 1997, on a créé l'Initiative des langues autochtones à la suite de la publication du Livre rouge II, *Bâtir notre avenir ensemble*, dans lequel le gouvernement s'engageait à « collaborer avec les peuples autochtones pour établir un programme visant à préserver, à protéger et à enseigner les langues autochtones, éléments essentiels de la culture des Autochtones et du patrimoine du Canada, et à assurer leur survie pour les générations futures. »
- En 2002, l'évaluation de l'ILA a débouché sur la recommandation suivante : « Le ministère du Patrimoine canadien devrait examiner divers mécanismes de prestation, y compris l'établissement d'une institution qui pourrait recevoir, distribuer et administrer les fonds affectés aux langues obtenus du gouvernement fédéral et du secteur privé, et qui permettrait à tous les groupes linguistiques autochtones d'y avoir accès. »

Leçons tirées de l'Initiative des langues autochtones (ILA)

- L'APN coordonne et encadre l'ILA nationale pour le compte des Premières nations, depuis 1998.
- L'évaluation de l'ILA, faite en 2002, montre que, dans l'ensemble, l'initiative à porté fruit.

Leçons tirées de l'ILA : résultats positifs

- Les projets visant la langue sont plus nombreux qu'avant la création de l'ILA.
- Selon la plupart des informateurs, l'ILA constitue une première étape importante.
- Les leaders communautaires et politiques sont plus sensibilisés à la question de la revitalisation de la langue.
- Les leaders communautaires et politiques autochtones s'intéressent de plus près à la question des langues autochtones.
- On a cerné des liens entre les compétences

linguistiques et les débouchés économiques (évaluation de l'ILA, 2002).

Leçons tirées de l'ILA – résultats négatifs

- Il n'existe ni stratégie ni cadre nationaux généraux en matière de revitalisation des langues.
- Il n'y a pas de données de référence.
- Les ressources consacrées aux projets à long terme ne sont pas suffisantes.
- Le financement annuel est versé avec un retard important.
- Il n'y a pas de modalités de financement sur plusieurs années.
- Les Premières nations ne sont pas consultées à propos des lignes directrices et des politiques qui touchent leurs langues.

Quelle forme cette entité devrait-elle prendre?

En 2002, Mme Sheila Copps, qui était à l'époque ministre du Patrimoine canadien, a annoncé la création d'une entité qui :

- serait tenue de rendre ses comptes financiers à la ministre du Patrimoine canadien, conformément aux ententes de financement;
- serait constituée en société sans but lucratif sous la direction des peuples autochtones.
- Le 13 juillet 2000, lors de l'assemblée générale annuelle, l'Assemblée des chefs a ratifié les deux documents que présente aujourd'hui le Comité des chefs sur les langues.
- Projet de loi intitulé Loi constituant la Fondation des langues autochtones, 2000.
- Stratégie nationale pour les langues des Premières nations, Un temps pour écouter et un temps pour agir, Secteur des langues de l'APN, 2000.

La Fondations des langues des Premières nations

Notre vision :

- Une Fondation des langues des Premières nations soutenue et protégée par des lois habilitantes à l'image du projet de loi sur la Loi constituant la Fondation des langues autochtones présenté par l'APN et de la politique du gouvernement du Canada concernant les langues des Premières nations.

Politique du Canada sur les langues des Premières nations

La politique devrait notamment :

- reconnaître que les langues des Premières nations sont les premières langues du Canada;
- protéger et promouvoir les droits et les libertés des Premières nations de revitaliser, de maintenir et d'utiliser leurs propres langues;
- reconnaître le droit inhérent des Premières nations de prendre des mesures visant leurs langues et de donner à celles-ci le statut de langues officielles pour les utiliser dans leurs affaires internes;
- permettre la conclusion d'accords avec les gouvernements des Premières nations afin de leur donner compétence sur les programmes et les services visant les langues des Premières nations.

1. Quelles devraient être les priorités de cette entité?

- Mettre en vigueur une politique canadienne sur les langues des Premières nations.
- Affirmer le statut unique des langues des Premières nations.
- Encourager les pouvoirs provinciaux, territoriaux et locaux à prendre des mesures afin de promouvoir et de protéger les langues des Premières nations.
- Mettre sur pied une Fondation des langues des Premières nations.
- Faciliter, dans toutes les régions du Canada, l'acquisition, la préservation, le maintien, la rétention, le renouvellement et l'utilisation des langues des Premières nations qui contribuent au patrimoine canadien en tenant compte des besoins et des directives des collectivités des Premières nations.
- Verser le financement nécessaire pour aider les collectivités des Premières nations ainsi que leurs pouvoirs, institutions et organismes, à mettre sur pied des ressources et à exécuter les activités communautaires nécessaires à la protection, à la promotion et à la revitalisation de leurs langues.

2. Comment peut-on réaliser ces priorités?

A) Négocier une entente visant la création de l'entité.

B) Adopter des lois habilitantes sur les langues autochtones afin de reconnaître la Fondation, par exemple la *Loi constituant la Fondation des langues des Premières nations*, tous droits réservés, 2000, APN.

C) Appliquer la loi et l'entente.

3. Quels types de programmes l'entité devrait-elle soutenir?

Le CCL soutient les divers besoins en programmes cernés par les régions et les collectivités des Premières nations, notamment des programmes visant :

- La documentation
- Le développement de l'orthographe

- La publication d'un dictionnaire
- La planification des recherches communautaires
- La collaboration de la famille
- Les cours de langue
- Les programmes d'apprentissage des traditions et des cultures
- Les programmes d'apprentissage par mentorat
- La formation des ressources communautaires

À l'échelle nationale, la Stratégie nationale sur les langues des Premières nations a déterminé des projets stratégiques à long terme :

- Centre d'échange national sur les langues des Premières nations
- Colloque annuel sur les langues des Premières nations
- Stratégie nationale de communication sur les Premières nations
- Création d'un réseau international des groupes linguistiques autochtones
- Projets nationaux de recherche sur l'état des langues des Premières nations

4. **Quelles mesures l'entité pourrait-elle prendre pour soutenir la préservation, la revitalisation et la promotion des langues et des cultures dans les collectivités?**
   A) Reconnaître que les peuples des Premières nations du Canada doivent contrôler totalement la revitalisation de leurs langues.
   B) Promouvoir l'utilisation des langues des Premières nations dans les collectivités des Premières nations.
   C) Encourager les gouvernements des Premières nations à adopter des règlements visant à soutenir les langues des Premières nations et à créer des conseils consultatifs communautaires.
   D) Fournir aux collectivités des Premières nations les ressources nécessaires au maintien de leurs langues orales ou écrites, à l'élaboration et à l'approbation de documents pertinents et à la restauration de leurs propres langues.
   (Stratégie nationale sur les langues des Premières nations : Recommandations)

On considère que l'« entité » ou la Fondation constitue une première étape par laquelle le gouvernement fédéral reconnaît ses responsabilités relativement à la revitalisation et à la préservation des langues et des cultures des Premières nations.

Stratégie nationale sur les langues des Premières nations

« Un temps pour écouter et un temps pour agir »

- Le Comité technique sur les langues et le Secrétariat aux langues de l'APN élaborent une stratégie nationale.
- La stratégie nationale est adoptée par l'Assemblée des chefs lors de la 21e assemblée générale annuelle, le 13 juillet 2000.

Les objectifs de la stratégie nationale sur les langues des Premières nations

- créer une fondation des langues des Premières nations et la doter;
- adopter des lois visant à faire des langues des Premières nations des langues officielles;
- documenter les langues des Premières nations;
- soutenir le perfectionnement professionnel et la certification de locuteurs, d'enseignants et d'Aînés maîtrisant une langue des Premières nations;
- veiller à la promotion et à l'utilisation des langues des Premières nations dans les collectivités;
- créer un centre d'échange national des langues des Premières nations qui sera chargé de l'élaboration de programmes, de documents et d'aide pédagogique.

Recommandation 3

- Le Chef national et le Comité exécutif de l'Assemblée des Premières nations revendiquent une nouvelle fois la création d'une Fondation des langues des Premières nations qui sera chargée de la planification des programmes linguistiques et des activités de conservation des langues. Cette Fondation facilitera, dans toutes les régions du Canada, l'acquisition, la préservation, le maintien, la rétention, le renouvellement et l'utilisation des langues des Premières nations qui contribuent au patrimoine canadien en tenant compte des besoins et des directives des collectivités des Premières nations.

Inuit Tapiriit Kanatami
Document présenté au Groupe de travail sur les langues et les cultures autochtones du Ministère

Le 26 août 2004

L'inuktitut, langue des Inuits

ᐃ i	ᐅ u	ᐊ a	
ᐱ pi	ᐳ pu	ᐸ pa	ᑉ p
ᑎ ti	ᑐ tu	ᑕ ta	ᑦ t
ᑭ ki	ᑯ ku	ᑲ ka	ᒃ k
ᒋ gi	ᒍ gu	ᒐ ga	ᒡ g
ᒥ mi	ᒧ mu	ᒪ ma	ᒻ m
ᓂ ni	ᓄ nu	ᓇ na	ᓐ n
ᓯ si	ᓱ su	ᓴ sa	ᔅ s
ᓕ li	ᓗ lu	ᓚ la	ᓪ l
ᔨ ji	ᔪ ju	ᔭ ja	ᔾ j
ᕕ vi	ᕗ vu	ᕙ va	ᕝ v
ᕆ ri	ᕈ ru	ᕋ ra	ᕐ r
ᕿ qi	ᖁ qu	ᖃ qa	ᖅ q
ᖏ ngi	ᖑ ngu	ᖓ nga	ᖕ ng
ᖠ kli	ᖢ klu	ᖤ kla	ᖦ kl

Le visage inuit du Canada

Le territoire inuit représente le tiers de la masse continentale du Canada.

Inuit Tapiriit Kanatami (ITK)

- Association représentant les Inuits du Canada.
- Le conseil d'administration est composé de représentants de chacune des quatre régions inuites canadiennes visées par un règlement sur les revendications territoriales, de regroupements de femmes inuites, de jeunes inuits et d'Inuits des régions circumpolaires canadiennes ainsi que d'un président.

Priorités d'ITK

- Politiques visant spécifiquement les Inuits
- Logement (pour répondre aux normes nationales, il faut ajouter environ 8 000 unités)
- Renouvellement en matière de santé (accès)
- Développement économique et création d'emplois
- Protection de l'environnement
- Langue et culture

Statistiques

- Les Inuits utilisent encore beaucoup l'inuktitut à la maison. On note cependant un déclin marqué de l'utilisation de l'inuktitut.
  - Enquête auprès des peuples autochtones, 1996 : 68 % des Inuits utilisent le plus souvent l'Inuktitut
  - Enquête auprès des peuples autochtones, 2001 : 64 % des Inuits utilisent le plus souvent l'Inuktitut.

Comité national sur la langue des Inuits (CNLI)

- Le CNLI se compose de techniciens en langues, responsables chacun de projets de préservation et de consolidation de l'inuktitut dans leur région respective.
- Le CNLI fournit une expertise touchant tous les aspects de l'inuktitut.

ITK et le CNLI

- ITK assure la coordination du CNLI.
  - Activités spécifiques touchant un dialecte ou une région
  - Forum national

Participation des Inuits au Groupe de travail

- Avant d'accepter de participer au Groupe de travail sur le Centre des langues et des cultures autochtones, les Inuits ont indiqué que les principes suivants devaient orienter le processus...

Principes des Inuits

- Les Inuits doivent avoir le même poids que les autres parties au moment de décider de l'utilisation des fonds.
- On doit garantir aux Inuits 15 % des fonds (tout comme, actuellement, l'ILA leur garantit 14,5 % des fonds).

- Les Inuits pourront utiliser un processus distinct au moment de choisir les projets linguistiques qui soutiendront l'Inuktitut.
- Les Inuits ne sont pas obligés de participer à l'initiative nationale sur les langues, mais peuvent le faire si cela répond à leurs intérêts nationaux.

Quelles devraient être les priorités de l'organisme?

- Mener des recherches et archiver les ressources et les documents pertinents.
- Faire la promotion des langues et des cultures autochtones.
- Apprendre des autres groupes culturels et linguistiques.
- Veiller à ce que tous les Inuits aient accès au CLCA.

Comment respecter ces priorités?

- Le CLCA doit avoir une adresse physique. Il ne doit pas s'agir d'un centre virtuel.
- Il faut veiller à ce que le financement destiné au CLCA ne serve pas à la construction et à l'entretien d'un édifice.
- Les institutions ou les organismes en place pourraient héberger le CLCA.
- Les Inuits devront toujours pouvoir formuler des commentaires sur la conception et le fonctionnement du Centre.

Quels types de programmes faut-il soutenir?

- Des programmes communautaires
- Des programmes accessibles par toutes les collectivités
- Des programmes d'apprentissage de la langue et de la culture
- Des programmes de perfectionnement linguistique
- Des programmes ayant pour point de départ, par exemple, l'ILA, mais mieux financés
- Des programmes mis au point par les collectivités, en fonction de leurs besoins, et soutenus par les ressources nécessaires

Par quels moyens peut-on soutenir la préservation, la revitalisation et la promotion des langues et des cultures dans les collectivités?

- Les collectivités inuites doivent avoir accès à la version électronique et la version papier des documents et des outils. Pour toutes sortes de raisons financières ou autres, elles ne sont pas toutes branchées à Internet.
- Un guichet unique pour de l'information sur les pratiques exemplaires — on peut apprendre des autres, il ne faut pas toujours essayer de réinventer la roue!
- Il faut disposer des ressources nécessaires pour réaliser nos objectifs.
- Il faut augmenter la sensibilisation relativement à la préservation, à la revitalisation et à la mise en valeur de notre langue.
- Il faut que les résultats des recherches soient diffusés le plus rapidement possible.
- Il faut adopter des lois qui soutiennent les langues autochtones et encouragent divers professionnels, les enseignants, par exemple, à utiliser des outils adaptés à la culture.
- Il faut que le programme soit général et qu'il intègre toutes les langues et cultures autochtones. Cependant, il faut aussi être souple et s'adapter aux réalités régionales.

La spécificité inuite

- La Constitution reconnaît que les Inuits forment un groupe autochtone distinct qui possède une langue et une culture propres et qui s'est doté d'organismes très différents des autres organismes autochtones.
- Les Inuits sont tout à fait favorables à la poursuite d'un projet comme l'ILA, mais…
  - Les Inuits désirent des projets respectant le caractère unique de leur culture, de leur peuple et de leur environnement. Le gouvernement fédéral doit cesser de confondre toutes les cultures autochtones quand il propose des projets.

Ralliement National des Métis Allocution Prononcée devant le Groupe de travail sur les langues et les cultures autochtones Ottawa

Le 26 août 2004

Tanché, Good Afternoon, Bonjour, monsieur le président, mesdames et messieurs les membres du Groupe de travail...

Le président du Ralliement national des Métis, Clément Chartier, et sa directrice exécutive par intérim, Kathy Hodgson-Smith, sont ici avec moi aujourd'hui.

J'aimerais d'abord vous remercier de nous avoir invités à prendre la parole devant vous aujourd'hui afin de traiter d'un sujet vital pour la nation métisse, la préservation de nos langues et de notre culture. Il s'agit en fait de beaucoup plus que de sa simple préservation. Notre objectif ultime doit être de créer les conditions dans lesquelles les langues et les cultures des premiers habitants de ce pays pourront non seulement survivre, mais s'épanouir.

Je dois vous avouer que le Ralliement national des Métis avait émis des réserves à propos de notre comparution devant votre Groupe de travail. Votre objectif déclaré consiste à mettre en place la structure d'un Centre des langues et des cultures autochtones auquel le Ralliement national des Métis s'était opposé dès le début et auquel s'opposait encore, le mois dernier, notre Conseil des gouverneurs. Dans votre invitation, vous indiquez aussi vouloir connaître nos commentaires à propos de la stratégie nationale du Groupe de travail, mais nous n'avons pas reçu ce document, et nous ne pouvons donc pas le commenter. Nous pourrons peut-être le faire à l'occasion d'une prochaine réunion du Groupe de travail.

Nous craignons aussi que les représentants du gouvernement fédéral ne contrôlent votre rapport afin qu'il serve leurs objectifs stratégiques. C'est déjà arrivé, nous le savons. L'an dernier, nous avons négocié les modalités du mandat de votre Groupe de travail, avec l'Assemblée des Premières nations et Inuit Tapiriit Kanatami. Pourtant, le mandat que l'on vous a soumis n'était pas celui que nous avions élaboré, mais celui que les représentants du gouvernement fédéral avaient formulé. Nous voulons que ce fait soit consigné.

Nous avons l'impression que bon nombre des décisions clés relatives au rôle que joue le gouvernement fédéral en vue de soutenir les langues autochtones et d'améliorer leur situation ont déjà été prises, même si on ne nous a pas demandé notre avis. Nous espérons qu'il n'en est rien et que vous pourrez librement rédiger votre rapport provisoire, puis votre rapport final, et que ceux-ci refléteront exactement les perspectives de chacun des trois peuples autochtones du Canada et de leur gouvernement respectif.

Le 19 avril 2004, le Premier ministre a convié les chefs autochtones à se réunir autour d'une Table ronde à Ottawa. Il s'est alors engagé à ce que plus jamais les représentants fédéraux ne s'ingéreront dans les politiques pour n'informer les chefs autochtones qu'après coup. Le Ralliement national des Métis prend le Premier ministre au mot.

C'est dans ce contexte que nous vous présentons aujourd'hui notre exposé.

Le rôle clé de la culture et de la langue dans la création de la nation métisse

La nation métisse existe.

Les Métis ne sont pas des « demi-Indiens », des « sang mêlé ».

Notre peuple est issu au départ d'ancêtres indiens, cela ne fait aucun doute, mais cela n'est qu'une partie de l'identité des Métis. Les Métis se sont fondus en un seul peuple distinct dans les anciens territoires du Nord-Ouest bien avant la signature de la Confédération ou la prise de possession de ces territoires par le Canada. Nous sommes une nouvelle nation – une nation unique – le premier peuple ayant habité ce qu'on appelle aujourd'hui l'Amérique du Nord. Notre territoire national comprend les trois provinces des Prairies, certaines parties de l'Ontario et de la Colombie-Britannique, les Territoires du Nord-Ouest et le nord des États-Unis.

Vous ne pourrez pas comprendre la nation métisse si vous n'êtes pas sensibilisé au rôle central que joue l'identité nationale dans notre définition. Cette identité nationale tient tout d'abord à notre longue histoire de collaboration, mais aussi à une culture commune qui nous distingue des autres Premières nations et des Européens.

On peut affirmer sans se tromper que, depuis les années 1870 environ, l'histoire des Métis est dominée par un impératif incontournable, celui du maintien et de la protection de notre identité nationale et de notre patrimoine et de résister aux pressions constantes et accablantes du gouvernement fédéral et de l'ensemble de la société, qui nient notre existence en tant que peuple distinct. L'édification de notre nation s'est révélée le meilleur moyen d'assurer la survie de notre peuple et d'affirmer notre droit à l'autodétermination. Si nous avons survécu, c'est parce que nous nous sommes serré les coudes – en tant que familles et en tant que collectivités – et, surtout, nous nous sommes dotés de gouvernements nationaux et provinciaux représentatifs.

Notre peuple n'a pas sa place dans le paradigme organisationnel et gouvernemental que l'on associe habituellement aux peuples des Premières nations. Les Premières nations ont des assises territoriales – qu'on appelle normalement des « réserves » – et elles ont chacune leur propre gouvernement. Les Métis n'ont pas de réserve. Notre peuple a été dépossédé de son territoire par la plus grande escroquerie soutenue par un gouvernement dont ait été victime un peuple autochtone dans le pays qui s'appelle maintenant le Canada. Seule l'Alberta a réservé un territoire aux Métis. Les Métis vivent pour la plupart dans de petites collectivités rurales et éloignées situées surtout près des frontières nord de l'ancien territoire métis ou encore dans les agglomérations urbaines de petite ou grande taille, un peu partout au Canada.

Le type d'organisation qui exprime le mieux notre réalité est un organisme provincial représentatif, de plus en plus reconnu aujourd'hui comme gouvernement. Sous cet aspect, nous sommes très différents des Premières nations. Il est absolument essentiel que le gouvernement fédéral et les membres du Groupe de travail comprennent que nous ne correspondons pas du tout au paradigme de gouvernance des Premières nations. Les directives fédérales nous imposent constamment des programmes « communautaires ». Mais cette approche ne touche qu'une petite minorité des Métis qui vivent dans des collectivités rurales comptant surtout des Métis. Si vous voulez joindre l'ensemble de la population métisse, vous devez le faire par le truchement de nos gouvernements provinciaux représentatifs. C'est ainsi que notre structure fonctionne.

J'ai déjà indiqué que notre culture commune est l'axe central de notre identité nationale. Partout où les Métis se sont réunis à des fins collectives, les organismes qui les représentent ont accordé la priorité aux activités culturelles et à la culture des Métis. C'est ce qui soutient tous les efforts déployés afin de bâtir une nation, dont je viens de parler. À nos yeux, il est impossible de mettre la culture de côté et la vie politique de la collectivité de l'autre. Ces deux aspects sont indissociables.

C'est la raison pour laquelle les Métis sont si profondément opposés à toute tentative du gouvernement fédéral d'usurper nos responsabilités concernant le bien-être culturel de notre peuple – y compris l'élaboration de politiques sur les langues et la culture de la nation métisse. Si vous voulez aider les Métis, vous devez nous donner les outils grâce auxquels nous pourrons faire la promotion de notre culture, préserver nos langues d'origine et en étendre l'utilisation. Mais le gouvernement fédéral aurait tort de croire qu'il peut le faire à notre place.

Les langues métisses et autochtones

- Historiquement, notre peuple parlait de nombreuses langues – le français, l'anglais, le cri, le saulteaux et le déné –, et cela reflète notre héritage mêlé.
- Notre peuple a aussi créé sa propre langue, une langue unique : le michif – un mélange de français et de cri. Le michif utilise des noms français, mais une syntaxe et des verbes cris.
- En 2000, le Ralliement national des Métis a fait du michif la langue nationale de la Nation métisse.
- Quoi qu'il en soit, il faut avouer que de nos jours, les Métis parlent plus souvent le cri, le saulteaux ou le déné que le michif.
- Il est difficile de savoir précisément combien de personnes maîtrisent le michif, mais il n'y en aurait probablement pas plus de 1 000, dont la plupart sont des personnes âgées vivant au Manitoba, en Saskatchewan ou dans le Dakota du Nord.
- C'est pourquoi une politique sur les langues autochtones intéresse les Métis à deux titres :

A) protéger le michif, notre langue nationale, assurer son épanouissement et sa promotion;
B) obtenir du soutien pour les autres langues autochtones parlées par notre peuple.

- C'est pourquoi il est essentiel de reconnaître que les langues autochtones ne sont pas toutes dans la même situation. De nombreuses langues autochtones sont toujours parlées par un groupe assez important d'Aînés sur qui on peut compter pour qu'ils transmettent la langue aux jeunes – avec le michif, ce luxe n'existe pas. Sauver la langue, et la propager, représente une tâche immense.
- Il ne faut pas oublier que notre peuple n'a pas accès au programme d'enseignement des langues que l'on considère traditionnellement comme les langues des Premières nations. Il faut prendre des mesures pour que les Métis aient, eux aussi, accès à des programmes de soutien visant le cri, le saulteaux et le déné.

Conditions de la réussite d'une politique sur les langues

1) Il faut une stratégie à long terme, et nous devons en dresser le plan. Au fil des siècles, les langues autochtones ont perdu du terrain, et l'on ne peut pas remédier à cette situation en une seule année. C'est

pourquoi nous devons travailler à long terme. Le Ralliement national des Métis et les membres de son conseil des gouverneurs sont en train d'élaborer un plan à l'intention du michif ; il a en effet créé un groupe de travail sur la langue michif, à l'échelle nationale.

2) Pour mettre en œuvre cette stratégie, il faudra des ententes de financement s'étendant sur plusieurs années – on ne peut pas bien planifier à long terme si le financement n'est connu que pour une année.
3) Le financement doit être suffisant. Le Ralliement national des Métis ne reçoit que 47 000 $ par année pour soutenir le michif, et les membres du conseil des gouverneurs, de 125 000 $ à moins de 50 000 $ par année. C'est insuffisant.
4) Le financement doit être constant. Il ne doit pas être interrompu, comme c'est devenu l'habitude en ce qui concerne les programmes de PCH visant les Autochtones. C'est pourquoi le Ralliement national des Métis aurait aimé que les programmes de soutien à la langue autochtone ne relèvent pas de ce ministère. Nous aimerions mieux que le financement provienne du bureau de l'Interlocuteur fédéral auprès des Métis.
5) Une part spécifique du financement doit être réservée pour les Métis.
6) Le mode de financement pourra tenir compte de nos structures de gouvernance – c'est la seule façon de joindre l'ensemble de la population métisse – et reconnaître la distinction entre les Métis, d'une part, les Premières nations et les Inuits, d'autre part.

Position sur la proposition d'un Centre autochtone

- Les approches adoptées pour l'ensemble des Autochtones ne sont pas adaptées aux Métis – elles ne respectent pas nos structures de gouvernance (p. ex. l'ONSA).
- L'ILA a réservé une certaine somme pour aider les Métis à soutenir le michif – cette somme serait perdue.
- Avec l'ILA, nous avions assez de souplesse au chapitre de l'élaboration des politiques et des programmes; on perdrait tout cela si une nouvelle bureaucratie, sur laquelle nous n'aurions aucun contrôle, s'imposait.
- Le danger, c'est qu'une part importante des ressources annoncées en décembre 2002 serait détournée et servirait à soutenir une bureaucratie chargée de traiter des demandes (c'est ce qui s'est produit avec la Fondation autochtone de guérison).

Conclusions

- Le Ralliement national des Métis examinera avec intérêt votre rapport provisoire ainsi que la stratégie nationale dont vous parlez dans votre invitation.
- Cependant, ce qui nous intéresse vraiment, c'est la mise sur pied d'un partenariat avec le gouvernement fédéral visant à promouvoir, protéger et mettre en valeur les langues et la culture des Métis.
- C'est pourquoi il faut adopter une approche spécifique et faire en sorte que le gouvernement du Canada discute avec les Métis.
- Pour cela, il faut que le gouvernement fédéral respecte notre identité et traite avec nous de nation à nation ou de gouvernement à gouvernement. À ce chapitre, nous aimerions citer en exemple les relations plutôt productives que nous entretenons avec le ministère des Ressources humaines et du Développement des compétences pour ce qui concerne notre Accord national.
- Si nous pouvions entamer et poursuivre ce type de dialogue, nous n'aurions pas besoin d'attendre que votre Groupe de travail élabore des politiques pour notre compte.
- La meilleure solution serait de nous donner les outils avec lesquels nous pourrions agir nous-mêmes en fonction de la stratégie de 10 ans que nous avons proposée. Pour cela, nous devrons nous assurer non seulement d'un financement adéquat, mais aussi de ressources budgétaires adéquates.
- Nous aborderons cette question dans les discussions en cours avec le gouvernement du Canada. Nous espérons d'ailleurs que ce dialogue débouchera sur une entente-cadre selon laquelle les lois fédérales reconnaîtront la nation métisse et, entre autres choses, assureront la protection, la préservation et la mise en valeur du michif.
- ENFIN, pour que ce projet réussisse, il faudra que le gouvernement du Canada s'appuie sur la *Loi constitutionnelle de 1982* pour bâtir les relations avec les peuples autochtones du Canada, les Métis, les Indiens et les Inuits. Tous ces peuples ont un gouvernement, des objectifs, des structures et des langues qui leur sont propres. C'est avec eux qu'il faut traiter. Ces autorités gouvernementales représentent chacune un peuple.

JE VOUS REMERCIE.

PARTIE VI :

CE QU'ON NOUS A DIT PENDANT LES CONSULTATIONS

Si l'on ne peut plus utiliser la langue que le Créateur nous a donnée, on ne peut plus lui parler avec notre cœur.

PARTIE VI : Ce qu'on nous a dit pendant les consultations

> « Ayons une vision : Lorsque nous ferons face à notre Créateur, nous pourrons nous tenir bien droit, avec fierté et dignité, puisque nous aurons combattu pour sauver nos langues. »
>
> *Aînée Shirley Williams, de la nation Wikwemikong, île Manitoulin*

La première section résume ce que nos Aînés nous ont dit au cours de la rencontre très importante que nous avons eue avec eux à Winnipeg, au Manitoba, le 14 mai 2004. Nous avons une lourde dette envers eux et envers les autres Aînés que nous avons rencontrés partout au Canada, qui nous ont tant soutenus et orientés. Une liste de ces Aînés se trouve à l'annexe C. La deuxième section résume ce que les participants ont dit au cours des séances de consultation qui ont eu lieu partout au pays après notre première rencontre avec les Aînés. Ces consultations communautaires ont non seulement été élargies selon les conseils des Aînés, mais ont aussi été à l'origine du concept d'organisation linguistique national. Les deux sections intègrent des commentaires et des conseils du Cercle d'experts.

Ce que nos Aînés ont dit

Comme il est mentionné au début du présent rapport, les commentaires et les conseils fournis par les Aînés au cours de la rencontre de Winnipeg sont regroupés en quatre thèmes : situation actuelle, éthique et valeurs, pratiques personnelles et mesures institutionnelles et gouvernementales. Ils sont résumés ci-dessous.

Situation actuelle

Les Aînés ont fait remarquer que la valorisation des langues des Premières nations, des Inuits et des Métis représente un défi de taille; toutefois, nous arrivons à un carrefour, et il faut faire des choix. Nous pouvons choisir de protéger nos langues afin de les garder bien vivantes dans nos maisons et nos collectivités, ou nous pouvons accepter le fait que nos langues seront perdues à jamais et que nos enfants et nos petits-enfants ne les connaîtront pas. Nous ne pouvons attendre des écoles qu'elles veillent à la vigueur de nos langues avec le peu de temps et de ressources qui y sont consacrés. Les enseignants font ce qu'ils peuvent avec des locaux inadéquats et des ressources sans cesse réduites; et sans programme, les enseignants se retrouvent à faire des pieds et des mains pour planifier et préparer les ressources tout en enseignant.

Les Aînés ont exprimé une inquiétude toute particulière pour les collectivités où il est particulièrement difficile pour les peuples des Premières nations, les Inuits et les Métis de parler leurs langues et de pratiquer et entretenir leurs cultures. Cette situation est surtout marquée dans le cas de certaines collectivités des Premières nations, d'Inuits et de Métis et dans les centres urbains où certains d'entre nous ont des problèmes de consommation d'alcool et de drogues. Les Aînés ont insisté sur le fait que les personnes qui vivent dans ces collectivités doivent avoir la possibilité d'accéder à des ressources financières afin de raviver l'espoir, grâce au véhicule que constitue la langue et aux activités culturelles, même si la situation semble désespérée.

Bon nombre des Aînés ont attribué la perte des langues et des cultures traditionnelles au système scolaire fondé sur les pensionnats, qui a discrédité totalement les langues et les cultures autochtones et les a sapées délibérément. Les expériences négatives de ceux qui ont fréquenté ces écoles ont laissé des traces puisque bon nombre d'entre eux craignent d'utiliser leurs langues et ont honte de leur identité de membre des Premières nations, d'Inuit ou de Métis. Le résultat, comme le souligne l'Aînée Mona Jules, c'est que bon nombre d'anciens élèves refusent tout simplement de parler leur propre langue ou de la transmettre à leurs propres enfants : « Nos langues se meurent en raison de la honte transmise aux Aînés lorsqu'ils étaient jeunes. » L'Aînée Julianne Courchene a fait écho à ces commentaires en soulignant que malgré le fait que de nombreuses écoles enseignent maintenant nos langues, bien souvent, ces efforts ne sont pas soutenus à la maison :

[Traduction]

> Les parents ne voient pas l'importance d'enseigner la langue; c'est pourquoi les enfants ne voient pas l'importance de l'apprendre. Ils ont beau apprendre à l'école, personne à la maison n'est prêt à soutenir leur apprentissage.

Une des conséquences, c'est que la perte de la langue a renversé, dans une certaine mesure, les relations familiales traditionnelles. De nos jours, en général, les jeunes connaissent mieux le français ou l'anglais que leurs parents ou leurs grands-parents qui, bien souvent, se fient sur les compétences linguistiques de leurs enfants. L'Aîné Theo Sanderson a d'ailleurs commenté cette situation : « Dans notre collectivité, bien des jeunes parlent anglais, et les parents veulent l'apprendre aussi – ce devrait être l'inverse, les parents qui enseignent leurs langues aux jeunes. » Ce commentaire a été renforcé par celui de l'Aînée Mona Jules : « Les grands-parents apprennent la langue pour communiquer avec leurs petits-enfants, mais ça devrait être le contraire. »

Dans ce contexte, les Aînés ont souligné l'importance d'établir des mécanismes de soutien qui aideront les jeunes à apprendre les langues traditionnelles, à être fiers de leurs cultures et à avoir une meilleure estime d'eux-mêmes. Les Aînés nous ont demandé d'écouter attentivement ce que les jeunes avaient à dire afin de comprendre leurs préoccupations et leurs besoins, puis de nous appuyer sur notre propre orientation spirituelle pour les aider. Les enfants doivent avoir la possibilité d'être fiers de ce qu'ils sont et d'apprendre leurs cultures traditionnelles; de cette façon, ils seront nourris par l'essence et le pouvoir de notre spiritualité. L'Aînée Mona Jules a décrit une partie de ce que nous avons perdu dans ce monde si rapide, dans lequel les gens sont de plus en plus coupés de leurs propres traditions :

> Nos enfants naissent dans les hôpitaux et ne sont plus mis au monde par les sages-femmes ou les grands-mères. Par le passé, ils naissaient à la maison et pouvaient entendre la langue de leurs grands-mères. Ils étaient placés dans des paniers et pouvaient sentir l'odeur de l'eau médicinale. Ils étaient enveloppés par leur culture. Dès leurs premières heures de vie, ils savaient qui ils étaient.

Enfin, les Aînés ont soulevés qu'il faut agir dès maintenant pour préserver et renforcer les langues et les cultures traditionnelles et ils doivent eux-mêmes poser des gestes. L'Aîné Ted Chartrand a décrit les Aînés comme étant « les meilleures sources d'enseignement linguistique... dans les collectivités où ils ont grandi. » Cela étant dit, toutefois, les Aînés nous ont rappelé à maintes reprises qu'ils n'étaient pas une ressource inépuisable. À cet égard, l'Aîné Ollie Ittinnuar a déclaré sans ambages :

[Traduction]

> Nous, les Aînés... nous savons que dans dix ou 15 ans, il n'y aura plus d'Aînés qui parlent nos langues aussi couramment que nous. Les gens meurent à un rythme plus rapide qu'auparavant... C'est une course contre la montre, puisque nous voulons régler la question pendant qu'il y a encore des personnes qui parlent couramment les langues.

Éthique et valeurs

L'un des points les plus importants soulignés par les Aînés porte sur le fait que la langue, la culture, les valeurs spirituelles et le sentiment d'identité étaient des concepts indissociables. L'Aînée Shirley Williams a déclaré avec fougue :

[Traduction]

> La langue et la culture sont indissociables – si on les sépare, la langue ne devient qu'un outil, une chose. (...) Notre identité est composée de notre langue et de notre culture, et c'est ce qui nous dit qui nous sommes, d'où nous venons et où nous allons.

Ainsi, les langues sont bien davantage qu'un système de mots ordonnés. C'est la culture qui anime la langue. Une langue ne peut pas être simplement mise en mémoire dans les livres ou enregistrée sous d'autres formes. Même si les écrits et les enregistrements sont importants comme ressources supplémentaires de préservation des langues, surtout des langues qui ne sont parlées que par très peu de personnes, une langue doit être gardée vivante par une utilisation active et quotidienne. Elle doit être préservée comme moyen de communication dynamique par les personnes qui la parlent. Comme le disait un Aîné :

[Traduction]

> Nous n'avons pas besoin d'institutionnaliser notre langue jusqu'à ce qu'elle soit éteinte. Nous devons entretenir la flamme de la langue qui brûle en chacun de nous... Je ne veux pas que mes enfants, mes petits-enfants et mes arrière-petits-enfants aient la capacité de demander à un fonctionnaire de les aider à préserver leur langue – je veux leur transmettre leur langue.

Une autre Aînée a commenté la façon dont nous parlons et dont nous nous exprimons, et a fait remarquer que cela s'inscrit dans l'éthique et les valeurs de nos cultures. Elle a donné pour exemple une conversation qu'elle a eue avec son frère concernant un conflit entre deux groupes de personnes. Conformément à l'éthique et aux valeurs de leurs cultures, ils n'ont jamais mentionné le nom des personnes impliquées dans le conflit. Ils se sont ainsi assurés qu'en parlant tout simplement du conflit, elle-même et son frère n'ont pas contribué à son escalade.

Pour préserver nos langues, ont souligné les Aînés, nous devons les enseigner. L'éducation, ont-ils fait remarquer, devrait mettre l'accent sur l'apprentissage, plutôt que sur l'oubli, et sur notre habilitation, plutôt que sur nos pertes. Une Aînée a fait profiter l'assistance du conseil que son père leur avait donné, à elle et à ses frères et sœurs, lorsqu'ils sont partis au pensionnat pour la première fois :

[Traduction]

> Ma mère ne parlait pas anglais, et mon père nous a dit à nous, les trois plus jeunes, que si nous ne conservions pas notre langue et que si nous ne la pratiquions pas tout le temps, nous ne pourrions plus communiquer avec notre mère et nous faire comprendre d'elle. Il nous a dit également qu'il nous envoyait à l'école non pas pour nous faire oublier notre façon de vivre, mais bien pour que nous apprenions ce que les autres avaient à nous apprendre. Il nous a dit de prendre ce qu'on nous enseignait et de le combiner à ce que nous savions déjà pour en tirer le meilleur parti.

Pour éduquer et habiliter nos enfants, nous devons réfléchir sérieusement à ce que nous leur enseignons et à la façon dont nous le faisons. L'Aînée Shirley Morven a rappelé aux membres du Groupe de travail que le monde est plus complexe maintenant et que si nous voulons enseigner à nos enfants, nous devons admettre cette réalité :

[Traduction]

> De nos jours, nous vivons dans une culture qui combine le courant dominant et la culture autochtone. Lorsque nous enseignons à nos enfants, nous devons nous concentrer sur les valeurs que nous voulons leur transmettre – essayer de tout s'accaparer ou passer sans laisser de traces.

Ces déclarations sont frappantes. Encore une fois, on nous rappelle qu'il nous incombe à nous aussi d'enseigner notre langue, pas seulement par les cérémonies, mais aussi en utilisant toutes les stratégies possibles pour lui donner de la vie et de la vigueur.

Pratiques personnelles

Les Aînés ont proposé des gestes précis que les personnes peuvent poser pour préserver et renforcer les langues et les cultures des Premières nations, des Inuits et des Métis. Voici certaines de leurs suggestions :

1. **Ne pas oublier nos langues**
   Nous devrions commencer chaque journée par une prière; tandis que le soleil se lève, nous devrions rendre grâce pour cette nouvelle journée. Nous disons merci pour la terre et toutes les créatures qui la partagent avec nous. Nos enfants et nos petits-enfants doivent entendre notre prière : ainsi, ils ne l'oublieront pas et pourront eux aussi en apprendre les mots et les reprendre pour faire eux-mêmes leur prière.

2. **Parler et écrire nos langues**
   Nous vivons dans un monde où la préservation est devenue un outil important. Même si nous avons souligné l'importance d'apprendre à parler notre langue, il est aussi important de fournir à nos enfants et à nos petits-enfants les outils qui leur permettront d'écrire nos langues afin qu'ils puissent les utiliser pour apprendre des concepts abstraits dans un monde où la technologie occupe une si grande place.

3. **Enseigner et apprendre nos langues**
   Le monde qui nous entoure offre de nombreuses possibilités d'enseigner et d'apprendre les langues. Il n'est pas toujours nécessaire d'être dans une classe pour apprendre. La voix est un outil puissant. Elle a le pouvoir de prier, elle a le pouvoir de faire bouger les gens, d'injurier, d'habiliter, de chanter et d'enseigner. Nous enseignons par nos gestes, en adoptant des comportements qui permettent d'élargir les connaissances grâce à la parole. Nos cuisines sont devenues des endroits d'apprentissage privilégiés. Nous devons aller au-delà des salles de classe si nous souhaitons réellement revitaliser nos langues.

4. **Respecter les autres dialectes et ne pas tourner en ridicule la façon dont d'autres parlent**
   L'humour existe en nous tous et constitue un aspect particulièrement important de la culture des membres des Premières nations, des Inuits et des Métis. Face à des situations tragiques, nous avons souvent réussi à sortir d'un gouffre de tristesse en riant de nous-mêmes et en riant des autres, non pas avec malveillance, mais de façon à étaler ouvertement et honnêtement nos imperfections.

   Cependant, il nous arrive aussi de nous ridiculiser les uns les autres pour des mots ou des expressions mal prononcés par une personne qui tente d'apprendre l'une de nos langues. Lorsqu'on se fait ridiculiser et qu'on ressent un embarras, on ne veut plus essayer. Nous devons donc nous attacher à encourager ceux qui déploient des efforts pour parler nos langues et les féliciter de vouloir apprendre.

5. **S'occuper des jeunes**
   Les jeunes sont notre espoir pour l'avenir. On doit non seulement les soutenir afin qu'ils choisissent et apprennent leur langue et leur culture, mais aussi les encadrer pour qu'ils puissent vivre dans les deux mondes et acquérir les outils nécessaires pour y arriver. La langue et la culture fournissent les outils

nécessaires pour acquérir un bon caractère – un caractère qui se fonde sur les valeurs du respect, de l'humilité, de la bonté, de l'empathie et d'un bon leadership. Notre façon de faire cherche à faire ressortir le meilleur des gens.

6. **Agir d'abord à la maison pour soutenir la volonté des autres de faire revivre nos langues**
   Nos maisons sont le berceau de nos enfants et de nos petits-enfants. Elles devraient être remplies du doux parfum du foin d'odeur, de la sauge, du tabac ou du cèdre ou de la lumière de notre qulliq. Nos feux doivent être entretenus, et la langue doit servir de combustible. Autrement dit, nous devons appliquer notre culture vivante dans nos maisons; c'est là que tout doit commencer. Toutes les autres situations externes ne doivent servir qu'à renforcer ce qui est pratiqué à la maison.

7. **Travailler ensemble pour préparer le terrain pour nos peuples**
   Au cours de 40 dernières années, des nombreuses personnes ont fait un travail colossal. Certains ont travaillé discrètement dans l'ombre, et d'autres ont assumé un leadership plus direct afin d'attirer l'attention sur l'état de nos langues et de nos cultures. Personne ne peut prétendre avoir tout fait seul. De nombreuses personnes ont porté le flambeau, et bon nombre de ces précurseurs sont maintenant passés au monde des esprits. Leur mémoire et leur travail sont incarnés par le travail que nous faisons aujourd'hui. Grâce à ce projet, nous espérons qu'ils n'auront pas déployé des efforts et fait entendre leurs voix en vain.

   En raison de difficultés communes, nous avons été réunis en nations, pour travailler ensemble à créer le fondement de l'espoir que les langues des peuples des Premières nations, des Inuits et des Métis reprennent la place qui leur est due dans notre pays. Nous sommes les peuples autochtones – nos langues et nos cultures sont les premières langues et les premières cultures du pays, et on doit leur reconnaître ce statut dans tous les ordres de gouvernement, dans les collectivités et dans nos maisons.

8. **Unir nos voix – Même si nous parlons des langues différentes, nous cherchons à obtenir une seule et même chose**
   Nos voix ont été réunies par un besoin commun – le besoin de préserver, revitaliser et maintenir toutes les langues et les cultures des Premières nations, des Inuits et des Métis. Nos organisations politiques nationales doivent parler d'une seule voix. Ensemble, elles doivent inciter tous les gouvernements, toutes les collectivités, toutes les institutions et toutes les organisations à agir et presser tous les peuples à appuyer nos efforts pour créer des partenariats et appuyer les mécanismes visant à encourager les initiatives linguistiques et culturelles des Premières nations, des Inuits et des Métis. Il ne faut pas se laisser décourager par les actions de ceux qui pourraient souhaiter nous voir échouer.

Mesures institutionnelles et gouvernementales

En plus de nous fournir les conseils et les commentaires déjà décrits ci-dessus, les Aînés nous ont fourni des directives extrêmement précises sur les mesures qui, selon eux, devaient être prises par les institutions scolaires et les divers ordres de gouvernement afin de préserver et de renforcer les langues et les cultures des Premières nations, des Inuits et des Métis.

Pour ce qui est des institutions scolaires (y compris les centres de la petite enfance, les écoles publiques, les établissements d'enseignement postsecondaire de même que les programmes communautaires et l'éducation permanente), les Aînés exhortent les éducateurs à mettre l'accent sur plusieurs secteurs de toute première importance. Ces secteurs sont résumés ci-dessous :

1. **Envisager diverses façons d'offrir des programmes de formation**
   - Offrir des écoles d'immersion et des écoles bilingues.
   - Mettre sur pied des camps culturels qui offrent une expérience d'immersion sur le plan de la langue, de la culture et des modes de vie traditionnels, par exemple les habiletés requises pour vivre sur le territoire.
   - Créer des « nids » d'apprentissage de la langue où des tout-petits (des enfants de cinq ans et moins) seraient en contact avec des Aînés et où on ne parlerait que les langues traditionnelles.
   - Mettre en place des programmes visant à offrir aux membres des Premières nations, aux Inuits et aux Métis qui vivent en milieu urbain la possibilité d'apprendre leurs langues et leurs cultures.
   - Créer des programmes semblables pour offrir aux membres des Premières nations, aux Inuits et aux Métis qui vivent à l'extérieur des réserves, dans des petites villes ou autres petites collectivités, la possibilité d'apprendre leurs langues et leurs cultures. Par exemple, le Collège universitaire du Nord, qui s'établit dans le nord du Manitoba, intégrera davantage de connaissances traditionnelles à tout un éventail de programmes.

2. **Considérer que les membres des Premières nations, les Inuits et les Métis exercent un contrôle sur les programmes d'apprentissage de la langue**
   - Faire en sorte que les cours de langue soient obligatoires dans le réseau d'écoles publiques pour tous les niveaux.
   - S'assurer que les établissements qui offrent l'apprentissage des langues des Premières nations, des Inuits et des Métis dans le cadre de leurs programmes scolaires, un nombre suffisant d'heures sont consacrées à ces cours. Dans le réseau des écoles publiques, on devrait compter au moins une heure par jour, plutôt qu'une heure et demie par semaine. Les langues doivent être intégrées par tous les aspects de l'enseignement, comme les arts du langage, les sciences humaines et les arts spirituels.
   - Créer des cours et des programmes de langue et de culture (y compris les programmes de niveau postsecondaire dans les langues des Premières nations, des Inuits et des Métis) qui valorisent les langues, les cultures et les peuples traditionnels. On créerait ainsi une infrastructure de soutien permettant aux enseignants d'apprendre les langues dans le cadre de leur perfectionnement professionnel.

3. **Élaborer des ressources éducatives pertinentes**
   - Élaborer des programmes de langue, des livres et autres ressources pour les professeurs de langue. Permettre aux éducateurs membres des Premières nations, Inuits ou Métis qui parlent couramment ces langues de travailler avec les collectivités afin d'orienter les stratégies locales d'enseignement spécialisé au cours de l'élaboration de leurs ressources pédagogiques.
   - Élaborer du matériel promotionnel et du matériel d'appoint afin de favoriser une langue dynamique parlée au quotidien.
   - Utiliser les technologies disponibles (p. ex. Internet, le courriel et les enregistrements audio) pour communiquer et consigner les langues. Créer des cédéroms et des programmes vidéo interactifs.
   - Effectuer de façon constante des recherches à caractère linguistique et culturel qui portent sur les besoins de professions en particulier, comme la médecine, le droit et le génie, tout en appliquant et en respectant en tout temps les lignes directrices du protocole.
   - Faire participer les jeunes à la préservation de la langue en les invitant à participer à des projets de recherche et en leur offrant la possibilité d'étudier et d'acquérir une expérience de la langue et de la culture. Créer, lorsque c'est possible, des possibilités de leadership pour les jeunes.

4. **Mettre en valeur et exploiter toutes les sources possibles de formation**
   - Établir des programmes de mentorat en langue grâce auxquels des apprentis et des étudiants peuvent travailler ensemble, et ne parler que la langue traditionnelle pendant 200 à 300 heures par année.
   - Offrir une formation aux professeurs de langue membres des Premières nations, Inuits ou Métis.
   - Reconnaître officiellement la capacité des Aînés d'enseigner la langue et les connaissances qu'ils possèdent, et leur accorder la reconnaissance professionnelle qu'ils méritent.

Les Aînés ont également proposé un certain nombre de mesures qui permettraient aux gouvernements de faire la preuve du sérieux de leur engagement à préserver et à renforcer les langues et les cultures des Premières nations, des Inuits et des Métis. Voici leurs suggestions :

1. **Reconnaître la valeur des langues et des cultures traditionnelles**
   - Reconnaître les langues des Premières nations, des Inuits et des Métis comme des langues modernes dynamiques plutôt que des langues patrimoniales. Comme le disait l'un des Aînés, exprimant un point de vue répandu : « La seule façon de protéger et de préserver les langues autochtones serait de les enchâsser dans la Constitution canadienne, tout comme le sont l'anglais et le français (...) Il n'y a pas d'autres façons de les protéger et de les préserver. » Sans « l'équité pour toutes les langues » au Canada, nous risquons de « politiser les langues jusqu'à ce qu'elles soient éteintes ». Un Aîné de Rankin Inlet a par ailleurs ajouté : « Si nos langues étaient enchâssées [dans la Constitution canadienne], notre identité à titre de peuples autochtones serait aussi reconnue. »

2. **Appuyer la mise en place d'une infrastructure visant à préserver et à soutenir les langues**
   - Soutenir l'élaboration d'un plan stratégique afin de revitaliser les langues des Premières nations, des Inuits et des Métis.
   - Créer des normes pour les programmes linguistiques et culturels et les appliquer.
   - S'assurer que le financement et les ressources prévus pour appuyer les langues et la culture des Premières nations, des Inuits et des Métis sont vraiment versés aux peuples et aux collectivités des Premières nations, des Inuits et des Métis.

- Protéger l'autorité culturelle des membres des Premières nations, des Inuits et des Métis lorsque des programmes et des recherches à caractère linguistique et culturel sont financés, en s'assurant que les personnes qui participent aux projets ont les connaissances culturelles et la faculté de comprendre la culture afin de travailler de façon respectueuse et productive avec une culture ou une collectivité inuite, métisse ou des Premières nations.
- Appuyer la protection des connaissances traditionnelles et de la spiritualité à titre de propriété intellectuelle.
- Appuyer l'élaboration d'un centre communautaire d'apprentissage des langues et des cultures. Les centres devraient être administrés par des comités auxquels siégeraient des Aînés et d'autres membres de la collectivité. Les centres pourraient offrir un éventail de mesures de soutien, notamment des ressources pédagogiques, des programmes de lecture, des camps culturels et des archives de l'histoire locale. Ces centres devraient être situés dans les collectivités où la langue est parlée.
- Les Premières nations doivent établir des lois sur les langues qui exigeraient des chefs, des membres du conseil de bande et des employés qu'ils connaissent leurs langues traditionnelles.
- Les Premières nations devraient travailler à l'uniformisation des langues écrites pour que les langues soient plus faciles à comprendre et à apprendre.

3. **Favoriser la mise en valeur des ressources, y compris des modes de vie qui contribuent aux acquis linguistiques**
   - Offrir un soutien financier à l'élaboration et à la diffusion des ressources pédagogiques, de la technologie et des documents de recherche.
   - Offrir un soutien financier aux recherches sur les langues, les cultures et les connaissances traditionnelles, comme les connaissances des guérisseurs.
   - Offrir une aide financière adéquate aux membres des Premières nations, aux Inuits et aux Métis qui optent pour un mode de vie traditionnel, semblable aux subventions actuellement versées aux agriculteurs.
   - Offrir un soutien financier adéquat aux jeunes qui souhaitent acquérir les compétences nécessaires pour vivre de façon traditionnelle ou pour vivre sur le territoire, par exemple la pêche d'été et d'hiver, le trappage, la préparation de la nourriture traditionnelle, les pratiques et les cérémonies spirituelles et l'utilisation des langues traditionnelles. Ce soutien financier pourrait être semblable à l'aide financière actuellement offerte aux étudiants des universités.

Ce que le peuple a dit

Un programme national visant à répondre aux besoins linguistiques des membres des Premières nations, des Inuits et des Métis doit refléter les préoccupations et les priorités communautaires. La section qui suit résume les points de vue exprimés au groupe de travail par les membres des Premières nations, les Inuits et les Métis sur une période de neuf mois, au cours de laquelle 16 consultations ont eu lieu dans diverses collectivités du Canada.

Le rôle des langues des Premières nations

Partout au Canada, les participants inuits, métis et appartenant aux Premières nations ont parlé du lien vital qui existe entre eux-mêmes, la terre et le Créateur, et du besoin qu'ils ressentent de donner une voix à cette connexion et de l'honorer à leur façon en utilisant leurs propres langues. Dans ce contexte, de nombreux participants ont mentionné que le fait de pouvoir parler sa propre langue aidait les gens à comprendre qui ils sont par rapport à eux-mêmes, à leurs familles, à leurs collectivités et à la Création.

L'importance du rapport avec le Créateur a été un thème important. Comme l'a expliqué Ken Goodwill, de la Première nation de Standing Buffalo, en Saskatchewan, le lien qui existe entre les cérémonies sacrées et la langue fait partie intégrante du rapport d'une personne avec l'univers et le Créateur :

[Traduction]

> La langue est notre histoire, la mémoire tribale et la base de notre point de vue sur le monde. Par exemple, les personnes qui parlent le dakota peuvent très bien exprimer la façon dont elles voient les choses sur le plan spirituel et la façon dont elles réagissent aux choses qui les entourent (...) Selon notre conception de l'univers, il est possible d'implorer l'univers, et que l'univers réponde (...) Nous avons le sentiment que toute la Création a un esprit et une énergie qui peuvent être transmis d'une personne à une autre, d'une personne à un animal et d'une personne à une plante ou à un arbre. Cela fait partie de notre vision du monde. Même si on peut tout expliquer cela en anglais, ce concept fait partie des langues dakota.

D'autres participants ont fait écho plusieurs fois à ce sentiment. Par exemple, la consultation de Squamish a surtout porté sur le lien direct avec le Créateur établi par la langue parlée, comme on l'explique ci-dessous :

[Traduction]

> (...) langue et culture ne sont pas que des mots ou des syllabes, mais (...) établissent des liens spirituels avec le Créateur. Lorsque je pouvais prier dans ma propre langue, c'était comme la première respiration que je pouvais prendre après avoir été branché à un respirateur. La langue et la culture sont le cordon ombilical qui nous relie au Créateur.

Un sentiment commun chez les participants aux séances de consultation était lié au fait que lorsqu'un membre des Premières nations, un Inuit ou un Métis arrive dans l'au-delà, il devrait pouvoir saluer le Créateur dans sa propre langue et dire son nom au Créateur. Alex Crowchild, un Aîné de la nation Tsuu T'sina, a fourni l'explication présentée ci-dessous à la consultation de Calgary :

[Traduction]

> (...) la langue est importante en raison des cérémonies. Il y a 600 ou 700 ans, il n'y avait pas d'Anglais ici. Les esprits de ces cérémonies qui nous sont apparus parlaient la langue. Nous avons encore nos cérémonies, les danses du soleil, les « ring lodges », les « night lodges », les sueries. À toutes ces occasions, nos leaders spirituels communiquent encore avec les esprits, et ces esprits ne parlent que la langue qui existait avant. C'est à dire à quel point la langue est importante. Si nous la perdons, nous perdrons notre mode de vie.

Les participants ont aussi insisté sur le fait qu'en mettant l'accent sur les cérémonies et la spiritualité, on permettait aux personnes d'avoir une meilleure estime de soi, aux peuples de se familiariser avec leur culture et aux collectivités d'entamer un processus de guérison. De nombreux participants ont également souligné que la langue et la culture étaient interreliées et indissociables et qu'elles entretenaient un lien étroit avec l'utilisation et l'occupation des terres traditionnelles. Enseigner l'une sans l'autre entraînerait une dilution ou une perte d'une vision du monde unique ou une compréhension incomplète des liens entre la culture et la langue et de l'utilisation des terres.

Des participants de tous les groupes linguistiques ont abordé avec tristesse la menace de disparition de leurs langues. Bien des participants étaient d'avis que lorsque la langue et la culture sont abandonnées ou perdues, l'individu et l'ensemble de la collectivité font face à une pauvreté culturelle et spirituelle. Un certain nombre d'Aînés ont mentionné l'enseignement moral inhérent à la langue et à la culture. Ils soulignent que, sans ces enseignements moraux, de nombreux membres des Premières nations, Inuits et Métis abusent de l'alcool ou d'autres drogues et ont un comportement qui nuit à leur collectivité, à leur famille et à eux-mêmes. Un Aîné de Rankin Inlet, au Nunavut, s'est inquiété du fait que de nombreux jeunes gens n'ont pas appris leur langue lorsqu'ils étaient enfants, et sont ensuite allés à l'école où ils ont appris l'anglais. Bien souvent, ces jeunes décrochent tôt de l'école et, par conséquent, ne parlent couramment aucune des deux langues. Ce sont des jeunes à la dérive entre les langues et les cultures.

De nombreux participants se sont dits convaincus que la perte des langues est attribuable en grande partie à la colonisation et aux politiques d'assimilation du Canada, particulièrement lorsque les enfants étaient retirés de leurs collectivités et placés dans des pensionnats où ils étaient systématiquement punis lorsqu'ils parlaient leurs langues. Une des participante, verbalisant l'expérience de nombreuses autres personnes, a raconté avec une profonde tristesse comment elle avait été retirée de sa famille et gardée en pensionnat pendant six ans avant de pouvoir retourner chez elle, et qu'à ce moment elle ne parlait plus sa langue couramment. D'autres ont parlé des répercussions à long terme de cette situation sur les enfants des personnes qui ont été placées en pensionnat et qui n'ont pas appris leur langue, et ont dit souhaiter que ces enfants n'aient pas à vivre la même souffrance que leurs parents.

La disparition des langues a aussi été attribuée au laisser-aller dont font preuve certaines personnes et certaines institutions, de tous les niveaux, particulièrement dans les gouvernements provinciaux, territoriaux et fédéral. Pour ce qui est des gouvernements, de nombreux participants ont fait remarquer que même certains gouvernements inuits, métis ou des Premières nations accordent peu d'attention ou de soutien aux langues. Ils ont toutefois fait remarquer que les collectivités inuites, métisses et des Premières nations ont de nombreuses priorités concurrentes et que lorsque des collectivités n'ont pas suffisamment de logements pour leurs membres, par exemple, il est difficile de financer des programmes de langue.

De nombreux participants ont abordé, de façon plus large, la douleur qu'ils ressentent lorsqu'ils constatent le manque de respect accordé à leurs langues et le fait que leurs langues sont souvent considérées comme des reliques du passé, plutôt que comme des langues vivantes, appartenant au présent. Par conséquent, bien souvent, des membres des Premières nations, des Inuits ou des Métis choisissent de ne pas utiliser leurs propres langues, même s'ils la parlent couramment, ou choisissent de ne pas acquérir les compétences qu'il leur faudrait pour la parler couramment. Cette situation est particulièrement préoccupante au Nunavut, où de nombreux jeunes comprennent la langue, mais choisissent de ne pas l'utiliser. D'autres jeunes choisissent de ne pas l'apprendre du tout. Comme l'a fait remarquer un participant de la Saskatchewan : « Nos jeunes n'accordent aucune valeur à nos langues. Ils disent que ces langues ne font pas partie de leur monde. »

Un des thèmes souvent abordé par les participants a été l'importance de la revitalisation des langues. Les participants considéraient qu'il s'agissait d'un moyen de guérison personnel et collectif. On voyait également la revitalisation comme un moyen de rétablir le contact avec la terre, puisque la terre occupe une importance prépondérante dans la structure des langues des Premières nations, des Inuits et des Métis. Malgré l'état critique de nombreuses langues, les participants ont exprimé un engagement indéfectible envers les étapes à suivre pour revitaliser l'ensemble de nos nombreuses langues. Les participants ont souligné le fait que toutes les langues sont sacrées, et qu'un effort concerté doit être fait pour s'assurer que les générations futures profitent des connaissances que contiennent ces langues. Le fait que certaines collectivités comptent très peu de personnes parlant couramment la langue autochtone ne devrait pas les priver d'un soutien visant à revitaliser leurs langues.

Les participants aux consultations ont formulé de nombreuses recommandations sur les mesures à prendre pour aider les collectivités à revitaliser leurs langues. Les recommandations du Groupe de travail s'appuient sur les opinions exprimées par les participants. La section qui suit les présente de façon détaillée.

Statut des langues des Premières nations, des Inuits et des Métis

Au cours des consultations qui ont eu lieu d'un bout à l'autre du Canada, le Groupe de travail s'est fait dire qu'à titre de premières langues parlées au Canada, les langues des Premières nations, des Inuits et des Métis devaient obtenir la même reconnaissance et le même respect que le français et l'anglais. De nombreux participants étaient d'avis que la création d'une loi fédérale reconnaissant ce fait serait l'un des résultats les plus importants des travaux du Groupe de travail. De nombreux participants ont parlé de la relation spéciale qu'entretient le Canada avec les Premières nations, qui se reflète dans les traités et dans la *Loi sur les Indiens*. Ils ont aussi affirmé que les décisions concernant les droits et les titres autochtones rendues par les tribunaux, ainsi que la reconnaissance et l'affirmation des droits autochtones que l'on retrouve à l'article 35 de la *Loi constitutionnelle de 1982*, sont les fondements des lois linguistiques.

De nombreux participants étaient aussi d'avis que les lois ne devraient pas se borner à reconnaître l'importance des langues des Premières nations, des Métis et des Inuits dans le tissu social canadien, mais aussi faire en sorte que ces langues soient sur un pied d'égalité, sur le plan du financement, avec le français et l'anglais, les langues officielles actuelles. Au cours de la séance de consultation de Cambridge Bay, par exemple, on a fait allusion aux iniquités en matière de financement des langues. Malgré le fait que l'inuktitut ait le statut de langue officielle au Nunavut et que 72 % de sa population le parle, en vertu de l'Accord de coopération Canada-Territoires du Nord-Ouest, 3 000 $ sont versés par francophone pour la prestation de services en français, tandis que seulement 55 $ par personne sont versés pour la prestation de services en inuktitut. Une frustration semblable a été exprimée au cours d'autres consultations. En Saskatchewan, les professeurs de langue ont comparé les quelque 43 millions de dollars versés à l'enseignement du français et les 330 000 dollars versés pour les langues des Premières nations, dans une province où bien plus de gens parlent les langues des Premières nations que le français.

Au cours d'autres discussions sur les lois, on a soulevé la question des connaissances traditionnelles. On a recommandé que la protection de la loi ne s'applique pas seulement aux langues, mais aussi aux droits de propriété intellectuelle. De nombreux participants ont exprimé leurs préoccupations quant au fait de communiquer leurs langues et leurs pratiques d'enseignement par le truchement de la technologie, sans pouvoir les protéger d'une utilisation inconvenante. Les participants considéraient que les droits de propriété intellectuelle revêtaient une très grande importance pour l'exercice d'une surveillance de la revitalisation des langues des Premières nations, des Inuits et des Métis. On a suggéré d'adopter entre-temps le protocole des Nations Unies sur la propriété intellectuelle afin de garantir une protection contre les usages inconvenants des langues et des cultures des Premières nations, des Inuits et des Métis.

Nécessité d'une stratégie de revitalisation dirigée par la collectivité

De nombreux participants ont expliqué que la langue constitue le souffle de vie de la collectivité; elle garde la collectivité en vie et relie toutes les personnes dans un réseau de relations. Bref, c'est la collectivité qui doit jouer un rôle de premier plan dans la revitalisation. *La majeure partie des participants ont convenu que les collectivités doivent se réunir afin d'établir les priorités et d'élaborer des plans en vue de revitaliser leurs langues.*

Bien des participants ont fait remarquer que la revitalisation de la langue ne pourrait réussir que si l'ensemble de la collectivité s'engage à appuyer un projet de ce genre. La planification doit donc être orientée par les besoins et la volonté de chaque collectivité. Le terme collectivité doit être pris dans un sens large afin d'intégrer tous les types de collectivités où vivent des membres des Premières nations, des Inuits et des Métis. Bien des participants sont d'avis que la participation et l'engagement de tous les membres de la collectivité sont nécessaires pour qu'un plan de revitalisation linguistique soit réalisable. Tous les groupes d'âge doivent participer : les jeunes, les Aînés, les adultes et les jeunes enfants doivent avoir voix au chapitre.

On reconnaît que les plans seront différents selon la collectivité concernée, l'état de la langue et les ressources disponibles dans chacune. Certaines langues comptent un grand nombre de locuteurs et sont largement parlées; dans ces cas, les efforts porteraient sur le maintien et l'expansion de la langue. Dans d'autres collectivités, seuls quelques rares Aînés parlent encore la langue; dans ces cas, les efforts devront se concentrer sur la préservation de la langue.

De nombreux participants ont aussi établi un lien entre la revitalisation de la langue et la guérison personnelle et collective. C'est en apprenant et en parlant la langue qu'on parviendra à une communication intergénérationnelle, et cette communication pourrait ouvrir la porte à de nombreux résultats positifs, notamment la guérison de la collectivité même. Les jeunes ne seront pas les seuls à se sentir habilités par la langue, les Aînés aussi le seront, puisqu'on leur a enseigné dans leur jeune âge qu'il était honteux de parler leurs langues. En outre, certains membres des collectivités connaissent la langue, mais craignent de la parler. À cet égard, un des participants a déclaré :

[Traduction]

> Il faut habiliter ceux qui n'ont pas appris la langue. Ils représentent une force puissante parce qu'ils ressentent de la douleur (...) Il faut mettre un terme à la supériorité et à la distinction faite entre les gens qui parlent la langue et ceux qui ne la parlent pas. Il ne faut pas que les gens qui ne parlent pas la langue ressentent de la honte, puisque ce n'est pas leur faute. Il est important de ne pas tourner en ridicule ceux qui apprennent la langue, ils ont plutôt besoin d'encouragements.

Au cours de toutes les séances de consultation, le Groupe de travail a entendu l'appel pressant des participants pour que des mesures soient prises immédiatement afin de renverser la tendance et de mettre un terme à la perte des langues, puisque bon nombre d'entre elles sont au bord de l'extinction. On a fait remarquer que les langues des Premières nations, des Inuits et des Métis ont subi au moins un siècle d'agressions et de négligence. C'est pourquoi la revitalisation de la langue est un projet qui doit s'étaler sur 100 ans et ne doit pas être fait à la va-vite. Il faut quand même fixer des buts à court terme, et les projets doivent débuter immédiatement. Le besoin est urgent, mais le processus sera long.

De nombreux participants ont souligné qu'il restait peu de temps pour prévenir la perte imminente d'un bon nombre de langues. Les préoccupations touchent tout particulièrement les collectivités où les locuteurs sont concentrés chez les personnes âgées, et où peu de ressources, voire aucune, ne sont consacrées à la préservation des langues, par des enregistrements, de la traduction ou de l'archivage ou la formation de professeurs de langue. Même si toutes les langues des Premières nations, des Inuits et des Métis sont sacrées, on recommande d'accorder une attention toute spéciale aux langues qui sont dans un état critique. Les collectivités qui vivent une situation moins pressante ont également demandé un accès immédiat aux ressources. Elles veulent éviter que l'intégrité de leurs langues soit compromise si l'on n'encourage pas les plus jeunes à les parler couramment.

Rôles et priorités d'une organisation linguistique nationale

Les participants ont discuté de la façon dont une organisation linguistique nationale – un Centre des langues et des cultures (CLC) – pourrait s'inscrire dans cette stratégie de revitalisation à long terme. La section qui suit présente leurs discussions, leurs préoccupations et leurs recommandations.

Buts et objectifs

Les participants ont recommandé qu'une des fonctions principales du CLC soit la coordination des recherches et de la planification nécessaires pour élaborer une stratégie à long terme en vue de revitaliser les langues des Premières nations, des Inuits et des Métis. De nombreux participants ont mentionné qu'une composante essentielle de la stratégie à long terme serait une loi fédérale visant à protéger et à promouvoir les langues des Premières nations, des Inuits et des Métis. Le CLC était vu comme une entité qui soutiendrait ces efforts en fournissant des renseignements et des conseils au gouvernement et aux organisations politiques nationales. On croit aussi qu'en plus d'effectuer ce travail au niveau national, le CLC pourrait appuyer les efforts visant à promouvoir la langue au niveau communautaire. Par exemple, le CLC pourrait apporter une aide aux collectivités, par exemple, en fournissant aux administrations locales des renseignements sur les politiques linguistiques et, aux personnes et aux familles, des renseignements sur les avantages de maintenir la langue.

Les participants aux consultations se sont entendus pour dire que les fonctions principales d'un CLC devraient être de fournir une aide financière aux collectivités pour leur permettre de franchir les étapes nécessaires pour revitaliser leurs langues. En plus de voir le CLC comme un mécanisme de financement, de nombreux participants croyaient qu'il pourrait fournir un soutien technique aux collectivités et aux programmes régionaux. On a mis l'accent sur les avantages liés à une collaboration. Compte tenu du peu de temps qui reste à de nombreuses langues et de la grave pénurie de ressources éducatives, les participants souhaitaient qu'il y ait une mise en commun du matériel, de même que des leçons retenues, pour tous les programmes linguistiques du pays. Les personnes qui ont formulé les recommandations ont souligné qu'il faut plutôt envisager la mise en place d'un centre virtuel, plutôt qu'un centre occupant un espace physique. Il faut également envisager la création d'un réseau ou de centres d'échanges linguistiques régionaux.

De l'avis de tous les participants, une des fonctions essentielles du CLC serait de mieux faire connaître les langues des Premières nations, des Inuits et des Métis et leur importance au sein des collectivités et au Canada. Au sein même des collectivités de Premières nations, d'Inuits et de Métis, les jeunes devraient avoir la chance d'être fiers de leur langue, de leur identité et de leur histoire. Dans le reste du Canada, les non-Autochtones devraient être sensibilisés à l'importance et à la diversité des langues des Premières nations, des Inuits et des Métis. Pour favoriser un soutien plus ferme envers les langues des Premières nations, des Inuits et des Métis, on a recommandé que le CLC conclue des partenariats avec l'industrie et tous les ordres de gouvernement. De nombreux participants croyaient également que le CLC devrait sensibiliser les peuples autochtones des autres régions du monde et créer des liens avec eux.

Gouvernance

Les participants étaient également unanimes sur le fait que le CLC devrait être simple et que son infrastructure devrait être la plus légère possible, pour que les ressources ne soient pas dilapidées et que la majeure partie des fonds soient distribués dans les collectivités mêmes. De nombreux participants ont recommandé que, dans la mesure du possible, les trois organisations politiques nationales créent une structure de gouvernance intergouvernementale, qui permettrait de réaliser des économies. Les participants ont insisté sur le fait que le CLC devrait tirer ses orientations de membres de la collectivité, plutôt que d'imposer une orientation au niveau local. Le CLC doit agir de façon équitable et transparente et n'être lié à aucun programme politique particulier. On s'entend également pour dire que toutes les régions devraient être représentées au sein de l'organisme directeur et que les Aînés devraient jouer un rôle consultatif.

Financement et exécution du programme

Les membres du Groupe de travail ont reçu le même message du Cercle d'experts, des Aînés et des représentants communautaires concernant les besoins en ressources. *Les participants aux séances de consultation ont tous déclaré qu'il fallait de toute urgence verser des fonds aux collectivités afin que la situation critique de certaines langues soit immédiatement abordée.* On a fait remarquer que le financement actuel est généralement fragmenté et à court terme – il est donc extrêmement difficile de conserver le personnel et d'effectuer une planification à long terme. Une autre préoccupation tient au fait qu'en raison de la bureaucratie que suppose le processus actuel, les fonds destinés au programme ne se rendent pas dans la collectivité.

On s'est inquiété du fait que les collectivités se retrouvent à se faire concurrence pour le financement limité actuellement disponible. Il en découle des iniquités, puisque les collectivités qui disposent de personnel compétent pour préparer des demandes de subventions ou celles qui ont une population plus importante ou une capacité administrative plus grande sont mieux placées pour recevoir du financement pour les projets linguistiques. D'autres participants ont également fait valoir que les particuliers peuvent ne pas avoir accès au financement, puisque les organisations communautaires ont la priorité – un nouveau programme devrait donc reconnaître que les personnes ou les groupes informels occupent une place importante dans les efforts de revitalisation des langues. Le financement accordé se fonde bien souvent sur la population : c'est pourquoi les petites collectivités doivent se débattre seules. L'un des participant a souligné que, dans le contexte des Premières nations :

[Traduction]

> Lorsque plusieurs bandes présentent des propositions de projet afin d'obtenir des subventions, pour une qui obtient du financement, 14 autres n'ont rien. Nous devons cesser de nous faire concurrence et tenter d'établir laquelle des langues mérite le plus d'être sauvée – laquelle sera sauvée... Nous méritons tous d'être sauvés.

Dans la même veine, d'autres participants ont fait remarquer que les fonds du fédéral sont versés à des collectivités choisies qui ont droit à des projets précis. Cette pratique ne tient pas compte du fait que chaque collectivité est différente et a son propre plan de revitalisation des langues.

Au cours des discussions concernant le rôle du CLC sur le plan du financement, les participants se sont inquiétés du fait que, si on met en place une importante administration centrale, bien des fonds seront utilisés pour alimenter la bureaucratie, et les petits projets se perdront dans les dédales administratifs. *On recommande que la prise de décisions soit déléguée au niveau régional, puisque les régions sont mieux placées pour connaître les situations et les besoins locaux et y répondre.* On a fait observer que certaines régions, comme les Territoires du Nord-Ouest, ont des centres linguistiques régionaux qui pourraient être appuyés et qu'une infrastructure régionalisée est déjà en place dans le cadre de l'Initiative des langues autochtones mise en place par le gouvernement fédéral. Même si on privilégie la régionalisation, on doit faire preuve de prudence puisque l'exécution régionale des programmes doit être englobante et non politique afin d'éviter que des collectivités qui n'ont pas d'affiliation politique ne puissent avoir accès au financement. Les participants ont également recommandé que le financement permette les projets à plus long terme et que les critères de financement soient équitables.

Priorités liées au programme pour le CLC

1. Préservation de la langue

De nombreux participants ont exigé un financement immédiat des efforts de préservation des langues, soulignant que, dans bien des collectivités, peu de personnes parlent encore couramment la langue. On a fait remarquer qu'il existe de nombreuses langues peu parlées, particulièrement en Colombie-Britannique, où il n'est pas rare qu'une langue ne soit parlée que dans une ou deux collectivités. Le travail de préservation est donc, dans ce cas, plus urgent. Cependant, même les langues parlées par des nombreuses personnes font face à des difficultés. Comme l'a fait observer un participant de l'Ontario, le nom et l'usage des fleurs locales commencent à se perdre, et la façon de décrire les liens de parenté est aussi oubliée.

On a fait valoir que, même dans les collectivités où on a pu enregistrer des Aînés par le passé, bien souvent les connaissances restent inaccessibles. Parfois le support d'enregistrement est devenu désuet, parfois les enregistrements ont été perdus ou se sont détériorés parce qu'ils ont été mal entreposés. Dans d'autres cas, la collectivité ne dispose pas des fonds nécessaires pour faire la transcription.

2. Planification linguistique

Un des thèmes courants des consultations était le fait d'offrir aux collectivités un accès aux ressources afin qu'elles puissent effectuer des recherches communautaires et une planification linguistique à long terme. Les participants ont convenu qu'il était important d'identifier les locuteurs et d'établir leur connaissance de la langue dans le cadre d'une planification initiale afin d'évaluer l'efficacité des diverses façons d'aborder la revitalisation des langues. Les collectivités doivent aussi discuter et s'entendre sur les mesures à prendre pour réintégrer la langue dans leurs collectivités, établir la priorité de chaque objectif des programmes linguistiques et, dans certains cas, s'entendre sur des questions fondamentales, comme une orthographe commune.

Par exemple, il n'est pas rare que plus d'un système d'écriture ait été créé par des linguistes qui ont étudié la langue à diverses époques. Le ou les systèmes peuvent ne pas faciliter l'écriture ou l'apprentissage de la langue. Comme l'a expliqué l'un des participants :

[Traduction]

> Notre système d'écriture a été mis au point pour le saulteux, en partie par un linguiste. Il ne s'agit pas d'une orthographe romaine, et lorsque les linguistes l'ont élaborée, il y avait trop de règles et une structure qui ne fonctionnait pas. Par exemple, pour le son ***d*** ils mettent un ***h*** devant un ***t*** et prononcent seulement le son ***h***. Beaucoup d'enfants de l'élémentaire prononcent mal les mots. Nous avons ajouté les lettres dont nous avions besoin, et il y a encore beaucoup de problèmes à régler par rapport à notre système d'écriture.

On a aussi souligné que les collectivités pourraient devoir discuter de façon sérieuse de questions comme l'uniformisation. Dans ce contexte, on a reconnu que certaines collectivités pourraient devoir prendre des décisions difficiles comme appuyer un dialecte en particulier ou adopter le dialecte d'une collectivité voisine. Il faut aussi financer l'évolution de la langue par la création d'une terminologie désignant de nouveaux concepts et de nouvelles technologies.

Un certain nombre de participants ont fait remarquer qu'il faut disposer de données récentes et précises pour effectuer une planification linguistique. On recommande que ce soit le CLC qui entreprenne ou coordonne ce type de recherche. On recommande tout particulièrement qu'une enquête sur la langue soit effectuée, puisque ce genre de recherche aiderait le CLC et les collectivités à créer des programmes visant à soutenir la revitalisation de la langue.

3. **Enseignement des langues et de la culture des Premières nations, des Inuits et des Métis**

Tous les participants ont convenu que le programme principal du CLC doit se concentrer surtout sur l'enseignement des langues et de la culture. Un certain nombre de questions doivent être abordées afin de remédier aux insuffisances et de régler les problèmes liés aux politiques et aux programmes avec lesquels les professeurs de langue doivent composer. Les participants se sont inquiétés du fait que le système scolaire n'accorde pas de reconnaissance ou de soutien aux langues des Premières nations, des Inuits et des Métis. On a tout particulièrement mentionné le fait que le ministère des Affaires indiennes et du Nord canadien est incapable de financer adéquatement les programmes d'enseignement des langues dans les écoles qu'il finance dans les réserves.

Les éducateurs ont mentionné la difficulté de faire en sorte que les enfants apprennent à parler couramment la langue dans le système scolaire actuel. Lorsque les cours de langue durent 15 minutes par jour, il est très difficile de progresser et d'augmenter les capacités linguistiques. Le problème est encore plus important lorsque la langue n'est parlée ni à la maison ni dans la collectivité. De nombreux participants ont soulignés qu'il est très difficile pour un enfant membres des Premières nations, Inuit ou Métis d'apprendre réellement une langue si ses parents ne la parlent pas. Comme le faisait remarquer un des participants de Fort Qu'Appelle : « L'apprentissage doit se faire à la maison et dans la collectivité. Un professeur de langue ne peut le faire seul. »

À cet égard, le fait d'inscrire les enfants à des programmes d'immersion lorsque les parents eux-mêmes ne parlent pas leur propre langue créerait des obstacles, puisque les parents ne pourraient pas participer pleinement à l'éducation de leurs enfants. Même si de nombreux participants conviennent qu'il faut se concentrer sur les jeunes, on a fait remarquer qu'il faut également commencer à enseigner la langue aux jeunes parents. Ce sont eux qui, à leur tour, l'enseigneront à leurs enfants. Cela étant dit, et malgré l'intérêt que suscite l'apprentissage de la langue, il arrive bien souvent que les collectivités des Premières nations de même que les collectivités inuites et métisses ne disposent pas des ressources ou des professeurs de langue dont elles auraient besoin pour offrir des cours aux adultes. On recommande donc fortement que le CLC appuie la formation et l'accréditation de professeurs de langue, pas seulement en enseignement de langue seconde, mais aussi pour les programmes d'immersion, puisqu'il n'y a pas suffisamment de professeurs de langue pour répondre à la demande

Bon nombre de participants ont évoqué avec fougue l'importance de donner aux jeunes enfants la chance d'établir un lien avec leur patrimoine à un très jeune âge et d'appuyer leur apprentissage tout au long de leur enfance et de leur jeunesse. Les éducateurs ont recommandé que les cours de langue commencent avant la prématernelle et que les parents aient l'occasion eux aussi d'apprendre. Un des participants a suggéré la mise en place de « nids » linguistiques dans le cadre des initiatives du gouvernement fédéral en matière de garde des enfants et d'y intégrer des cours de langue.

Pratiquement tous les participants ont convenu que les cours de langue doivent être offerts à tous les niveaux, de la garderie jusqu'à l'université. L'éducation des adultes peut revêtir autant d'importance que l'éducation des jeunes, et il devrait y avoir des cours pour les personnes qui sont avancées autant que pour les débutants. Au niveau universitaire, il devrait y avoir des cours supérieurs en langues autochtones, cela permettrait de faire progresser les recherches et de produire des universitaires qui parleraient les langues des Premières nations, des Inuits et des Métis.

Les participants ont recommandé que les programmes linguistiques intègrent l'acquisition de compétences et de connaissances traditionnelles. À maintes reprises, partout au Canada, les participants ont dit que les camps culturels constituaient une façon efficace de transmettre la langue et les valeurs. Le plus souvent, on emmène les enfants dans la nature, et on leur enseigne comment vivre sur les terres et comment interagir avec leur environnement comme le faisaient leurs ancêtres. Pour appuyer cette démarche, bon nombre de participants ont fait état de programmes d'immersion fructueux ailleurs dans le monde comme ceux des Maoris et des Hawaiiens, et, au Canada, les programmes d'immersion française. D'autres participants ont souligné que le financement des camps culturels ou des programmes d'immersion qui enseignent les compétences traditionnelles constituait une façon efficace d'établir un lien entre les personnes et leurs cultures et leurs langues.

Les participants recommandent aussi fortement que les programmes financés par le CLC adoptent une démarche holistique, intégrant les cultures des Premières nations, des Inuits et des Métis. La langue et la culture sont interreliées, et l'enseignement de la langue constitue une façon importante de mettre en commun les valeurs, les enseignements et les histoires des Premières nations, des Inuits et des Métis. Tous les participants ont fait valoir qu'en enseignant la langue, on pourra aussi enseigner de nombreux autres aspects des cultures des Premières nations, des Inuits et des Métis. Par exemple, on a insisté sur le fait que les programmes d'enseignement devaient être conçus de façon à refléter les méthodes d'enseignement des langues des Premières nations, des Inuits et des Métis, plutôt que les méthodes d'enseignement de l'anglais et du français. De même, l'enseignement de la langue devrait prendre plusieurs formes, notamment le conte, le théâtre, la danse, le chant et les arts, et qu'il ne devrait pas être limité à l'enseignement en classe.

Certains participants ont proposé que, plutôt que d'être limité aux cours de langue, auxquels certains adultes n'ont pas le temps d'assister, l'enseignement devienne le point central de nombreuses activités communautaires. Les participants ont proposé que les cours de langue fassent partie d'un apprentissage des noms traditionnels des lieux et des sites sacrés. Dans ce contexte, bon nombre de participants ont recommandé que les Aînés soient reconnus à titre d'experts de la langue et traités comme tels. Il faudrait les accréditer et les payer conformément à leur statut. En employant les Aînés de cette façon, on pourrait enseigner de nombreuses valeurs traditionnelles, comme le respect et le protocole à respecter pour s'adresser aux Aînés.

Les éducateurs ont également parlé des besoins généraux en ressources didactiques, parfois très peu des ressources sont accessibles ou, lorsqu'il y a effectivement des ressources, il n'est pas rare que le matériel date de plusieurs dizaines d'années. Pour cette raison, le CLC doit non seulement appuyer l'élaboration de nouveaux matériels, mais aussi faciliter la mise en commun des ressources.

4. Innovation et technologie

L'innovation et la technologie ont été des thèmes prédominants tout au long des ateliers. De l'avis de tous les participants, il serait important de faire appel à la technologie dans les efforts de revitalisation de la langue.

Reconnaissant l'ampleur de la tâche qui les attend, de nombreux participants ont fortement recommandé que le CLC coordonne un ou des centres d'échanges pour permettre la mise en commun des ressources et des recherches sur les pratiques exemplaires. Parmi les possibilités générales envisagées, notons l'élaboration d'une base de données nationales accessible sur le Web portant sur les programmes linguistiques, les ressources et la planification linguistique. Ces renseignements pourraient permettre aux collectivités des Premières nations, de même qu'aux collectivités inuites et métisses d'acquérir immédiatement des connaissances sur les pratiques prometteuses adoptées par d'autres collectivités qui leur permettront d'évoluer et d'apprendre davantage. L'utilisation des technologies aiderait également le CLC à demeurer en communication constante avec les collectivités, et permettrait aux collectivités de mettre les renseignements en commun.

Les participants ont fait remarquer que le recours à l'innovation et à la technologie permettrait de rendre les programmes éducatifs communautaires plus accessibles. Les cours de langue offerts sur cédérom ou sur Internet constitueraient une solution pour les personnes qui ne peuvent pas se déplacer pour assister à des cours. Un des participants a donné un exemple d'une bonne utilisation de la technologie, il a expliqué comment les vidéoconférences étaient utilisées pour permettre aux Aînés qui se trouvaient à des centaines de milles les uns des autres de se parler. Une autre participante a raconté qu'elle avait récité la prière d'ouverture en vidéoconférence à l'intention de cinq écoles situées à divers endroits au Canada. Grâce à la technologie, elle a pu transmettre ses enseignements à de nombreux enfants.

On a également souligné que le CLC devrait adopter une démarche multimédia pour faire de l'apprentissage de la langue une activité amusante et accessible pour les enfants et les jeunes. La télévision, la musique, les films et les ordinateurs peuvent permettre d'exposer davantage la jeune génération à la langue, pour revitaliser cette dernière. Par exemple, les émissions de télévision comme les dessins animés et les émissions d'aventure peuvent atteindre les jeunes. De plus, le CLC devrait soutenir les émissions de radio qui sont déjà diffusées et envisager la possibilité d'avoir recours au réseau de télévision des peuples autochtones comme véhicule d'enseignement de la langue.

Un certain nombre de participants ont fait valoir que le CLC devait financer une conférence nationale sur les langues qui permettrait d'étudier les pratiques exemplaires et de mettre en commun les ressources et les recherches.

PARTIE VII :

PROTÉGER ET PROMOUVOIR NOS LANGUES

Nous sommes, tout comme les forêts, composés de nombreuses espèces qui se dressent hautes et fortes… tout comme nous aujourd'hui.

PARTIE VII : Protéger et promouvoir nos langues

Pendant les délibérations du Groupe de travail, nous avons tenu compte non seulement de l'opinion des organismes et des collectivités linguistiques des Premières nations, des Inuits et des Métis, mais aussi des conclusions de recherches menées au Canada et ailleurs sur les autres langues en voie de disparition, en particulier les langues autochtones, qui sont pour la plupart aux prises avec les mêmes problèmes. Les résultats de nos délibérations sont fournis plus loin et regroupés sous quatre grandes rubriques dont le thème s'est dégagé de nos consultations avec les collectivités. Ces quatre thèmes sont les suivants :

- les raisons pour lesquelles il faut protéger et promouvoir les langues des Premières nations, des Inuits et des Métis;
- la nécessité de planifier le statut des langues, y compris les lois linguistiques et les politiques connexes;
- les langues des collectivités des Premières nations, des Inuits et des Métis;
- les langues dans l'enseignement.

Après avoir analysé ces quatre thèmes, nous terminons chaque section en fournissant des recommandations spécifiques que le Canada devrait suivre s'il veut protéger et promouvoir les langues des Premières nations, des Inuits et des Métis.

Protéger et promouvoir les langues à l'échelle nationale

Dans son ouvrage intitulé *Red Book on Endangered Languages*, l'Organisation des Nations Unies pour l'éducation, la science et la culture (UNESCO) indique qu'au moins la moitié des langues parlées dans le monde sont menacées de disparition d'ici la fin du siècle. La grande majorité des langues menacées sont des langues autochtones qui comptent moins de 10 000 locuteurs[49]. Ce qui se passe au Canada reflète cette tendance internationale, puisque les recherches primaires et secondaires révèlent toutes qu'il est possible que presque toutes les langues des Premières nations, des Inuits et des Métis disparaissent. Nous ne croyons pas que cela devrait nous empêcher de prendre toutes les mesures nécessaires pour assurer la survie de toutes ces langues. Pendant les consultations que nous avons organisées, on nous a dit que toutes les langues, qu'elles comptent cinq ou 25 000 locuteurs, ont le même statut et devraient faire l'objet de mesures équivalentes. Nous soutenons ce principe fondamental. Il faut prendre tous les moyens pour assurer la survie de nos langues, non seulement pour les générations présentes et futures des Premières nations, des Inuits et des Métis, mais aussi pour des motifs fondamentaux qui tiennent à ce que nous sommes, collectivement, en tant que peuples, en tant que nations et en tant que Canadiens.

Nous connaissons le fondement historique et juridique de la reconnaissance et de la protection de l'égalité des langues dont les organismes politiques nationaux ont parlé dans leurs présentations au Groupe de travail et dont il a été question dans de nombreuses consultations organisées dans les collectivités. L'article 35 de la *Loi constitutionnelle de 1982*, qui enchâsse les droits des Autochtones et les droits conférés par traité, de même que les obligations de fiduciaire qui échoient à l'État en vertu des traités conclus avant ou après la Confédération nous permettent d'affirmer que le soutien que le gouvernement doit offrir en vue de la revitalisation des langues est fondé sur le principe selon lequel toutes les langues des Premières nations, des Inuits et des Métis doivent faire l'objet de mesures de protection et de promotion.[50]

Cette réalité historique et constitutionnelle devrait, en soi, amener le Canada à protéger et à promouvoir de façon non équivoque les langues des Premières nations, des Inuits et des Métis. À notre avis, l'honneur de l'État exige qu'il en soit ainsi. Cependant, il existe d'autres motifs tout aussi fondamentaux de soutenir les langues des Premières nations, des Inuits et des Métis, et nous croyons que tous les Canadiens se reconnaîtront dans ces motifs et les appuieront.

En premier lieu, les langues des Premières nations, des Inuits et des Métis sont les premières langues du Canada. Elles reflètent notre territoire d'une façon que les langues qui ont pris naissance en Europe ou ailleurs ne sauraient refléter. Pendant nos consultations, de nombreux participants nous ont parlé des liens intimes qui unissent les personnes, leurs langues, les territoires. Ce sont ces liens, et en fait c'est toute l'histoire des Premières nations,

---

49 Dans notre rapport, nous n'explorons pas les raisons de l'abandon ou de la disparition d'une langue; nous renvoyons plutôt le lecteur à diverses études qui analysent et documentent le phénomène. Mentionnons entre autres David Crystal, *Language Death*, Cambridge University Press, Cambridge, 2000; James Crawford, « Seven Hypotheses on Language Loss: Causes and Cures », in *Stabilizing Indigenous Languages*, sous la direction de G. Cantoni, Center for Excellence in Education, Northern Arizona University, Flagstaff, Arizona, 1996; Scott Palmer, « Language of Work: The Critical Link Between Economic Change and Language Shift », in Teaching Indigenous languages, 263–86, sous la direction de Jon Reyhner, Northern Arizona University, Flagstaff, Arizona, 1997; Johsua Fishman, *Can Threatened Languages Be Saved?: Reversing Language Shift, Revisited: A 21st Century Perspective*, Multilingual Matters, Clevedon, Royaume-Uni, 2001.

50 Les conventions internationales et les instruments énumérés à l'annexe F indiquent aussi que le Canada a l'obligation de protéger les langues et les cultures des Premières nations, des Inuits et des Métis.

des Inuits et des Métis et de leurs langues et cultures qui définissent réellement le Canada. Nous croyons qu'il est essentiel que nos langues soient revitalisées et protégées, non pas seulement pour les générations futures des Premières nations, des Inuits et des Métis, mais aussi pour l'ensemble des Canadiens.

Il ne s'agit pas d'une simple réalité symbolique; les liens que les Premières nations, les Inuits et les Métis entretiennent avec le territoire sont la clé d'une mine de connaissances traditionnelles, puisque chaque peuple, avec sa langue, propose une manière unique d'organiser l'information et les connaissances portant sur l'écosystème. Environnement Canada décrit ces connaissances de la façon suivante :

> Le savoir traditionnel autochtone a été acquis, et continue de l'être, au fil du temps passé à vivre sur le territoire. Il englobe tous les aspects de l'environnement – biophysiques, économiques, sociaux, culturels et spirituels – et il considère les humains comme une partie intime du tout, plutôt que comme des observateurs ou des régisseurs extérieurs. Le savoir traditionnel fait partie de la mémoire collective et est transmis oralement au moyen de chansons et de contes, ainsi que par des actions et des observations.[51]

Les recherches internationales mettent aussi en relief les liens essentiels qui unissent les connaissances autochtones, la gérance du territoire et les langues et cultures autochtones[52]. Dans son rapport intitulé *Vitalité et disparition des langues*, l'UNESCO indique très clairement que la promotion de la diversité culturelle a une valeur intrinsèque en affirmant :

[Traduction]

> Chaque fois qu'une langue disparaît, des connaissances uniques sur les plans culturel, historique et écologique disparaissent à tout jamais. Chaque langue exprime d'une façon qui lui est propre l'expérience de l'Homme dans le monde. C'est pourquoi les connaissances contenues dans une seule langue peuvent fournir une réponse aux questions fondamentales que posera l'avenir. Chaque fois qu'une langue meurt, nous perdons des données qui nous auraient permis de comprendre les ressemblances dans la structure et les fonctions d'une langue humaine, la préhistoire humaine et la conservation des écosystèmes diversifiés du monde[53].

Les liens entre la diversité linguistique et culturelle et la biodiversité se reflètent de façon très évidente dans le paysage physique et culturel du Canada. Sur les quelque 61 langues parlées par les Premières nations, les Inuits et les Métis du Canada, au moins 47 sont propres à un territoire particulier et ne sont parlées nulle part ailleurs au monde[54]. De plus, ces langues sont parlées dans des écosystèmes dont l'importance sur le point de la biodiversité est reconnue mondialement[55]. La toundra arctique et la toundra de haute montagne, territoires traditionnels des Dénés et des Inuits; la forêt boréale, territoire des Cris, des Ojibway et des Algonquins; les plaines septentrionales, territoires des Pieds-Noirs, des Sioux, des Oji-Cris et des Métis; la forêt pluviale tempérée, territoire de la Colombie-Britannique sur lequel on parle au moins 30 langues : toutes ces régions font partie des 200 écosystèmes les plus menacés dans le monde[56].

Nous croyons qu'il faut protéger ces connaissances traditionnelles, non seulement pour les Canadiens, mais aussi pour le reste de l'humanité. Une chose est sûre : la *Convention sur la diversité biologique* de 1992, dont l'objectif est de promouvoir le développement durable, reconnaît ce principe fondamental. Selon l'article 8(j), il faut que chacun des États nations signataires :

> sous réserve des dispositions de sa législation nationale, respecte, préserve et [maintienne] les connaissances, innovations et pratiques des communautés autochtones et locales qui incarnent des modes de vie traditionnels présentant un intérêt pour la conservation et l'utilisation durable de la diversité biologique et en favorise l'application sur une plus grande échelle, avec l'accord et la participation des dépositaires de ces connaissances, innovations et pratiques et encourage le

---

51 Environnement Canada, *Savoir traditionnel autochtone et gestion de l'environnement*, http:// www.ec.gc.ca/science/sandesept02/article1_f.html.

52 Luisa Maffi, dir., *On Biocultural Diversity: Linking Language, Knowledge, and the Environment* Smithsonian Institution Press, Washington, D.C., 2001.

53 Groupe d'experts spécial sur les langues en danger de l'UNESCO, Paris, 13 mars 2003, p. 6.

54 Les langues qui ne sont pas endémiques sont parlées dans d'autres pays. Il s'agit par exemple des langues parlées dans les régions bordant les États-Unis, y compris l'haïda, le tlingit, le salish, le pied-noir et le mohawk, de même que l'inuktitut, qui est aussi parlé au Groenland.

55 Tove Skutnabb-Kangas, Luisa Maffi et David Harmon, *Sharing a World of Difference: The Earth's Linguistic Cultural and Biological Diversity*, UNESCO, Terralingua, and World Wide Fund for Nature, 2003, p. 39, http://www.terralingua.org/RecPublications.htm.

56 Adresse Internet : http://www.worldwildlife.org/science/ecoregions/g200.cfm.

partage équitable des avantages découlant de l'utilisation de ces connaissances, innovations et pratiques[57].

On a déjà comparé les langues au canari des mineurs : une langue menacée dénote un problème environnemental[58]. Cela vaut évidemment pour les langues des Premières nations, des Inuits et des Métis. Le déclin des langues observé au Canada est lié de très près à l'affaiblissement des liens vitaux qui unissent les Premières nations, les Inuits et les Métis à leurs lieux d'origine, lequel est une conséquence de l'aliénation de leurs territoires ou encore du développement des ressources – on pense aux barrages hydro-électriques ou à l'exploitation des mines et des forêts. Nous croyons (et l'expérience internationale dont nous avons parlé le confirme) que la protection des liens qu'entretiennent les Premières nations, les Inuits et les Métis avec leur territoire est un élément essentiel d'une stratégie visant à protéger les langues et les cultures de même que la biodiversité du Canada[59].

Divers accords sur des revendications territoriales, conclus avec le Yukon et les Territoires du Nord-Ouest, ainsi que les traités conclus dans d'autres régions du Canada ont donné lieu à un certain nombre de régimes de cogestion efficaces[60]. Nous croyons que l'ensemble des Premières nations, des Inuits et des Métis devrait conclure des traités de gestion, de cogestion ou de partage des compétences et nous croyons que ces ententes devraient indiquer clairement qu'il existe un lien entre les connaissances traditionnelles et les objectifs en matière de développement durable.

Recommandation 1 : Lien entre les langues et la terre

Le Groupe de travail recommande que les gouvernements des Premières nations, des Inuits et des Métis et les gouvernements fédéral, provinciaux et territoriaux concluent des ententes ou des accords de gouvernement à gouvernement en ce qui concerne les ressources naturelles, l'environnement durable et les connaissances traditionnelles. Ces ententes ou accords devront reconnaître qu'il est important pour les Premières nations, les Inuits et les Métis d'entretenir une relation étroite avec la terre et leurs territoires traditionnels, surtout les régions sauvages, les sites patrimoniaux ou sacrés et les sites destinés aux pratiques spirituelles, et ils devraient comprendre des dispositions sur la participation réelle de ces peuples aux mesures de gouvernance, de gestion, de cogestion ou de compétences mixtes.

Selon la *Convention sur la diversité biologique* des Nations Unies, le Canada, un des signataires, doit prendre des mesures pour préserver et protéger les connaissances traditionnelles et pour assurer le partage des avantages liés à l'utilisation de ces connaissances et de ces pratiques. Chez les Premières nations, les Inuits et les Métis, nombreux sont ceux qui se préoccupent non seulement de leur utilisation et de leur accès, mais aussi de la propriété de leurs connaissances traditionnelles. On pourrait calmer leurs inquiétudes en confirmant le droit des détenteurs des connaissances traditionnelles à protéger leurs intérêts et à en tirer profit. Il faut en général, pour cela, adopter des lois qui reconnaissent que les détenteurs des connaissances traditionnelles ont le droit de protéger et de promouvoir ces connaissances et de tirer profit de leur utilisation[61]. La loi 27811 du Pérou illustre la portée de ce type de lois. En plus de créer un registre visant la préservation et la sauvegarde des connaissances traditionnelles et donnant aux autorités toutes les informations dont elles ont besoin pour défendre les connaissances traditionnelles, cette loi prévoit les dispositions suivantes :

[Traduction]

- Les peuples autochtones qui possèdent les connaissances collectives peuvent accorder par écrit l'autorisation à des tierces parties d'utiliser ces connaissances traditionnelles pour une période ne dépassant pas trois ans. Le contrat doit indiquer les mesures de compensation liées au développement durable et établir un pourcentage supérieur ou égal à cinq pour cent de la valeur avant impôt des ventes brutes qui résultent de la mise en marché des biens élaborés directement ou indirectement. [Article 26]
- La loi protège les peuples autochtones qui possèdent des connaissances collectives en empêchant la divulgation, l'acquisition ou l'utilisation de ces

57 *Convention sur la diversité biologique*, 1992, http://www.biodiv.org/convention/default.shtml. Les lois qui empiètent sur un des droits des Autochtones doivent respecter les critères de justification définis par la Cour suprême du Canada dans l'arrêt *R. c. Sparrow*, [1990] 1 R.C.S. 1075.

58 Daniel Nettles et Suzanne Romaine, *Vanishing Voices: The Extinction of the World's Languages*, Oxford University Press, Oxford, 2000, p. 14.

59 Par biodiversité, ou diversité biologique, on désigne l'éventail complet des formes de vie dans l'environnement, y compris les plantes, les animaux et les micro-organismes.

60 Campbell, Tracy, « Co-management of Aboriginal Resources » in *Information North* 22(1), Arctic Institute of North America, mars 1996, http://arcticcircle.uconn.edu/NatResources/comanagement.html; *Beverly and Qamanirjuaq Barren Ground Caribou Management Agreement*, 2002, www.arctic-caribou.com/PDF/ManagmtAgreement.pdf.

61 On parle alors de loi *sui generis*, c'est-à-dire d'une loi unique, de nature spéciale ou faisant partie d'une catégorie particulière. Les tribunaux disent que les droits des Autochtones sont par nature *sui generis*.

connaissances sans leur consentement ou à des fins non justifiées, dans la mesure où ces connaissances traditionnelles ne sont pas du domaine public. Elle les protège de la même façon contre la divulgation non autorisée, lorsqu'une tierce partie a obtenu l'accès légitime aux connaissances collectives visées par une clause de sauvegarde. [Article 42]

- La loi prévoit que les peuples autochtones pourront présenter une plainte relativement à une infraction visant les connaissances traditionnelles des peuples autochtones. [Article 47]
- Dans les cas où les connaissances traditionnelles sont passées dans le domaine public au cours des 20 années précédentes, un pourcentage des ventes brutes avant impôt qui découle de la mise en marché des biens élaborés grâce à ces connaissances sera versé dans un Fonds de développement des peuples autochtones. [Article 13]

Cette loi crée en outre une Commission de protection des connaissances autochtones dont le mandat consiste entre autres à contrôler et superviser la mise en œuvre de ce régime de protection, à administrer le fonds de développement et à fournir des avis sur la validité des contrats de licence visant les connaissances traditionnelles[62].

Il est évident qu'une loi de ce type s'attache à un certain nombre d'éléments de connaissance traditionnelle qui n'ont pas encore trouvé leur place dans les lois normalisées sur la propriété intellectuelle. Nous croyons que ce type de loi possède bien des qualités et qu'il vaudrait la peine de les étudier plus à fond.

Dans sa réponse à la *Convention sur la diversité biologique* (1995), le Canada expose les principes et les buts sur lesquels s'appuiera la réalisation des objectifs énoncés dans cette Convention. Dans ce document, il cite l'article 10(c), qui exige que le Canada :

> protège et encourage l'usage coutumier des ressources biologiques conformément aux pratiques culturelles traditionnelles compatibles avec les impératifs de leur conservation ou de leur utilisation durable.

Toutefois, cette réponse ne semble pas tenir compte de l'article 8(j), selon lequel chaque partie :

> sous réserve des dispositions de sa législation nationale, respecte, préserve et maintient les connaissances, innovations et pratiques des communautés autochtones et locales qui incarnent des modes de vie traditionnels présentant un intérêt pour la conservation et l'utilisation durable de la diversité biologique et en favorise l'application sur une plus grande échelle, avec l'accord et la participation des dépositaires de ces connaissances, innovations et pratiques et encourage le partage équitable des avantages découlant de l'utilisation de ces connaissances, innovations et pratiques;

Nous croyons que les obligations conférées au Canada en vertu de cette Convention exigent que l'on adopte une approche plus générale de la protection et de l'utilisation des connaissances traditionnelles de même que de l'usage des profits que l'on peut en tirer. Nous croyons aussi que les gardiens des connaissances traditionnelles, et en particulier les Aînés, doivent avoir une place dans ce processus.

Recommandation 2 : Protection des connaissances traditionnelles

> **Le Groupe de travail recommande que le Canada adopte une approche plus holistique pour assurer la protection et l'utilisation des connaissances traditionnelles ainsi que des avantages qui en découlent, conformément à la *Convention sur la diversité biologique* des Nations Unies et collabore davantage avec les Premières nations, les Inuits et les Métis, et particulièrement les Aînés, dans le processus de planification commune énoncé dans la *Convention*.**

Nous croyons que la protection des langues des Premières nations, des Inuits et des Métis constitue un pas de plus dans le processus sans fin de la constitution de la nation canadienne. Comme le signalent la Cour suprême du Canada, notamment, ou la Commission royale sur les peuples autochtones, le Canada n'a pas encore réglé tous les problèmes qui l'opposent aux Premières nations, aux Inuits et aux Métis qui y habitent[63]. Le Canada l'a

62 *Law Introducing a Protection Regime for the Collective Knowledge of Indigenous People Derived From Biological Resources*, Pérou, Loi n° 27 811, publiée dans le journal officiel El Peruano, 10 août 2002, http://www.grain.org/brl/?docid=81&lawid=2041.

63 Par exemple, dans l'arrêt *R. c. Van der Peet*, supra note 18, la Cour suprême note que les droits inscrits dans l'art. 35 doivent être interprétés de façon à concilier l'ancien mode d'occupation organisée du territoire par les Autochtones et la souveraineté de Sa Majesté :

> ... Plus précisément, le par. 35(1) établit le cadre constitutionnel qui permet de reconnaître que les autochtones vivaient sur le territoire en sociétés distinctives, possédant leurs propres cultures, pratiques et traditions, et de concilier ce fait avec la souveraineté de Sa Majesté. Les droits substantiels visés par cette disposition doivent être définis à la lumière de cet objet. Les droits ancestraux reconnus et confirmés par le par. 35(1) doivent tendre à concilier la préexistence des sociétés autochtones et la souveraineté de Sa Majesté.

reconnu dans sa *Déclaration de réconciliation* de 1997, où on peut lire ce qui suit :

> En tant que pays, nous sommes hantés par nos actions passées qui ont mené à l'affaiblissement de l'identité des peuples autochtones, à la disparition de leurs langues et de leurs cultures et à l'interdiction de leurs pratiques spirituelles. Nous devons reconnaître les conséquences de ces actes sur les nations qui ont été fragmentées, perturbées, limitées ou même anéanties par la dépossession de leurs territoires traditionnels, par la relocalisation des peuples autochtones et par certaines dispositions de la Loi sur les Indiens. Nous devons reconnaître que ces actions ont eu pour effet d'éroder les régimes politiques, économiques et sociaux des peuples et des nations autochtones[64].

À la lumière de ce qui précède, il est évident que la question de la protection, de la revitalisation et du maintien des langues des Premières nations, des Inuits et des Métis doit être une question prioritaire pour le Canada. Malheureusement, notre examen préliminaire du rôle actuellement joué par le gouvernement fédéral dans la protection et la promotion des langues des Premières nations, des Inuits et des Métis révèle qu'il y a encore beaucoup de place à l'amélioration.

Comme on l'a déjà indiqué, le Canada s'est engagé à fournir 160 millions de dollars sur dix ans en vue d'assurer la revitalisation des langues des Premières nations, des Inuits et des Métis. Toutefois, ce montant ne tient aucunement compte du caractère urgent de la situation actuelle. De plus, il ne reflète pas de façon adéquate le contexte dans lequel s'inscriront ces efforts de revitalisation : en effet, les Premières nations, les Inuits et les Métis cherchent à obtenir des ressources afin d'annuler les répercussions des politiques historiques d'assimilation adoptées par l'État dans le but explicite d'éradiquer nos langues, nos cultures, nos religions et nos structures sociales et politiques. Cette agression soutenue menée contre notre identité même de premier peuple du territoire que nous habitons nous empêche encore de parler nos propres langues et de vivre selon nos propres cultures; elle est une des causes qui expliquent qu'il est maintenant urgent de leur redonner vie.

Par comparaison avec les autres politiques linguistiques fédérales, le budget actuel de cinq millions de dollars par année et l'engagement à verser 160 millions de dollars sur dix ans afin de protéger les langues des Premières nations, des Inuits et des Métis ne représentent qu'une très petite fraction des fonds destinés à la promotion du français et de l'anglais. Le Plan d'action pour les langues officielles du gouvernement fédéral, annoncé en 2003, prévoit un financement totalisant 751,3 millions de dollars sur cinq ans provenant de huit ministères[65].

Le gouvernement fédéral n'a pas encore adopté de politiques écrites officielles concernant les langues des Premières nations, des Inuits et des Métis. De plus, il n'offre qu'un soutien minimal aux langues et aux cultures. Les programmes d'enseignement des langues sont extrêmement limités. Les langues des Premières nations, des Inuits et des Métis sont à peine reconnues. À notre avis, il est très possible que l'on puisse dire du Canada qu'il va à l'encontre des normes internationales, par exemple celles de l'UNESCO sur les politiques linguistiques explicites et implicites des gouvernements et des institutions ou sur les attitudes par rapport à la langue, parce qu'il continue de favoriser, activement ou passivement, l'assimilation des Premières nations, des Inuits et des Métis. Selon l'UNESCO, il y a « assimilation active » dès qu'un gouvernement encourage un groupe minoritaire à abandonner sa propre langue en fournissant aux membres de ce groupe minoritaire un enseignement dans la langue de la majorité et lorsqu'il n'encourage pas l'utilisation de la langue de la minorité, oralement ou par écrit. Il y a assimilation passive lorsque la langue de la minorité ne jouit d'aucun prestige et que le groupe dominant manifeste tout simplement de l'indifférence à l'égard de son utilisation[66].

Nous croyons que cette situation n'est pas conforme à l'engagement du Canada de renouveler les relations avec les Premières nations, les Inuits et les Métis. Même l'inuktitut, qui a le statut de langue officielle dans certaines régions du nord du Canada, une situation unique, est considérablement désavantagé au chapitre du soutien par rapport aux deux langues officielles du Canada.

Nous insistons pour que le Canada prenne des mesures immédiates afin de réparer les conséquences des abus historiques et de l'inaction actuelle dans le dossier des langues des Premières nations, des Inuits et des Métis. Dans les sections suivantes, nous allons analyser différentes avenues que le Canada pourrait emprunter afin de commencer à protéger et à promouvoir nos langues, et nous allons présenter des recommandations spécifiques.

---

64 *Déclaration de réconciliation*, http://www.irsr-rqpi.gc.ca/francais/reconciliation.html.

65 Gouvernement du Canada, *Le prochain acte: un nouvel élan pour la dualité linguistique canadienne : Le plan d'action pour les langues officielles*, Ottawa, 2003. On trouvera à l'annexe G un résumé de ce financement.

66 Groupe d'experts spécial sur les langues en danger de l'UNESCO, *Vitalité et disparition des langues*, 10-12 mars 2003, Paris, p. 13.

Planification du statut des langues des Premières nations, des Inuits et des Métis

L'expérience internationale dans le domaine de l'aménagement linguistique et des politiques linguistiques montre que, si l'on veut que les mesures de revitalisation des langues portent fruit, il faut qu'elles s'appuient sur un partenariat entre le gouvernement et les collectivités dont la langue est menacée. Il revient à ces collectivités de reconstruire et d'entretenir les réseaux qui donnent vie à leurs langues. Néanmoins, le soutien du gouvernement est essentiel; sans ce soutien, il est très peu probable que l'on réussisse à créer un environnement dans lequel les langues et les cultures des minorités pourront prospérer.

Le soutien du gouvernement est particulièrement important au regard de l'un des facteurs qui, selon les responsables de l'aménagement linguistique, est essentiel à la revitalisation et au maintien d'une langue. Nous parlons ici de la nécessité de renverser la perception selon laquelle les langues des Premières nations, des Inuits et des Métis ont moins de valeur que le français ou l'anglais. L'expérience internationale de l'aménagement linguistique, et en particulier en ce qui concerne les langues minoritaires, établit une corrélation entre le prestige d'une langue et l'intérêt du public à la parler et à l'utiliser. On s'intéresse plus à une langue qui est publiquement reconnue et estimée, et on fera plus d'efforts pour la parler; au contraire, lorsqu'une langue est perçue comme inférieure ou archaïque, on hésitera à l'utiliser. En fait, certains responsables de l'aménagement linguistique vont même jusqu'à laisser entendre que le fait de conférer un prestige et de la puissance à une langue est la meilleure façon de renverser la tendance, s'il s'agit d'une langue en déclin[67].

Chez les Premières nations, les Inuits et les Métis, nombreux sont ceux à qui on a appris que leur langue était inférieure et qu'il valait mieux l'oublier. Pendant des générations, des membres des Premières nations, des Inuits et des Métis ont été retirés de leur famille et de leur collectivité, souvent par la force, pour être placés dans un pensionnat. Là, avec l'aide et la coopération active des Églises, on les a systématiquement dépouillés de leurs langues, cultures et croyances spirituelles traditionnelles. Pendant nos consultations, de nombreux Aînés ont parlé de cela avec une grande tristesse; ils nous ont dit qu'à cause de cette expérience, de nombreuses personnes ont perdu la capacité de parler couramment leur langue. Pour beaucoup, le fait d'appartenir à une Première nation ou d'être un Inuit ou un Métis était une source de honte; beaucoup hésitaient à laisser leurs enfants apprendre la langue pour laquelle ils avaient tant souffert.

À notre avis, et même si le Canada et les Églises présentaient des excuses, ce qui serait une étape importante dans le processus de guérison de l'expérience vécue dans les pensionnats, il faudra prendre des mesures supplémentaires pour réparer les préjudices liés à la perte de la langue et de la culture qui a commencé pendant cette période de l'histoire canadienne. Nous pensons que ces mesures devront être mises en œuvre à l'échelle nationale, ou collective, aussi bien qu'à l'échelle individuelle.

À l'échelle nationale ou collective, nous considérons que le Canada doit reconnaître officiellement l'importance des langues des Premières nations, des Inuits et des Métis. Comme nous l'avons montré à la partie IV du présent rapport, intitulé « Ce qu'on nous a dit pendant les consultations », les participants sont unanimes à demander au Canada de reconnaître par voie législative les langues des Premières nations, des Inuits et des Métis. En fait, l'Assemblée des Premières nations (APN) présente des propositions en ce sens depuis plusieurs décennies[68]. Nous appuyons cet appel lancé au gouvernement fédéral afin qu'il adopte des lois reconnaissant le statut spécial des langues des Premières nations, des Inuits et des Métis et nous entreprenons d'étudier, de façon générale, le contenu possible de ces lois. Nous étayons cette partie de notre analyse sur l'expérience du Canada et sur celle des autres pays dans le domaine de la protection des langues autochtones.

Les langues autochtones, des langues officielles

Au Canada, les langues parlées par les Premières nations et les Inuits des Territoires du Nord-Ouest et du Nunavut sont un cas unique puisqu'elles sont les langues officielles désignées. La *Loi sur les langues officielles* des Territoires du Nord-Ouest, adoptée en 1988, accorde le statut de langue officielle au chipewyan, au cri, au dogrib, au gwich'in, à l'esclave et aux langues inuites en permettant qu'elles soient utilisées dans les travaux de l'assemblée législative et devant les tribunaux. La Loi stipule en outre que les services gouvernementaux seront fournis dans la langue officielle appropriée « lorsqu'une demande importante le justifie » et elle prévoit la nomination d'un commissaire aux langues qui sera chargé de veiller au respect de la Loi.

67 Sue Wright, *Language Policy and Language Planning: From Nationalism to Globalisation*, 2004; Daniel Nettles et Suzanne Romaine, *Vanishing Voices: The Extinction of the World's Languages*, Oxford University Press, Oxford, 2000.

68 Assemblée des Premières nations, *Tradition and Education: Towards a Vision of the Future*, 1988; *Towards Linguistic Justice for Fist Nations*, 1990; *Towards Rebirth of First Nations Languages* ,1991.

Cette loi s'appuie sur une stratégie pour les langues autochtones qui traite de quatre aspects clés des mesures de revitalisation des langues : soutenir l'utilisation de la langue par la collectivité; mettre en relief la valeur de la langue; soutenir l'enseignement de la langue; donner accès aux services gouvernementaux dans les langues officielles. La pièce 1 fournit plus de détails sur la stratégie linguistique des Territoires du Nord-Ouest.

Pièce 1
Gouvernement des Territoires du Nord-Ouest Stratégie sur les langues autochtones

1) **Soutenir les collectivités linguistiques autochtones afin qu'elles élaborent et mettent en œuvre des plans linguistiques stratégiques visant la revitalisation, l'amélioration et la promotion de leurs langues, c'est-à-dire :**
   - fournir des fonds aux collectivités linguistiques autochtones afin qu'elles élaborent et mettent en œuvre leurs plans linguistiques stratégiques;
   - fournir un soutien administratif et technique aux collectivités linguistiques autochtones.

2) **Mettre en relief la valeur des langues autochtones officielles des Territoires du Nord-Ouest et favoriser leur utilisation dans les activités quotidiennes, c'est-à-dire :**
   - favoriser la visibilité des langues autochtones dans les médias électroniques;
   - soutenir les programmes d'alphabétisation des collectivités linguistiques autochtones;
   - coordonner les activités de promotion des langues autochtones réalisées par le gouvernement des Territoires du Nord-Ouest ou par les collectivités linguistiques autochtones;
   - reconnaître officiellement les noms de lieu en langue autochtone.

3) **Créer un environnement d'apprentissage qui soutient les programmes de revitalisation des langues autochtones mis sur pied par les collectivités linguistiques autochtones, c'est-à-dire :**
   - soutenir les programmes communautaires destinés à la petite enfance et adaptés à la culture;
   - concevoir et mettre en œuvre des programmes adaptés à la culture;
   - offrir des programmes d'enseignement d'une langue autochtone de la maternelle à la 12e année;
   - soutenir les écoles afin de les aider à réaliser leurs objectifs linguistiques et culturels;
   - renforcer la capacité des collectivités en formant des enseignants autochtones et des spécialistes des langues autochtones;
   - soutenir l'élaboration de programmes de formation d'interprètes et de traducteurs.

4) **Assurer un accès raisonnable en langue autochtone aux programmes et aux services gouvernementaux, c'est-à-dire :**
   - élaborer des politiques et des lignes directrices sur les langues officielles utilisées dans les Territoires du Nord-Ouest (adoption : 1997);
   - concevoir des plans visant l'exécution de services dans toutes les langues officielles et veiller à leur mise en œuvre dans les ministères, offices et organismes gouvernementaux;
   - élaborer un processus de certification et des normes professionnelles afin de soutenir l'industrie de l'interprétation et de la traduction en langues autochtones et d'assurer la disponibilité de ces services dans le gouvernement des Territoires du Nord-Ouest.

Source : Ministère de l'Éducation, de la Culture et de l'Emploi des Territoires du Nord-Ouest, *Revitalizing, Enhancing, and Promoting Aboriginal Languages: Strategies for Supporting Aboriginal Languages*, 2001.

Conformément à un accord intergouvernemental conclu avec le Canada, un financement totalisant 17,5 millions de dollars sur cinq ans (de 1999 à 2004)[69] a été versé en vue d'assurer la mise en œuvre des dispositions de cette Loi. La moitié de cette somme environ a servi à offrir aux Autochtones les services du gouvernement territorial; une somme équivalant au total à 4,3 millions de dollars a été versée aux collectivités afin qu'elles élaborent les plans stratégiques quinquennaux et mettent sur pied les activités communautaires[70]. Une évaluation récente de cet accord révèle que le financement des activités planifiées par les collectivités sert non seulement la collectivité, mais aussi l'organisme de financement qui peut évaluer de façon plus précise les propositions de projet.

Le comité législatif vient de faire l'examen de la *Loi sur les langues officielles* des Territoires du Nord-Ouest et a relevé un certain nombre de faiblesses, ce qui donne une autre

69 Un financement équivalent a été versé les années précédentes (1991-1994); le financement s'élevait au total à 17,37 millions de dollars.

70 De plus, une somme de 4,6 millions de dollars a été versée au Collège Aurora. Elle était destinée à la formation d'interprètes et de traducteurs, à la préparation de documents pédagogiques et à la promotion des langues autochtones. Un montant d'environ 0,5 million de dollars a servi à l'élaboration de la terminologie et aux activités de coordination et de diffusion des informations. Terriplan Consultants, avec la collaboration de Martin Spigelman Research, *Canada-NWT Cooperation Agreement for French and Aboriginal Languages in the Northwest Territories' Final Evaluation Report*, ministère de l'Éducation, de la Culture et de l'Emploi, Gouvernement des Territoires du Nord-Ouest, Yellowknife, ministère du Patrimoine canadien, mars 2004, http://www.ece.gov.nt.ca/ Divisions/culture_heritage/indexcult.htm.

image de cette Loi. En réponse aux recommandations présentées par le Comité, le gouvernement territorial a adopté certaines modifications législatives, en 2003, visant à donner plus de force à son engagement envers les politiques linguistiques et à resserrer ses responsabilités à cet égard. Le gouvernement a nommé un ministre responsable des langues officielles et créé un conseil de revitalisation des langues autochtones. Ce conseil, composé de représentants de chacune des collectivités linguistiques, doit conseiller le Ministre à propos des mesures que le gouvernement et les collectivités peuvent prendre pour maintenir, promouvoir et revitaliser les langues autochtones des Territoires du Nord-Ouest. Le Comité a aussi recommandé l'élaboration d'un plan de mise en marché, qui doit assurer la promotion des langues officielles, et des modifications à la *Loi sur l'éducation* visant à baliser l'enseignement des langues autochtones[71].

De plus, une modification de la Loi visait la reconnaissance des droits linguistiques sur les territoires traditionnels. Le paragraphe 11(3) porte sur les services liés à la langue :

11(3) Aux fins des l'interprétation du paragraphe (2), il doit être tenu compte des droits collectifs des Autochtones en matière de langues autochtones qui sont exercés su leurs terres ancestrales et de façon compatible avec les accords relatifs aux terres, aux ressources ou à l'autonomie gouvernementale, notamment les accords portant sur les revendications territoriales et sur les droits fonciers issus de traités, et avec les autres sources ou manifestations de ces droits collectifs[72].

Le Nunavut, qui a fait siennes les dispositions de cette loi des Territoires du Nord-Ouest, vient lui aussi d'examiner la *Loi sur les langues officielles* afin de déterminer si elle offrait un soutien suffisant aux projets liés à la langue, entre autres la vision énoncée dans le « Bathurst Mandate » selon laquelle l'inuktitut et l'inuinnaqtun seront, dès 2020, les langues de travail du gouvernement[73]. Dans son rapport, le Comité conclut que la loi actuelle ne permet pas de réaliser cet objectif. Il rappelle surtout que, puisque la *Loi sur les langues officielles* ne s'applique qu'au gouvernement du territoire, non pas aux municipalités ou aux entreprises privées, elle n'a pas l'effet réel d'une vraie loi sur les langues officielles. On a jugé de plus que le peu de pouvoir dont disposait le commissaire aux langues nuisait à l'efficacité de la loi.

Le gouvernement du Nunavut cherche toujours par divers moyens à donner plus de force à sa Loi sur les langues; il soumettra à sa législature, au cours de 2005, des modifications visant à pallier aux lacunes de la *Loi sur les langues officielles*. Du côté stratégique, il a créé un office linguistique inuktitut, sur le modèle des projets réalisés avec succès par le Groenland et celui de l'*Office québécois de la langue française*.

Les études menées par les pouvoirs législatifs des Territoires du Nord-Ouest et du Nunavut montrent que, malgré que l'on ait accordé le statut de langue officielle aux langues des Premières nations et des Inuits parlées dans le Nord, les inégalités sont encore réelles, et les programmes et services offerts ne permettent pas encore de soutenir ces langues. Dans ce contexte, on comprend qu'il est particulièrement pertinent d'analyser, comme on l'a fait plus tôt, les différences importances au chapitre du financement offert au français et à l'anglais, d'une part, et aux langues des Premières nations, des Inuits et des Métis, d'autre part.

Dans le Nord, les personnes qui parlent une des langues des Inuits ou des Premières nations forment la plus grande partie de la population; viennent ensuite les anglophones puis une population relativement petite de francophones. Quoi qu'il en soit, en vertu de son programme de soutien aux langues de la minorité, le Canada verse un financement plus de dix fois plus élevé que celui qui vise les langues officielles des Territoires du Nord-Ouest et du Nunavut. Selon le commissaire aux langues du Nunavut, le financement des services et des programmes destinés aux francophones équivaut à 3 902 $ par personne; pour les programmes et services semblables destinés aux Inuits, il équivaut à 44 $ par personne. Nous croyons que cela donne une très mauvaise image du Canada, incompatible avec la notion d'honneur de l'État.

Aménagement linguistique à l'échelle internationale

Les diverses mesures de protection et de revitalisation des langues autochtones mises en œuvre en Nouvelle-Zélande, en Scandinavie (Norvège, Finlande, Suède), en Afrique du Sud et en Australie montrent qu'il n'existe pas de solution unique qui puisse empêcher l'érosion d'une langue minoritaire. Certains pays comme les États-Unis et la Suède ont tendance à adopter des lois de nature générale, mal étayées. Aux États-Unis, la *Native*

71 Gouvernement des Territoires du Nord-Ouest, *Réponse du gouvernement des Territoires du Nord-Ouest au Rapport final du Comité spécial sur la révision de la Loi sur les langues officielles*, 2003.

72 L.R.T.N.-O. 1988, ch. 56 (Suppl.), art. 12; L.T.N.-O. 2003, ch. 23.

73 *Comité spécial sur la révision de la Loi sur les langues officielles, Interim Report, Fifth Session, First Legislative Assembly, Legislative Assembly of Nunavut* (March 2002); Ministère de la Culture, de la Langue, des Aînés et de la Jeunesse du Nunavut, *Next Steps Toward Made-in-Nunavut Language Legislation*, 1er juin 2004.

American Languages Act (NALA), une loi sur les langues des Amérindiens adoptée en 1990, précise que le gouvernement fédéral prendra des mesures pour assurer la survie des langues des Amérindiens notamment dans le but de préserver, de protéger et de promouvoir les droits et libertés des Amérindiens de façon qu'ils puissent utiliser leurs langues en veillant à leur croissance. Toutefois, la Loi ne prévoit ni ressources ni mécanismes d'application. Comme le fait remarquer Suzanne Romaine, dans *La répercussion de la politique linguistique sur les langues en danger*, les personnes qui croient que la NALA est une politique proactive plutôt qu'une recommandation non assortie de mécanismes d'application tout simplement parce qu'elle est écrite et porte le nom grandiose de Loi se trompent[74].

Il est tout aussi évident que ce n'est pas en déclarant qu'une langue a le statut de langue officielle que l'on en assure nécessairement la revitalisation, en l'absence d'une volonté populaire et de mécanismes de soutien. Nous pouvons prendre l'exemple de la langue gaélique de l'Irlande. Même si le gaélique est reconnu à titre de langue officielle depuis 1919, les divers projets réalisés par le gouvernement n'ont pas réussi à lui redonner vie[75]. Et, comme en Afrique du Sud, même s'il existe des lois visant à soutenir les 11 langues officielles du pays, dans la plupart des provinces, l'utilisation et la protection des langues restent stagnantes. Cela devrait continuer ainsi pendant encore de nombreuses années[76].

La situation de la Nouvelle-Zélande est différente. Le maori y a le statut de langue officielle, tout comme l'anglais. La *Loi sur le maori*, adoptée en 1987, a joué un rôle important dans la revitalisation de cette langue. Le maori et l'anglais sont utilisés dans les activités des services publics, dans les ententes juridiques, dans les établissements d'enseignement et dans une foule d'autres activités normales de la vie quotidienne. La Commission linguistique maorie joue un rôle central dans la promotion du maori comme langue vivante.

Par exemple, une base de recherches pour des mesures éventuelles a été constituée à partir d'un sondage sur la santé de la langue maorie, réalisé en 2001 dans le but de garantir que, à l'avenir, les projets en ce sens soient fondés sur des données objectives plutôt que sur des opinions subjectives. Un plan s'étendant sur 25 ans est désormais en place, et son objectif est de faire en sorte que la majorité des Maoris parlent couramment le maori d'ici 2028[77]. Grâce aux efforts considérables du peuple maori et à l'aide du gouvernement de la Nouvelle-Zélande, la langue maorie est une langue vivante, dont la croissance et le développement se poursuivent.

L'expérience internationale confirme que la reconnaissance législative ne peut à elle seule déboucher sur des améliorations importantes. Pour assurer une utilisation plus répandue de la langue et la transmission de génération en génération de celle-ci, il faut toujours pouvoir compter sur un engagement à l'échelle communautaire ou locale. La leçon à tirer de cette expérience est la suivante : l'existence d'infrastructures et de ressources appropriées et d'un financement adéquat, de même que le soutien et l'engagement de la collectivité linguistique[78], sont essentiels à la réussite des mesures de protection et d'amélioration des langues des Premières nations, des Inuits et des Métis.

À notre avis, le renouvellement des relations entre le Canada et les Premières nations, les Inuits et les Métis du Canada doit être fondé sur la reconnaissance de la langue comme pierre angulaire de l'identité d'un peuple. C'est pourquoi nous pensons qu'une loi sur les langues des Premières nations, des Inuits et des Métis, quelle qu'elle soit, doit comprendre les éléments suivants :

- Premièrement, elle doit reconnaître la position unique sur les plans historique et constitutionnel, des langues des Premières nations, des Inuits et des Métis à titre de premières langues du Canada.
- Deuxièmement, elle doit aussi reconnaître le droit inhérent des Premières nations, des Inuits et des Métis à déclarer que leurs langues sont les langues officielles de leurs territoires de compétence respectifs.
- Troisièmement, et c'est l'élément le plus important, elle doit prévoir des politiques de fond liées aux ressources financières et autres nécessaires à qui veut garantir la préservation, la protection et la promotion de ces langues.
- Quatrièmement, elle doit créer un poste de commissaire aux langues des Premières nations, des Inuits et des Métis.

Le commissaire aux langues aura des responsabilités semblables à celles du commissaire aux langues officielles et aux commissaires aux langues autochtones des Territoires du Nord-Ouest et du Nunavut, c'est-à-dire qu'il devra :

74 Suzanne Romaine, « La répercussion de la politique linguistique sur les langues en danger », in *International Journal on Multicultural Societies*, 4 (2), UNESCO, 2002.

75 *Ibid.*

76 Marianne Ignace, document inédit préparé pour le Groupe de travail sur les langues et les cultures autochtones, 2004.

77 Murphy, « Analyse comparative des langues autochtones à l'échelle internationale », document préparé pour le Groupe de travail sur les langues et les cultures autochtones, p. 31.

78 Une « collectivité linguistique » désigne tout groupe de personnes qui parlent une langue commune et s'identifient elles-mêmes comme appartenant à ce groupe particulier.

- assurer une surveillance et prendre des mesures visant à garantir que les ministères et organismes gouvernementaux reconnaîtront les droits, statuts et privilèges inscrits dans la Loi;
- recevoir les plaintes et mener des enquêtes;
- surveiller les activités réalisées par le gouvernement et le Parlement en ce qui touche la promotion des langues des Premières nations, des Inuits et des Métis;
- renseigner le public sur les questions touchant les langues des Premières nations, des Inuits et des Métis;
- préparer un rapport annuel, y compris des recommandations relatives aux modifications possibles des lois sur les langues, et le présenter au Parlement.

Tous ces éléments peuvent être intégrés à une loi sur les langues; toutefois, il faudra préciser le mandat réel d'un commissaire aux langues des Premières nations, des Inuits et des Métis dans le cadre des recherches portant sur la loi proposée et de son élaboration.

Recommandation 3 : Reconnaissance, protection et promotion inscrites dans les lois

> **Le Groupe de travail recommande que le Canada adopte une loi visant à reconnaître, à protéger et à promouvoir les langues des Premières nations, des Inuits et des Métis en leur qualité de premières langues du Canada. Cette loi, qui sera élaborée avec la collaboration des Premières nations, des Inuits et des Métis, doit reconnaître le statut de nos langues au sein de la Constitution, affirmer qu'elles constituent un des fondements nationaux des peuples des Premières nations, des Inuits et des Métis, être assortie de ressources financières visant leur préservation, leur revitalisation, leur promotion et leur protection et, enfin, créer un poste de commissaire aux langues des Premières nations, des Inuits et des Métis.**

Recommandation 4 : Ressources équitables pour le soutien linguistique

> **Le Groupe de travail recommande que le Canada accorde aux langues des Premières nations, des Inuits et des Métis un soutien financier au moins égal à celui versé pour le français et l'anglais.**

Recommandation 5 : Soutien des langues par tous les ministères fédéraux

> **Le Groupe de travail recommande que le soutien financier des langues des Premières nations, des Inuits et des Métis ne provienne pas seulement du ministère du Patrimoine canadien et de celui des Affaires indiennes et du Nord canadien, et que tous les ministères, et en particulier ceux de la Justice, de la Santé et des Ressources humaines et du Développement des compétences, adoptent des politiques et versent un financement suffisant pour permettre la prestation de services et de programmes visant à promouvoir les langues des Premières nations, des Inuits et des Métis de la même manière que pour le français et l'anglais.**

Le statut de la langue et la personne

Nous avons dit plus tôt qu'il était nécessaire de reconnaître, à titre individuel, la valeur des langues des Premières nations, des Inuits et des Métis. L'expérience internationale dans le domaine de l'aménagement linguistique montre que l'abandon d'une langue est dû en grande partie à la façon dont les membres de la collectivité linguistique la perçoivent. Le système des pensionnats, au Canada, a forcé les enfants des Premières nations, des Inuits et des Métis à abandonner leur langue et leur culture. C'est pourquoi, à notre avis, le Canada doit reconnaître sans aucune réserve le rôle qu'il a joué en essayant de détruire l'identité culturelle des enfants dont il avait la charge. C'est aussi pourquoi le Canada doit présenter ses excuses aux personnes qui ont subi des préjudices. Nous savons que le Canada a déjà indiqué qu'il était conscient de sa participation au système des pensionnats, en affirmant ce qui suit dans sa *Déclaration de réconciliation* de 1997 :

> Ce système a séparé de nombreux enfants de leur famille et de leur collectivité et les a empêchés de parler leur propre langue, ainsi que d'apprendre leurs coutumes et leurs cultures. Dans les pires cas, il a laissé des douleurs et des souffrances personnelles qui se font encore sentir aujourd'hui dans les collectivités autochtones. Tragiquement, certains enfants ont été victimes de sévices physiques et sexuels[79].

Les survivants des pensionnats ont présenté des centaines de poursuites devant les tribunaux en cherchant, parfois, à obtenir réparation pour le non-respect des obligations fiduciaires et des droits issus de traités ou pour la perte de la langue et de la culture. Dans le but de régler ces réclamations à l'amiable, le Canada a créé en 2001, un

[79] Canada, *Déclaration de réconciliation*, http://www.irsr-rqpi.gc.ca/francais/reconciliation.html

nouvel organisme fédéral, Résolution des questions des pensionnats indiens. Cet organisme est chargé de régler tous les cas d'abus sexuels et physiques en se fondant sur les techniques du mode alternatif de règlement des conflits (MARC). Dans le cadre du processus de MARC, le Canada a signé des ententes d'indemnisation avec la plupart, mais pas la totalité, des Églises qui participaient au fonctionnement de ces écoles.

Dans le cadre du processus de MARC, de même que dans les règlements à l'amiable, le Canada et les Églises offrent réparation pour les sévices physiques et sexuels seulement et refusent d'offrir réparation aux personnes qui se plaignent d'avoir perdu leurs liens avec leur famille, leur collectivité, leur langue ou leur culture. Le Canada et les Églises sont d'avis que le préjudice psychologique qui découle de cette perte d'identité est un concept étranger au droit. Cette position continue de causer des souffrances aux survivants.

Le Canada a lui-même reconnu, dans le passage de la *Déclaration de réconciliation* que l'on vient de citer, que le système des pensionnats a « empêché [les enfants] de parler leur propre langue, ainsi que d'apprendre leurs coutumes et leur culture [...]. Il a laissé des douleurs et des souffrances personnelles qui se font encore sentir aujourd'hui dans les collectivités autochtones. » Comme nous l'avons déjà dit, nos propres Aînés ont confirmé en grand nombre cette déclaration du Canada et nous ont dit que l'expérience des pensionnats a fait que de nombreuses personnes ont perdu leur langue, ont eu honte de leur identité de membres des Premières nations, d'Inuits ou de Métis et ont perdu le désir ou les moyens de transmettre leurs langues et leurs cultures à leurs enfants.

D'autres études et rapports, y compris celui de la Commission royale sur les peuples autochtones, attestent l'exactitude de ces déclarations et analysent un vaste éventail des douleurs psychologiques d'ordre général associées à l'expérience des pensionnats[80]. Ces douleurs se manifestent par exemple par une faible estime de soi, l'isolement de la famille et la perte de l'encadrement parental, la perte de valeurs spirituelles, l'absence d'une éducation de qualité raisonnable et la perte du mode de vie fondé sur la parenté, la collectivité ou les traditions[81]. Ces troubles se manifestent toute la vie et ont des répercussions dévastatrices sur les personnes visées et sur leurs collectivités. Le fait que le Canada refuse constamment de réparer ces préjudices ne fait qu'ajouter à la douleur et à la détresse des survivants des pensionnats. Il est difficile pour nous de concevoir comment, à partir de cette position, on pourra réaliser les objectifs de réconciliation et de renouvellement des partenariats entre les Canadiens autochtones et non autochtones dont on parle dans les autres sections de la *Déclaration de réconciliation*.

Les médias, les rapports d'expert et les études universitaires ont fourni de nombreuses critiques motivées de l'approche adoptée par le Canada. Dans la plupart des cas, on s'attache à la disproportion vertigineuse entre les sommes d'argent consacrées au traitement des demandes de réparation et au montant réellement versé aux survivants. Dans le document intitulé *Rapport sur le plan de règlement des conflits du gouvernement du Canada qui vise à indemniser les victimes de sévices infligés dans les pensionnats indiens*, publié récemment, l'APN demande qu'un montant forfaitaire soit versé à toute personne qui a fréquenté un pensionnat indien à titre de compensation pour les préjudices subis, que cette personne ait ou non fait l'objet de violences sexuelles, physiques ou émotionnelles graves. La recommandation de l'APN est libellée ainsi :

[Traduction]

1. Dans le but de garantir que la gamme complète des préjudices feront l'objet de réparation, nous recommandons qu'un montant forfaitaire soit versé à toute personne qui a fréquenté un pensionnat indien, qu'elle ait ou non subi des préjudices précis en raison de violences sexuelles, physiques ou émotionnelles graves[82].

Nous appuyons cette recommandation et demandons au Canada de prendre des mesures pour la mettre en œuvre le plus rapidement possible, de façon que les nombreux Aînés qui vivent encore voient que leurs pertes ont été reconnues. Nous croyons que cette reconnaissance des graves préjudices subis par ces personnes, particulièrement la perte de leurs liens avec leurs langues et leurs cultures, est essentielle. De plus, ces personnes ne devraient pas avoir à se conformer à des procédures arbitraires et définies par des programmes si elles veulent obtenir réparation pour la perte d'un des attributs les plus essentiels de l'être humain, la vie mise à part : son sentiment d'identité incarné dans sa langue, sa culture et ses croyances spirituelles.

Nous appuyons aussi la recommandation pour des motifs plus généraux. À notre avis, l'abandon forcé de la langue et de la culture des membres des Premières nations, des

80 Voir le chapitre 10 du *Rapport de la Commission royale sur les peuples autochtones*, Ottawa, 1996.

81 Assemblée des Premières Nations, *Rapport sur le plan de règlement des conflits du gouvernement du Canada qui vise à indemniser les victimes de sévices infligés dans les pensionnats indiens*, p. 10, où l'on cite d'autres études et rapports d'experts.

82 Assemblée des Premières Nations, *Rapport sur le plan de règlement des conflits du gouvernement du Canada qui vise à indemniser les victimes de sévices infligés dans les pensionnats indiens*, Ottawa, 2004, p. 18.

Inuits et des Métis équivaut au non-respect des droits des Autochtones et des droits conférés par traité ainsi qu'au non-respect des obligations fiduciaires de l'État, et c'est pourquoi ils donnent droit à réparation. Nous considérons aussi que le refus du Canada d'indemniser les personnes qui souffrent toujours des répercussions dévastatrices de la perte de leur lien avec leur collectivité et leur langue, culture et croyances spirituelles est un manquement grave à l'honneur de la Couronne. En outre, ce refus semble renvoyer les langues des Premières nations, des Inuits et des Métis au rang de langues soumises que l'on peut, par la force et en toute impunité, effacer de la mémoire des peuples qui les parlent.

Le Canada a adopté une position selon laquelle, puisque la langue est un droit collectif d'un groupe linguistique ou communautaire, l'indemnisation pour la perte de la langue se fera au moyen de programmes s'adressant à des collectivités ou des groupes linguistiques. Nous croyons que la position du Canada est fondamentalement erronée. Le financement gouvernemental visant les langues des Premières nations, des Inuits et des Métis doit refléter le statut constitutionnel de celles-ci; on ne doit pas considérer qu'il s'agit d'une forme d'indemnisation fournie en réponse aux réclamations légitimes au regard des répercussions négatives des préjudices subis par de nombreuses personnes.

Nous sommes d'avis que, même si la langue est un droit collectif, c'est aussi un droit fondamental de la personne et un droit personnel. L'article 25 de la *Charte canadienne des droits et libertés* prévoit la protection des droits linguistiques de la minorité; c'est un précédent, qui reconnaît que les droits linguistiques concernent les personnes. Les tribunaux considèrent depuis longtemps que, lorsqu'une personne a subi un tort, ce tort doit être réparé. Nous croyons qu'il devrait en être de même dans le cas des survivants des pensionnats. À notre avis, cette réparation affirmera aussi la valeur inhérente de la langue pour chaque personne et commencera à effacer l'image négative que les pensionnats ont accolée aux langues et aux cultures des Premières nations, des Inuits et des Métis.

Recommandation 6 : Dédommagement et réconciliation

Le Groupe de travail recommande que le Canada mette en œuvre, le plus tôt possible, la recommandation de l'Assemblée des Premières nations à l'effet qu'un montant forfaitaire soit versé à titre d'indemnisation à toute personne qui a fréquenté un pensionnat indien. En outre, le Canada et les Églises devraient constituer un fonds de dédommagement à partir duquel on versera un montant forfaitaire à toute personne qui a fréquenté un pensionnat indien, à titre de réparation des souffrances émotionnelles et psychologiques provoquées par la coupure d'avec la famille et la collectivité, et la langue et la culture.

Aménagement linguistique dans les collectivités des Premières nations, des Inuits et des Métis

Dans une section précédente du présent rapport, nous avons analysé la mesure dans laquelle de nombreuses langues des Premières nations, des Inuits et des Métis étaient menacées. Nous avons aussi indiqué que les participants aux consultations avaient fait part des difficultés auxquelles était confronté le personnel des programmes linguistiques qui tentait de mettre en place des mesures de sauvegarde des langues avec des moyens financiers très limités. Les organismes des Premières nations, des Inuits et des Métis demandent depuis un certain temps qu'on leur donne accès à des ressources grâce auxquelles leurs collectivités pourraient élaborer des plans de longue haleine pour l'aménagement linguistique[83].

Dans le cadre du processus d'aménagement linguistique, les collectivités sont en mesure de mener des recherches et d'échanger à propos des buts et des priorités. Elles peuvent notamment :

- évaluer l'état de leurs langues et voir dans quelle mesure on s'intéresse à leur protection et à leur promotion, tout en cherchant les ressources disponibles;
- étudier l'opinion des membres de la collectivité quant à l'utilisation de la langue, au bilinguisme, à la façon dont la langue est utilisée dans la collectivité et aux facteurs liés à l'abandon de la langue ou à son maintien et à sa revitalisation;
- définir des buts réalistes et raisonnables et élaborer des programmes et des politiques connexes;
- réaliser le consensus sur les priorités et les méthodes à utiliser[84].

83 L'aménagement linguistique suppose généralement *la planification du statut*, c'est-à-dire l'établissement de buts (p. ex. en faire la langue de travail) et la mise en œuvre de politiques et de programmes connexes; *la planification du corpus*, c'est-à-dire les aspects techniques du travail sur la langue, par exemple la constitution d'un vocabulaire favorisant son utilisation au travail; *la planification de l'acquisition*, c'est-à-dire les programmes et les projets mis sur pied dans le but de favoriser son apprentissage par de nouveaux locuteurs. En milieu de travail, on pourrait aussi donner aux employés l'occasion de suivre des cours de formation dans cette langue.

84 E. A. Brandt et V. Ayoungman, « Language Renewal and Language Maintenance: A Practical Guide », in *Canadian Journal of Native Education*, 16(2), 1989, p. 42–77.

Pendant les consultations, de nombreux participants ont dit qu'à leur avis les gouvernements autochtones et en particulier les gouvernements des Premières nations et des Métis devraient faire de leur langue la langue officielle de leur collectivité et de leur gouvernement. Ils ont ajouté que la désignation de langue officielle devait être soutenue par des politiques concrètes manifestant l'engagement envers la langue. Pendant nos consultations, certains se sont plaints de ce que leur gouvernement acceptait passivement le déclin de la langue ou, même en déclarant que la langue est importante, déployait bien peu d'efforts en vue de la soutenir. En permettant aux membres de la collectivité de participer aux discussions et à la planification, on les aiderait à réaliser le consensus et à donner à leurs gouvernements une orientation quant au rôle que la langue devrait jouer dans la vie de la collectivité et aux politiques qu'il faudrait adopter. Les consultations ont permis de recueillir quelques exemples de politique, par exemple exiger que les employés et les membres du gouvernement parlent couramment leur langue ou soient prêts à l'apprendre. En outre, les employés qui maîtrisent leur langue devraient avoir droit à une gratification de la même manière qu'on en offre une aux fonctionnaires fédéraux qui parlent l'une des langues officielles.

Nous sommes d'avis qu'une planification de ce type est essentielle à l'élaboration, à la mise en œuvre et à l'évaluation des stratégies de revitalisation de la langue qui seront mises en œuvre à l'échelle locale, régionale ou nationale. Comme nous l'avons déjà expliqué plus tôt dans le présent rapport, l'expérience internationale confirme que l'aménagement linguistique effectué à partir de la collectivité, ou « de bas en haut » est essentielle à la réussite d'une stratégie linguistique nationale[85]. C'est la collectivité, non pas des organismes externes, qui doit prendre en charge l'établissement des priorités et l'élaboration des politiques de façon à réaliser les objectifs communs[86]. L'aménagement linguistique à partir de la collectivité doit s'appuyer sur la collectivité dans son ensemble, c'est-à-dire que les jeunes, les jeunes parents, les adultes et les Aînés, de même que le personnel administratif et les membres du gouvernement doivent y participer. On trouvera plus d'information sur les façons de concevoir et de mettre en œuvre des stratégies d'aménagement linguistique dans les deux ouvrages suivants : *Resource Manual for Aboriginal Language Activists*, publié dans les Territoires du Nord-Ouest, et *Handbook for Aboriginal Language Program Planning in British Columbia*.

Même si ce sont les collectivités qui doivent diriger le processus, nous reconnaissons que les organismes régionaux et nationaux ont aussi un rôle à jouer dans l'élaboration d'une stratégie linguistique à long terme. Comme l'exige notre mandat, nous avons évalué assez minutieusement le rôle que pourrait jouer une organisation linguistique nationale, comme celle que nous proposons dans la partie VIII du présent rapport, et nous avons présenté des recommandations à ce sujet.

Recommandation 7 : Une stratégie linguistique nationale

> **Le Groupe de travail recommande qu'une stratégie linguistique nationale soit élaborée et planifiée à l'échelle de la collectivité par les groupes linguistiques des Premières nations, des Inuits et des Métis et par leurs organismes régionaux et nationaux représentatifs, et que l'organisation linguistique nationale proposée en assure la coordination et le soutien technique.**

La première étape de l'aménagement linguistique de la collectivité devra consister en une enquête visant à évaluer la situation de la langue. Outre les activités de planification et d'évaluation des besoins, il faudra procéder à des entrevues individuelles avec l'ensemble des locuteurs, des personnes intéressées à apprendre la langue ou des membres de la collectivité. Ces évaluations pourront être faites à l'interne par le groupe chargé des questions linguistiques, ou à l'externe par un autre organisme. À notre avis, chacune des collectivités des Premières nations, des Inuits et des Métis devrait évaluer la mesure dans laquelle sa langue est vivante ou menacée; cet exercice s'inscrit dans le cadre de l'aménagement linguistique. Ces données de base facilitent non seulement l'élaboration d'objectifs réalisables, mais aussi le contrôle des progrès ainsi que l'évaluation, au regard des résultats désirés, de l'efficacité des approches et des méthodes utilisées.

Il est important de faire remarquer qu'en fournissant les ressources nécessaires à cette première activité clé qui sera réalisée par les collectivités des Premières nations, des Inuits et des Métis touchés, le Canada pourra commencer à exécuter, du moins en partie, ses obligations internationales relatives à la protection du patrimoine

85 Joshua Fishman, dir., *Can Threatened Languages Be Saved?: Reversing Language Shift, Revisited: A 21st Century Perspective*, Multilingual Matters Ltd., Clevedon, Royaume-Uni, 2001; Sue Wright, Language Policy and Language Planning: From Nationalism to Globalisation, 2004; Daniel Nettles et Suzanne Romaine, *Vanishing Voices: The Extinction of the World's Languages*, Oxford University Press, Oxford, 2000.

86 Voir Marianne B. Ignace, *Handbook for Aboriginal Language Program Planning in British Columbia*, First Nations Education Steering Committee, avril 1998), http://www.schoolnet.ca/aboriginal/fnesc/index-e.html; voir aussi *Languages of the Land: A Resource Manual for Aboriginal Language Activists*, Northwest Territories Literacy Council, Yellowknife, 1999, http://www.nwt.literacy.ca/aborig/land/cover.htm.

culturel. Dans la *Déclaration universelle sur la diversité culturelle*, par exemple, on demande aux États membres de « sauvegarder la patrimoine linguistique de l'humanité et [de] soutenir l'expression, la création et la diffusion dans le plus grand nombre possible de langues ». Dans le *Plan d'action sur la mise en œuvre de la Déclaration*, on demande aussi aux États membres de soutenir et de promouvoir la diversité linguistique et de protéger les connaissances traditionnelles[87]. Nous aimerions aussi souligner que le présent projet s'inscrit dans le sillage du plan d'action de l'UNESCO pour la sauvegarde des langues en péril, qui constitue la pièce 2 ci-dessous :

Pièce 2
Plan d'action pour la sauvegarde des langues en péril
UNESCO

1) **Suggérer aux États membres qu'ils**
   A) Examinent et décrivent les langues qui s'avèrent être en péril (conformément aux critères du point 3 ci-dessus) ;
   B) Soutiennent activement la reconnaissance des langues en péril de leur pays ;
   C) Encouragent la documentation sur les langues en péril ;
   D) Créent des conditions pour faciliter l'utilisation active et l'accès à ces langues, en, inter alia, assurant à toutes les langues concernées leur place légitime dans le système éducatif, les média, et l'accès au cyberespace, selon les souhaits des différentes communautés et dans le respect de leurs droits linguistiques ;
   E) Renforcent la fierté des locuteurs envers leurs propres langues et cultures, et assurent le même prestige à toutes les langues d'un État ;
   F) Étudient les bénéfices économique et social de la diversité linguistique et culturelle comme stimulus pour le développement durable ;
   G) Fournissent également, autant que possible et avec l'aide de la communauté internationale, le financement pour la documentation, la revitalisation et le soutien aux programmes de sauvegarde des langues en péril (cf. point 2 a-c ci-dessous);

2) **Établir un mécanisme financier et administratif pour**
   A) soutenir des projets de documentation de langues en péril, notamment :
      - enregistrement, collecte et publication de nouveaux matériaux;
      - sauvegarde des archives existantes;
      - mise à jour de l'*Atlas des langues en péril dans le monde de* l'UNESCO;
   B) mettre en oeuvre des projets qui renforcent et revitalisent des langues en péril, notamment des programmes de formation linguistique visant à assurer la transmission de la langue d'une génération à l'autre;
   C) produire et diffuser
      - des manuels de formation en documentation pour les communautés, l'enseignement et le développement des cursus scolaires et universitaires;
      - les créations artistiques produites dans les langues en péril.

Source : Recommandations à l'UNESCO pour le plan d'action pour la sauvegarde des langues en péril, 13 mars 2003.

En outre, l'article 11 de la Convention pour la sauvegarde du patrimoine culturel immatériel (2003) indique qu'il appartient aux États parties, entre autres choses, « d'identifier et de définir les différents éléments du patrimoine culturel et matériel présents sur son territoire, avec la participation des communautés...[88] ».

Nous considérons que l'enquête de référence et les activités connexes d'aménagement linguistique, qui seront réalisées à l'échelle de la collectivité et de la région, sont les fondements d'une stratégie nationale à long terme. Puisque ces activités supposent la participation de plus de 700 collectivités parlant 61 langues et un nombre inconnu de dialectes, nous jugeons que ce travail ne pourra se faire en moins de trois ans.

Selon les commentaires des participants aux consultations communautaires, un aspect important de l'enquête de référence a trait aux activités de planification et de coordination qui devaient être confiées aux collectivités. À de nombreuses reprises, pendant les consultations, les participants ont dit qu'ils désiraient que les membres des collectivités participent de plus près à la planification et à la mise en œuvre de quelque projet que ce soit qui touchera les langues et les cultures. La participation directe des collectivités comporte de nombreux avantages, dont voici une liste partielle :

- la planification des besoins de la collectivité se fait de façon concertée;

87 Le plan d'action complet est fourni à l'annexe H.

88 Selon l'article 2 de la Convention, le « patrimoine culturel immatériel » se manifeste notamment dans les domaines suivants : « (a) les traditions et expressions orales, y compris la langue comme vecteur du patrimoine culturel immatériel; (b) les arts du spectacle; (c) les pratiques sociales, rituels et événements festifs; (d) les connaissances et pratiques concernant la nature et l'univers; (e) les savoir-faire liés à l'artisanat traditionnel. »

- les partenariats entre les conseils linguistiques et culturels des collectivités, des régions ou des organismes autochtones sont solides;
- les collectivités sont propriétaires de leurs données;
- les données exactes sur la langue et la culture garantissent au bout du compte une planification plus efficace à tous les niveaux;
- les Aînés, les jeunes et les parents de chaque collectivité peuvent participer directement;
- les données peuvent servir à d'autres activités de planification ou de développement communautaire – ces ressources peuvent servir à des fins d'enseignement ou de réparation;
- les données pourront soutenir la stratégie linguistique nationale s'étendant sur un siècle;
- dans les collectivités, le sentiment d'identité et d'appartenance sera plus fort;
- les jeunes et les familles acquerront plus de confiance;
- les gens connaîtront mieux leur langue et en seront plus fiers;
- la participation aux cérémonies traditionnelles, aux activités axées sur la guérison et aux programmes d'apprentissage favorisera l'adoption d'un mode de vie plus sain;
- les jeunes pourront mieux comprendre leur environnement socio-économique;
- les membres de nos peuples comprendront et connaîtront mieux la vision du monde proposée par leur culture respective – par ricochet, cette connaissance les amènera directement à devenir des membres responsables de la collectivité et de la société dans leur ensemble;
- les résultats et les outils de mesure linguistiques seront adaptés à la culture des Premières nations, des Inuits et des Métis.

Toutes les mesures devront cibler d'abord et avant tout la collectivité. C'est à ce niveau que la mobilisation doit se faire et que les participants doivent diriger les activités de planification, d'élaboration et de mise en œuvre. La stabilisation d'une langue concerne toutes les facettes de la vie de la collectivité.

Tous ceux qui, à l'échelle locale, défendent les questions linguistiques devraient pouvoir aider leur collectivité respective à comprendre les questions fondamentales liées à la survie d'une langue. C'est un élément essentiel d'une « campagne de sensibilisation » visant à mobiliser la collectivité pour la survie et le maintien de la langue. Idéalement, le plan d'action doit permettre aux collectivités locales de participer directement à la planification, à l'élaboration et à l'exécution des enquêtes de référence. Pendant les discussions, les participants ont souvent affirmé que les collectivités sont en mesure de déterminer l'état de santé de leurs langues et, ce faisant, de savoir plus précisément dans quelle mesure elles sont menacées. La participation directe des collectivités est la clé de tout projet, puisqu'elle garantit que les personnes intéressées le soutiendront. Les participants croient que lorsqu'on fournit des outils à la base – lorsqu'on donne à tout le monde l'occasion de s'approprier une partie du projet et que l'on fournit les ressources financières et techniques nécessaires – la base peut contribuer à la recherche des solutions. C'est un facteur clé de la réussite.

Nous savons que certaines collectivités et régions ont déjà entamé le processus; cependant, nous savons que ce type de planification est un processus continu qu'il faut mettre à jour régulièrement.

Recommandation 8 : Enquête de référence sur la situation linguistique

Le groupe de travail recommande que, comme première étape d'une stratégie nationale à long terme, l'organisation linguistique nationale coordonne une enquête de référence sur la situation linguistique. Cette enquête sera réalisée par les Premières nations, les Inuits et les Métis dans le cadre des mesures d'aménagement linguistique et d'évaluation des besoins des collectivités. Il recommande aussi que le financement de cette enquête soit distinct des engagements actuels.

Nous savons qu'il est possible qu'une enquête sur la langue révèle que certaines langues ne sont plus parlées par personne. Ces langues n'ont peut-être plus de locuteurs vivants, ou encore, même s'il y a des locuteurs, il n'existe plus de domaine dans lequel on peut les utiliser; les auteurs parlent alors de langues silencieuses ou endormies[89]. On sait qu'au moins une des langues des Premières nations, le huron wendat n'a plus de locuteurs depuis des générations. *Les collectivités qui désirent ramener à la vie une « langue dormante » devraient avoir accès à du financement.*

Il arrive que des langues silencieuses ou endormies soient reconstruites et rendues à la vie. L'exemple le plus digne de mention, à l'échelle internationale, est celui de l'hébreu qui est redevenu une langue utilisée pour les communications quotidiennes à la fin du XIXe siècle. Avant 1880, l'hébreu n'était la langue maternelle de personne. Aujourd'hui, c'est la langue officielle d'Israël

89 Leanne Hinton, « Sleeping Languages: Can They be Awakened? », in *The Green Book of Language Revitalization in Practice*, sous la direction de L. Hinton et K. Hale, Academic Press, San Diego, 2001.

et elle est enseignée et parlée dans les autres pays qui comptent une population juive[90]. On sait aussi que certaines langues des Amérindiens ont été rendues à la vie. La langue chochenyo, par exemple, de la tribu Muwekma Ohlone d'East Bay, en Californie, qui dormait depuis plus de 60 ans, a été ramenée à la vie grâce à un dictionnaire et à des recherches qui ont été effectuées il y a plus d'un demi-siècle. Autrefois, on n'en connaissait rien; aujourd'hui, on est capable de tenir de courtes conversations, de chanter et de jouer à des jeux dans cette langue. On commence même à écrire des œuvres de fiction[91].

Pour être en mesure de ramener à la vie une langue endormie, il faut en premier lieu consigner des archives et des documents sur la langue – « la mettre en banque », comme le dit Kirkness[92]. Dans le cas des langues dans un état critique, menacées d'une disparition imminente, il faut de toute urgence et absolument rassembler des documents et des archives en utilisant tous les médias d'enregistrement audio ou vidéo modernes. Étant donné le nombre des langues des Premières nations, des Inuits et des Métis qui ne comptent plus que quelques locuteurs, nous croyons qu'il est vital d'augmenter substantiellement le financement des programmes de préservation des langues. On peut donc classer dans la catégorie des langues très menacées[93] les langues qui n'ont qu'un faible nombre de locuteurs compétents encore vivants (c'est-à-dire moins de 20), et dont la plupart sont des personnes âgées; ces langues doivent faire l'objet de programmes de soutien intensifs de façon que les collectivités où elles pourraient être parlées puissent les documenter et les intégrer à leur culture. Ces mesures viseront notamment l'enregistrement, la transcription, l'archivage, la préparation de lexiques, de grammaires et de dictionnaires ou encore la transmission de la langue dans le cadre d'activités de formation intensive, par exemple les programmes d'apprentissage par mentorat.

Recommandation 9 : Financement des langues en voie de disparition

Le Groupe de travail recommande que le Canada, outre les engagements actuels, affecte aux collectivités des Premières nations, des Inuits et des Métis dont la langue est en voie de disparition les fonds nécessaires pour qu'elles puissent mettre en œuvre les mesures supplémentaires afin de préserver leurs langues.

Il existe de nombreuses stratégies et approches de revitalisation des langues, dont un grand nombre ont fait l'objet d'études poussées, à l'échelle internationale, par d'autres groupes autochtones. Joshua Fishman, un éminent sociologue versé dans ce domaine d'étude, a élaboré une approche en huit étapes permettant de renverser la tendance vers l'abandon d'une langue grâce à l'aménagement linguistique. Ces travaux sont souvent cités en exemple et offrent un modèle de revitalisation des langues en déclin ou en danger. La pièce 3 résume le type d'intervention que l'on peut organiser en s'inspirant du modèle de Fishman et que les collectivités des Premières nations, des Inuits et des Métis ont utilisé et utilisent toujours, quelle que soit la situation de leur langue. Nous croyons qu'un programme linguistique national devrait soutenir les projets de ce type.

---

90 On trouvera un court historique de la revitalisation de l'hébreu dans l'ouvrage de Mark Abley, *Spoken Here: Travels Among Threatened Languages*, Houghton Mifflin, Boston, 2003, p. 229–33.

91 Mike Anton, « John Peabody Harrington: The Clue to Lost Native American Languages », in *Foundation for Endangered Languages Newsletter* 24, été 2004, at www.ogmios.org/247.htm.

92 Verna Kirkness, « The Preservation and Use of Our Languages: Respecting the Natural Order of the Creator », in *Indigenous Languages Across the Community*, sous la direction de Barbara Burnaby et Jon Reyhner, Northern Arizona University, Flagstaff, Arizona, 2002, at http://jan.ucc.nau.edu/.

93 On parle de 20 locuteurs ou moins pour tous le groupe linguistique, non pas pour une collectivité géographique donnée.

Pièce 3
Propositions d'interventions selon la santé de la langue

Situation actuelle de la langue		Interventions proposées pour renforcer la langue
Stade 8 :	Seuls quelques Aînés parlent la langue.	Appliquer le modèle de l'apprentissage de la langue proposé par Hinton (1994) selon lequel les Aînés qui parlent couramment la langue sont jumelés individuellement à de jeunes adultes qui désirent l'apprendre. Les Aînés dispersés ou vivant dans une région éloignée pourront utiliser le téléphone pour enseigner la langue.
Stade 7 :	Seuls les adultes ayant dépassés l'âge de la procréation parlent la langue.	Créer des « bains linguistiques » selon le modèle des Maoris et des Hawaiiens, pour que les adultes qui parlent couramment une langue autochtone l'enseignent aux enfants d'âge préscolaire dans le cadre d'un programme d'immersion.
Stade 6 :	La langue est utilisée par plus d'une génération.	Créer, dans la collectivité, des lieux où l'on encourage et on protège la langue et qui serviront à cet usage exclusif. Encourager les jeunes parents à parler une langue autochtone à la maison et avec leurs jeunes enfants.
Stade 5 :	La langue est encore très vivante, et la collectivité l'utilise.	Offrir des programmes d'alphabétisation dans la langue de la minorité. Faire la promotion de programmes de bénévolat auprès des écoles et des autres établissements de la collectivité afin de donner plus de prestige à la langue et d'en favoriser l'utilisation. Utiliser la langue dans les fonctions des gouvernements locaux, en particulier les services sociaux. Souligner les efforts particuliers réalisés à l'échelle de la collectivité en remettant des prix, etc.
Stade 4 :	La connaissance de la langue est requise dans les écoles élémentaires.	Améliorer les méthodes fondées sur la réponse active non verbale (p. ex. narration d'histoire) ou d'autres méthodes d'enseignement de programmes d'immersion. Enseigner la lecture et l'écriture et permettre l'acquisition de compétences linguistiques supérieures. S'il y a lieu, concevoir des programmes d'apprentissage bilingues grâce auxquels les élèves du niveau élémentaire qui ne parlent pas une langue autochtone peuvent l'apprendre pendant que ceux qui la parlent apprennent une langue nationale ou internationale. Élaborer des manuels en langue autochtone afin d'enseigner la langue et les autres matières scolaires.
Stade 3 :	La langue est utilisée dans les affaires et par les employés non spécialisés.	Promouvoir la langue en en faisant la langue de travail de toute la collectivité. Élaborer un vocabulaire de façon que les employés de bureau puissent effectuer leur tâche quotidienne dans la langue autochtone.
Stade 2 :	La langue est utilisée par le gouvernement local et les organes de diffusion de la collectivité minoritaire.	Faire la promotion de la forme écrite de la langue pour les activités du gouvernement et les échanges et dossiers commerciaux. Faire la promotion des bulletins, des journaux, des stations de radio ou de télévision offrant un contenu en langue autochtone.

Stade 1 :	La langue est utilisée dans les échelons supérieurs du gouvernement et les programmes d'études supérieures.	Dans les collèges, enseigner les matières dans la langue autochtone. Élaborer un corpus littéraire oral et écrit dans la langue autochtone en présentant des œuvres dramatiques et en publiant des livres. Décerner des prix pour les publications tribales ou nationales en langue autochtone et pour souligner les autres efforts de promotion des langues autochtones.

Source : Adapté de l'échelle variable de la rupture de la transmission intergénérationnelle des langues menacées (Graded Intergenerational Disruption Scale for Threatened Languages) de Fishman (1991). Jon Reyhner, « Some Basics of Indigenous Language Revitalization », in *Revitalizing Indigenous Languages*, sous la direction de Jon Reyhner, Gina Cantoni, Robert N. St. Clair et Evangeline Parsons Yazzie, Northern Arizona University, Flagstaff, Arizona, 1999, p. 88-109, http://jan.ucc.nau.edu/~jar/RIL_Intro.html.

Comme on l'a déjà indiqué, il est évident que les collectivités touchées doivent jouer un rôle central dans les programmes de préservation et de revitalisation de la langue. Sans l'engagement et la participation des membres de la collectivité, il serait impossible de renverser la tendance à l'abandon de la langue. Cela dit, sans ressources adéquates, les efforts de la collectivité seront au mieux un cataplasme sur une jambe de bois. Le financement actuellement fourni par les gouvernements fédéral, provinciaux et territoriaux pour assurer la protection, la promotion et l'enseignement des langues des premières nations, des Inuits et des Métis n'est pas suffisant, et il ne répond même pas aux besoins les plus fondamentaux en aménagement ou en programmes linguistiques.

En somme, nous croyons qu'il n'est pas possible de prendre des mesures concrètes et durables afin d'empêcher la disparition des langues avec les fonds limités fournis par Patrimoine canadien par le truchement de l'Initiative des langues autochtones (ILA), programme qui reçoit la plus grande part du financement actuellement réservé à la revitalisation des langues, selon l'évaluation de l'ILA. La pièce 4, qui fournit des détails sur le financement versé aux membres des Premières nations, aux Inuits et aux francophones résidant au Nunavut, met en relief la gravité du problème ainsi que l'inégalité systémique du mode actuel de financement des langues par le gouvernement fédéral.

Pièce 4
Financement des langues au Nunavut pour 2001–2002

	Total	Population	Par personne
Premières nations	3 690 000 $[1]	690 101	5,35 $[2]
Inuit	1 100 000 $	25 000	44,00 $
Inuit (ILA)	738 000 $	25 000	9,52 $
Francophone	1 600 000 $[3]	410	3 902,00 $

1 Données sur la population et financement de l'ILA selon l'évaluation de l'ILA. Ministère des Affaires indiennes et du Nord canadien, données ministérielles de base – 2002, Ottawa, mars 2003.

2 Si les fonds étaient distribués également entre les 644 collectivités des Premières nations, chaque collectivité recevrait un financement de 5 734 $.

3 Données sur le financement versé aux Inuits et aux francophones fournies lors d'une entrevue donnée à la radio par Anna-Maria Tremonte et le ministre de la Culture, des Langues, des Aînés et de la Jeunesse, Louis Tapardjuk.

Même si, conformément à l'engagement de 160 millions de dollars sur 10 ans (16 millions de dollars par année), le financement doit augmenter, il sera insuffisant. Selon ce scénario, le financement des Premières nations passera à environ 12 $ par personne, soit 13 416 $ par collectivité. Si, comme le recommande le Groupe de travail, ces 160 millions de dollars étaient distribués sur cinq ans, le financement serait de 26 $ par membre d'une Première nation, soit 26 832 $ par collectivité. Pour les Inuits, le financement serait d'environ 68 $ par personne, ou 66 000 $ par collectivité, sur 10 ans, ou encore 136 $ par personne et 133 000 $ par collectivité sur cinq ans.

On s'attend à ce que le financement versé aux collectivités métisses corresponde à peu près au financement versé aux collectivités des Premières nations. Il est évident qu'un montant de 160 millions de dollars, qu'il soit versé sur 10 ou sur cinq ans, reste inadéquat, surtout quand on doit tenir compte des coûts que suppose l'organisation d'une enquête de référence et la préparation de plans linguistiques communautaires qui serviront de fondement à une stratégie nationale à long terme.

Enseignement de la langue

Nous croyons que l'enseignement de la langue peut et doit jouer un rôle capital dans la revitalisation des langues autochtones. Mentionnons que, dans le document de la Table ronde Canada-Autochtones sur l'apprentissage continu, le Canada exprime la même idée :

[traduction]

> La mise en place de programmes et de services autochtones pertinents et appropriés sur le plan culturel aiderait à renforcer l'identité culturelle et les langues autochtones et faciliterait l'inclusion des Autochtones tout en reconnaissant leurs cultures et en favorisant leur contribution à la société canadienne. La préservation des langues est particulièrement cruciale dans la mesure où plus de la moitié des langues autochtones canadiennes disparaîtront d'ici deux générations si la tendance actuelle se maintient[94].

Dans la présente section, nous abordons le rôle de l'enseignement de la langue dans la revitalisation, en nous attardant particulièrement aux avantages liés à l'enseignement de la langue dans l'ensemble du système d'éducation. Ensuite, nous examinons les problèmes et formulons des recommandations quant aux moyens que le gouvernement et l'organisation linguistique nationale pourraient mettre de l'avant pour résoudre ces problèmes.

Selon l'UNESCO, une langue est menacée d'extinction lorsque la majorité des enfants d'une collectivité ne l'apprend pas[95]. Les statistiques concernant la langue maternelle des Premières nations, des Inuits et des Métis et l'utilisation de la langue à la maison indiquent que presque toutes les langues autochtones sont menacées d'extinction. Des études confirment que l'enseignement d'une langue par les parents ou les grands-parents est le moyen privilégié pour transmettre des connaissances d'une génération à une autre; néanmoins, les établissements d'enseignement devraient jouer un rôle dans la revitalisation de la langue.

Un enseignement adapté sur le plan culturel s'impose

Dans un document de travail préparé pour la Table ronde Canada-Autochtones sur l'apprentissage continu, le gouvernement fédéral indique, au sujet des difficultés scolaires vécues par les enfants et les jeunes Autochtones, que 51 % des membres des Premières nations, 42 % des Métis et 58 % des Inuits ne possèdent pas de diplôme d'études secondaires, tandis que cette proportion est de 31 % pour l'ensemble de la population canadienne[96]. En outre, les autorités fédérales tentent d'expliquer pourquoi le système ne convient pas à de nombreux jeunes Autochtones :

[traduction]

> Les jeunes Autochtones sont le plus susceptible de se retirer de l'école pendant leur neuvième ou dixième année. On a réussi à dégager certains des motifs qui expliquent le décrochage des jeunes Autochtones : sentiment d'aliénation après avoir passé huit ans dans un système scolaire qui, trop souvent, ne favorise pas l'épanouissement de leur identité, puisque les écoles secondaires sont dépourvus d'enseignants autochtones; les programmes ne portent que très rarement sur les langues, la culture, l'histoire et les enjeux politiques autochtones de nos jours; absence d'engagement de la part des parents et de la collectivité, particulièrement dans les endroits où il n'y a pas d'écoles secondaires; les attitudes racistes des autres élèves minent l'estime de soi des jeunes Autochtones; le système scolaire public met actuellement l'accent sur les accomplissements intellectuels cognitifs au détriment de la croissance spirituelle, sociale et physique; marginalisation des jeunes relativement aux décisions qu'ils prennent concernant leur éducation[97].

---

94 Canada, ministère des Affaires indiennes et du Nord canadien, *Table ronde Canada-Autochtones sur l'apprentissage continu – document de travail* (2004), http://www.aboriginalroundtable.ca/sect/lrng/bckpr/goc_bgpr_f.html.

95 Voir le document *Basic Issues: Language Facts*, à la page http://portal.unesco.org/ci/en/ev.php-RL_ID=16917&URL_DO=DO_PRINTPAGE&URL_SECTION=201.html#facts.

96 *Op. cit.*

97 *Ibid.*, p. 16–7.

Dans le cadre des consultations que nous avons menées, nous avons entendu des Aînés et des enseignants des Premières nations, des collectivités inuites ou métisses exprimer des préoccupations similaires et parler de la nécessité de mettre la langue et la culture au centre de l'éducation des enfants.

Enseignement de la langue par immersion

Les avantages liés au bilinguisme ont fait l'objet d'un bon nombre de recherches au cours des 30 dernières années dans les domaines de la psychologie, de la psychosociologie, de la culture et de l'éducation. Ces études révèlent que le bilinguisme favorise la pensée créatrice et l'acquisition de compétences métalinguistiques accrues; on l'associe aussi indéniablement à la formation de concepts, à la classification, à la créativité, au raisonnement par analogie et aux compétences visuelles et spatiales[98].

Dans une allocution prononcée dans le cadre d'une conférence sur l'enseignement de la langue, l'honorable Stéphane Dion, qui était à ce moment-là président du Conseil privé et ministre des Affaires intergouvernementales, a expliqué que le Canada appuyait l'enseignement de la langue par immersion, puisqu'on l'associe aux avantages suivants :

- les élèves qui parlent couramment deux langues obtiennent de meilleurs résultats aux tests d'intelligence verbale et non verbale;
- les élèves qui apprennent une deuxième langue réussissent mieux aux épreuves de lecture, de langues et de mathématiques;
- le fait d'apprendre une deuxième langue renforce les compétences de la personne dans sa propre langue, que l'on pense à la lecture, au vocabulaire, à la grammaire ou à la communication;
- les élèves qui apprennent une deuxième langue ont une meilleure sensibilisation interculturelle et s'adaptent mieux que les autres à différents contextes culturels[99].

Les recherches empiriques réalisées dans les années 80 sur le programme d'immersion en inuktitut du district scolaire Kativik ont révélé l'acquisition accrue de compétences cognitives et langagières chez les enfants inscrits à un programme d'immersion en bas âge[100]. Des renseignements non scientifiques et des tests de compétence administrés à des élèves inscrits à des programmes d'immersion à long terme en langue autochtone permettent également de confirmer que les élèves qui sont exposés à long terme et de façon intensive à une langue autochtone et à un enseignement dans cette langue ont également tendance à mieux réussir à l'école et sur le plan social que leurs pairs qui ne sont pas exposés à une langue autochtone[101].

Un rapport récemment publié sur le programme d'immersion en langue mohawk fait état des mêmes avantages. Inspiré des programmes d'immersion en français du Québec, le programme mohawk, lancé en 1984, est aujourd'hui un modèle pour d'autres programmes autochtones, en Amérique du Nord et à l'échelle du globe. Les résultats suivants démontrent l'effet positif du programme d'immersion sur les élèves et sur l'ensemble de la collectivité :

- Le programme affiche un taux de rétention d'au moins 90 % – c'est-à-dire une proportion plus élevée que dans d'autres commissions scolaires de la province.
- Plus de 85 % des élèves en immersion ont réussi le test ou les cours provinciaux de compétence en anglais au terme de leur dixième ou douzième année. Certains élèves ont pris l'initiative de s'inscrire à des cours d'anglais supplémentaires pour s'assurer d'atteindre les exigences provinciales.
- Les finissants du programme d'immersion ont bien réussi : leurs moyennes sont comparables à celles des élèves des commissions scolaires environnantes qui étudient en anglais.
- Au total, 70 élèves ont terminé le programme d'immersion depuis 1999 : de ce nombre, seulement quatre sont aujourd'hui prestataires de l'aide sociale; les autres ont poursuivi des études postsecondaires ou sont entrés sur le marché du travail.
- Les finissants du programme savent s'exprimer clairement et avec aplomb au sein de leur collectivité et de la société canadienne.
- Bien des finissants peuvent présider en grande partie les cérémonies de la Longue maison et des sociétés de médecine, les rites de passage, les cérémonies d'attribution de nom, les funérailles et notamment les oraisons et les prestations musicales.

---

98 Hinton et Hale (2002), p. 17.

99 François Grosjean, *Life with Two Languages: An Introduction to Bilingualism* (Cambridge, Mass., Harvard University Press, 1982), cité dans les notes de l'allocution *Pourquoi l'immersion et l'enseignement de la langue seconde seront importants dans notre plan d'action* – discours prononcé dans le cadre de la conférence « Célébrons nos succès, partageons nos idées et cheminons vers l'avenir », 18 octobre 2002, Ottawa Ottawa, http://www.cpfnb.com/articles/stiphane_dion.htm.

100 Voir Taylor, Donald, Wright, Stephen et coll., *Le programme de recherche instauré par la Commission scolaire Kativik : La clé d'une prise de décisions éclairée*, Commission scolaire Kativik, Nunavik, 2001. Pour obtenir une liste de recherches sur le bilinguisme, voir la bibliographie des ouvrages suivants : August et Garcia (1988); Crawford (1989); Cummins (1981, 1989); Cummins et Swain (1986); Genesee (1987); Holm et Holm (1990); Skutnabb-Kangas (1988); Taylor (1990).

101 Ignace (2004); Greymorning (1997); Ayoungman (1995).

- De nombreux finissants sont maintenant aptes à parler à leurs enfants en langue autochtone et donc à garantir la transmission intergénérationnelle de la langue[102].

Dans sa déclaration de principe intitulée *L'éducation dans un monde multilingue*, l'UNESCO reconnaît également les nombreux avantages liés au bilinguisme et au multilinguisme. Dans ce document, on affirme que le fait de favoriser l'enseignement de la langue maternelle des parents ou de la collectivité contribue fortement à l'amélioration de la qualité de l'enseignement, en mettant en valeur les connaissances et l'expérience des apprenants et des enseignants[103]. De plus, dans le *Plan d'action pour les mise en œuvre de la Déclaration sur la diversité culturelle*, on invite les États membres à prôner les approches pédagogiques traditionnelles et à utiliser systématiquement des méthodes de communication et de transmission du savoir appropriées sur le plan culturel[104].

Même si beaucoup d'études confirment les retombées positives des programmes d'immersion et de bilinguisme, très peu de programmes de ce type sont accessibles aux élèves des Premières nations, inuits ou métis. Même s'il existe un intérêt très répandu pour la chose, très peu de programmes d'immersion sont offerts, pour diverses raisons, notamment l'absence de soutien de la part des commissions scolaires et des autorités responsables de l'éducation, un financement restreint et le manque d'enseignants et de matériels.

Dans la mesure où il est clair que les programmes d'immersion entraînent des retombées positives sur le plan éducatif et social, nous croyons que les collectivités des Premières nations, des Inuits et des Métis devraient avoir accès à un financement si elles désirent offrir des programmes d'immersion. Nous sommes d'avis que le financement accessible devrait être similaire à celui qu'on accorde aux programmes d'immersion en français et en anglais dans le cadre du Programme des communautés de langue officielle. À l'heure actuelle, les collectivités des Premières nations, des Inuits et des Métis s'efforcent d'offrir des programmes d'enseignement des langues pour toutes les tranches d'âge – de la garderie à l'éducation des adultes – avec un budget qui totalise souvent moins de 5 000 $ par année. En revanche, on prévoit que le soutien financier accordé à l'enseignement des langues officielles dans les communautés minoritaires (c'est-à-dire les francophones à l'extérieur du Québec et les anglophones au Québec) dépassera le milliard de dollars au cours des quatre prochaines années – on prévoit financer toutes les étapes de la mise en place des programmes éducatifs : planification, construction d'écoles, création d'un conseil, formation des enseignants et fonctionnement des écoles.

Recommandation 10 : Financement des programmes d'immersion

Le Groupe de travail recommande que le Canada verse, pour les programmes d'immersion dans les langues des Premières nations, des Inuits et des Métis, un financement supplémentaire équivalant à celui versé pour le français et l'anglais, par le truchement du volet Éducation dans la langue de la minorité du programme Développement des communautés de langues officielles.

Nous sommes d'avis que l'enseignement de la langue par immersion peut jouer un rôle important dans la revitalisation des langues autochtones. On devrait offrir des programmes d'immersion en dehors des écoles ainsi que des programmes d'été pour les jeunes et des programmes à court terme pour les familles, particulièrement les jeunes familles en âge de procréer. Nous sommes particulièrement conscients de l'importance d'intéresser les jeunes à leurs langue et culture. À l'occasion des consultations réalisées, beaucoup de personnes se sont dit très inquiètes, car trop de nos jeunes ont perdu le nord : ils sombrent dans la drogue, la violence, s'affilient à des gangs ou, malheureusement, se suicident. D'autres personnes ont affirmé, au cours des mêmes consultations, que la langue et la culture peuvent orienter et « enraciner moralement » les jeunes des Premières nations, inuits et métis. Les nombreuses études auxquelles nous renvoyons ci-dessus confirment les avantages intellectuels et scolaires de l'apprentissage d'une langue seconde. Nous jugeons important que nos jeunes aient l'occasion d'apprendre leur langue de la même façon que les jeunes des communautés minoritaires de langues officielles.

Recommandation 11 : Financement des programmes d'immersion à l'intention des jeunes

Le Groupe de travail recommande que le Canada accorde à des jeunes des Premières nations, des Inuits et des Métis des bourses qui leur permettront de participer à des cours d'immersion de cinq semaines dans leur langue et leur culture de la même façon qu'il accorde des bourses aux jeunes francophones et anglophones dans le cadre

102 Taehowenhs (Amos Key Jr.) du Woodlands Cultural Centre, « History of Cayuga and Mohawk Language Immersion », Sweetgrass First Nations Languages Council Inc. Raising Our Voices Language Conference, 21 et 22 octobre 2004, Brantford (Ontario).

103 Organisation des Nations Unies pour l'éducation, la science et la culture, *L'éducation dans un monde multilingue* (Paris : UNESCO, Paris, 2003), www.unesco.org/éducation/fr.

104 Section 8 (voir l'annexe H pour obtenir le plan d'action).

du volet Apprentissage de la langue seconde du programme Mise en valeur des langues officielles.

Programmes de langue seconde

Les programmes de langue seconde sont importants pour les communautés linguistiques qui ne disposent pas des ressources suffisantes pour mettre en œuvre des programmes d'immersion. Ce type de programmes a fait ses preuves, particulièrement en Europe, où l'expérience confirme que l'on peut acquérir les compétences désirées dans une langue cible lorsqu'on dispose d'un maximum de ressources pédagogiques et d'enseignants hyper compétents et que l'on peut permettre aux élèves de s'exercer à l'extérieur de la classe. Toutefois, les programmes de langue seconde pour les Premières nations, les Inuits et les Métis n'ont pas les mêmes ressources.

À l'échelle du Canada, il existe un grand nombre de programmes d'enseignement des langues des Premières nations, qui entrent dans la catégorie des programmes de langue seconde. Certains sont offerts par des commissions scolaires locales; toutefois, il semble que la plupart soient offerts dans des écoles gérées par des Premières nations. Selon certaines enquêtes internationales réalisées par l'APN, les Premières nations indiquent que les programmes de langue seconde ont une portée très limitée. Des 267 programmes de langue qui ont fait l'objet d'une enquête par l'APN, les deux tiers étaient offerts dans les établissements préscolaires et les écoles primaires. De façon générale, les cours de langue autochtone étaient accessibles seulement aux élèves de 3e année. Près de 70 % des programmes de langue n'ont pas prévu d'activité pour les élèves des écoles secondaires, et 80 % de ces programmes ne sont pas accessibles aux adultes[105].

Une enquête réalisée en Colombie-Britannique sur les programmes de langue a révélé des résultats similaires. La grande majorité des programmes sont offerts dans les établissements préscolaires et les écoles primaires, le plus souvent dans les écoles de bande sur les réserves. Les cours de langue offerts dans les écoles secondaires sont habituellement administrés par les commissions scolaires, hors réserve[106].

Selon les professeurs de langue, on manque souvent de temps pour enseigner les programmes de langue dans les écoles primaires et secondaires. Cette situation est attribuable à divers facteurs, dont un financement insuffisant, le manque de respect et de reconnaissance des langues, les lacunes sur le plan des ressources pédagogiques et le manque de professeurs compétents aptes à offrir des périodes d'enseignement plus longues.

À cause des nombreux obstacles avec lesquels ils doivent composer, la plupart des responsables des programmes de langue des Premières nations, des Inuits et des Métis n'arrivent pas à atteindre leurs objectifs. En fait, les professeurs de langue reconnaissent unanimement que les programmes offerts à l'heure actuelle permettent d'acquérir un niveau de compétence langagière très faible. Ainsi, on a tendance à favoriser la sensibilisation aux langues et l'acquisition de connaissances sommaires plutôt qu'à donner l'occasion aux élèves d'acquérir une bonne maîtrise de la langue. Habituellement, les enfants apprennent les couleurs, les chiffres, le nom des animaux et quelques formules de salutation, de politesse et autres expressions courantes. Ils n'apprennent pas à communiquer de façon plus fluide[107].

Les contraintes inhérentes aux programmes de langue seconde sont en grande partie attribuables au manque de financement et de soutien de la part des gouvernements provinciaux, territoriaux et fédéral. Cela dit, nous reconnaissons les efforts déployés pour rendre l'éducation plus inclusive pensons par exemple au cadre pédagogique commun pour les programmes touchant les langues et cultures autochtones – de la maternelle à la 12e année. Cependant, malgré ce type de mesures, certes louables, il reste encore beaucoup à faire, particulièrement en ce qui a trait au financement et aux sphères de compétence[108].

Même si l'inuktitut a été déclaré langue officielle des Territoires du Nord-Ouest en 1990, les Inuits eux-mêmes affirment qu'ils sont incapables d'offrir un enseignement adéquat dans cette langue[109]. L'enseignement de la langue continue d'être entravé par le manque de financement des

105 Assemblée des Premières nations, *Towards Linguistic Justice for First Nations* (Ottawa, APN, 1990), p. ii.

106 Marianne Ignace, Mercedes Hinkson et Mona Jules, *Aboriginal Language Teacher Education in B.C.: Education and Certification Needs* (Squamish, B.C., First Nations Education Steering Committee, Aboriginal Languages Sub-committee, 1998).

107 Marie Battiste, document inédit préparé pour le Groupe de travail sur les langues et cultures authochtones (2004).

108 *Western Canadian Protocol for Collaboration in Basic Education*, Edmonton, Alberta, 2000.

109 Comme l'expérience inuite le démontre, ce n'est pas parce qu'une langue est désignée langue officielle que l'on obtiendra nécessairement plus de financement pour l'enseigner. Les Maoris vivent le même problème, comme on le signale dans le document *Government Responses to Language Issues*, publié par le Bureau du Commissaire aux langues du Nunavut en 2001 : malgré la réussite des programmes *Kohanga Reo et Kura Kaupapa*, trop peu d'élèves maoris peuvent accéder à ces programmes pour que ceux-ci aient une incidence réelle sur les efforts de revitalisation de la langue maorie. Seulement la moitié des enfants maoris bénéficient d'une forme ou d'une autre d'enseignement en bas âge, ce qui restreint l'incidence du programme *Kohanga Reo* à au plus 20 % des enfants maoris de moins de 5 ans. De plus, en 1999, seulement 14,7 % des élèves maoris étaient inscrits à des programmes où la langue d'enseignement est le maori au moins le tiers du temps. Le programme *Kura Kaupapa* attire pour sa part à peine 3 % des élèves maoris. La plus grande entrave aux efforts de revitalisation est peut-être l'accessibilité très limitée des programmes intensifs de maori au-delà de l'école primaire.

gouvernements territoriaux ou fédéral, financement qui permettrait d'assurer la formation des enseignants et d'élaborer du matériel pédagogique pour favoriser l'alphabétisation en inuktitut et en inuvialukton. Même au Nunavut, les Inuits n'ont pu concrétiser leur espoir d'offrir à leurs enfants un enseignement dans leur langue, à cause du manque de financement[110].

Il existe peu d'information accessible sur les langues métisses au sein du système scolaire. Comme l'a précisé le Ralliement national des Métis dans sa présentation devant la Table ronde Canada-Autochtones sur l'apprentissage continu, les enfants métis sont victimes d'un conflit de compétence entre le fédéral et les gouvernements provinciaux. En vertu des ententes présentement en vigueur entre le fédéral et le provincial, aucun des deux ordres de gouvernement n'est tenu de prendre en considération les besoins des collectivités métisses ou de rendre des comptes à ces populations[111]. Ainsi, on peut s'attendre à ce que les Métis éprouvent les mêmes difficultés que les Premières nations et les Inuits en ce qui a trait à l'accessibilité des programmes de langue. Toutefois, les Métis ont exprimé la ferme intention de travailler en collaboration avec les écoles de la province pour améliorer la situation, et ils sont intéressés à mettre en place des écoles pilotes de la maternelle à la 3e année dans certaines collectivités métisses, sous la surveillance des autorités métisses responsables de l'éducation au sein de ces collectivités[112].

Dans le cas des Premières nations, les personnes qui vivent dans les réserves reçoivent un financement en vertu d'ententes sur les frais de scolarité conclues avec le ministère des Affaires indiennes et du Nord canadien (MAINC). Toutefois, ce mode de financement ne prévoit pas de ressources précises pour l'enseignement des langues. Ce dernier fait plutôt partie d'un ensemble d'activités pédagogiques possibles. Par conséquent, les responsables de l'enseignement des langues doivent entrer en concurrence, pour l'attribution des fonds, avec d'autres services cruciaux, notamment les programmes visant les personnes qui présentent des besoins spéciaux et les services d'orientation[113].

Les mêmes problèmes existent dans la sphère fédérale de compétence, par rapport aux 496 écoles des Premières nations situées dans des réserves. Le MAINC attribue un financement global aux écoles sans prévoir qu'une partie des fonds doit aller à l'enseignement des langues et cultures. Ainsi, les Premières nations sont obligées de choisir entre les programmes de langue ou les services urgents comme l'aide à l'apprentissage. Ils s'agit d'un problème important, dans la mesure où 71 576 élèves – c'est-à-dire environ 60 % des enfants des Premières nations, dont le MAINC a la responsabilité en vertu de la *Loi sur les Indiens* – sont inscrits dans des écoles des Premières nations.

La vérificatrice générale a critiqué, dans ses rapports de 2000 et de 2004, le fait que le Canada n'assume pas sa responsabilité en ce qui a trait à l'éducation des Premières nations[114]. Le gouvernement fédéral a récemment reconnu certaines lacunes dans le soutien du MAINC aux écoles des Premières nations, dans le document qu'il a présenté devant la Table ronde Canada-Autochtones sur l'apprentissage continu :

> [Au] début des années 1970, [le MAINC] a dévolu la responsabilité et le contrôle de l'administration journalière de l'enseignement primaire et secondaire dans les réserves aux Premières nations. Ce transfert de responsabilité n'a pas été accompagné du soutien nécessaire à l'établissement de structures régionales afin de soutenir les écoles situées dans les collectivités des Premières nations. Par conséquent, les écoles gérées par les bandes fonctionnent, en général, sans les mécanismes de soutien offerts aux autres fournisseurs canadiens de services d'éducation, par l'entremise des ministères provinciaux de l'Éducation et des commissions scolaires[115].

Les Premières nations, leurs commissions scolaires et l'APN tentent de régler ces questions. Dans une étude récemment parrainée par les Premières nations, on

---

110 Inuit Tapiriit Kanatami, *Document d'information sur les Inuits et l'éducation*, document de travail pour les séances de suivi sectoriel sur l'apprentissage continu, octobre 2004, Ottawa.

111 Ralliement national des Métis, document d'information préparé pour la Table ronde Canada-Autochtones sur l'apprentissage continu – 2004, http://www.aboriginalroundtable.ca/sect/lrng/index_f.html.

112 *Ibid.*

113 Dans le budget fédéral de 2005-2006, on prévoyait un financement accru de l'enseignement visant les personnes qui présentent des besoins spéciaux; ainsi, le problème soulevé ici a été atténué dans une certaine mesure.

114 Vérificateur général, *Affaires indiennes et du Nord Canada – l'enseignement primaire et secondaire, chapitre 4, Rapport du vérificateur général du Canada à la Chambre des communes*, avril 2000 (Ottawa, ministère des Travaux publics et des Services gouvernementaux du Canada, 2004); Affaires indiennes et du Nord Canada – le Programme d'enseignement et l'aide aux étudiants de niveau postsecondaire, chapitre 5, *Rapport du vérificateur général du Canada à la Chambre des communes*, 2004 (Ottawa, ministère des Travaux publics et des Services gouvernementaux du Canada, 2004).

115 Canada, Ministère des Affaires indiennes et du Nord canadien, *document de travail de la Table ronde Canada-Autochtones sur l'apprentissage continu* (2004), http://www.aboriginalroundtable.ca/sect/lrng/bckpr/goc_bgpr_f.html.

propose que le Canada résolve les problèmes liés à l'insuffisance des ressources en créant une fondation :

> ...[que] le ministre, en pleine collaboration avec les Premières nations, élabore un projet de loi reconnaissant les langues des Premières nations comme les premières langues du Canada et, de plus, qu'il crée une fondation dotée qui veillera à ce que des ressources suffisantes soient consacrées au niveau communautaire à la prestation de programmes d'enseignement de qualité des langues et des cultures des Premières nations pour tous les élèves, autochtones et non autochtones. Cela comprendrait, à tout le moins :
> - la formation des enseignants et
> - des méthodes d'enseignement, des textes, des fonds, des édifices, du matériel et de la technologie traditionnelle et novatrice appropriés[116].

Nous appuyons les recommandations du Groupe de travail national du Ministre sur l'éducation. Nous formulons toutefois une mise en garde : le financement accordé par le gouvernement fédéral à une fondation de ce type ne devrait pas éloigner le MAINC de sa responsabilité de financer l'éducation des Premières nations, des Inuits et des Métis de la même façon que celle des autres enfants canadiens – responsabilité qu'il doit assumer en vertu des dispositions, de l'esprit et de l'objectif des traités et de la *Loi sur les Indiens*. Bien que l'objectif avoué du MAINC soit la parité avec les écoles financées à l'échelon provincial, les niveaux réels de financement des écoles des Premières nations révèlent qu'on est très loin du but. Selon le comité directeur de l'éducation des Premières nations en Colombie-Britannique, il faut accroître considérablement les niveaux de financement si on désire atteindre l'objectif fixé :

> Selon les fonds attribués en 1999 à une école élémentaire/secondaire de premier cycle de 100 élèves (...) on a calculé que le financement provincial s'élevait à 1 129 152 $, tandis que le MAINC avait fourni 663 517 $, c'est-à-dire 41 % de moins que le gouvernement provincial. Dans une étude plus récente (...) portant sur 88 écoles de bandes en Colombie-Britannique, on a conclu qu'il faudrait augmenter de 34 % le financement fourni par le MAINC pour égaler les sommes que les districts scolaires locaux auraient fournies pour l'année scolaire 2002-2003. Bien que la disparité du financement semble se résorber lentement, les fonds consentis par le gouvernement fédéral aux écoles de bandes demeurent très inférieurs à ceux des gouvernements provinciaux.
>
> En tenant pour acquis que des écarts similaires existent dans d'autres provinces, le gouvernement fédéral pourrait, par l'entremise du MAINC, fournir environ 75 % seulement du financement consenti pour l'éducation par les provinces[117].

Un financement fédéral direct plus équitable permettrait aux écoles des Premières nations de mieux s'outiller pour offrir des programmes complets axés sur les langues et cultures.

Recommandation 12 : Financement équitable des écoles des Premières nations

> **Le Groupe de travail recommande que le ministère des Affaires indiennes et du Nord canadien finance les écoles des Premières nations conformément aux normes et au niveau de financement établis par les ministères de l'Éducation dans les ententes-cadres sur les frais de scolarité.**

Le rôle de la collectivité dans l'enseignement de la langue

Nous croyons que le Canada, au même titre que les provinces et territoires, peut et doit offrir le soutien nécessaire aux Premières nations, aux Inuits et aux Métis afin que l'on puisse offrir un enseignement de qualité à nos jeunes et à nos enfants et que l'on commence à assurer le renouvellement des langues autochtones en faisant en sorte qu'elles retrouvent la place qui leur revient dans la vie de nos enfants. En outre, nous considérons les collectivités des Premières nations, des Inuits et des Métis comme des participants dynamiques à part entière au processus qui vise à améliorer l'enseignement des langues au sein du système scolaire et à stimuler l'intérêt des enfants et des jeunes pour leur propre langue.

---

116 Groupe de travail national du Ministre sur l'éducation, *Nos enfants – gardiens du savoir sacré, Rapport final du Groupe de travail national du Ministre sur l'éducation* (Ottawa, MAINC, décembre 2002), p. 19.

117 Bill Postl, *First Nations Schools/Provincial Schools Funding Analysis: 2002/2003 School Year* (Vancouver, First Nations Education Steering Committee, janvier 2004), cité dans *Moving Forward: National Policy Roundtable on Aboriginal Education*, http://www.saee.ca/movingforward/supportD1.html.

Le soutien des adultes et des parents est essentiel pour que les programmes d'enseignement des langues à l'école puissent jouer un rôle dans la revitalisation des langues. Selon M. Fishman, il faut que les jeunes adultes en âge d'avoir des enfants connaissent la langue de leurs ancêtres et la transmettent à leurs enfants afin que ces derniers puissent communiquer dans leur langue maternelle au moment où ils entrent à l'école. De plus, les enfants doivent être exposés à leur langue à l'extérieur de l'école pour qu'elle continue d'être pertinente et précieuse à leurs yeux[118].

De toute évidence, il est essentiel que les leçons apprises à l'école deviennent partie intégrante de la vie communautaire et familiale. Autrement, l'enseignement de la langue risque de se faire en vase clos et de rester étranger à la vie de la collectivité, ce qui profiterait très peu à la revitalisation de la langue à long terme.

L'enseignement de la langue, que ce soit à l'école ou dans la collectivité, ne peut réussir sans le soutien des Aînés et des membres de la collectivité. Dans une étude sur les programmes de langue, Mme Battiste révèle que les programmes fructueux d'enseignement des langues à l'école supposent la mise en place d'activités au sein même de la collectivité, ainsi que la participation active des membres de la collectivité à la planification, l'organisation et la mise en œuvre des programmes. Les programmes qui supposent la participation de la collectivité et des parents, et qui donnent des résultats probants, misent sur l'élargissement de l'expérience pédagogique en dehors de l'école, c'est-à-dire dans la vie quotidienne des élèves[119]. Comme nous l'avons déjà mentionné, les programmes communautaires axés sur les langues constitueront une composante importante de la stratégie à long terme de revitalisation des langues.

Enseignement de la langue dans les établissements correctionnels

Relativement à l'enseignement de la langue, il faut aussi aborder la surreprésentation des Premières nations, des Inuits et des Métis dans les établissements correctionnels du Canada. Depuis 1967, de nombreux rapports et études ont documenté cette surreprésentation massive des Premières nations, des Inuits et des Métis au sein du système juridique canadien[120]. Bon nombre de ces rapports sont examinés et résumés par la Commission royale sur les peuples autochtones dans le document *Par-delà les divisions culturelles : un rapport sur les Autochtones et la justice pénale au Canada*, publié en 1996.

En se fondant sur ces rapports et sur d'autres données probantes, la Commission royale a conclu que le système juridique avait échoué dans le cas des Premières nations, des Inuits et des Métis, et qu'apparemment on n'allait pas remédier rapidement à la situation[121]. L'examen des causes de la surreprésentation des Autochtones au sein du système judiciaire, à toutes les étapes, c'est-à-dire du contact initial avec la police à l'incarcération et à la mise en liberté sous conditions, a permis à la Commission royale de dégager trois raisons expliquant le nombre disproportionné d'Autochtones qui ont des problèmes avec la justice pénale[122].

La première raison dégagée est liée au caractère inapproprié, sur le plan culturel, des principaux processus judiciaires visant les Premières nations, les Inuits et les Métis, puisque selon leurs propres approches des comportements criminels, ils ont tendance à privilégier la réinsertion sociale et la guérison plutôt que la punition et l'isolement social. Par conséquent, les Premières nations, les Inuits et les Métis sont aliénés par un système qui leur paraît souvent étranger et oppressant et qui inspire peur et confusion tout en étant pratiquement dépourvu de sens.

La deuxième raison expliquant la surreprésentation des Autochtones au sein du système pénal est liée à des enjeux sociaux et économiques : la marginalisation des Premières nations, des Inuits et des Métis les place inévitablement dans une situation désavantageuse par rapport à l'ensemble de la société canadienne. La prétendue neutralité du système judiciaire suppose souvent la discrimination à l'égard des Premières nations, des Inuits et des Métis dans la mesure où on applique des lois qui ont des répercussions néfastes sur les personnes de peu de moyens dans une société où l'écrasante majorité fait partie de la classe moyenne. De façon générale, la pauvreté des Premières nations, des Inuits et des Métis leur vaut une attention disproportionnée de la part de la police, les empêche de payer leurs amendes ou de respecter les critères de

118 Joshua Fishman, *Can Threatened Languages be Saved? Reversing Language Shift Revisited: A 21st Century Perspective* (Clevedon, U.K., Multilingual Matters, 2000), p. 15.

119 Marie Battiste, document inédit préparé pour le Groupe de travail sur les langues et cultures autochtones (2004).

120 Selon les chiffres fournis au Groupe de travail par le Service correctionnel du Canada, les membres des Premières nations, les Inuits et les Métis constituent presque 20 % des détenus incarcérés dans des établissements fédéraux, malgré qu'ils constituent moins de 3 % de la population canadienne. Pour obtenir d'autres statistiques sur les Premières nations, les Inuits et les Métis incarcérés, visitez le site Internet du Service correctionnel, au www.csc-scc.gc.ca.

121 Canada, Commission royale sur les peuples autochtones, *Par-delà les divisions culturelles : un rapport sur les Autochtones et la justice pénale au Canada* (Ottawa, ministre de l'Approvisionnement et des Services, 1996), p. 26-7.

122 *Ibid.*, p. 39–53.

stabilité sociale exigés pour la mise en liberté sous caution, ce qui crée des conditions qui les prédisposent à la détention provisoire et à l'incarcération à répétition. Comme l'a affirmé la Commission royale, les Autochtones vont en prison parce qu'ils sont pauvres[123].

La troisième raison repérée par la Commission royale est liée au processus de colonisation qui a rendu les Premières nations, les Inuits et les Métis « plus pauvres que pauvres » [124]. La désintégration sociale des collectivités autochtones, à cause de la restriction de l'accès au territoire traditionnel, de l'interdiction des pratiques spirituelles, du bousillage des gouvernements traditionnels et des institutions communautaires, du retrait des enfants de leur foyer et de leur collectivité et du dénigrement général des langues et cultures des Premières nations, des Inuits et des Métis, a inévitablement engendré à divers degrés un désordre social qui alimente le cycle de la pauvreté, de l'impuissance et de la criminalité.

Sous ce rapport, de nombreux Autochtones ont décrit à la Commission en quoi leur placement dans des familles d'accueil non autochtones – où tout contact avec leur famille, leur langue et leur culture était interdit – et leur expérience subséquente dans des établissements de détention pour jeunes ont pratiquement garanti leur éventuelle incarcération dans un établissement correctionnel fédéral[125]. Toutefois, les membres des Premières nations, les Inuits et les Métis incarcérés dans des établissements fédéraux abordent parfois leur situation en cernant les facteurs qui les ont éloignés de leur famille, de leur collectivité et de leurs valeurs spirituelles pour effectuer un retour vers les valeurs sociales et les traditions spirituelles de leur peuple.

Ce processus a beaucoup ravivé l'intérêt des détenus pour la collaboration avec les Aînés et d'autres personnes-ressources dans le but de remédier aux effets découlant de l'aliénation vécue à l'égard de leurs propres familles, collectivités et nations. Le gouvernement fédéral a tenté d'accueillir l'initiative des détenus en accordant à la spiritualité et aux dirigeants spirituels et aux Aînés le même statut et le même respect, au sein du système correctionnel, qu'aux autres religions et dirigeants religieux. Le gouvernement a aussi officiellement autorisé le Service correctionnel du Canada à offrir des programmes spirituels et à inciter les collectivités locales des Premières nations, des Inuits et des Métis à contribuer aux efforts déployés, au titre des articles suivants de la *Loi sur le système correctionnel et la mise en liberté sous condition* :

80. Dans le cadre de l'obligation qui lui est imposée par l'article 76, le Service doit offrir des programmes adaptés aux besoins des délinquants autochtones.

81. (1) Le ministre ou son délégué peut conclure avec une collectivité autochtone un accord prévoyant la prestation de services correctionnels aux délinquants autochtones et le paiement par lui de leurs coûts.

(3) En vertu de l'accord, le commissaire peut, avec le consentement des deux parties, confier le soin et la garde d'un délinquant à une collectivité autochtone [...]

83. (1) Il est entendu que la spiritualité autochtone et les chefs spirituels ou aînés autochtones sont respectivement traités à égalité de statut avec toute autre religion et chef religieux.

(2) Le Service prend toutes mesures utiles pour offrir aux détenus les services d'un chef spirituel ou d'un aîné [...]

84. Avec le consentement du détenu qui sollicite la libération conditionnelle dans une collectivité autochtone, le Service donne à celle-ci [...]

(b) la possibilité de soumettre un plan pour la libération du détenu et son intégration au sein de cette collectivité.

À cause de ces dispositions, d'autres dispositions connexes et du fait que les programmes correctionnels réguliers ne fonctionnent pas toujours pour les membres des Premières nations, les Inuits et les Métis, la plupart des établissements correctionnels fédéraux offrent divers programmes animés par des Aînés ou d'autres conseillers spirituels membres des Premières nations, inuits ou métis. Par exemple, en vertu de l'article 81, on a mis en place plusieurs pavillons de ressourcement dans l'Ouest du Canada. Ces pavillons constituent une solution de rechange aux établissements correctionnels habituels. Ils sont dirigés par des collectivités autochtones et mettent

123 *Ibid.*, p. 43.

124 *Ibid.*, p. 46.

125 *Ibid.*, p. 129.

en pratique des enseignements et des méthodes traditionnelles de guérison des délinquants, avec l'aide des membres des Premières nations, des Inuits et des Métis qui constituent le personnel[126].

En vertu de l'article 84, un certain nombre d'établissements à sécurité minimale dirigés par le Service correctionnel du Canada en collaboration avec les collectivités autochtones ont été construits à proximité des collectivités en question afin que les personnes incarcérées puissent réintégrer graduellement la vie sociale de la collectivité[127]. De plus, même dans les établissements entièrement dirigés par le Service correctionnel du Canada, on a mis en place des unités de cheminement autochtone qui peuvent accueillir des ailes entières de détenus des Premières nations, Inuits ou Métis. Dans ces unités, les délinquants ont régulièrement accès à des Aînés et peuvent organiser des cérémonies de suries et d'autres pratiques traditionnelles[128]. Toutefois, à ce jour, il n'y a pas eu de tentative systématique de fournir une formation linguistique aux membres des Premières nations, aux Inuits et aux Métis incarcérés afin de leur permettre de vivre leurs propres traditions pleinement. Comme nous l'avons déjà mentionné, et comme les Aînés et les autres personnes que nous avons consultées nous l'ont confirmé, la faculté de parler la langue de ses ancêtres est un cadeau qui permet au descendant de participer pleinement aux cérémonies sacrées et aux traditions spirituelles de son propre peuple.

Nous exhortons le Service correctionnel du Canada à prendre les mesures qui s'imposent pour financer la formation linguistique dans l'ensemble des établissements correctionnels fédéraux. Idéalement, ce processus supposerait que l'on établisse une entente avec les collectivités de Premières nations, d'Inuits et de Métis à proximité des établissements au sein desquelles on retrouve des locuteurs et des enseignants compétents; il faudrait aussi former des personnes incarcérées qui parlent déjà la langue et pourraient l'enseigner. Si ce type de démarche n'est pas possible, on pourra opter pour une autre solution, peut-être moins idéale, c'est-à-dire fournir aux personnes concernées des outils qui permettent l'apprentissage d'une langue à distance, grâce à l'Internet ou à d'autres technologies, et du matériel pédagogique sous forme de livres et de cassettes.

Recommandation 13 : Enseignement de la langue dans les établissements correctionnels

Le Groupe de travail recommande que le ministre de la Sécurité publique et de la Protection civile et le commissaire du Service correctionnel du Canada s'appuient sur les pouvoirs qui leur sont conférés par la *Loi sur le système correctionnel et la mise en liberté sous condition* afin d'assurer le financement fédéral des programmes de langue et d'améliorer les programmes culturels offerts aux membres des Premières nations, aux Inuits et aux Métis détenus dans les établissements correctionnels fédéraux.

Formation des professeurs de langue

La mise en place de programmes d'enseignement des langues suppose la formation d'enseignants compétents et le choix d'une pédagogie appropriée sur les plans linguistique et culturel. Dans le cadre des consultations que nous avons réalisées, beaucoup de participants ont demandé que l'on investisse davantage dans la formation des enseignants, notamment en vue des programmes d'immersion. Nous croyons non seulement que cette demande est légitime, mais qu'il faut y répondre de toute urgence. Il faut former des enseignants pour les cours de langue seconde, les programmes de bilinguisme et d'immersion et les matières essentielles. Les professeurs de langue devront également jouer un rôle clé dans les programmes communautaires de langue, qui constituent une composante importante de la stratégie de revitalisation des langues. À l'occasion des consultations, bon nombre d'enseignants ont également souligné la nécessité d'offrir une formation spécialisée aux professeurs de langue, notamment des diplômes de premier cycle et d'études supérieures en enseignement des langues des Premières nations, des Inuits et des Métis. Nous sommes d'avis qu'il faut inciter les étudiants du postsecondaire à acquérir une bonne maîtrise de leur langue, et qu'il faut exhorter le

126 Les pavillons de ressourcement sont des établissements à sécurité minimale conçus et contrôlés en partenariat avec une collectivité précise de Premières nations, d'Inuits ou de Métis. Le transfèrement d'un détenu vers un pavillon de ressourcement suppose habituellement que le détenu a obtenu la cote requise pour séjourner dans un établissement à sécurité minimale et s'engage à suivre le chemin de la guérison des Premières nations, des Inuits et des Métis. L'approche préconisée repose sur une philosophie holistique, selon laquelle le cheminement individuel se déroule dans un contexte d'interaction communautaire, où on met l'accent sur la préparation à la remise en liberté. Dans les pavillons de ressourcement, la démarche de guérison est axée sur la richesse spirituelle et la valeur de l'expérience de vie des membres du personnel, qui agissent comme mentors.

127 Le Service correctionnel du Canada (SCS) a informé le Groupe de travail que les agents de développement auprès de la collectivité autochtone du SCS ont communiqué avec environ 165 collectivités des Premières nations, d'Inuits et de Métis et 93 organisations et comités de Première nation, d'Inuits et de Métis relativement à cette initiative. La première année, on a élaboré 12 plans de libération en collaboration avec une collectivité autochtone; ce chiffre est passé à 187 en 2003-2004. Du nombre, 65 plans de libération se sont concrétisés en zone urbaine.

128 Les Aînés et les agents de liaison sont au cœur des unités de cheminement, qu'ils sont appelés à structurer, et les délinquants doivent s'engager à travailler avec les Aînés et le personnel et à suivre la voie de la guérison pour demeurer au sein de l'unité.

gouvernement fédéral à fournir aux Premières nations, aux Inuits et aux Métis un soutien financier équivalent à celui qui est offert par l'entremise des programmes de formation linguistique Odyssée et Explore, qui visent les jeunes[129].

Recommandation 14 : Possibilités de formation pour les étudiants de niveau postsecondaire

> **Le Groupe de travail recommande que le Canada et le Conseil des ministres de l'Éducation (Canada) conçoivent, dans le cadre de leur plan d'action pour l'éducation des Autochtones, un programme visant à encourager les étudiants de niveau universitaire issus d'une Première nation ou d'une collectivité inuite ou métisse qui envisagent une carrière dans l'enseignement, particulièrement dans l'enseignement des langues, à maîtriser leurs langues en participant à un programme d'apprentissage ou à un autre type d'enseignement de la culture dans leur collectivité. Il recommande en particulier que les bourses d'été ou les programmes d'emploi soient offerts conformément aux mécanismes d'administration des programmes de formation linguistique offerts aux jeunes francophones et anglophones.**

À l'échelle du Canada, un certain nombre de programmes de formation des enseignants sont déjà en place, tandis que d'autres sont en cours d'élaboration. Toutefois, il est clair que le besoin pressant de professeurs formés pour enseigner les langues des Premières nations, des Métis et des Inuits demeure : à notre avis, aucune solution pertinente n'a été proposée. Nous reconnaissons les efforts déployés depuis un certain temps pour accroître le nombre d'enseignants issus des collectivités des Premières nations, des Inuits et des Métis. En outre, les ministres canadiens de l'éducation ont récemment annoncé la mise en œuvre d'un plan d'action axé sur l'éducation des Premières nations, des Inuits et des Métis, la formation et le recrutement d'enseignants, en collaboration avec des représentants et des intervenants appartenant aux Premières nations ou aux collectivités inuites ou métisses[130].

Il y a huit ans, la Commission royale sur les peuples autochtones faisait état, dans son rapport final, de la nécessité de former des enseignants chez les Premières nations, les Inuits et les Métis, et formulait bon nombre de recommandations spécifiques à cet égard :

3.5.15 La Commission recommande que les gouvernements canadiens, les autorités scolaires autochtones, les établissements secondaires, et les programmes de formation des maîtres adoptent des stratégies multiples pour augmenter sensiblement le nombre d'Autochtones dans l'enseignement secondaire, en prenant notamment les mesures suivantes :
(a) la promotion des carrières dans l'enseignement secondaire pour les Autochtones;
(b) l'accès accru à la formation professionnelle en vue de l'enseignement secondaire, par exemple des cours donnés au niveau communautaire et des programmes de facilitation correspondants;
(c) des mesures d'encouragement financier aux étudiants.

3.5.16 La Commission recommande que les gouvernements fédéral, provinciaux et territoriaux apportent un soutien afin d'augmenter le nombre d'autochtones qui reçoivent une formation de maîtres
(a) en augmentant le nombre des programmes de formation des maîtres fournis directement dans les collectivités;
(b) en s'assurant que les étudiants de chaque province et territoire ont accès à ces programmes.

3.5.17 La Commission recommande que les programmes de formation des maîtres, en collaboration avec les organisations autochtones et les organismes gouvernementaux qui parrainent la formation professionnelle et paraprofessionnelle, adoptent une approche globale de la formation des éducateurs, en élaborant des plans de carrière depuis la formation des paraprofessionnels jusqu'à la reconnaissance professionnelle dans les carrières de l'éducation :
(a) qui préparent les étudiants autochtones aux divers rôles requis pour assurer le fonctionnement des système d'éducation autochtones;

[129] Pour obtenir de plus amples renseignements sur les programmes Odyssée et Explore, visitez la page http://www.pch.gc.ca/progs/lo-ol/be/index_f.cfm.

[130] Communiqué du Conseil des ministres de l'Éducation, 8 mars 2005, http://www.cmec.ca/releases/press.fr.stm?id=25

(b) qui offrent des possibilités de carrière dans les systèmes d'éducation provinciaux.

3.5.18 La Commission recommande que les provinces et les territoires exigent que les programmes de formation des maîtres :
(a) dans la formation préalable à la reconnaissance professionnelle, comprennent au moins une composante portant sur l'enseignement de matières autochtones, tant aux autochtones qu'aux non-autochtones;
(b) offrent des options de formation préalable et de perfectionnement professionnel des maîtres axées sur l'enseignement aux étudiants autochtones et sur les problèmes d'éducation des autochtones;
(c) collaborent avec les représentants des organisations ou des collectivités autochtones pour élaborer les composantes spécifiquement autochtones de leurs programmes.

Nous sommes d'avis qu'un examen de la formation des enseignants devrait aborder les progrès accomplis au regard de la mise en œuvre des recommandations reproduites ci-dessus. Toutefois, nous croyons que l'examen devrait avoir une portée encore plus large afin d'inclure les composantes suivantes :

- *Recrutement et maintien en poste des enseignants et des professeurs de langue chez les Premières nations, les Inuits et les Métis* – Nous sommes conscients de la situation désavantageuse des écoles des Premières nations en ce qui a trait au recrutement des enseignants, dans la mesure où le salaire et les avantages offerts, la sécurité d'emploi et les conditions de travail ne sont généralement pas les mêmes que dans le système public. Nous avons aussi entendu des éducateurs déplorer le fait que les professeurs de langue ne reçoivent pas, dans bien des cas, un soutien suffisant de la part des systèmes scolaires provinciaux et territoriaux.
- *Les rôles que joueront les établissements postsecondaires des Premières nations, des Inuits et des Métis dans la formation des enseignants est particulièrement des professeurs de langue* – En ce qui a trait à la formation des professeurs de langue qui enseigneront dans un contexte d'immersion, nous estimons que la pédagogie et les établissements d'enseignement postsecondaires des Premières nations, des Inuits et des Métis devront jouer un rôle central.

Recommandation 15 : Formation des professeurs de langue

Le Groupe de travail recommande que les organismes des Premières nations, des Inuits et des Métis et le Conseil des ministres de l'Éducation (Canada) fassent le point sur les projets en matière de formation des professeurs et des professeurs de langues membres d'une Première nation ou d'une collectivité inuite ou métisse en ce qui concerne le recrutement et le maintien en poste. Il recommande en outre que, dans le cadre de cet examen, on évalue le rôle que peuvent jouer les établissements d'enseignement postsecondaire des Premières nations, des Inuits et des Métis par rapport à la formation des professeurs des programmes d'immersion linguistique.

Recommandation no 16 : Établissements d'enseignement postsecondaire des Premières nations, des Inuits et des Métis

Le Groupe de travail recommande que le ministère des Affaires indiennes et du Nord canadien fournisse des ressources supplémentaires aux établissements des Premières nations, des Inuits et des Métis, de niveau postsecondaire ou autres, de façon à ce qu'ils puissent créer des programmes de formation de professeurs de langues et, plus spécifiquement, de professeurs d'immersion linguistique.

PARTIE VIII :
UNE ORGANISATION LINGUISTIQUE NATIONALE

Quand on touche à la Terre, on touche au peuple, et quand on touche au peuple, on touche à la Terre. Le Créateur nous a donné tout ce dont nous avions besoin : la forêt, les gens, les animaux et tout ce qui croît. Il nous a donné aussi le plus important, la langue — c'est pourquoi il est impératif que nous en prenions soin.

PARTIE VIII : Une organisation linguistique nationale

Selon notre mandat, nous devions évaluer les diverses structures de gouvernance et de gestion financière permettant de soutenir les activités de revitalisation, de préservation et de maintien des langues. Dans la présente section, nous analysons la manière dont un Conseil des langues et des cultures (CLC) pourrait diriger la planification et l'administration d'une stratégie nationale à long terme. Nous discutons aussi de la façon dont nous envisageons la vision, l'énoncé de mission, le mandat, la structure organisationnelle et les principes de fonctionnement de cet organe. Nous analysons enfin la question des finances et nous donnons notre opinion sur la création d'un fonds de dotation.

Pour déterminer la structure que pouvait adopter une organisation linguistique nationale, nous avons tenu compte des opinions exprimées par les membres des collectivités, du Cercle d'experts et des organismes nationaux. Nous avons aussi tenu compte des caractéristiques, des intérêts et des besoins uniques et particuliers des peuples des Premières nations, des Inuits et des Métis, sans oublier qu'il était important de mettre en place une organisation responsable et transparente. Nous sommes aussi conscients des autres travaux que récessite l'élaboration d'une stratégie nationale à long terme. Il sera particulièrement important de discuter avec les représentants de tous les ministères, notamment le ministère des Affaires indiennes et du Nord canadien, et avec ceux des provinces et des territoires, de façon à ce que les activités de protection, de promotion et de revitalisation des langues des Premières nations, des Inuits et des Métis soient concertées. C'est pourquoi nous recommandons que le CLC poursuive le travail que le Groupe de travail n'a pas été en mesure de terminer dans les délais imparti.

Conseil des langues et des cultures

Recommandation 17 : Une organisation linguistique nationale

> **Le Groupe de travail recommande la création d'un organisme permanent formé de représentants des Premières nations, des Inuits et des Métis, le Conseil des langues et des cultures (CLC).**

Principes

Les principes suivants doivent orienter l'élaboration et la mise en œuvre du CLC.

- Il y aura égalité pour tous les groupes linguistiques et communautaires.
- Chaque région déterminera les priorités en consultation avec les collectivités linguistiques.
- Le CLC sera géré de manière transparente et responsable sur le plan financier et rendra compte aux gouvernements du Canada, des Premières nations, des Inuits et des Métis.
- Les Aînés seront reconnus à leur juste valeur et rémunérés de façon équitable pour leur expertise et leurs connaissances traditionnelles.

Les langues et les pratiques et expressions culturelles des Premières nations, des Inuits et des Métis seront les fondements de la stratégie linguistique nationale du CLC. Les informations créées, réunies, enregistrées, interprétées ou publiées par le CLC seront conformes aux principes directeurs, selon lesquels il convient de traiter avec respect les connaissances des indigènes, des Premières nations, des Inuits et des Métis. Nous recommandons que le CLC se conforme au protocole et aux lignes directrices sur l'élaboration et la mise en œuvre de recherches portant sur les connaissances des Premières nations, des Inuits et des Métis (*Protocols and Guiding Principles for Conducting and for the Implementation of Research Using First Nation, Inuit and Métis Knowledge*)[131].

Vision

Les activités de revitalisation des langues des Premières nations, des Inuits et des Métis seront axées sur les enfants, centrées sur les Aînés et dirigées par les collectivités.

Énoncé de mission

Soutenir et défendre les mesures de préservation, de maintien et de revitalisation de nos langues et de nos cultures.

Mandat

Le mandat du CLC consiste à superviser la mise en œuvre et l'administration de la stratégie nationale visant la préservation, la revitalisation et la promotion des langues et des cultures des Premières nations, des Inuits et des Métis. Pour ce faire, il devra déterminer les priorités, les ressources, les orientations et les enjeux stratégiques, qu'ils soient immédiats ou à long terme. Il devra notamment :

1. Établir la structure opérationnelle d'un programme pour :

131 Voir l'annexe D. Le protocole est un long document qui n'a pas été reproduit en totalité. La partie que forme l'annexe D traite du mandat du CLC proposé et soutient l'analyse des connaissances traditionnelles. Les portions qui n'ont pas été reproduites traitent de questions de programmation, moins pertinentes à notre propos.

(a) affecter aux organismes nationaux des Premières nations, des Inuits et des Métis les fonds destinés à la préservation, à la revitalisation et à la promotion de leurs langues;

(b) soutenir l'élaboration de politiques et de stratégies, en s'appuyant sur des recherches, y compris :

  (i) offrir un soutien technique pour la réalisation d'une enquête de référence et d'une évaluation des besoins par les collectivités linguistiques des Premières nations, des Inuits et des Métis,

  (ii) collaborer avec les organismes communautaires, régionaux et nationaux à l'élaboration d'une stratégie nationale à long terme,

  (iii) appuyer la reconnaissance législative des langues des Premières nations, des Inuits et des Métis en définissant les recherches et les politiques nécessaires de concert avec les organismes communautaires, régionaux et nationaux,

(c) offrir un soutien financier et technique au moment de la création de centres d'échange et de communication régionaux qui rassembleront des informations concernant la préservation, la revitalisation et la promotion des langues et des cultures des Premières nations, des Inuits et des Métis, y compris :

  (i) diffuser des informations, notamment à propos des pratiques exemplaires, des programmes et des ressources,

  (ii) élaborer une stratégie de communication s'appuyant notamment sur les réseaux électroniques, les relations publiques, les bulletins d'information, un site Web et des conférences,

  (iii) soutenir la création d'une base de données nationale sur Internet grâce à laquelle les collectivités des Premières nations, des Inuits et des Métis pourront obtenir des informations et échanger des logiciels.

2. Poursuivre le travail entamé par le Groupe de travail sur les langues et les cultures autochtones, y compris consulter les représentants de différents ministères, afin d'examiner les approches efficaces et d'améliorer la coordination pour augmenter au maximum les répercussions des politiques et des programmes fédéraux en place qui soutiennent les langues et les cultures autochtones – incluant les liens avec l'autonomie gouvernementale et la revendication territoriale globale – ainsi que les ententes linguistiques territoriales.

3. Consulter les organismes et les gouvernements des provinces, y compris les ministères de l'Éducation, afin d'encourager la collaboration et de faire progresser le programme intégré de revitalisation des langues.

4. Présenter à la ministre responsable et aux intervenants des recommandations relatives à la planification et à l'administration du programme, y compris le financement et les critères d'évaluation.

5. Promouvoir la création d'un poste de commissaire aux langues national qui aura la responsabilité de surveiller la mise en œuvre de la stratégie nationale à long terme.

Structure

Le CLC doit être un organisme indépendant et apolitique dirigé par des membres des Premières nations, des Inuits et des Métis. Nous proposons que cette entité soit gouvernée par un conseil de représentants formé ainsi :

- six membres représentant les peuples des Premières nations;
- deux membres représentant les Inuits;
- deux membres représentant les Métis;
- un membre représentant un groupe dont la langue est menacée;
- deux Aînés (un homme et une femme) nommés d'office, par rotation, et représentant l'une des cultures des Premières nations, des Inuits et des Métis;
- un jeune représentant, par rotation, l'une des cultures des Premières nations, des Inuits et des Métis;
- un membre nommé d'office par le gouvernement fédéral.

Le Conseil désignera un président parmi ses membres. Le président restera en poste pendant quatre ans et n'aura pas droit de vote.

Chaque membre du Conseil (à l'exception du président) restera en poste pendant trois ans à partir de la date d'entrée en vigueur de la nomination. Les nominations se feront par tranches de façon à garantir la continuité et à conserver l'expérience au sein des membres du conseil. Si un membre est absent de trois réunions consécutives ou plus, sans justification, on considérera qu'il a quitté son poste. Si l'un des membres ne peut ou ne veut terminer son mandat, le CLC nommera un remplaçant pour la durée restante de son mandat.

Le mode de gouvernance et la structure organisationnelle doivent être définis plus en détail. Le Groupe de travail n'a pas pu remplir toutes les attributions qui faisaient partie de son mandat en raison, comme nous l'avons déjà mentionné, du délai serré et d'autres problèmes. Nous proposons que les membres du Groupe de travail constituent un conseil provisoire pour une année, de manière à pouvoir mettre à profit la mémoire et la sagesse collectives qu'ils ont accumulées et pour accélérer la planification détaillée de la structure de gouvernance du CLC.

Recommandation 18 : Création du CLC

> **Le Groupe de travail recommande que ses membres actuels soient nommés membres d'un conseil provisoire et qu'ils aient la responsabilité de mettre sur pied le CLC. Les membres du conseil provisoire seront nommés pour une année et seront chargés des tâches suivantes :**
> - **parachever la structure de gouvernance du CLC;**
> - **élaborer un plan stratégique sur trois ans;**
> - **mettre en place la structure opérationnelle en préparant les budgets d'exploitation, en cernant les besoins en dotation et en embauchant du personnel;**
> - **négocier le transfert des fonds réservés aux langues autochtones versés par Patrimoine canadien;**
> - **élaborer le mandat et superviser une étude de planification visant un centre d'échange sur les langues;**
> - **planifier et exécuter les recherches nécessaires pour la réalisation d'une enquête de référence et pour l'aménagement linguistique à l'échelle communautaire;**
> - **chercher des candidats pour les postes à combler au CLC;**
> - **dresser une liste des candidats retenus et fournir cette liste aux organismes nationaux des Premières nations, des Inuits et des Métis qui se chargeront de la sélection finale.**

Rôles et responsabilités

Pour être admis à titre de représentants au Conseil, les candidats devraient posséder les qualifications suivantes :

- expérience de l'aménagement linguistique, des programmes ou de l'enseignement des langues des Premières nations, des Inuits ou des Métis;
- connaissance des collectivités des Premières nations, des Inuits ou des Métis et de leurs structures gouvernementales;
- expérience de la gestion d'organismes sans but lucratif, de la gestion financière et de l'administration de programmes;
- maîtrise d'une langue des Premières nations, des Inuits ou des Métis (les candidats représentant une collectivité dont la langue est en voie de disparition doivent l'apprendre).

Le Conseil assumera les responsabilités et les rôles suivants :

- superviser l'élaboration, la mise en œuvre et la gestion de la stratégie linguistique nationale;
- en se fondant sur les priorités déterminées par les collectivités dans leurs plans linguistiques, cerner les priorités relatives aux mesures à prendre et aux plans à mettre en œuvre, et réagir en conséquence;
- élaborer et mettre en œuvre des processus de répartition des fonds qui accompagnent la stratégie, en se fondant sur les lignes directrices acceptées par les intervenants;
- cerner ou établir des liens à l'échelle nationale, provinciale ou territoriale, municipale et locale afin de soutenir la mise en œuvre de la stratégie linguistique nationale;
- cerner les processus gouvernementaux qui pourraient faciliter la réussite de la mise en œuvre de la stratégie linguistique nationale;
- faire la promotion des langues en les présentant comme une partie intégrante de l'identité des Canadiens, des peuples des Premières nations, des Inuits et des Métis;
- élaborer des cadres de reddition de comptes pour garantir la responsabilisation face aux programmes et aux finances;
- diffuser des informations et des communications portant sur la mise en œuvre et les résultats de la stratégie linguistique nationale afin de renseigner les collectivités des Premières nations, des Inuits et des Métis, le gouvernement et le grand public, y compris au moyen de bulletins publiés sur Internet;
- concevoir des méthodes d'évaluation efficaces, fondées sur des méthodes d'évaluation et de mesure sur plusieurs années, en visant la préservation, la revitalisation et la promotion des langues;
- partager avec les régions la responsabilité relative à l'exécution de ces évaluations;
- recevoir les rapports des organismes participants et fournir un rapport annuel aux leaders et aux collectivités des Premières nations, des Inuits et des Métis ainsi qu'au Canada afin de les renseigner sur les dépenses, les programmes financés par les organismes, les endroits où ces programmes sont en vigueur, les services et les résultats obtenus;
- mettre en place un processus de règlement des différends;
- élaborer et mettre en œuvre une politique sur les conflits d'intérêts et un code d'éthique.

Reddition de comptes

Il est à notre avis essentiel que le CLC s'engage à soutenir la réalisation des résultats liés aux mesures de reddition de comptes. L'évaluation de l'ILA indique qu'il faut utiliser des mesures d'évaluation afin de savoir si les projets atteignent leurs objectifs. À ce chapitre, on recommande de « créer des indicateurs de production et de résultats plus officiels et plus faciles à mesurer afin de faciliter les prochaines évaluations ». On doit s'attendre à ce que, pour presque tous les projets, les objectifs concernent une augmentation de la maîtrise de la langue ou du nombre de locuteurs.

Nous comprenons que cela peut entraîner des problèmes. Comme nous l'avons indiqué dans la partie V – « Situation actuelle » – on ne s'entend pas sur la définition de la compétence linguistique. C'est pourquoi l'évaluation se révélera difficile. Soulignons en outre que ce problème touche aussi le Programme des langues officielles dans l'enseignement, qui fournit un budget annuel d'environ 164 millions de dollars aux ministères de l'Éducation. Dans une évaluation récente de ce programme, on fait remarquer que :

> les consultations ont confirmé qu'il n'existe pas, à l'heure actuelle, d'outil qui permette de mesurer de façon cohérente à travers le pays la maîtrise de la langue seconde par les élèves à la fin de leur programme de langue seconde de base ou d'immersion. Si le Nouveau-Brunswick a un système d'évaluation de la capacité des élèves à la fin du cycle secondaire, il s'agit d'une situation largement exceptionnelle. La plupart des provinces et territoires n'évaluent pas le niveau de maîtrise de la langue seconde par leurs élèves à la fin de leurs études[132].

Avec la collaboration des régions et des collectivités, le CLC cherchera à surmonter le problème en établissant des mesures permettant de déterminer les résultats et en mettant au point des instruments efficaces pour l'évaluation des projets. Nous recommandons que le CLC mette en place un processus d'évaluation qui, au minimum, respectera les normes qui s'appliquent actuellement à l'entente de financement de l'ILA. Il faudra élaborer un ensemble clair d'objectifs et de résultats escomptés ainsi que des mécanismes de présentation de rapports et d'autres mesures d'évaluation en consultant les collectivités et les régions. De plus, le CLC devra consulter régulièrement les collectivités des Premières nations, des Inuits et des Métis pour garantir que les ressources sont utilisées et que les programmes soutiennent la réalisation des objectifs en matière d'aménagement linguistique. Dans le cadre de ce processus, le CLC doit créer des formulaires de demande de financement et des formulaires de rapport qui refléteront à la fois la diversité des points de vue et des besoins des collectivités et s'y adapteront, tout en permettant de recueillir des renseignements exacts et de fournir des informations utiles à la prise de décisions par les collectivités.

Finances

Dans la section suivante, nous analysons le financement de l'ILA et nous cherchons à déterminer le niveau de financement qui sera nécessaire, pendant la période de transition, jusqu'à ce qu'une stratégie nationale à long terme ait été mise au point. Nous présentons aussi les principes qui devraient s'appliquer au financement à long terme des programmes linguistiques des Premières nations, des Inuits et des Métis.

Situation actuelle : Initiative des langues autochtones

L'ILA a été créée en 1998 dans la foulée des engagements pris par le gouvernement fédéral et inscrits dans le document *Rassembler nos forces – Le plan d'action du Canada pour les questions autochtones* afin de préserver, de protéger et de revitaliser les langues autochtones. Les objectifs et les buts à long terme de l'ILA étaient d'augmenter le nombre de personnes qui parlent une langue autochtone, d'élargir les domaines dans lesquels des langues autochtones sont parlées et d'améliorer la transmission des langues autochtones d'une génération à l'autre.

Les objectifs immédiats de l'ILA sont les suivants :

- augmenter le nombre et la qualité des projets liés aux langues autochtones dans les collectivités autochtones;
- augmenter le nombre de collectivités qui participent à des activités associées aux langues autochtones;
- soutenir l'élaboration de stratégies à long terme visant à redynamiser et à préserver les langues autochtones;
- mettre l'accent sur un apprentissage précoce de la langue.

Le budget de 20 millions de dollars (5 millions de dollars par année) a été administré par l'Assemblée des Premières nations, le Ralliement national des Métis et l'Inuit Tapiriit Kanatami. Le financement est versé aux Premières nations selon une entente de contribution conclue avec l'Assemblée des Premières nations; de leur côté, les Métis

132 Prairie Research Associates Inc., *Évaluation du Programme des langues officielles dans l'enseignement*, ministère du Patrimoine canadien, Ottawa, 25 juin 2003, http://www.canadianheritage.gc.ca/progs/em-cr/eval/2003/2003_09/index_f.cfm?nav=0.

et les Inuits soumettent des propositions spécifiques. Dans l'évaluation de l'ILA, on indique ce qui suit[133]:

- Puisque la plupart des provinces (à l'exception de la Colombie-Britannique et du Québec) ne financent pas les langues autochtones, l'ILA est la seule source de financement visant l'aménagement linguistique, ainsi que la préservation et la revitalisation de la vaste majorité des langues des Premières nations, des Inuits et des Métis à laquelle ces collectivités ont accès.
- Compte tenu de la situation critique des langues des Premières nations, des Inuits et des Métis, le montant du financement est négligeable. C'est ce que confirme l'évaluation parallèle réalisée par la Confédération des Centres éducatifs et culturels des Premières nations (CCECPN), qui déclare qu'au cours de la première année de l'ILA, les collectivités de la Saskatchewan ont reçu 2 200 $ par année pour leurs programmes linguistiques[134].
- Même s'il est difficile de déterminer dans quelle mesure l'ILA a réalisé ses objectifs à long terme et augmenté le nombre de locuteurs d'une langue des Premières nations, des Inuits et des Métis en raison de l'absence de données de base et de paramètres, l'évaluation a permis de confirmer que les objectifs à court terme ont été réalisés, et que le nombre de programmes linguistiques a augmenté (1 200 programmes sur quatre ans).

Donc, même si on s'entend généralement sur la façon dont les fonds de l'ILA ont été administrés, on soulève les problèmes suivants :

- Puisque les collectivités ne reçoivent pas de financement avant février, elles doivent emprunter pour assurer l'exécution des projets ou dépenser, en deux mois, le budget annuel.
- Malgré le fait que les collectivités ont besoin d'un financement s'étendant sur plusieurs années pour réaliser des grands projets, le financement est versé à court terme et il vise en général des projets spécifiques.
- Comme on l'analyse dans le rapport de la CCECPN et comme l'illustre le résumé du financement (pièce 5), le budget de l'ILA n'est pas réparti également entre les régions.
- Il faudrait limiter les coûts administratifs, en particulier les coûts des trois organismes nationaux, de façon que les fonds ne soient pas réduits lorsqu'ils sont versés aux collectivités.
- Le financement des programmes visant une langue menacée ne doit pas être administré à l'échelle nationale par un seul organisme, mais doit être confié aux régions, mieux placées pour répondre aux besoins locaux.
- Les membres de Premières nations francophones se sont plaints de n'avoir pu recevoir de services en français et du fait que le comité d'examen des propositions ne compte aucun membre francophone.
- Les Autochtones vivant en milieu urbain n'ont pas un accès adéquat aux fonds de l'ILA.
- Les particuliers et les groupes non structurés n'ont pas, eux non plus, un accès adéquat aux fonds affectés par l'administration en place.

133 Consilium, *Évaluation de l'Initiative des langues autochtones – Rapport final*, ministère du Patrimoine canadien, Ottawa, 26 février 2003.

134 Site Web de la CCECPN : www.fnccec.com.

Pièce 5
Répartition du financement de l'ILA, 1998–1999 à 2001–2002

Répartition du financement de l'ILA ($)	1998–1999	1999–2000	2000–2001	2001–2002	Total
Premières nations					
Assemblée des Premières nations	110 250	222 000	214 500	184 500	731 250
État critique	628 425	1 265 400	1 222 650	1 051 650	4 168 125
Mi'kmaw Kina'matnewey	146 632,5	295 260	285 285	245 385	972 562,5
Assemblée des Premières nations du Nouveau-Brunswick et de l'Île-du-Prince-Édouard	146 632,5	295 260	285 285	245 385	972 562,5
Assemblée des Premières nations du Québec et du Labrador	146 632,5	295 260	285 285	245 385	972 562,5
Sweetgrass First Nations Language Council	146 632,5	295 260	285 285	245 385	972 562,5
Assemblée des chefs du Manitoba	146 632,5	295 260	285 285	245 385	972 562,5
Saskatchewan Indian Cultural Centre	146 632,5	295 260	285 285	245 385	972 562,5
Assemblée des Premières nations de l'Alberta	146 632,5	295 260	285 285	245 385	972 562,5
First Peoples Cultural Foundation	146 632,5	295 260	285 285	245 385	972 562,5
Conseil des Premières nations du Yukon	146 632,5	295 260	285 285	245 385	972 562,5
Nation dénée	146 632,5	295 260	285 285	245 385	972 562,5
Total ($)	**2 205 000**	**4 440 000**	**4 290 000**	**3 690 000**	**14 625 000**
Michif					
Ralliement national des Métis	60 000	57 000	55 000	47 000	219 000
Métis Nation of Saskatchewan	49 600	150 000	145 000	125 000	469 600
Métis Provincial Council of British Columbia	40 000	28 711	53 500	45 250	167 461
Métis Nation of Ontario	40 000	55 000	53 500	45 250	145 600
Métis Nation of Alberta	40 000	125 000	120 000	105 000	390 000
Fédération des Métis du Manitoba	64 000	150 000	145 000	175 000	534 000
Total ($)	**293 600**	**565 711**	**572 000**	**542 500**	**1 973 811**
Inuktitut					
Inuit Tapiriit Kanatami	63 000	70 000	70 000	70 000	273 000
Inuvialuit Regional Corporation	63 000	158 277	152 493	129 253	503 023
Kitimeot Inuit Association	8 372	0	0	99 755	108 127
Kivalliq Inuit Association	63 000	123 018	118 506	100 460	404 984
Centre culturel Torngasok	63 000	100 000	153 139	129 818	445 957
Institut culturel Avataq	63 000	121 300	116 851	99 056	400 207
Qikiqtani Inuit Association	63 000	0	0	109 658	172 658
Total ($)	**386 372**	**572 595**	**610 989**	**738 000**	**2 307 956**
Patrimoine canadien (Admin.)	60 000	80 000	280 000	80 000	500 000
Total annuel ($)	**2 944 972**	**5 658 306**	**5 752 989**	**5 050 500**	
Total ILA ($)					**19 406 767**

Sources : Rapports annuels et provisoires sur l'ILA recueillis auprès du Ministère du Patrimoine canadien, de l'Assemblée des Premières nations, du Ralliement national des Métis et d'Inuit Tapiriit Kanatami; consilium, *Évaluation de l'Initiative des langues autochtones – Rapport final*, ministère du Patrimoine canadien, Ottawa, 26 février 2003.

Remarques : Les cellules où figure le chiffre 0 révèlent que les groupes n'ont pas utilisé les fonds qui leur ont été affectés cette année-là. La différence entre le total de l'affectation des fonds illustré ci-dessus et le montant initial de 20 millions de dollars affecté est attribuable aux fonds de plus de 600 000 $ qui n'ont pas été utilisés par les organismes régionaux. Les fonds affectés à PCH pour l'exercice 2000-2001 correspondent aux coûts assumés pour l'agent de programme et l'évaluation du programme, dont le Ministère est responsable.

Parmi les recommandations concernant l'amélioration de l'administration de l'ILA, mentionnons les recommandations suivantes :

> L'ILA devrait continuer d'être axée sur les projets communautaires, mais offrir également des possibilités en matière de projets régionaux et nationaux, y compris de planification stratégique et de recherche linguistique à l'échelle communautaire, régionale et nationale; les projets extrêmement innovateurs; la mise en valeur du potentiel destinée au personnel régional et local; la création de ressources.
>
> Le ministère du Patrimoine canadien devrait prendre les devants pour ce qui est de la facilitation d'un dialogue à l'échelle nationale qui fasse progresser la revitalisation des langues autochtones. Des moyens de mieux coordonner les efforts et d'échanger l'information devraient être examinés. PCH devrait commencer par parrainer une conférence nationale sur les langues autochtones.
>
> Les améliorations apportées à l'administration et à l'exécution de l'ILA devraient comprendre :
>
> - des ententes de financement pluriannuelles qui permettent une meilleure planification;
> - l'assurance que les fonds relatifs au programme sont disponibles pour les groupes linguistiques autochtones qui n'y ont pas accès présentement;
> - l'analyse de systèmes de production de rapports faciles à utiliser et normalisés pour les projets, et de systèmes de cueillette et de consignation de données en ligne ou autres pour PCH et les organisations d'exécution de sorte que les demandes de financement, l'établissement de rapports et le suivi du rendement soient facilités;
> - la création de mesures de la production et des résultats concrets qui soient plus officielles afin de faciliter les prochaines évaluations, et plus de participation de la part de PCH et des organisations d'exécution en matière de suivi continu des projets;
> - la diffusion rapide de documentation sur le programme et d'information ciblée aux groupes identifiés qui n'ont pas accès présentement au programme;
> - un site Web qui diffuserait non seulement des renseignements sur le programme et les projets, mais qui recueillerait aussi des informations liées au programme et aux projets pour une base de données canadienne en ligne;
> - la recherche et la collecte de données de base sur les langues autochtones.

Au cours de l'exercice 2002-2003, une vérification de programme portant sur le rendement de l'ILA a permis de cerner un certain nombre de problèmes de gestion du programme ou de gestion financière. Mentionnons notamment les problèmes suivants[135] :

- Il manque de données de référence qui permettraient d'évaluer le rendement et la mesure dans laquelle les objectifs ont été atteints.
- Les renseignements fournis par les organismes de prestation de services aux fins de la prise de décisions étaient fréquemment incomplets ou fournis en retard, ou les deux.
- Certains organismes régionaux des Premières nations, assurant la prestation des services, n'ont pas respecté les exigences du programme ou ont eu de la difficulté à coordonner les projets, par exemple lorsqu'on a diminué leur financement et leurs ressources.
- Pour l'exercice 2002-2003, les coûts administratifs ont dépassé le plafond de 15 % du financement prévu dans les modalités du programme; pour l'Assemblée des premières nations (12,5 % à l'échelle nationale, 10 % à l'échelle régionale) et pour trois organismes métis, par exemple.

De plus, nous considérons que deux volets de l'administration du financement méritent un examen plus poussé. Premièrement, de nombreuses personnes se sont plaintes du fait que, en raison de la date choisie pour le versement des fonds, certains projets devaient dépenser en quelques semaines des fonds qui auraient dû être accessibles tout au long de l'année. De plus, les fonds réservés aux langues menacées n'ont pas été libérés, et en conséquence le programme a accumulé des surplus. Puisque la survie de nombreuses langues est gravement menacée, il faut prendre tous les moyens nécessaires pour corriger ces problèmes. Toutes les parties doivent mettre ces problèmes en tête de la liste de leurs priorités.

Deuxièmement, la répartition des fonds entre les régions ne tient pas suffisamment compte des écarts au chapitre de la population et de la situation des langues des Premières nations. La formule de financement devrait prévoir un montant de base pour chaque région et des rajustements en fonction de la population et du nombre de langues parlées. Pour le moment, par exemple, la Colombie-Britannique, qui dénombre 32 langues parlées dans 192 collectivités, et l'Ontario, où la population est nombreuse, reçoivent le même montant que les régions

135 Canada, ministère du Patrimoine canadien, *Direction générale des examens ministériels, Programme de vérification de l'Initiative des langues autochtones*, Patrimoine canadien, Ottawa, 20 octobre 2004.

où la population est plus faible et qui comptent un moins grand nombre de collectivités et de langues.

Nous sommes convaincus qu'il est possible de régler ces questions en travaillant de concert avec les organismes des Premières nations, des Inuits et des Métis. Nous proposons en outre des lignes directrices et des principes directeurs qui pourraient se révéler utiles à ce chapitre. Les organismes de prestation de services ont demandé que l'on simplifie les exigences en matière de présentation de rapports et qu'il soit possible de fournir les rapports en ligne. Il faudrait élaborer une formule de financement qui tiendra compte de ces diverses possibilités.

Période d'intérim : les cinq prochaines années

En février 2003, dans le discours du Trône, le gouvernement fédéral s'est engagé à verser 172,5 millions de dollars sur 11 ans afin d'assurer la préservation, la revitalisation et la promotion des langues et des cultures autochtones[136]. Nous reconnaissons qu'il s'agit d'un engagement important, mais nous savons aussi que les groupes communautaires et les organismes nationaux des Premières nations, des Inuits et des Métis considèrent que ce n'est pas assez – ils demandent au gouvernement de reconnaître qu'il est important de protéger leurs langues et d'en faire la promotion. De plus, ils exigent que cette reconnaissance soit assortie d'une forte augmentation du financement. Nous reconnaissons avec eux qu'une augmentation du financement visant les langues des Premières nations, des Inuits et des Métis est justifiée et urgente.

Services de traduction pour les membres des Premières nations, les Inuits et les Métis qui parlent français

Dans l'exécution de son mandat, le CLC doit veiller à ce que tous les membres des Premières nations, les Inuits et les Métis soient traités de manière équitable. Nous croyons qu'il faudra pour cela s'engager à fournir des services équivalents aux membres des Premières nations et aux Métis qui s'expriment en français. On a déjà souligné, dans l'évaluation de l'ILA, que les services offerts aux francophones n'étaient pas adéquats et que cette situation a nui à la participation des francophones. Nous savons que les organismes communautaires peuvent recevoir, par le truchement du ministère de Patrimoine canadien, un financement limité, ne dépassant pas 5 000 $ par année. Mais ce financement n'est pas adéquat au regard de tous les services requis pour assurer l'exécution et la gestion du programme[137].

Recommandation 19 : Services offerts aux francophones

Le Groupe de travail recommande que les Programmes d'appui aux langues officielles versent un financement de façon à permettre au CLC d'offrir la gamme complète de services aux membres des Premières nations, aux Inuits et aux Métis qui parlent français.

Recommandation 20 : Utilisation du financement à court terme

Le Groupe de travail recommande que l'appui financier de 160 millions de dollars qui a été promis soit versé de toute urgence aux collectivités des Premières nations, des Inuits et des Métis afin qu'elles mettent en œuvre des mesures de préservation et de revitalisation des langues qui s'étendront sur cinq ans, plutôt que sur dix ans comme il avait été proposé, compte tenu de la situation critique des langues et des besoins cernés par les collectivités.

On ne sait pas encore combien d'argent il faudra pour garantir que toutes les langues des Premières nations, des Inuits et des Métis reprennent la place qui leur revient dans leurs collectivités et dans la société canadienne en général. On s'attend à ce que l'évaluation des besoins et la planification à l'échelle des collectivités fournissent des renseignements sur les mesures financières et autres qui seront nécessaires. Cependant, de nombreux groupes ainsi que les particuliers, représentant les Premières nations, les Inuits et les Métis, nous ont dit que le financement de leurs langues devrait être équivalent au financement visant la langue française. Ils demandent aussi que l'on crée un fonds de dotation de 500 millions de dollars à 750 millions de dollars de façon à équilibrer le soutien gouvernemental en matière de langues et de cultures.

Fonds de dotation

Conformément à son mandat, le Groupe de travail a étudié la question du fonds de dotation. Son examen a porté sur deux structures de gestion financière possibles. On peut créer un fonds de dotation de plusieurs manières, par exemple, la constitution en organisme de

136 Ce chiffre a été ramené à 160 millions de dollars après que l'on ait affecté 2,5 millions de dollars au Groupe de travail sur les langues et les cultures autochtones, et 10 millions de dollars à la prolongation pour deux ans de l'ILA.

137 Nous savons qu'un certain nombre de Premières nations aimeraient que la traduction se fasse aussi vers leurs propres langues. Cependant, notre objectif, à l'heure actuelle, consiste à fournir des services équivalents aux membres de Premières nations, qu'ils parlent anglais ou français.

bienfaisance (fondation ou organisme public de bienfaisance) ou le contrat de fiducie.

Au moment de choisir une structure organisationnelle, il faut tenir compte des conséquences fiscales. Il ne faut surtout pas que les impôts grèvent les revenus du fonds de dotation. En général, une entité constituée en organisme de bienfaisance est exemptée d'impôt. Selon la *Loi de l'impôt sur le revenu*, les organismes de bienfaisance enregistrés comprennent les organismes de bienfaisance, les fondations publiques et les fondations privées. Ces entités se distinguent les unes des autres par leurs fins ou par les activités qu'elles peuvent ou prévoient entreprendre, et cette distinction est établie par l'Agence du revenu du Canada dans le cadre du processus de présentation d'une demande et d'approbation.

La plupart des organismes de bienfaisance enregistrés au Canada sont désignés comme tels. Dans la plupart des cas, ces groupes assurent des services directs au contraire des autres entités, qui fournissent du financement. Sur le plan technique, un organisme de bienfaisance doit respecter les exigences suivantes :

i. L'organisme doit consacrer toutes ses ressources à la réalisation de ses propres activités de bienfaisance.
ii. Il ne doit verser aucune partie de son revenu à l'avantage personnel d'une personne intéressée.
iii. Plus de la moitié des membres de son conseil d'administration doivent être « indépendants », autrement dit ne doivent pas être liés.
iv. Il ne peut recevoir plus de la moitié de son capital d'une seule personne ou d'un seul groupe, exception faite des gouvernements, d'autres organismes de charité ou fondations publiques et de certains autres organismes sans but lucratif.

Il est interdit à un organisme de charité de se livrer à des activités commerciales autres que des « activités commerciales complémentaires », mais cette expression n'est pas définie. La *Loi de l'impôt sur le revenu* permet à un organisme de se livrer à des activités commerciales non complémentaires seulement lorsque ces activités sont exécutées par des bénévoles. Un organisme de charité doit respecter, sur cinq ans, un « contingent des versements », selon lequel chaque année, en moyenne, le montant qu'il consacre aux activités de bienfaisance plus le montant qu'il verse à d'autres organismes de bienfaisance ne doivent pas être inférieurs à 80 % du montant des dons pour lesquels il a émis des reçus au cours de l'année précédente (sous réserve, bien entendu, de certaines exceptions). Les dons versés à d'autres organismes de bienfaisance (sauf ceux qui sont désignés comme étant des organismes de charité associés) ne peuvent être supérieurs à la moitié du revenu de l'organisme.

Selon la *Loi de l'impôt sur le revenu*, une œuvre de bienfaisance peut entreprendre certaines activités politiques, en particulier les activités politiques non partisanes accessoires liées à son œuvre qui ne consistent pas à soutenir ou à combattre, directement ou indirectement, des partis politiques ou des candidats, dans la mesure où « la presque totalité » (c.-à-d., selon l'interprétation de l'Agence du revenu du Canada, 90 % ou plus) de ses ressources sont consacrées à ses activités de bienfaisance. Si les activités politiques sont permises, c'est pour ne pas exclure les organismes qui exercent une activité politique limitée parce qu'ils ne consacrent pas toutes ces ressources à des activités de bienfaisance. Le calcul du contingent des versements de cet organisme ne tient pas compte des activités politiques.

Une fondation publique doit respecter les exigences suivantes :

i. elle est constituée et administrée exclusivement à des fins de bienfaisance;
ii. il s'agit d'une société ou d'une fiducie;
iii. elle ne verse aucune partie de son revenu à l'avantage personnel d'une personne intéressée;
iv. elle n'est pas une œuvre de bienfaisance;
v. plus de la moitié des membres de son conseil d'administration n'ont aucun lien de dépendance;
vi. pas plus de la moitié des fonds qu'elle a reçus ne provient d'une même personne ou d'un même organisme, exception faite des gouvernements, des œuvres de bienfaisance, d'autres fondations publiques et de certains organismes sans but lucratif (dans le cas des fondations plus anciennes, il s'agit de 75 % des fonds, sans exception).

Les restrictions qui s'appliquent aux activités commerciales non complémentaires et aux activités politiques s'appliquent aux fondations publiques tout comme aux œuvres de bienfaisance. Une fondation publique, de plus, n'est pas autorisée à prendre le contrôle d'une société quelconque ni à contracter des dettes, sauf à certaines fins.

Les règles relatives aux contingents des versements s'appliquent de la même façon aux fondations publiques et aux œuvres de bienfaisance, c'est-à-dire que ces entités doivent consacrer 80 % du montant des dons pour lesquels elles ont émis un reçu. Les fondations publiques, cependant, utilisent une formule complexe selon laquelle, chaque année, chaque fondation doit consacrer une partie de son fonds et des dons reçus d'autres organismes de bienfaisance à des activités de bienfaisance et à des donations à des donataires reconnus.

Si le CLC adopte la structure d'une œuvre de charité, il devra constamment respecter les exigences qui s'appliquent aux fondations publiques et aux œuvres de bienfaisance – il ne faut cependant pas oublier que, à l'heure actuelle, très peu d'organismes communautaires des Premières nations, des Inuits et des Métis sont admissibles au titre de « donataires reconnus ». Ces organismes ne seraient donc pas admissibles au financement. Il faut aussi réfléchir aux activités « politiques » accessoires que pourront entreprendre les membres du Conseil en cherchant à éviter qu'un problème se présente pendant l'exécution du travail qu'exigent les langues des Premières nations, des Inuits et des Métis[138].

Il faudra étudier plus en détail la structure organisationnelle qui gérera le fonds de dotation pour la langue. Plus les sommes sont élevées, plus elles exigent des systèmes complexes tandis que l'administration d'un fonds de moindre taille permet de réaliser des économies d'échelle tant du côté de l'administration que du côté des investissements. Dans ce dernier cas, un accord de fiducie est peut-être la solution la mieux adaptée. Toutefois, si l'organisation linguistique dont le but est de créer un fonds de dotation était constituée en société d'État en vertu d'une loi et qu'elle était considérée comme un mandataire de l'État, en tout ou en partie, aux fins de la collecte de fonds, il lui serait possible d'éviter d'avoir à se conformer aux dispositions sur les organismes de charité prévues dans la *Loi de l'impôt sur le revenu*[139].

Il convient de signaler que la notion d'un fonds de dotation pour la langue n'intéresse pas dans la même mesure tous les membres des Premières nations, les Inuits et les Métis que nous avons consultés. Dans le cadre des consultations des organismes politiques nationaux, par exemple, nous avons entendu les représentants de l'APN demander que l'on crée une fondation qui s'occupera du fonds de dotation. Dans les consultations auprès des collectivités, nous avons appris que des Premières nations de la Colombie-Britannique, du Manitoba et de l'Ontario ont déjà mis sur pied des organismes de charité, ou prévoient le faire, dans le but de soutenir les mesures de revitalisation des langues. Ce que nous avons principalement retenu de ces consultations, cependant, c'est que les collectivités ont un besoin urgent et immédiat de fonds afin d'éviter la disparition imminente de leurs langues.

En résumé, la plupart des personnes que nous avons consultées ne désiraient pas que le financement soit versé dans un fonds de dotation. Elles préfèrent au contraire que les fonds accessibles soient versés immédiatement afin qu'il soit possible d'entreprendre cette tâche importante, la sauvegarde des langues. En outre, les renseignements tirés des recherches primaires et secondaires révèlent qu'il faut prendre des mesures immédiates.

Cela dit, nous croyons quand même qu'un fonds de dotation ou un autre type de fonds pourrait jouer un rôle important dans une stratégie à long terme de revitalisation des langues. C'est pourquoi nous recommandons que le CLC poursuive ses recherches et consulte les Premières nations, les Inuits et les Métis sur la manière d'y arriver.

Compte tenu de l'ampleur de la tâche qui nous attend, nous reconnaissons qu'il est important de demander l'aide de divers intervenants, en plus de celle du gouvernement fédéral. Nous savons que les membres des Premières nations, les Inuits et les Métis sont nombreux à avoir noué des relations fructueuses avec des donateurs privés, des commissions scolaires et des universités ou encore avec des ministères fédéraux ou provinciaux. Un fonds de dotation permettrait d'obtenir de l'argent d'autres sources que du gouvernement. Nous sommes en faveur de la création d'un fonds de ce type. Nous croyons toutefois que son financement doit être distinct des engagements déjà pris par Patrimoine canadien. Nous croyons aussi que le ministère des Affaires indiennes et du Nord canadien, à titre de principal ministère responsable des Premières nations et à titre de représentant de celles-ci, devrait financer une bonne partie du fonds des Premières nations.

Recommandation 21 : Création d'un fonds de dotation pour la langue

Le Groupe de travail recommande que le Canada affecte des fonds à la création d'un fonds de dotation qui servira à financer à perpétuité les programmes linguistiques offerts dans les collectivités.

Exécution du programme à court terme

Nous reconnaissons que les Premières nations, les Inuits et les Métis possèdent des langues et des cultures différentes et qu'ils ont des droits inhérents justifiés par leurs liens avec la terre et reflétés historiquement dans les traités et les relations de nation à nation qu'ils entretiennent avec l'État. Nous reconnaissons aussi que les structures régionales d'exécution des programmes sont établies et reconnues, et que les collectivités et les

138 Il serait aussi possible de se constituer en vertu de lois fédérales pour être désigné, en tout ou en partie, comme un mandataire de l'État.

139 Conseil du Trésor du Canada, *La qualité de mandataire et les sociétés d'État*, Ottawa, http://www.tbs-sct.gc.ca/ccpi-pise/agent_f.asp.

organismes des Premières nations, des Inuits et des Métis peuvent vouloir que ces structures soient maintenues.

Nous comprenons aussi que les décisions concernant la langue doivent être prises à l'échelle des collectivités. C'est pourquoi nous recommandons que l'administration de la plus grande partie des 160 millions de dollars soit décentralisée et confiée aux régions. Si le CLC peut superviser l'élaboration et la mise en œuvre de la stratégie nationale, les Premières nations, les Inuits et les Métis sont les mieux placés pour déterminer leurs besoins particuliers en ce qui concerne la préservation, la revitalisation et la promotion des langues. Les mécanismes mis en place par les Premières nations, les Inuits et les Métis pour superviser les programmes linguistiques doivent être conservés, pendant la période d'intérim, et dans la stratégie nationale à long terme.

Recommandation 22 : Administration du financement à court terme

Le Groupe de travail recommande de décentraliser l'administration de la plus grande partie des fonds versés par le Canada de façon à ce que les structures de prise de décisions relatives aux langues des Premières nations, des Inuits et des Métis puissent rester en place et continuer de fonctionner. Il recommande aussi de respecter le mode actuel de répartition des fonds à l'échelle nationale adopté pour l'Initiative des langues autochtones (langues des Premières nations, 75 %; langues des Inuits, 15 %; langues des Métis, 10 %) jusqu'à ce qu'une stratégie linguistique nationale à long terme ait été élaborée et mise en œuvre, d'ici cinq ans.

La planification continue des mesures administratives doit s'inspirer des expériences de l'ILA et en particulier des approches fructueuses qu'elle a adoptées. En réponse aux préoccupations exprimées dans le cadre de l'évaluation de l'ILA, nous proposons que les critères d'attribution des fonds aux régions s'appuient sur les principes suivants :

- Les régions pourront utiliser un maximum de 10 % de leur budget annuel à des fins administratives.
- Toutes les collectivités linguistiques ou culturelles, toutes les personnes et tous les groupes familiaux de même que les organismes communautaires et linguistiques auront un accès égal au financement.
- Les collectivités locales peuvent désigner un organisme local ou régional qui exécutera le programme linguistique pour leur compte.
- Des dispositions peuvent être prises afin d'assurer l'exécution d'un programme linguistique visant les membres des Premières nations, les Inuits et les Métis vivant à l'extérieur de leurs collectivités d'origine et, en particulier, ceux qui vivent dans une agglomération urbaine comptant une population élevée de membres des Premières nations, d'Inuits ou de Métis.
- Le financement devra être versé rapidement, et des dispositions seront prises afin que les collectivités puissent reporter les fonds dans le cadre de programmes s'étendant sur plusieurs années.
- La répartition entre les régions tiendra compte des écarts au chapitre de la population et du nombre des collectivités et des langues.

En ce qui concerne la répartition entre les régions, nous sommes conscients des préoccupations qui découlent du fait que, à l'heure actuelle, le mode de répartition des fonds de l'ILA ne tient pas compte de façon adéquate des écarts importants, entre les régions, au chapitre de la population et de la situation de la langue. C'est pourquoi nous recommandons qu'un financement supplémentaire soit affecté en fonction de ces facteurs.

Recommandation 23 : Financement provisoire pour les programmes linguistiques des Premières nations

Le Groupe de travail recommande que la répartition du financement visant les langues des Premières nations tienne compte des différences sur le plan de la population et de la situation linguistique entre les régions. Il recommande en outre que l'on mette au point des formules de financement selon lesquelles le financement de base restera au même niveau et des ajustements seront apportés pour le financement des régions qui comptent une grande population et de nombreuses collectivités linguistiques.

Fonds pour les projets nationaux

Pendant les consultations, de nombreux participants ont demandé que l'on adopte une approche coordonnée pour encadrer les mesures de revitalisation de la langue, de façon que les stratégies et les leçons retenues par une région puissent servir le plus rapidement possible à d'autres régions. Pendant que nous discutions de la stratégie nationale et du mandat du CLC, nous étions conscients du nombre d'enjeux et de stratégies qui dépassent le cadre d'une région ou d'un groupe linguistique particulier. Par exemple, de nombreux participants ont demandé que l'on crée une base de données nationale sur les ressources en enseignement de la langue ou un centre d'échange ou un réseau des centres d'échange régionaux.

À l'heure actuelle, un certain nombre d'organismes linguistiques des Premières nations, des Inuits et des Métis offrent des services; il faut soutenir ces organismes et veiller à ce que leur travail ne soit pas fait en double. Nous pensons qu'il serait possible de créer un centre d'échange virtuel dans lequel un bureau central relierait les organismes régionaux dépositaires des collections de leurs mandants. Les rôles de l'organisme de coordination (le CLC) et des mandataires régionaux seraient semblables à ceux d'autres centres d'échange nationaux ou internationaux. Le Centre d'échange international en matière de diversité biologique distingue de la façon qui suit les rôles des mandataires de l'information et ceux de l'organisme de coordination.

Les responsabilités d'un mandataire sont notamment les suivantes :

- définir et maintenir des normes de qualité
- organiser la constitution de la base de données
- tenir à jour la base de données
- assurer l'intégrité continue des données
- assurer un accès approprié aux ensembles de données
- conserver les documents qui étayent les ensembles de données
- fournir des conseils sur l'utilisation appropriée des ensembles de données

Le bureau de coordination réalisera au minimum les activités suivantes :

- gérer les mécanismes d'extraction et d'échange des technologies de l'information
- demander la collaboration d'un réseau de centres d'échange
- gérer et contrôler les thésaurus et bases de métadonnées
- fournir des conseils et des directives sur la façon d'accéder aux informations par le réseau
- négocier les ententes de conservation
- ébaucher les modalités ou le protocole de coopération
- fournir de l'aide sur les questions juridiques[140]

Aux premières étapes de la planification du centre d'échange, le CLC devrait examiner les structures et les modèles organisationnels des autres centres d'échange consacrés à l'enseignement ou à l'enseignement de la langue, par exemple le centre des recherches avancées sur l'acquisition du langage (Center for Advanced Research on Language Acquisition), l'un des centres nationaux de ressources linguistiques du ministère de l'Éducation des États-Unis.

Le fonds national pour les projets pourrait en outre financer des recherches et des analyses qui étayeront les propositions de loi sur les langues et soutenir les conférences nationales sur la langue.

La coordination à l'échelle nationale de l'enquête de référence est une autre tâche importante. Cette enquête exige du soutien technique et doit pouvoir s'appuyer sur une évaluation des besoins et sur la planification de l'aménagement linguistique par les collectivités. La fonction de recherche et d'élaboration des politiques est aussi une fonction importante. C'est pourquoi nous recommandons qu'une petite tranche des fonds qui seront versés pendant la période d'intérim soit réservée à des projets nationaux de façon que le CLC puisse réaliser ou encadrer ces types de projets.

Recommandation 24 : Fonds pour les projets nationaux

Le Groupe de travail recommande que l'on réserve une tranche de dix pour cent (10 %) des crédits annuels qui proviennent des engagements de 160 millions de dollars, afin de créer un fonds pour des projets nationaux qui sera administré par le CLC, en collaboration avec les organismes politiques nationaux des Premières nations, des Inuits et des Métis.

Fonds pour les projets innovateurs

Pendant les consultations, de nombreux participants ont dit qu'il fallait appliquer les nouvelles technologies et des approches innovatrices aux mesures de revitalisation et d'enseignement de la langue. À notre avis, il convient d'encourager ces projets, par exemple en renseignant les collectivités des Premières nations, des Inuits et des Métis au sujet des projets qui présentent un bon potentiel, de façon que l'on puisse le plus rapidement possible appliquer les leçons retenues. Le financement de projets de recherche ou de projets de démonstration nationaux serait ainsi plus rentable, puisque de nombreuses collectivités pourraient appliquer les pratiques exemplaires à mesure que celles-ci sont mises au point. Nous recommandons la création d'un tel fonds dans le but de favoriser l'élaboration, la mise à l'essai, l'évaluation et l'intégration des nouvelles méthodes pédagogiques. Les projets financés respecteraient des critères d'excellence en matière de planification, de méthodologie et

140 Ian Crain, *Biodiversity Information Clearing House: Concepts and Challenges*, World Conservation Monitoring Centre, Cambridge, Royaume-Uni, http://www.unep-wcmc.org/resources/publications/2_clearing_house/chm.html#5.

d'administration, et les propositions seraient approuvées par des spécialistes du domaine.

Même si ce type de programme pourrait soutenir les mesures de revitalisation des langues des Premières nations, des Inuits et des Métis, nous reconnaissons que les collectivités ont un besoin urgent de financement de façon à prévenir la perte irrémédiable de certaines langues. C'est pourquoi nous recommandons que le gouvernement fédéral soutienne ce projet en fournissant les fonds nécessaires.

Recommandation 25 : Fonds pour les projets innovateurs

Le Groupe de travail recommande que le Canada verse au CLC un financement qui servira à la création d'un fonds visant à soutenir les projets innovateurs, les recherches et l'adaptation des nouvelles technologies à l'enseignement des langues et aux mesures de revitalisation de celles-ci. Il recommande aussi que le financement du fonds pour les projets innovateurs soit distinct de la somme de 160 millions de dollars déjà réservée et qu'il reflète plutôt la participation et le soutien de tous les ministères du gouvernement fédéral.

PARTIE IX :

SOMMAIRE THÉMATIQUE DES RECOMMANDATIONS ET CONCLUSION

Nous devons tout faire pour alimenter la passion. Ceux qui pensent qu'on ne fait rien penseront autrement lorsqu'ils entendront les enfants parler.

Partie IX : Sommaire thématique des recommandations et conclusion

Sommaire thématique des recommandations

Statut de la langue

Reconnaissance, protection et promotion inscrites dans les lois

Le Groupe de travail recommande que le Canada adopte une loi visant à reconnaître, à protéger et à promouvoir les langues des Premières nations, des Inuits et des Métis en leur qualité de premières langues du Canada. Cette loi, qui sera élaborée avec la collaboration des Premières nations, des Inuits et des Métis, doit reconnaître le statut de nos langues au sein de la Constitution, affirmer qu'elles constituent un des fondements nationaux des peuples des Premières nations, des Inuits et des Métis, être assortie de ressources financières visant leur préservation, leur revitalisation, leur promotion et leur protection et, enfin, créer un poste de commissaire aux langues des Premières nations, des Inuits et des Métis. **(Recommandation 3)**

Dédommagement et réconciliation

Le Groupe de travail recommande que le Canada mette en œuvre, le plus tôt possible, la recommandation de l'Assemblée des Premières nations à l'effet qu'un montant forfaitaire soit versé à titre d'indemnisation à toute personne qui a fréquenté un pensionnat indien. En outre, le Canada et les Églises devraient constituer un fonds de dédommagement à partir duquel on versera un montant forfaitaire à toute personne qui a fréquenté un pensionnat indien, à titre de réparation des souffrances émotionnelles et psychologiques provoquées par la coupure d'avec la famille et la collectivité, et la langue et la culture. **(Recommandation 6)**

Planification de l'aménagement linguistique

Lien entre les langues et la terre

Le Groupe de travail recommande que les gouvernements des Premières nations, des Inuits et des Métis et les gouvernements fédéral, provinciaux et territoriaux concluent des ententes ou des accords de gouvernement à gouvernement en ce qui concerne les ressources naturelles, l'environnement durable et les connaissances traditionnelles. Ces ententes ou accords devront reconnaître qu'il est important pour les Premières nations, les Inuits et les Métis d'entretenir une relation étroite avec la terre et leurs territoires traditionnels, surtout les régions sauvages, les sites patrimoniaux ou sacrés et les sites destinés aux pratiques spirituelles, et ils devraient comprendre des dispositions sur la participation réelle de ces peuples aux mesures de gouvernance, de gestion, de cogestion ou de compétences mixtes. **(Recommandation 1)**

Protection des connaissances traditionnelles

Le Groupe de travail recommande que le Canada adopte une approche plus holistique pour assurer la protection et l'utilisation des connaissances traditionnelles ainsi que des avantages qui en découlent, conformément à la *Convention sur la diversité biologique* des Nations Unies et collabore davantage avec les Premières nations, les Inuits et les Métis, et particulièrement les Aînés, dans le processus de planification commune énoncé dans la *Convention*. **(Recommandation 2)**

Une stratégie linguistique nationale

Le Groupe de travail recommande qu'une stratégie linguistique nationale soit élaborée et planifiée à l'échelle de la collectivité par les groupes linguistiques des Premières nations, des Inuits et des Métis et par leurs organismes régionaux et nationaux représentatifs, et que l'organisation linguistique nationale proposée en assure la coordination et le soutien technique. **(Recommandation 7)**

Enquête de référence sur la situation linguistique

Le Groupe de travail recommande que, comme première étape d'une stratégie nationale à long terme, l'organisation linguistique nationale coordonne une enquête de référence sur la situation linguistique. Cette enquête sera réalisée par les Premières nations, les Inuits et les Métis dans le cadre des mesures d'aménagement linguistique et d'évaluation des besoins des collectivités. Il recommande aussi que le financement de cette enquête soit distinct des engagements actuels. **(Recommandation 8)**

Équité linguistique

Ressources équitables pour le soutien linguistique

Le Groupe de travail recommande que le Canada accorde aux langues des Premières nations, des Inuits et des Métis un soutien financier au moins égal à celui versé pour le français et l'anglais. **(Recommandation 4)**

Soutien des langues par tous les ministères fédéraux

Le Groupe de travail recommande que le soutien financier des langues des Premières nations, des Inuits et des Métis ne provienne pas seulement du ministère du Patrimoine canadien et de celui des Affaires indiennes et du Nord canadien, et que tous les ministères, et en particulier ceux de la Justice, de la Santé et des Ressources humaines et du Développement des compétences, adoptent des politiques et versent un financement suffisant pour permettre la prestation de services et de programmes visant à promouvoir les langues des Premières nations, des Inuits et des Métis de la même manière que pour le français et l'anglais. **(Recommandation 5)**

Financement des programmes d'immersion

Le Groupe de travail recommande que le Canada verse, pour les programmes d'immersion dans les langues des Premières nations, des Inuits et des Métis, un financement supplémentaire équivalant à celui versé pour le français et l'anglais, par le truchement du volet Éducation dans la langue de la minorité du programme Développement des communautés de langues officielles. **(Recommandation 10)**

Financement équitable des écoles des Premières nations

Le Groupe de travail recommande que le ministère des Affaires indiennes et du Nord canadien finance les écoles des Premières nations conformément aux normes et au niveau de financement établis par les ministères de l'Éducation dans les ententes-cadres sur les frais de scolarité. **(Recommandation 12)**

Enseignement de la langue

Formation des professeurs de langue

Le Groupe de travail recommande que les organismes des Premières nations, des Inuits et des Métis et le Conseil des ministres de l'Éducation (Canada) fassent le point sur les projets en matière de formation des professeurs et des professeurs de langues membres d'une Première nation ou d'une collectivité inuite ou métisse en ce qui concerne le recrutement et le maintien en poste. Il recommande en outre que, dans le cadre de cet examen, on évalue le rôle que peuvent jouer les établissements d'enseignement postsecondaire des Premières nations, des Inuits et des Métis par rapport à la formation des professeurs des programmes d'immersion linguistique. **(Recommandation 15)**

Établissements d'enseignement postsecondaire des Premières nations, des Inuits et des Métis

Le Groupe de travail recommande que le ministère des Affaires indiennes et du Nord canadien fournisse des ressources supplémentaires aux établissements des Premières nations, des Inuits et des Métis, de niveau postsecondaire ou autres, de façon à ce qu'ils puissent créer des programmes de formation de professeurs de langues et, plus spécifiquement, de professeurs d'immersion linguistique. **(Recommandation 16)**

Enseignement de la langue dans les établissements correctionnels

Le Groupe de travail recommande que le ministre de la Sécurité publique et de la Protection civile et le commissaire du Service correctionnel du Canada s'appuient sur les pouvoirs qui leur sont conférés par la *Loi sur le système correctionnel et la mise en liberté sous condition* afin d'assurer le financement fédéral des programmes de langue et d'améliorer les programmes culturels offerts aux membres des Premières nations, aux Inuits et aux Métis détenus dans les établissements correctionnels fédéraux. **(Recommandation 13)**

Possibilités de formation pour les étudiants de niveau postsecondaire

Le Groupe de travail recommande que le Canada et le Conseil des ministres de l'Éducation (Canada) conçoivent, dans le cadre de leur plan d'action pour l'éducation des Autochtones, un programme visant à encourager les étudiants de niveau universitaire issus d'une Première nation ou d'une collectivité inuite ou métisse qui envisagent une carrière dans l'enseignement, particulièrement dans l'enseignement des langues, à maîtriser leurs langues en participant à un programme d'apprentissage ou à un autre type d'enseignement de la culture dans leur collectivité. Il recommande en particulier que les bourses d'été ou les programmes d'emploi soient offerts conformément aux mécanismes d'administration des programmes de formation linguistique offerts aux jeunes francophones et anglophones. **(Recommandation 14)**

Financement des programmes d'immersion à l'intention des jeunes

Le Groupe de travail recommande que le Canada accorde à des jeunes des Premières nations, des Inuits et des Métis des bourses qui leur permettront de participer à des cours d'immersion de cinq semaines dans leur langue et leur culture de la même façon qu'il accorde des bourses aux jeunes francophones et anglophones dans le cadre du volet Apprentissage de la langue seconde du programme Mise en valeur des langues officielles. **(Recommandation 11)**

Conseil des langues et des cultures

Une organisation linguistique nationale

Le Groupe de travail recommande la création d'un organisme permanent formé de représentants des Premières nations, des Inuits et des Métis, le Conseil des langues et des cultures (CLC). **(Recommandation 17)**

Création du CLC

Le Groupe de travail recommande que ses membres actuels soient nommés membres d'un conseil provisoire et qu'ils aient la responsabilité de mettre sur pied le CLC. Les membres du conseil provisoire seront nommés pour une année et seront chargés des tâches suivantes :

- parachever la structure de gouvernance du CLC;
- élaborer un plan stratégique sur trois ans;
- mettre en place la structure opérationnelle en préparant les budgets d'exploitation, en cernant les besoins en dotation et en embauchant du personnel;
- négocier le transfert des fonds réservés aux langues autochtones versés par Patrimoine canadien;
- élaborer le mandat et superviser une étude de planification visant un centre d'échange sur les langues;
- planifier et exécuter les recherches nécessaires pour la réalisation d'une enquête de référence et pour l'aménagement linguistique à l'échelle communautaire;
- chercher des candidats pour les postes à combler au CLC;
- dresser une liste des candidats retenus et fournir cette liste aux organismes nationaux des Premières nations, des Inuits et des Métis qui se chargeront de la sélection finale. **(Recommandation 18)**

Services offerts aux francophones

Le Groupe de travail recommande que les Programmes d'appui aux langues officielles versent un financement de façon à permettre au CLC d'offrir la gamme complète de services aux membres des Premières nations, aux Inuits et aux Métis qui parlent français. **(Recommandation 19)**

Financement

Financement des langues en voie de disparition

Le Groupe de travail recommande que le Canada, outre les engagements actuels, affecte aux collectivités des Premières nations, des Inuits et des Métis dont la langue est en voie de disparition les fonds nécessaires pour qu'elles puissent mettre en œuvre les mesures supplémentaires afin de préserver leurs langues. **(Recommandation 9)**

Utilisation du financement à court terme

Le Groupe de travail recommande que l'appui financier de 160 millions de dollars qui a été promis soit versé de toute urgence aux collectivités des Premières nations, des Inuits et des Métis afin qu'elles mettent en œuvre des mesures de préservation et de revitalisation des langues qui s'étendront sur cinq ans, plutôt que sur dix ans comme il avait été proposé, compte tenu de la situation critique des langues et des besoins cernés par les collectivités. **(Recommandation 20)**

Administration du financement à court terme

Le Groupe de travail recommande de décentraliser l'administration de la plus grande partie des fonds versés par le Canada de façon à ce que les structures de prise de décisions relatives aux langues des Premières nations, des Inuits et des Métis puissent rester en place et continuer de fonctionner. Il recommande aussi de respecter le mode actuel de répartition des fonds à l'échelle nationale adopté pour l'Initiative des langues autochtones (langues des

Premières nations, 75 %; langues des Inuits, 15 %; langues des Métis, 10 %) jusqu'à ce qu'une stratégie linguistique nationale à long terme ait été élaborée et mise en œuvre, d'ici cinq ans.
(Recommandation 22)

Création d'un fonds de dotation pour la langue

Le Groupe de travail recommande que le Canada affecte des fonds à la création d'un fonds de dotation qui servira à financer à perpétuité les programmes linguistiques offerts dans les collectivités.
(Recommandation 21)

Financement provisoire pour les programmes linguistiques des Premières nations

Le Groupe de travail recommande que la répartition du financement visant les langues des Premières nations tienne compte des différences sur le plan de la population et de la situation linguistique entre les régions. Il recommande en outre que l'on mette au point des formules de financement selon lesquelles le financement de base restera au même niveau et des ajustements seront apportés pour le financement des régions qui comptent une grande population et de nombreuses collectivités linguistiques.
(Recommandation 23)

Fonds pour les projets nationaux

Le Groupe de travail recommande que l'on réserve une tranche de dix pour cent (10 %) des crédits annuels qui proviennent des engagements de 160 millions de dollars, afin de créer un fonds pour des projets nationaux qui sera administré par le CLC, en collaboration avec les organismes politiques nationaux des Premières nations, des Inuits et des Métis. **(Recommandation 24)**

Fonds pour les projets innovateurs

Le Groupe de travail recommande que le Canada verse au CLC un financement qui servira à la création d'un fonds visant à soutenir les projets innovateurs, les recherches et l'adaptation des nouvelles technologies à l'enseignement des langues et aux mesures de revitalisation de celles-ci. Il recommande aussi que le financement du fonds pour les projets innovateurs soit distinct de la somme de 160 millions de dollars déjà réservée et qu'il reflète plutôt la participation et le soutien de tous les ministères du gouvernement fédéral.
(Recommandation 25)

Conclusion

Nous mettons maintenant le point final aux constatations et aux recommandations qui découlent du processus de consultation du Groupe de travail sur les langues et les cultures autochtones. Toutefois, nous reconnaissons qu'il y a encore fort à faire pour parachever la structure du Conseil des langues et des cultures. Nous considérons que ce premier rapport marque le début d'un temps nouveau et qu'il est la première étape de la revitalisation des nos langues et de nos cultures, un projet qui, selon beaucoup, durera 100 ans.

Pendant les consultations auprès des membres des collectivités des Premières nations, des Inuits et des Métis, de nombreux participants ont souligné qu'il était important de renouer ou de resserrer nos liens de façon que nos langues puissent reprendre la place qui leur revient dans nos maisons et dans nos collectivités. Nous sommes aussi conscients de l'engagement du Canada à reconstruire les relations avec les peuples autochtones et à réellement intégrer les Premières nations, les Inuits et les Métis dans le cercle de la Confédération. Nous croyons que le présent rapport et les recommandations qu'il contient permettront de faire un pas important dans cette direction.

Nous sommes convaincus, tout comme les membres des Premières nations, les Inuits et les Métis que nous avons consultés, qu'il est possible de redonner vie et force à nos langues. Grâce à l'aide du gouvernement et à la volonté commune des collectivités, des familles et de tous les membres des Premières nations, des Inuits et des Métis, nous sommes certains de pouvoir réparer les torts causés par les politiques passées qui visaient à nous dépouiller de notre identité.

Le Canada doit jouer un rôle de premier plan dans la revitalisation des langues. Les lois et les politiques sur les langues officielles, les sommes énormes consacrées à l'anglais et au français depuis 40 ans, soit depuis le dépôt du rapport de la Commission royale d'enquête sur le bilinguisme et le biculturalisme, témoignent bien du rôle que le gouvernement peut jouer dans la protection et la promotion des langues et des identités. Le Commissaire aux langues officielles a décrit l'identité canadienne en la comparant à un tissu fait de nombreux fils où les anglophones et les francophones forment le tissu social du Canada. Nous croyons qu'il est temps que le Canada reconnaisse que le patrimoine linguistique du pays est plus ancien que le français ou l'anglais. En réalité, les histoires orales, les histoires sur la Création qui tentent d'expliquer comment les premiers peuples sont arrivés sur ce territoire mille ans avant les Français ou les Anglais, les chants et les danses qui parlent de nos liens avec cette terre, voilà ce qui donne à notre tissu social sa texture et sa vivacité uniques, qui font que la société canadienne n'est pareille à nulle autre au monde. Ces trésors nationaux doivent être protégés à l'intention des générations futures. C'est pourquoi nous demandons maintenant au Canada de reconnaître que les langues des Premières nations, des Inuits et des Métis sont les premières langues du Canada et de fournir les ressources nécessaires pour assurer leur protection, leur maintien et leur promotion.

Nous demandons aussi aux membres des Premières nations, aux Inuits et aux Métis de prendre des mesures afin de conserver nos langues, de les garder en vie et en santé pour les générations futures. Pour cela, il faudra que tout le monde s'y engage, les enfants, les jeunes, les adultes comme les Aînés. C'est pourquoi nous demandons instamment aux collectivités d'entamer un dialogue afin de cerner les mesures et d'élaborer les stratégies qui attireront l'attention sur la revitalisation des langues. Il faudra aussi que les gouvernements des Premières nations, des Inuits et des Métis offrent leur soutien en préparant des politiques qui affirmeront de façon claire que les langues et les cultures sont les fondements d'une nation.

C'est en posant des gestes de cette nature que la vision que nous ont confiée de nombreux Aînés pourra devenir une réalité. Ces gestes permettront à nos petits-enfants et à leurs petits-enfants, jusqu'à la septième génération, de connaître réellement leur histoire et leurs liens avec la terre, leur peuple et le Créateur. Nous terminons notre rapport en espérant qu'il aidera les peuples des Premières nations, les Inuits et les Métis du Canada à rester des nations fortes, sûres de leur identité, tant que le soleil brillera, que l'herbe poussera et que les rivières couleront.

ANNEXES

Les enseignements nous permettent d'entendre des mots anciens que l'on se doit de protéger et de transmettre à nos enfants.

Annexe A : Membres du Groupe de travail sur les langues et les cultures autochtones

Bruce Flamont

Bruce Flamont travaille depuis plusieurs années à favoriser l'essor de la langue. Il a notamment élaboré des programmes s'adressant aux jeunes apprenants et il donne des conférences dans les universités et les écoles secondaires et lors de rassemblements métis en Saskatchewan. Il parle couramment le michif. M. Flamont a été élevé par ses grands-parents, Alexandre et Marie-Adèle Flamont (née en 1876), et c'est leur version de l'histoire et de la culture des Métis du Canada qu'il a apprise.

Ron Ignace

Ron Ignace appartient à la nation Secwepemc. Il a été chef de la bande de Skeetchestn de 1982 à 2003 et il a été plusieurs années président du Conseil tribal shuswap. Il a aussi présidé le Comité des chefs sur les langues de l'Assemblée des Premières nations, de 1997 à 2003. De 1987 à 2002, il a aussi présidé la Secwepemc Cultural Education Society et coprésidé un projet de partenariat universitaire entre les Autochtones de la nation Secwepemc et l'Université Simon Fraser, où il a enseigné la langue de la nation Secwepemc et d'autres cours du programme d'études autochtones.

Mary Jane Jim

Mary Jane Jim est « Kajit », membre du clan du Corbeau. Elle a vu le jour, a grandi et a été à l'école au Yukon. Ses premiers mentors ont été sa grand-mère, Annie Ned, et ses parents, Stella et Paddy Jim. Mary Jane a toujours défendu avec ardeur les langues, les cultures, le patrimoine et les droits des Premières nations. Elle a rempli deux mandats à titre de membre du Comité exécutif des l'Assemblée des Premières nations. Auparavant, elle a fait partie du comité de direction du Conseil des Premières nations du Yukon et de la Yukon Indian Women's Association. Aujourd'hui, avec son mari, Timothy Cant, elle dirige sa propre entreprise d'expert-conseil, Duu Chuu Management. Mary Jane a deux enfants, Jason et Ian, et quatre petits-enfants, Justine, Jordana, Jurnee Winter et Giles.

Amos Key Jr.

Amos Key Jr., qui appartient au clan de la Tortue de la nation Mohawk, a été élevé dans la langue cayuga. Il est actuellement directeur exécutif du département des langues des Premières nations au Woodland Cultural Centre à Brantford. Il préside le pow-wow du festival autochtone du Canada et les Canadian Aboriginal Music Awards, en plus d'être réalisateur de la station CKRZ 100,3 FM. Il a aussi fondé les écoles de langue en immersion « Gawenniyo » pour les nations Cayuga et Mohawk et mis sur pied un conseil scolaire privé. Il a en outre créé le volet régional du Sweetgrass First Nations Language Council Inc., qui administre actuellement l'Initiative des langues autochtones dans la Région de l'Ontario.

Helen Klengenberg

Helen Kimni Klengenberg est née et a grandi « sur la terre ». À ses yeux, la terre et la langue sont extrêmement importantes, et tout ce qu'elle réalise vise à protéger la terre et ses ressources, y compris les personnes qui y vivent. Elle a longtemps travaillé pour le gouvernement territorial et l'administration municipale, notamment l'organisation responsable des revendications territoriales, et s'est attachée au développement social et culturel. Elle est titulaire d'une maîtrise en administration des affaires et d'un baccalauréat en sciences politiques. À l'heure actuelle, elle dirige sa propre entreprise à Iqaluit, au Nunavut.

Alexina Kublu

Alexina Kublu, interprète agréée inuktitut-anglais, a enseigné l'inuktitut dans diverses collectivités du Nunavut, y compris au Collège de l'Arctique de Nunavut, et a participé à l'élaboration des documents de formation en inuktitut. Elle est membre de nombreux conseils et comités, notamment la Nunavut Kamatsiaqtut Help Line, le Nunatta Sunakkutaangit Museum, l'Association canadienne pour la prévention du suicide, la Akitsiraq Law School Society, le Conseil des traducteurs et interprètes du Canada. Elle est actuellement juge de paix principale dans le cadre du programme des juges de paix du Nunavut.

Rosemarie McPherson

Rosemarie McPherson a terminé ses études secondaires à Cranberry Portage et obtenu un diplôme d'éducation aux adultes de l'Université de Brandon. Elle est actuellement membre d'organismes sans but lucratif et a participé à la création de la Régie métisse des services à l'enfance et à la famille. Elle parle couramment l'anglais, le michif, le saulteaux, le cri des Plaines et le maskegon, et a participé à la mise en œuvre des programmes linguistiques michifs offerts par la Manitoba Métis Federation. Elle travaille actuellement pour le ministère de la Justice du Manitoba, à Dauphin.

Ruth Norton

Ruth Norton appartient à la Première nation Sagkeeng du Manitoba. Elle est convaincue de l'importance des langues des Premières nations, et elle maîtrise l'ojibwe et l'algonquin. Elle a obtenu une maîtrise en études canadiennes de l'Université Carleton en 1994. Elle a notamment conçu des programmes destinés aux écoles autochtones et elle collabore actuellement avec le Manitoba First Nations Education Resource Centre à l'élaboration d'un programme d'immersion dans les langues des Premières nations. Elle a sept enfants, 16 petits-enfants et trois arrière-petits-enfants.

Frank Parnell

Frank Parnell a plus de 25 d'expérience en gestion des collectivités des Premières nations dans le Nord de la Colombie-Britannique. Il est directeur général et fondateur de la Tribal Resources Investment Corporation (TRICORP), qui accorde des prêts aux petites entreprises détenues par des entrepreneurs autochtones. Il est actuellement président du centre d'amitié de Prince Rupert. Il a toujours travaillé sans relâche aux travaux de divers comités de soutien aux programmes d'enseignement, de langue et de culture autochtones mis sur pied par les provinces et il affirme que chaque fois qu'une langue autochtone meurt, c'est un morceau du Canada qui meurt.

Linda Pelly-Landrie

Linda Pelly-Landrie possède plus de 20 années d'expérience de travail dans les gouvernements des Premières nations, et s'attache surtout aux langues autochtones. Elle a déjà été présidente de la Confédération des centres éducatifs et culturels des Premières nations. Elle a été membre du Groupe consultatif sur le patrimoine auprès de la ministre du Patrimoine canadien. Elle a aussi présidé le Saskatchewan Indian Cultural Centre de 1989 à 2004. Mme Pelly-Landrie détient une maîtrise en éducation et termine actuellement un doctorat en éducation avec spécialisation en didactique.

Annexe B : Membres du Cercle d'experts

Les personnes suivantes sont les membres du Cercle d'experts :

Catharyn Andersen est directrice du centre culturel Torngâsok à Nain, au Labrador, et elle termine une maîtrise en linguistique à l'Université Memorial.

Marie Battiste enseigne le micmac. Elle est aussi professeure à l'Université de la Saskatchewan et participe, en tant qu'experte technique aux Nations Unies, à l'élaboration de lignes directrices pour la protection du savoir et du patrimoine autochtones.

Elizabeth Biscaye est directrice exécutive de la Native Communications Society. Elle est aussi coordonnatrice linguistique régionale pour le chipewyan pour le compte du gouvernement des Premières nations d'Akaitcho.

Peter Christmas est directeur exécutif de la Mi'kmaw Association for Cultural Studies et coprésident du comité de la culture et du patrimoine du Forum tripartite de la Nouvelle-Écosse.

Irene Collins est directrice des affaires publiques et des relations intergouvernementales pour la Métis Nation of Alberta, et elle siège au comité du Groupe de travail sur le michif.

Norman Edward Fleury est un Aîné de la nation métisse. Il est actuellement directeur du Programme de la langue michife pour la Manitoba Métis Federation.

Mark Kalluak est conseiller pour la culture et le patrimoine auprès du gouvernement du Nunavut. Il a reçu de nombreux prix pour son dévouement dans les domaines de l'alphabétisation, des langues et de la culture.

John Medicine Horse Kelly est professeur adjoint en journalisme et en communications et est directeur du Centre for Indigenous Research, Culture, Learning and Education à l'Université Carleton.

Verna Kirkness est une pionnière dans le domaine de l'éducation des Premières nations et dans la cause du renouveau des langues autochtones. Elle a été fondatrice et directrice de la First Nations House of Learning à l'Université de Colombie-Britannique.

Carrielynn Lamouche est métisse et vient de Gift Lake en Alberta. Cette Autochtone, très engagée dans les dossiers concernant les personnes handicapées, siège au conseil d'administration de la Fondation autochtone de guérison.

Jamie Lewis est ojibway et membre de la Première nation Batchewana près de Sault Sainte Marie. Elle travaille pour la Fondation autochtone de guérison à Ottawa en Ontario.

Alicie Nalukturuk vient de Inukjuak, et sa langue maternelle est l'inuktitut. Elle est membre de la commission scolaire Kativik et exerce le métier de traductrice indépendante.

L'honorable Louis Tapardjuk, Sr., vient d'Igloolik où il travaille en collaboration étroite avec les Aînés de la communauté. Il est très actif dans le domaine de la rétention de la culture inuite et de la langue inuktitut. Il est le Ministre responsable de la langue, la culture, les Aînés et la Jeunesse et Ministre responsable des ressources humaines à Nunavut.

Judi Tutcho parle couramment le slave du nord. Elle lutte activement pour la préservation et la promotion des langues autochtones dans les Territoires du Nord-Ouest.

Gilbert Whiteduck est directeur du Kitigan Zibi Education Council et président de la Confédération des centres éducatifs et culturels des Premières nations.

Annexe C : Les Aînés

Steven Anavilok

Mary Avalak

Peter Avalak

Alice Hitkoak Ayalik

Rose Ballantyne

Ted Ballantyne

David Bearskin

Ellen Bearskin

Margaret Bearskin

Samuel Bearskin

Florence Carrier

Ted Chartrand

Bess Cooley

George Courchene

Julianne Courchene

Elijah Cox

Marion Cox

Alex Crowchild

Verna Demontigny

Anne Desjarlais

Cecile Desjarlais

Bruce Dumont

Lizzie Hall

Mary Hall

Percy Henry

Ollie Ittinnuar

Edith Josie

Mona Jules

Mark Kalluak

Senator Morris Kenequon

Tobasonakwut Kinew

William Lathlin

Margaret Liske

Doreen Madden

Helen Maksagak

Shirley Morven

Alice Nalukturuk

Mary Pangaman

Michel Paper

Edith Pearl Papequash

Joseph Peepabano

Mary Peepabano

Harvey Pelletier

Mervin Pelletier

Theo Sanderson

Clara Schinkel

David Shem

Hubert Skye

Shirley Williams

Margaret Workman

Grace Zoldy

Annexe D : Extrait des protocoles et des lignes directrices sur l'élaboration et la mise en œuvre de recherches portant sur les connaissances des Premières nations, des Inuits et des Métis

Protocole prévu

Le présent protocole a été adopté afin que, dans toutes les recherches parrainées par le Groupe de travail sur les langues et les cultures autochtones et portant sur les Premières nations, les Inuits et les Métis, on accorde le respect approprié aux cultures, langues, connaissances et valeurs des Premières nations, des Inuits et des Métis ainsi qu'aux normes utilisées par les Premières nations, les Inuits et les Métis pour valider la tradition.

De telles recherches peuvent porter sur des populations qui appartiennent aux Premières nations, aux collectivités inuites ou métisses; elles peuvent supposer la participation de répondants autochtones, inuits ou métis; il peut aussi s'agir de recherches concertées sur un aspect ou un autre de la propriété intellectuelle des Premières nations, des Inuits et des Métis.

Peu importe s'il est membre d'une Première nation, Inuit, Métis ou non-Autochtone, le chercheur qui réalise une recherche qui porte directement ou indirectement sur les langues ou les cultures autochtones devra respecter les protocoles et principes relatifs à l'exécution d'une recherche sur les Premières nations, les Inuits et les Métis. Tout chercheur qui travaille dans ce contexte doit être conscient du fait que les recherches qui portent sur les Premières nations, les Inuits et les Métis sont déterminées par des traditions sur le plan de la pensée et de l'expérience des Premières nations, des Inuits et des Métis : façon de penser, rassemblements sociaux spécifiques, histoires et valeurs issus des cultures et traditions des Premières nations, des Inuits et des Métis.

Les recherches sur les Premières nations, les Inuits et les Métis doivent bénéficier aux peuples des Premières nations, aux peuples inuits et métis à l'échelle locale.

Les résultats de la recherche doivent notamment concerner précisément les besoins de la collectivité sur laquelle porte la recherche.

Une collectivité devrait normalement tirer d'un projet de recherche certains avantages concrets, notamment des résultats de recherche utiles et accessibles pour la collectivité.

Considérations éthiques

Les personnes qui participent à la recherche contrôleront les résultats du processus de recherche, et à ce titre, elles ont le droit absolu de contrôler l'information provenant des résultats de la recherche. Ainsi, elles ont le droit d'exercer ce contrôle, de restreindre l'accès à l'information ou de retirer l'intégralité ou une partie de l'information émanant des résultats du projet de recherche.

Les droits, les intérêts et la sensibilité des personnes qui font l'objet de la recherche sont primordiaux et doivent être reconnus et protégés. Il faut notamment protéger tous les droits de propriété culturelle intellectuelle relatifs aux médecines traditionnelles, cérémonies, chansons, rituels et autres traditions culturelles sacrées.

Des outils et des techniques de recherche ouverts, accessibles et transparents seront utilisés en tout temps. Le travail secret ne sera ni accepté ni toléré. Tous les participants seront avisés qu'ils participent à une recherche avant le début du processus.

On sollicitera le consentement des membres des Premières nations, des Inuits et des Métis touchés par la recherche et on demandera une confirmation avant d'entreprendre la recherche. En ce qui a trait au consentement éclairé, le chercheur devra déterminer qui parle au nom de la collectivité et quelles seront les conditions relatives au consentement éclairé. Des conseils appropriés émanant de certaines institutions pourront orienter le processus de consultation.

On transmettra aux personnes concernées par la recherche, de façon claire, concise et appropriée, les objectifs de la recherche ainsi que les résultats prévus du processus.

Les chercheurs respecteront le principe d'honnêteté et expliqueront exactement leurs compétences et leur expérience aux personnes qui participeront à la recherche.

Les chercheurs n'exploiteront pas les informateurs et n'utiliseront pas les renseignements recueillis dans le cadre de la recherche pour en tirer un bénéfice personnel ou pour se mettre en valeur. Lorsque cela est possible et approprié, il faut accorder une compensation équitable aux participants pour leurs services, et reconnaître cette participation

relativement aux extrants finals de la recherche.
Les valeurs des Premières nations, des Inuits et des Métis doivent être reconnues et inscrites dans la conception de la recherche et la méthode d'un projet. Ces valeurs correspondent aux composantes suivantes sans s'y limiter :

- garantir le respect des valeurs des Premières nations, des Inuits et des Métis en tout temps;
- s'assurer que les Premières nations, les Inuits et les Métis sont consultés et ont clairement orienté les activités de recherche avant, pendant et après leur exécution;
- s'assurer de la compréhension, de la reconnaissance et du respect de certains aspects précis de la culture des Premières nations, des Inuits et des Métis, en fonction de la recheche effectuée;
- garantir le strict respect de la culture des Premières nations, des Inuits et des Métis;
- s'assurer que la mise en application du programme n'entraîne aucune violation des protocoles traditionnels.

On remettra à toutes les personnes et à tous les groupes touchés par le processus de recherche un exemplaire de l'étude, afin de rendre des comptes aux peuples des Premières nations ainsi qu'aux collectivités inuites et métisses.

Protection

Le fait d'assurer la protection ne suppose pas uniquement l'obtention du consentement éclairé du participant. En règle générale, une consultation devrait avoir lieu lorsque des membres des Premières nations, des Inuits ou des Métis doivent participer au projet ou lorsque le projet de recherche porte sur des enjeux d'importance pour les Premières nations, les Inuits et les Métis. La mise en commun de l'information concernant la langue et la culture devrait supposer que l'on oriente le chercheur relativement à ce qui doit être protégé et aux moyens utilisés pour garantir la protection.

Approche participative

Les modalités de la recherche ainsi que la méthode de recherche seront conçues en concertation avec les membres du groupe de travail. Les membres des Premières nations, les Inuits et les Métis auront le droit de participer à la recherche et de profiter des avantages qui résulteront du processus et de leur participation à la recherche. Il faut examiner les facteurs justifiant l'inclusion ou l'exclusion d'un membre d'une Première nation, d'un Inuit ou d'un Métis; des explications pertinentes sont fournies relativement au déroulement des recherches communautaires. Il faut respecter les systèmes et les processus de connaissances des Premières nations, des Inuits et des Métis. On tiendra pour acquis que toutes les personnes qui participent à la recherche ont un intérêt équivalent à l'égard du projet.

Droits de propriété intellectuelle pour la recherche

Il faudra établir la propriété de la recherche et la propriété des résultats obtenus au moyen de la recherche, ainsi que la façon de répartir cette propriété.

Respect des systèmes et processus de connaissances des Premières nations, des Inuits et des Métis

Le protocole exige la reconnaissance et le respect des systèmes et processus de connaissances des Premières nations, des Inuits et des Métis et les connaissances traditionnelles représentent une composante cruciale du processus de recherche.

Les chercheurs doivent respecter les droits de propriété culturelle des Premières nations, des Inuits et des Métis, que cette propriété soit tangible ou intangible, lorsqu'elle est liée au savoir, aux idées, aux expressions culturelles et aux produits culturels.

Dans les cas où les connaissances d'une personne ou d'un groupe constituent la base d'une recherche ou y contribuent considérablement, il faudra tenir compte de l'importance de cet apport dans le processus redditionnel, et citer la personne ou le groupe de façon appropriée. Voici quelques exemples — la liste n'est pas exhaustive :

- Reconnaître la valeur des connaissances traditionnelles et leur importance dans la recherche.
- Dans le cas d'une recherche qui porte sur des expériences traditionnelles qualitatives, il faudra l'utiliser avec beaucoup de discernement, dans la mesure où l'information appartient à certaines personnes ou à une collectivité.
- Incorporer les processus pertinents de connaissances d'apprentissage et de recherche qui caractérisent les Premières nations, les Inuits et les Métis, à toutes les étapes de la recherche, notamment la conception du projet et l'établissement de la méthode.
- S'assurer que la conception et les méthodes de la recherche protègent les renseignements personnels, l'intégrité et le bien-être des participants.
- Respecter le droit des Premières nations, des Inuits et des Métis de garder secrètes les connaissances et les pratiques des Premières nations, des Inuits et des Métis.

Il faut reconnaître la diversité et l'unicité des peuples et des personnes.

La recherche qui porte sur les Premières nations, les Inuits et les Métis doit témoigner de l'appréciation de la diversité des peuples des Premières nations, des Inuits et des Métis, qui parlent différentes langues et possèdent différentes cultures, histoires et perspectives.

Les chercheurs devraient reconnaître la diversité des groupes et des collectivités des Premières nations, des Inuits et des Métis ainsi que leur participation à la planification, à l'exécution et à la reddition de comptes concernant la recherche. Il est délicat de rendre des comptes à propos d'une recherche qui touche les connaissances traditionnelles. Les chercheurs doivent être conscients des éléments suivants :

- Au moment d'extrapoler à partir des résultats de la recherche, évitez de généraliser à d'autres collectivités de Premières nations, d'Inuits et de Métis ce que vous aurez appris d'une collectivité précise de Premières nations, d'Inuits ou de Métis.
- Évitez de coller des stéréotypes à des collectivités ou à des personnes au moment d'entreprendre la recherche.
- Cernez les composantes qui expliquent la diversité de la collectivité visée par la recherche; par exemple le sexe, l'âge, la religion et les communautés d'intérêts.
- Ne présumez pas que la perspective d'un groupe correspond à la vision de l'ensemble d'une communauté.
- Distinguer les droits liés à l'appartenance à un groupe et les droits collectifs, les responsabilités et la propriété.
- Entreprenez la recherche seulement si cette dernière ne contrevient pas aux droits, désirs et libertés des personnes visées par la recherche.
- Respectez le doit des personnes de participer à la recherche et à l'élimination des documents de recherche.

Il faut respecter et préserver les droits de propriété intellectuelle et culturelle des Premières nations, des Inuits et des Métis.

Les droits de propriété culturelle et intellectuelle des Premières nations, des Inuits et des Métis font partie du patrimoine dont témoignent les pratiques culturelles, les ressources et les systèmes de connaissances des Premières nations, des Inuits et des Métis, et ces droits se transmettent par l'expression culturelle de l'identité culturelle de ces peuples.

La propriété intellectuelle des Premières nations, des Inuits et des Métis n'est pas statique : elle peut s'appliquer à des choses inspirées du patrimoine autochtone.

Dans le domaine de la recherche, un des principes fondamentaux est de reconnaître ses sources d'information ainsi que le rôle des personnes qui ont contribué à la recherche.

Il faudrait reconnaître, au moment de la conception d'un projet de recherche, les droits permanents de propriété culturelle et intellectuelle des Premières nations, des Inuits et des Métis relativement aux matériaux sur lesquels se fonde la recherche.

- Déterminer les personnes — propriétaires traditionnels, dépositaires, Aînés, etc. — responsables des connaissances ou des pratiques qui feront l'objet de l'étude. Ces personnes doivent participer à la recherche et donner leur consentement éclairé quant à la recherche et à toute publication qui en émanerait.

- Permettre aux propriétaires du savoir des Premières nations, des Inuits et des Métis d'établir la propriété intellectuelle qui constitue leur contribution à la recherche.

- Reconnaître le fait que les connaissances et les ressources qui proviennent des Premières nations, des Inuits et des Métis dans le cadre du projet demeurent leur propriété intellectuelle.

- Négocier une entente préalable établissant la propriété conjointe ou la répartition de la propriété des résultats du projet.

- Convenir par écrit de la répartition des droits de propriété intellectuelle.

- S'entendre au sujet de l'identification des personnes qui participent à la recherche — ou sur la mise en place d'autres mécanismes pour protéger l'anonymat de la personne — et établir s'il faut remercier les personnes qui ont participé à la recherche dans les éventuelles publications.

- Lorsqu'on obtient le consentement éclairé des personnes visées par la recherche et que la collectivité participe à la recherche, il faudrait en faire mention dans toute publication découlant de la recherche.

- Lorsqu'on obtient le consentement éclairé d'un groupe de Premières nations, d'Inuits ou de Métis (par rapport notamment à la flore et la faune identifiées ou étudiées avec l'aide des Premières nations, des Inuits et des Métis), il faut le mentionner dans tous les documents publiés ou rapports émanant de la recherche.

- Établissez s'il y a lieu de convenir d'une paternité conjointe avec les membres de la collectivité — dans les cas où leur contribution a été considérable.

- Montrez ou distribuez les documents à diffusion restreinte seulement après avoir obtenu l'autorisation expresse des personnes qui ont fourni l'information ou qui en sont responsables.

Lignes directrices traditionnelles concernant la recherche

Le processus de consultation suppose un échange honnête d'information concernant les objectifs, les méthodes et les éventuels résultats du processus (pour toutes les parties). On ne devrait pas envisager le processus de consultation simplement comme l'occasion pour les chercheurs de dire à la collectivité ce qu'ils veulent.

- Le fait d'être adéquatement et pleinement informé des objectifs et des méthodes de recherche d'un projet, de ses répercussions et des éventuelles retombées permet au groupe de décider de s'opposer au projet ou d'y adhérer, selon ce qui est préférable pour lui.

- Que la recherche suppose ou non un travail sur le terrain, il fait partie des pratiques éthiques, dans toute recherche portant sur les Premières nations, les Inuits et les Métis de consulter les personnes susceptibles d'être directement touchées par la recherche ou ses résultats.

- Le fait de reconnaître et de respecter les systèmes et processus de connaissances des Premières nations, des Inuits et des Métis ne relève pas que de la simple courtoisie : il s'agit aussi de reconnaître que ce type de connaissances peut contribuer grandement au processus de recherche.

- La recherche doit respecter les droits de propriété culturelle des Premières nations, des Inuits et des Métis en ce qui a trait aux connaissances, aux idées, aux expressions culturelles et aux produits culturels.

- La recherche qui porte sur les Premières nations, les Inuits et les Métis doit témoigner de l'appréciation de la diversité des peuples des Premières nations, des Inuits et des Métis, qui parlent différentes langues et possèdent différentes cultures, histoires et perspectives.

- Il faut reconnaître la diversité et l'unicité des peuples et des personnes.

- Il faut respecter et préserver les droits de propriété intellectuelle et culturelle des Premières nations, des Inuits et des Métis.

- Les droits de propriété culturelle et intellectuelle des Premières nations, des Inuits et des Métis font partie du patrimoine dont témoignent les pratiques culturelles, les ressources et les systèmes de connaissances des Premières nations, des Inuits et des Métis, et ces droits se transmettent par l'expression culturelle de l'identité culturelle de ces peuples.

- La propriété intellectuelle des Premières nations, des Inuits et des Métis n'est pas statique : elle peut s'appliquer à des choses inspirées du patrimoine autochtone.

- Dans le domaine de la recherche, un des principes fondamentaux est de reconnaître ses sources d'information ainsi que le rôle des personnes qui ont contribué à la recherche.

- Les chercheurs, les personnes et les collectivités des Premières nations, des Inuits et des Métis devraient participer à la recherche à titre de collaborateurs.

- Les collectivités et les membres des peuples des Premières nations, des Inuits et des Métis ont le droit de participer à tout projet de recherche qui porte sur eux et leur culture.

- Les participants ont le droit de se retirer d'un projet en tout temps.

- Les recherches sur les enjeux qui touchent les Premières nations, les Inuits et les Métis devraient incorporer le point de vue des Premières nations, des Inuits et des Métis. Pour ce faire, il suffit souvent de favoriser une participation plus directe à la recherche.

Annexe E : Nombre de personnes qui parlent une langue autochtone

Langues autochtones	Langue maternelle	Indice de continuité	Pourcentage d'enfants issus de parents parlant une langue différente	Indice d'habileté	Âge moyen des locuteurs			Vitalité de la langue
					Connaissance d'une langue autochtone	Langue maternelle autochtone	Langue autochtone parlée à la maison	
Langues de la famille algonquine	146 635	70	34	117	30,5	30,9	28,8	Généralement viables
Cri	87 555	72	31	117	29,9	30,2	27,9	Viable, répandue
Ojibway	25 885	55	47	122	34,9	36,2	34,4	Viable, répandue
Montagnais-Naskapi	9 070	94	19	104	25,1	25,2	24,8	Viable, peu répandue
Micmac	7 310	72	43	111	29,5	29,9	29,2	Viable, peu répandue
Oji - Cri	5 400	80	27	114	25,7	26,3	26,8	Viable, peu répandue
Attikamek	3 995	97	7	103	21,8	21,9	21,5	Viable, peu répandue
Pied-noir	4 145	61	50	135	36,4	39,7	40,6	Viable, peu répandue
Algonquin	2 275	58	50	119	29,8	30,7	31,4	Viable, peu répandue
Malécite	655	37	83	148	40,5	44,0	44,8	Viable, peu répandue
Algonquin n.i.a.	350	40	75	159	47,2	52,2	46,7	Viabilité incertaine
Langues de la famille inuktitut	27 780	86	19	109	23,9	23,9	23,3	Viables, répandues
Langues de la famille Athapaskane	20 090	68	41	117	31,4	32,5	30,0	Généralement viables
Déné	9 000	86	28	107	24,4	24,8	24,1	Viable, peu répandue
Esclave du Sud	2 620	55	45	124	35,6	37,8	38,4	Viable, peu répandue
Dogrib (Flanc-de-chien)	2 085	72	29	118	28,3	29,8	30,6	Viable, peu répandue
Porteur	2 190	51	70	130	37,5	41,4	40,5	Viable, peu répandue
Chipewyan	1 455	44	82	128	39,4	40,2	40,7	Viable, peu répandue
Athapaskan, n.i.a.	1 310	37	70	129	41,6	44,7	44,2	Viabilité incertaine
Chilcotin	705	65	55	130	32,2	37,0	36,9	Viable, peu répandue
Kutchin-Gwich'in (loucheux)	430	24	67	114	53,0	53,1	56,8	Menacée
Esclave du Nord (peau-de-lièvre)	290	60	36	116	38,3	39,1	39,8	Menacée
Langues de la famille Sioux (dakota)	4 295	67	49	111	31,0	31,9	28,0	Viables, peu répandues
Langues de la famille salishenne	3 200	25	79	132	42,0	48,7	47,2	Menacées
Salish n.i.a.	1 850	24	80	130	43,0	49,7	48,5	Menacées
Shuswap	745	25	80	134	38,7	46,3	42,9	Menacées
Thompson	595	31	80	135	43,1	48,6	48,3	Menacées
Langues de la famille tsimshenne	2 460	31	71	132	43,2	48,0	49,6	Généralement menacées
Gitksan	1 200	39	76	123	41,4	45,2	45,7	Viable, peu répandue
Nishga	795	23	70	146	41,8	47,5	57,6	Menacée
Tsimshian	465	24	83	132	50,5	55,9	52,7	Menacée
Langues de la famille wakashane	1 650	27	79	118	47,3	51,3	51,1	Menacée
Wakashan	1 070	24	88	129	47,7	53,0	53,2	Menacée
Nootka	590	31	69	99	46,5	48,1	48,4	Menacée
Langues de la famille iroquoise	590	13	88	160	36,4	46,5	52,0	Viabilité incertaine
Mohawk	350	10	100	184	36,6	46,1	60,5	Viabilité incertaine
Iroquois n.i.a.	235	13	80	128	35,8	47,0	41,4	Viabilité incertaine
Haida (langue isolée)	240	6	100	144	46,7	50,4	64,6	Menacée
Tlingit (langue isolée)	145	21	100	128	45,5	49,3	41,6	Menacée

Langues autochtones	Langue maternelle	Indice de continuité	Pourcentage d'enfants issus de parents parlant une langue différente	Indice d'habileté	Âge moyen des locuteurs			Vitalité de la langue
					Connaissance d'une langue autochtone	Langue maternelle autochtone	Langue autochtone parlée à la maison	
Kutenai (langue isolée)	120	17	67	200	37,1	52,3	41,2	Menacée
Langues autochtones n.i.a	1 405	28	68	176	43,0	47,0	45,8	Menacée
Total	208 610	70	34	117	30,4	31,0	28,3	Viables ou menacées

Source : Données tirées de l'étude de Mary Jane Norris « Canada's Aboriginal Lanugages », Tendances sociales canadiennes (Hiver 1998), 8—16, selon les données du Recensement 1996.

Remarques : n.i.a. = non inclus ailleurs

Les indicateurs – indice de continuité, indice d'habileté, âge moyen des locuteurs d'une langue autochtone maternelle ou parlée à la maison – sont fondés sur les réponses simples ou multiples (langue maternelle et langue parlée à la maison) combinées. L'indice de continuité présente la langue parlée à la maison sous forme de pourcentage de la langue maternelle. L'indice d'habileté présente la connaissance de la langue sous forme de pourcentage de la langue maternelle.

La « vitalité » de chaque langue reflète la classification établie par Dale Kinkade dans *The Decline of Native Languages in Canada* paru dans *Endangered Languages* publié sous la direction de R.H. Robins et E.M. Uhlenbeck (Berg Publishers Limited, 1991).

La liste des réserves où les langues iroquoises sont parlées n'est pas complète, ce qui fausse passablement les données les concernant. Cette observation vaut aussi dans une certaine mesure pour les langues de la famille algonquine.

Annexe F : Conventions internationales

Diverses déclarations et conventions traitent de façon pertinente des liens entre les droits internationaux de la personne et les langues et cultures autochtones. Mentionnons notamment les documents suivants :

- L'article 2 de la Déclaration universelle des droits de l'homme de 1948 énonce le principe fondamental interdisant la discrimination fondée sur la langue : *« Chacun peut se prévaloir de tous les droits et de toutes les libertés proclamés dans la présente Déclaration, sans distinction aucune, notamment de [...] langue. »*
- Les droits des personnes appartenant à une minorité sont en outre établis dans le Pacte international (de 1966) relatif aux droits civils et politiques et dans la Déclaration sur les droits des personnes appartenant à des minorités nationales ou ethniques, religieuses et linguistiques de 1992.
- Pacte international (de 1976) relatif aux droits civils et politiques : « Dans les États où il existe des minorités ethniques, religieuses ou linguistiques, les personnes appartenant à ces minorités ne peuvent être privées du droit d'avoir, en commun avec les autres membres de leur groupe, leur propre vie culturelle, de professer et de pratiquer leur propre religion, ou d'employer leur propre langue. »
- L'article 5 de la Convention relative aux peuples indigènes et tribaux (Convention 169 de l'OIT) indique ce qui suit :

  « En appliquant les dispositions de la présente convention, il faudra :

  (a) reconnaître et protéger les valeurs et les pratiques sociales, culturelles, religieuses et spirituelles de ces peuples et prendre dûment en considération la nature des problèmes qui se posent à eux, en tant que groupes comme en tant qu'individus;

  (b) respecter l'intégrité des valeurs, des pratiques et des institutions desdits peuples;

  (c) adopter, avec la participation et la coopération des peuples affectés, des mesures tendant à aplanir les difficultés que ceux-ci éprouvent à faire face à de nouvelles conditions de vie et de travail. »
- L'article 28 de la Convention 169 de l'OIT exige que « Lorsque cela est réalisable, un enseignement doit être donné aux enfants des peuples intéressés pour leur apprendre à lire et à écrire dans leur propre langue indigène ou dans la langue qui est le plus communément utilisée par le groupe auquel ils appartiennent » et que « Des mesures adéquates doivent être prises pour assurer que ces peuples aient la possibilité d'atteindre la maîtrise de la langue nationale ou de l'une des langues officielles du pays ». L'article ajoute que « Des dispositions doivent être prises pour sauvegarder les langues indigènes des peuples intéressés et en promouvoir le développement et la pratique ».
- Dans la Convention (de 1989) relative aux droits de l'enfant, on aborde la question de l'enseignement de la langue sous un nouvel angle en insistant sur le fait que la langue constitue elle aussi une valeur à apprendre. L'article 29 indique que « l'éducation de l'enfant doit viser à [...] inculquer à l'enfant le respect [...] de son identité, de sa langue et de ses valeurs culturelles ».
- Le paragraphe 8 (j) de la Convention sur la diversité biologique (1992) exige que les États membres prennent des mesures visant à protéger et à préserver les connaissances traditionnelles et encouragent le partage équitable des avantages découlant de l'utilisation de ces connaissances et pratiques.
- L'article 14 du Projet de déclaration sur les doits des peuples autochtones de 1994 indique ce qui suit : « Les peuples autochtones ont le droit de revivifier, d'utiliser, de développer et de transmettre aux générations futures leur histoire, leur langue, leurs traditions orales, leur philosophie, leur système d'écriture et leur littérature, ainsi que de choisir ou de conserver leurs propres dénominations pour les communautés, les lieux et les personnes...Chaque fois qu'un des droits des peuples autochtones sera menacé, les États prendront les mesures qui s'imposent pour le protéger. »
- Dans la Déclaration universelle de l'UNESCO sur la diversité culturelle, adoptée en 2001, on reconnaît les liens entre la diversité culturelle et linguistique et la biodiversité, et on demande aux gouvernements de prendre des mesures afin de promouvoir la diversité culturelle.
- L'article 2 de la Convention pour la sauvegarde du patrimoine culturel immatériel de l'UNESCO (octobre 2003 – 32e séance) indique ce qui suit : « Le "patrimoine culturel immatériel" [...] se manifeste notamment dans les domaines suivants : a) les traditions et expressions orales, y compris la langue comme vecteur du patrimoine culturel immatériel; b) les arts du spectacle; c) les pratiques sociales, rituels et événements festifs; d) les connaissances et pratiques concernant la nature et l'univers; e) les savoir-faire liés à l'artisanat traditionnel. »

Annexe G : Engagements financiers du plan d'action pour les langues officielles

Patrimoine canadien

• Éducation	
Investissements ciblés – langue minoritaire	209,0 $ M
Investissements ciblés – langue seconde	137,0 $ M
Bourses d'été de langues	24,0 $ M
Moniteurs de langue seconde	11,5 $ M
Total sur cinq ans	**381,5 $ M**
• Appui aux collectivités	
Appui aux collectivités minoritaires	19,0 $ M
Coopération intergouvernementale	14,5 $ M
Total sur cinq ans	**33,5 $ M**

Secrétariat du Conseil du Trésor

• Investir dans l'innovation	14,0 $ M
Centre d'excellence	12,0 $ M
Reconstruire la capacité bilingue (Commission de la fonction publique)	38,6 $ M
Total sur cinq ans	**64,6 $ M**

Santé Canada

• Appui aux collectivités	
Réseautage	14,0 $ M
Formation et rétention	75,0 $ M
Fonds pour l'adaptation des soins de santé primaires (Entente Santé 2000)	30,0 $ M
Total sur cinq ans	**119,0 $ M**

Ressources humaines et Développement des compétences Canada

• Appui aux collectivités	
Alphabétisation	7,4 $ M
Projets pilotes de services de garde	10,8 $ M
Améliorer les moyens des ONG	3,8 $ M
Total sur cinq ans	**22,0 $ M**
• Développement économique	
Stages de formation	7,3 $ M
Total sur cinq ans	**7,3 $ M**

Industrie Canada

• Développement économique	
Sensibilisation, services d'information et de consultation	8,0 $ M
Stages de formation	2,0 $ M
Projets pilotes (téléapprentissage et téléformation)	10,0 $ M
Francommunautés virtuelles	13,0 $ M
Total sur cinq ans	**33,0 $ M**
• Industries de la langue	
Réseau canadien des industries de la langue (coordination et gouvernance)	5,0 $ M
Mise en marché et image de marque	5,0 $ M
Centre de recherche sur les technologies langagières	10,0 $ M
Total sur cinq ans	**20,0 $ M**

Justice Canada

• Cadre d'imputabilité et de coordination	2,5 $ M
Total sur cinq ans	**2,5 $ M**
• Appui aux collectivités	
Obligations légales	27,0 $ M
Accès à la justice	18,5 $ M
Total sur cinq ans	**45,5 $ M**

Citoyenneté et Immigration Canada

• Appui aux collectivités	
Recrutement et intégration des immigrants	9,0 $ M
Total sur cinq ans	**9,0 $ M**

Bureau du Conseil privé, Affaires intergouvernementales

• Mise en oeuvre du Plan d'action, y compris le cadre d'imputabilité et de coordination	13,5 $ M
Total sur cinq ans	**13,5 $ M**

Total du Plan d'action sur cinq ans — 751,3 $ M

Annexe H : Plan d'action pour la diversité culturelle

LIGNES ESSENTIELLES D'UN PLAN D'ACTION POUR LA MISE EN ŒUVRE DE LA DÉCLARATION DE L'UNESCO SUR LA DIVERSITÉ CULTURELLE

Les États membres s'engagent à prendre les mesures appropriées pour diffuser largement la Déclaration universelle de l'UNESCO sur la diversité culturelle et pour encourager son application effective, en coopérant notamment à la réalisation des objectifs suivants :

1. Approfondir le débat international sur les questions relatives à la diversité culturelle, en particulier celles qui ont trait à ses liens avec le développement et à son impact sur la formulation des politiques, à l'échelle aussi bien nationale qu'internationale; avancer notamment la réflexion concernant l'opportunité d'un instrument juridique international sur la diversité culturelle.

2. Progresser dans la définition des principes, des normes et des pratiques, tant au niveau national qu'international, ainsi que des moyens de sensibilisation et des formes de coopération les plus propices à la sauvegarde et à la promotion de la diversité culturelle.

3. Favoriser l'échange des connaissances et des meilleures pratiques en matière de pluralisme culturel, en vue de faciliter, dans des sociétés diversifiées, l'inclusion et la participation de personnes et de groupes venant d'horizons culturels varié.

4. Avancer dans la compréhension et la clarification du contenu des droits culturels, en tant que partie intégrante des droits de l'homme.

5. Sauvegarder le patrimoine linguistique de l'humanité et soutenir l'expression, la création, et la diffusion dans le plus grand nombre possible de langues.

6. Encourager la diversité linguistique - dans le respect de la langue maternelle - à tous les niveaux de l'éducation, partout où c'est possible, et stimuler l'apprentissage du plurilinguisme dès le plus jeune âge.

7. Susciter, à travers l'éducation, une prise de conscience de la valeur positive de la diversité culturelle et améliorer à cet effet tant la formulation des programmes scolaires que la formation des enseignants.

8. Incorporer dans le processus éducatif, en tant que de besoin, des approches pédagogiques traditionnelles afin de préserver et d'optimiser des méthodes culturellement appropriées pour la communication et la transmission du savoir.

9. Encourager l'« alphabétisation numérique » et accroître la maîtrise des nouvelles technologies de l'information et de la communication, qui doivent être considérées aussi bien comme des disciplines d'enseignement que comme des outils pédagogiques susceptibles de renforcer l'efficacité des services éducatifs.

10. Promouvoir la diversité linguistique dans l'espace numérique et encourager l'accès universel, à travers les réseaux mondiaux, à toutes les informations qui relèvent du domaine public.

11. Lutter contre la fracture numérique - en étroite coopération avec les institutions compétentes du système des Nations Unies - en favorisant l'accès des pays en développement aux nouvelles technologies, en les aidant à maîtriser les technologies de l'information et en facilitant à la fois la circulation numérique des produits culturels endogènes et l'accès de ces pays aux ressources numériques d'ordre éducatif, culturel et scientifique, disponibles à l'échelle mondiale.

12. Stimuler la production, la sauvegarde et la diffusion de contenus diversifiés dans les médias et les réseaux mondiaux d'information et, à cette fin, promouvoir le rôle des services publics de radiodiffusion et de télévision pour le développement de productions audiovisuelles de qualité, en particulier en favorisant la mise en place de mécanismes coopératifs susceptibles d'en faciliter la diffusion.

13. Élaborer des politiques et des stratégies de préservation et de mise en valeur du patrimoine culturel et naturel, notamment du patrimoine culturel oral et immatériel, et combattre le trafic illicite de biens et de services culturels.

14. Respecter et protéger les savoirs traditionnels, notamment ceux des populations autochtones; reconnaître l'apport des connaissances traditionnelles en matière de protection de l'environnement et de gestion des ressources naturelles et favoriser des synergies entre la science moderne et les savoirs locaux.

15. Soutenir la mobilité des créateurs, des artistes, des chercheurs, des scientifiques et des intellectuels et le développement de programmes et de partenariats internationaux de recherche, tout en s'efforçant de préserver et d'accroître la capacité créatrice des pays en développement et en transition.

16. Assurer la protection des droits d'auteurs et des droits qui leur sont associés, dans l'intérêt du développement de la créativité contemporaine et d'une rémunération équitable du travail créatif, tout en défendant un droit public d'accès à la culture, conformément à l'article 27 de la Déclaration universelle des droits de l'homme.

17. Aider à l'émergence ou à la consolidation d'industries culturelles dans les pays en développement et les pays en transition et, à cet effet, coopérer au développement des infrastructures et des compétences nécessaires, soutenir l'émergence de marchés locaux viables et faciliter l'accès des biens culturels de ces pays au marché mondial et aux circuits de distribution internationaux.

18. Développer des politiques culturelles susceptibles de promouvoir les principes inscrits dans la présente Déclaration, y compris par le biais de mécanismes de soutien opérationnel et/ou de cadres réglementaires appropriés, dans le respect des obligations internationales propres à chaque État.

19. Associer étroitement les différents secteurs de la société civile à la définition des politiques publiques visant à sauvegarder et promouvoir la diversité culturelle.

20. Reconnaître et encourager la contribution que le secteur privé peut apporter à la valorisation de la diversité culturelle, et faciliter, à cet effet, la mise en place d'espaces de dialogue entre secteur public et secteur privé.

21. Les États membres recommandent au Directeur général de prendre en considération les objectifs énoncés dans le présent Plan d'action pour la mise en œuvre des programmes de l'UNESCO et de communiquer ce dernier aux institutions du système des Nations Unies et aux autres organisations intergouvernementales et non gouvernementales concernées en vue de renforcer la synergie des actions en faveur de la diversité culturelle[141].

[141] Les États membres ont jugé que cette Déclaration n'offrait pas une protection adéquate contre certains éléments menaçant spécifiquement la diversité culturelle dans le contexte de la mondialisation. C'est pourquoi on a entrepris l'élaboration d'un instrument de normalisation qui aura valeur obligatoire (Résolution 32c/24). L'avant-projet de Convention sur la protection de la diversité des contenus culturels et des expressions artistiques sera soumis à un examen à l'occasion de la prochaine séance, en octobre 2005.

Bibliographie

Générale

ABBLEY, Mark. *Spoken Here: Travels Among Threatened Languages*, Houghton Mifflin, Boston, 2003.

ALEXANDER, Merle, K. CHAMUNDEESWARI, Alphonse KAMBU, et coll. *The Role of Registers and Databases in the Protection of Traditional Knowledge: A Comparative Analysis*. Tokyo, United Nations University Institute of Advanced Studies, 2004. Site Web : http://www.ias.unu.edu [site consulté le 10 mai 2005].

ANTON, Mike. *John Peabody Harrington: The Clue to Lost Native American Language*, OGMIOS Newsletter 2.12(24) (Été – 30 août 2004), Foundation for Endangered Languages, Reading, Royaume-Uni. Site Web : www.ogmios.org/247.htm [site consulté le 15 décembre 2004].

ASSEMBLÉE DES PREMIÈRES NATIONS. Comité des chefs sur les langues. *Exposé présenté devant le Groupe de travail sur les langues et les cultures autochtones*, Patrimoine canadien, Ottawa, 25 août 2004.

ASSEMBLÉE DES PREMIÈRES NATIONS. *Rapport sur le plan de règlement des conflits du gouvernement du Canada qui vise à indemniser les victimes de sévices infligés dans les pensionnats indiens*, APN, Ottawa, 2004.

ASSEMBLÉE DES PREMIÈRES NATIONS. *Stratégie nationale sur les langues de Premières Nations : Un temps pour écouter, un temps pour agir*, stratégie adoptée par résolution de l'Assemblée des chefs, juillet 2000, APN, Ottawa, 2000.

ASSEMBLÉE DES PREMIÈRES NATIONS. *Tradition and Education: Towards a Vision of the Future*, APN, Ottawa, 1988.

ASSEMBLÉE DES PREMIÈRES NATIONS. *Vers la justice linguistique pour les Premières Nations*, APN, Ottawa, 1990.

ASSEMBLÉE DES PREMIÈRES NATIONS. *Vers la renaissance des langues des Premières Nations*, APN, Ottawa, 1992.

AUGUST, D. et E.E. GARCIA. *Language Minority Education in the United States : Research, Policy and Practice*, Charles C. Thomas, Springfield, Illinois, 1988.

AYOUNGMAN, V. *Native Language Renewal : Dispelling the Myths, Planning for the Future*, Bilingual Research Journal 19(1) : 183-87.

BATTISTE, Marie. *Evaluation Measures for Aboriginal Language and Culture Project: A Literature Review*, document préparé pour le Groupe de travail sur les langues et les cultures autochtones, Patrimoine canadien, Ottawa, novembre 2004.

BAUMAN, James. *A Guide to Issues in Indian Language Retention*, Centre for Applied Linguistics, Washington, D.C., 1980.

BRANDT, E.A. et V. AYOUNGMAN. *Language Renewal and Language Maintenance: A Practical Guide*, Canadian Journal of Native Education, 16(2), 42-77, 1989.

BRASCOUPÉ, Simon et Howard MANN. *Guide communautaire de protection des connaissances autochtones*, Direction de la recherche et de l'analyse, ministère des Affaires indiennes et du Nord canadien, Ottawa, juin 2001. Site Web : http://www.ainc-inac.gc.ca/pr/ra/ind/index1_f.html [site consulté le 22 juin 2005].

BRASCOUPÉ, Simon et Karin ENDEMANN. *Propriété intellectuelle et autochtones : Documents de travail*, Direction de la recherche stratégique et de l'analyse, ministère des Affaires indiennes et du Nord canadien et Politique de la propriété intellectuelle, Industrie Canada, Ottawa, 1999. Site Web : http://www.ainc-inac.gc.ca/pr/ra/intpro/intpro_f.html [site consulté le 10 mai 2005].

CAMPBELL, Tracy. *Co-management of Aboriginal Resources*, Information North 22(1), Institut arctique de l'Amérique du Nord, mars 1996. Site Web : http://arcticcircle.uconn.edu/NatResources/comanagement.html [site consulté le 9 mai 2005].

CANADA. AGENCE CANADIENNE D'ÉVALUATION ENVIRONNEMENTALE. *Tenir compte du savoir traditionnel autochtone dans les évaluations aux termes de la* Loi canadienne sur l'évaluation environnementale – *Principes provisoires*, ACEE, Ottawa, 2004. Site Web : http://www.ceaa-acee.gc.ca/012/atk_f.htm [site consulté le 9 mai 2005].

CANADA. CONSEIL DU TRÉSOR. *La qualité de mandataire et les sociétés d'État* Ottawa. Site Web : http://www.tbs-sct.gc.ca/ccpi-pise/agent_f.asp [site consulté le 4 mai 2005].

CANADA. ENVIRONNEMENT CANADA. *Savoir traditionnel autochtone et gestion de l'environnement*, Ottawa, 2002. Site Web : http://www.ec.gc.ca/science/sandesept02/article1_f.html [site consulté le 12 mai 2005].

CANADA. ENVIRONNEMENT CANADA. *Savoir traditionnel autochtone et gestion de l'environnement*, Bulletin science et environnement (septembre-octobre 2002), Ottawa. Site Web : http://www.ec.gc.ca/science/sandesept02/article1_f.html [site consulté le 4 mai 2005].

CANADA. *Le Prochain Acte : Un nouvel élan pour la dualité linguistique canadienne. Le Plan d'action pour les langues officielles*, Approvisionnements et Services, Ottawa, 2003. Site Web : http://www.pco-bcp.gc.ca/aia/default.asp?Language=F&page=actionplan&sub=actionplan&doc=cover_f.htm [site consulté le 12 janvier 2005].

CANADA. MINISTÈRE DES AFFAIRES INDIENNES ET DU NORD CANADIEN. *Déclaration de réconciliation*, Rassembler nos forces — Plan d'action du Canada pour les questions autochtones, ministère des Travaux publics et des Services gouvernementaux, Ottawa, 1998, pp. 4–5.

CANADA. MINISTÈRE DES AFFAIRES INDIENNES ET DU NORD CANADIEN. *Données ministérielles de base 2002*, Ottawa, mars 2003.

CANADA. MINISTÈRE DES AFFAIRES INDIENNES ET DU NORD CANADIEN. *Nos enfants – gardiens du savoir sacré*, Rapport final du Groupe de travail national du Ministre sur l'éducation, Ottawa, décembre 2002.

CANADA. MINISTÈRE DES AFFAIRES INDIENNES ET DU NORD CANADIEN. *Table ronde Canada-Autochtones sur l'apprentissage continu – document de travail* (2004). Site Web : www.aboriginalroundtable.ca/sect/lrng/bckpr/goc_bgpr_e.html [site consulté le 21 mai 2005].

CANADA. MINISTÈRE DES APPROVISIONNEMENTS ET SERVICES. *Par-delà les divisions culturelles : un rapport sur les Autochtones et la justice pénale au Canada, Commission royale sur les peuples autochtones*, Ottawa, 1996.

CANADA. MINISTÈRE DES APPROVISIONNEMENTS ET SERVICES. *Rapport final de la Commission royale sur les peuples autochtones*, 5 volumes, Ottawa, Canada, 1996

CANADA. MINISTÈRE DES TRAVAUX PUBLICS ET DES SERVICES GOUVERNEMENTAUX. *Rassembler nos forces — Plan d'action du Canada pour les questions autochtones*, Ottawa, 1998.

CANADA. MINISTÈRE DU PATRIMOINE CANADIEN. *Apprentissage de la langue seconde*, Langues officielles, Ottawa. Site Web : http://www.pch.gc.ca/progs/lo-ol/be/index_f.cfm [site consulté le 19 février 2005].

CANADA. MINISTÈRE DU PATRIMOINE CANADIEN. Compte rendu des consultations organisées par le Groupe de travail sur les langues et les cultures autochtones, Ottawa, mai 2004.

CANADA. MINISTÈRE DU PATRIMOINE CANADIEN. *Processus de réforme du droit d'auteur*, Ottawa. Site Web : http://www.canadianheritage.gc.ca/progs/ac-ca/progs/pda-cpb/reform/index_f.cfm [site consulté le 11 mai 2005].

CANADA. MINISTÈRE DU PATRIMOINE CANADIEN. *Programme de vérification de l'Initiative des langues autochtones*, Direction générale des examens ministériels, Ottawa, 20 octobre 2004.

CANADA. MINISTÈRE DU PATRIMOINE CANADIEN. *Traditions : Rassemblements nationaux sur le savoir autochtone*, Ottawa. Site Web : http://www.traditions.gc.ca/index_f.cfm [site consulté le 3 mai 2005].

CANADA. MINISTÈRE DU PATRIMOINE CANADIEN. *Éducation dans la langue de la minorité*, Langues officielles, Ottawa. Site Web : http://www.pch.gc.ca/progs/lo-ol/be/index_f.cfm [site consulté le 19 février 2005].

CANADA. SERVICE CORRECTIONNEL DU CANADA. DIRECTION DES INITIATIVES POUR LES AUTOCHTONES *Faits et chiffres – Profil démographique des peuples autochtones et des délinquants autochtones détenus dans des établissements correctionnels fédéraux*, Ottawa, 1999. Site Web : http://www.csc-scc.gc.ca/text/prgrm/correctional/abissues/know/10_f.shtml.

CANADA. VÉRIFICATEUR GÉNÉRAL. *Affaires indiennes et du Nord Canada – l'enseignement primaire et secondaire*, chapitre 4, Rapport du vérificateur général du Canada à la Chambre des communes, avril 2000, ministère des Travaux publics et des Services gouvernementaux du Canada, Ottawa, 2000. Site Web : http://www.oag-bvg.ca [site consulté le 15 mai 2005].

CANADA. VÉRIFICATEUR GÉNÉRAL. *Affaires indiennes et du Nord Canada – le Programme d'enseignement et l'aide aux étudiants de niveau postsecondaire*, chapitre 5, Rapport du vérificateur général du Canada à la Chambre des communes, 2004, ministère des Travaux publics et des Services gouvernementaux du Canada, Ottawa, 2004. Site Web : http://www.oag-bvg.ca [site consulté le 15 mai 2005].

CONFÉDÉRATION DES CENTRES ÉDUCATIFS ET CULTURELS DES PREMIÈRES NATIONS. *From Grassroots to Towers: Looking Back at the Past Three Years*, rapport préliminaire de l'Initiative des langues autochtones, inédit, CCECPN, Ottawa, décembre 2002.

CONSEIL DES MINISTRES DE L'ÉDUCATION DU CANADA. *Les ministres de l'Éducation adoptent trois plans d'action ambitieux pour l'éducation des Autochtones, l'alphabétisation et la capacité des systèmes d'enseignement postsecondaire*, Communiqué, 8 mars 2005. Site Web : http://www.cmec.ca/releases/press.fr.stm?id=25 [site consulté le 15 mars 2005].

CONSILIUM. *Évaluation de l'Initiative des langues autochtones – Rapport final*, ministère du Patrimoine canadien, Ottawa, 26 février 2003.

CRAIN, Ian. *Biodiversity Information Clearing House: Concepts and Challenges*, World Conservation Monitoring Centre, Cambridge, Royaume-Uni. Site Web : http://www.unep-wcmc.org/resources/publications/2_clearing_house/chm.html#5 [site consulté le 7 mai 2005].

CRAWFORD, James. *Bilingual Education: History, Policies, Theory and Practice*, Crane Publishing, Trenton, New-Jersey, 1989.

CRAWFORD, James. *Seven Hypotheses on Language Loss: Causes and Cure*, Stabilizing Indigenous Language, sous la direction de G. Cantoni, Center for Excellence in Education, Northern Arizona University, Flagstaff, Arizona, 1996. Site Web : http://www.ncela.gwu.edu/pubs/stabilize/ii-policy/hypotheses.htm [site consulté le 10 mai, 2005].

CROSSCURRENT ASSOCIATES, HAY RIVER. *Languages of the Land : A Manual for Aboriginal Language Activists*, Northwest Territories Literacy Council, Yellowknife, Territoires du Nord-Ouest, 1999. Site Web : http://www.nwt.literacy.ca/aborig/land/cover.htm [site consulté le 20 janvier 2005].

CRYSTAL, David. *Language Death*, Cambridge University Press, Cambridge, 2000.

CUMMINS, J. *Empowering Minority Students*, California Association for Bilingual Education Sacramento, Californie, 1989.

CUMMINS, J. et M. SWAIN. *Bilingualism in Education : Aspects of Theory, Research and Practice*, Longman, New York, 1986.

CUMMINS, J. *The Role of Primary Language Development in Promoting Educational Success for Language Minority Students*, California State Department of Education, Schooling and Language Minority Students : A Theoretical Framework, Evaluation Dissemination and Assessment Center, California State University, Los Angeles, Californie, 1981.

DION, Stéphane. *Pourquoi l'immersion et l'enseignement de la langue seconde seront importants dans notre plan d'action*, notes pour une allocution de l'honorable Stéphane Dion, président du Conseil privé et ministre des Affaires intergouvernementales, discours prononcé dans le cadre de la conférence « Célébrons nos succès, partageons nos idées et cheminons vers l'avenir », 18 octobre 2002, Ottawa. Site Web : http://www.cpfnb.com/articles.

FIRST PEOPLES' HERITAGE LANGUAGE AND CULTURE COUNCIL. *First Nations, Inuit and Métis' Language*, First People's Cultural Foundation, Victoria, Colombie-Britannique, 2003.

FISHMAN, Joshua, dir. *Can Threatened Languages Be Saved? Reversing Language Shift, Revisited: A 21st Century Perspective*, Multilingual Matters, Clevedon, Royaume-Uni, 2001.

GENESEE, F. *Learning Through Two Languages : Studies of Immersion and Bilingual Education*, Newbury House, Cambridge, Massachusetts, 1987.

GREYMORNING, Stephen. *Reflections on the Arapaho Language Project, or When Bambi Spoke Arapaho and Other Tales of Arapaho Language Revitalization Efforts*, The Green Book of Language Revitalization in Practice, sous la direction de Leanne Hinton et Ken Hale, Academic Press, San Diego, 2001.

GROSJEAN, François. *Life with Two Languages: An Introduction to Bilingualism*, Harvard University Press, Cambridge, 1982.

HANSEN, Stephen et Justin VAN FLEET. *Traditional Knowledge and Intellectual Property: A Handbook on Issues and Options for Traditional Knowledge Holders in Protecting Their Intellectual Property and Maintaining Biological Diversity*, American Association for the Advancement of Science, Washington, D.C., 2003. Site Web : http://www.ip.aaas.org/tekindex.nsf [site consulté le 10 mai 2005].

HINTON, Leanne et Ken HALE, dir. *The Green Book of Language Revitalization in Practice*. Academic Press, San Diego, 2001.

HINTON, Leanne. *Sleeping Languages: Can They be Awakened?*, The Green Book of Language Revitalization in Practice, sous la direction de L. Hinton et K. Hale, Academic Press, San Diego, 413-18, 2001.

HOLM, A. et W. HOLM. *Rock Point, A Navajo Way to Go to School: A Valediction*, Annals AAPSS, 508 170-84, 1990.

IGNACE, Marianne, et MARKEY and Associates. *Document d'information pour le Groupe de travail sur les langues et les cultures autochtones*, préparé à l'intention du Groupe de travail sur les langues et les cultures autochtones, Patrimoine canadien, Ottawa, 2 octobre 2004.

IGNACE, Marianne, Mercedes HINKSON et Mona JULES. *Aboriginal Language Teacher Education in B.C.: Education and Certification Needs*, First Nations Education Steering Committee, Aboriginal Languages Sub-committee, Squamish, Colombie-Britannique, 1998.

IGNACE, Marianne. *Enquête sur la langue de la bande de Kwadacha (Fort Ware)*, compilation faite pour le compte de la bande Kwadacha et de l'école Aatse Davie, programme de la Secwepemc Cultural Education Society et de l'Université Simon Fraser, Kamloops, Colombie-Britannique, mars 1999.

IGNACE, Marianne. *Enquête sur la langue heiltsuk*, compilation faite pour le compte de la bande de Heiltsuk, programme de la Secwepemc Cultural Education Society et de l'Université Simon Fraser, Kamloops, Colombie-Britannique, mars 1999.

IGNACE, Marianne. *Handbook for Aboriginal Language Program Planning in British Columbia*, First Nations Education Steering Committee, Vancouver, Colombie-Britannique, avril 1998. Site Web : http://www.schoolnet.ca/aboriginal/fnesc/index-e.html.

INUIT TAPIRIIT KANATAMI. *Document d'information sur les Inuits et l'éducation*, document de travail pour les séances de suivi sectorielles sur l'apprentissage continu, 13, 14, 18 et 19 novembre 2004, Winnipeg et Ottawa.

KASKA DENE COUNCIL. *Traditional Knowledge : Policy and Legal Options*, Exposé présenté devant le Comité intergouvernemental de la propriété intellectuelle relative aux ressources génétiques, au savoir traditionnel et au folklore de l'Organisation mondiale de la propriété intellectuelle dans le cadre de sa réunion du 17 mars 2004, point n° 6, document 6/4. Site Web : http://www.wipo.int/tk/en/igc/ngo/kdc_igc6_doc6_4.pdf.

KINKADE, M. Dale. *The Decline of Native Languages in Canada*, Endangered Languages, sous la direction de Robert H. Robins et Eugenius M. Uhlenbeck, Oxford, Berg Publishers, 157-76, 1991.

KIRKNESS, Verna. *The Preservation and Use of Our Languages: Respecting the Natural Order of the Creator*, Indigenous Languages Across the Community, sous la direction de Barbara Burnaby et Jon Reyhner, Northern Arizona University, Flagstaff, Arizona, 2002. Site Web : http://jan.ucc.nau.edu/ [site consulté le 15 décembre 2004].

MAFFI, Luisa, dir. *On Biocultural Diversity: Linking Language, Knowledge, and the Environment* Smithsonian Institution Press, Washington, D.C., 2001.

MANN, Howard. *Indigenous Peoples and the Use of Intellectual Property Rights in Canada, Case Studies Relating to IP Rights and the Protection of Biodiversity*, Direction de la politique de la propriété intellectuelle, Industrie Canada, Ottawa, sans date.

MÉTIS NATION OF ALBERTA. *Our Children and Our Languages — The Way It Was: Nutr Zaafahn pi Nutr Laang, Kaayash Aachimowyn*, 4e conférence sur la langue michife, Calgary, Alberta, 13 mars-2 avril 2005.

MILLER, J.R. *Skyscrapers Hide the Heavens: A History of Indian-White Relations in Canada*, Presses de l'Université de Toronto, Toronto, 1989.

MURPHY, P.J., George P. NICHOLAS et Marianne IGNACE (dir.). *Coyote U: Stories and Teachings From the Secwepemc Educational Institute*, Penticton, Colombie-Britannique, Theytus Books, 1999.

MURPHY, Peter James. *A Comparative Analysis of International Indigenous Language Revitalization Initiatives*, document préparé pour le Groupe de travail sur les langues et les cultures autochtones, Patrimoine canadien, Ottawa, sans date.

NATION INNU et CONSEIL DE LA NATION MUSHUAU. *Gathering Voices: Finding Strength to Help Our Children*, Douglas and McIntyre, Toronto, 1995.

NETTLES, Daniel, et Suzanne ROMAINE. *Vanishing Voices: The Extinction of the World's Languages*, Oxford University Press, Oxford, 2000.

NORRIS, M.J. et L. JANTZEN. *Les langues autochtones en milieu urbain au Canada : Caractéristiques, considérations et conséquences*, Des gens d'ici : Les Autochtones en milieu urbain, sous la direction de David Newhouse et Evelyn Peters, 93-118, Projet de recherche sur les politiques, Ottawa, Canada, 2003.

NORRIS, Mary Jane. *Les langues autochtones du Canada*, Tendances sociales canadiennes, hiver 1998, 8-16, n° de catalogue 11-008, Statistique Canada, Ottawa. Site Web : http://www.statcan.ca/francais/ads/11-008-XPF/aborigf.pdf [site consulté le 22 juin 2005].

NORRIS, Mary Jane. *The Diversity and State of Aboriginal Languages in Canada*, document de recherche préparé pour Patrimoine canadien, Ottawa, sans date.

NORTHWEST TERRITORIES LITERACY COUNCIL. *Languages of the Land: A Manual for Aboriginal Language Activists*, Yellowknife, T.N.-O., 1999. Site Web : http://www.nwt.literacy.ca/aborig/land/cover.htm.

NUNAVUT. *Final Report: Fifth Session, First Legislative Assembly*, Special Committee to Review the *Official Languages Act*, Assemblée législative du Nunavut, Iqaluit, Nunavut, décembre 2003. Site Web : http://www.assembly.nu.ca/old/english/committees/languages/final_report.pdf [site consulté le 7 janvier 2005].

NUNAVUT. MINISTÈRE DE LA CULTURE, DE LA LANGUE, DES AÎNÉS ET DE LA JEUNESSE. *Next Steps Toward Made-in-Nunavut Language Legislation*, Assemblée législative du Nunavut, Iqaluit, Nunavut, 1er juin 2004.

ORGANISATION DES NATIONS UNIES POUR L'ÉDUCATION, LA SCIENCE ET LA CULTURE. *Déclaration universelle de l'UNESCO sur la diversité*, adoptée lors de la 31e session de la Conférence générale de l'UNESCO, Paris, 2 novembre 2001.

ORGANISATION DES NATIONS UNIES POUR L'ÉDUCATION, LA SCIENCE ET LA CULTURE. *L'éducation dans un monde multilingue*, UNESCO, Paris, 2003. Site Web : www.unesco.org/education [site consulté le 10 mai 2005].

ORGANISATION DES NATIONS UNIES POUR L'ÉDUCATION, LA SCIENCE ET LA CULTURE. *Projet de convention internationale sur la protection de la diversité des contenus culturels et artistiques*, résolution 32C/34, UNESCO, Paris, juillet 2004. Site Web : www.cptech.org/unesco/.

ORGANISATION DES NATIONS UNIES POUR L'ÉDUCATION, LA SCIENCE ET LA CULTURE. Groupe d'experts spécial sur les langues en danger de la Section du patrimoine culturel immatériel de l'UNESCO, *Vitalité et disparition des langues*, approuvé le 31 mars 2003 par les participants de la Réunion internationale d'experts sur le Programme de l'UNESCO *Sauvegarde des langues en danger*, Paris, 10-12 mars 2003. Site Web : http://portal.unesco.org/culture/en/file_download.php/4794680ecb5664addb9af1234a4a1839 Language+Vitality+and+Endangerment.pdf (en anglais) [site consulté le 19 juin 2005].

ORGANISATION MONDIALE DE LA PROPRIÉTÉ INTELLECTUELLE. *Propriété intellectuelle et savoirs traditionnels*, publication no 920(E) de l'OMPI, Genève, Suisse. Site Web : http://www.wipo.int/tk/en/tk/index.html (en anglais) [site consulté le 10 mai 2005].

PALMER, Scott. *Language of Work: The Critical Link Between Economic Change and Language Shift*, Teaching Indigenous Languages, sous la direction de Jon Reyhner, Northern Arizona University, Flagstaff, Arizona, 263-86, 1997.

POSTL, Bill. *First Nations Schools/Provincial Schools Funding Analysis : 2002/2003 School Year*, First Nations Education Steering Committee, Vancouver, Colombie-Britannique, janvier 2004. Site Web : http://www.saee.ca/movingforward/supportD1.html [site consulté le 5 janvier 2005].

PRAIRIE RESEARCH ASSOCIATES, INC. *Évaluation du Programme des langues officielles dans l'enseignement*, ministère du Patrimoine canadien, Ottawa, 25 juin 2003. Site Web : http://www.canadianheritage.gc.ca/progs/em-cr/eval/2003/2003_09/index_f.cfm?nav=0.

PROGRAMME DES NATIONS UNIES SUR L'ENVIRONNEMENT, SECRÉTARIAT DE LA CONVENTION SUR LA DIVERSITÉ BIOLOGIQUE. *Convention sur la diversité biologique*, PNUE, New York, 1992. Site Web : http://www.biodiv.org/convention/default.shtml [site consulté le 9 mai 2005].

PROTOCOLE DE COLLABORATION CONCERNANT L'ÉDUCATION DE BASE DANS L'OUEST CANADIEN. *Cadre commun des programmes d'études en langues et en cultures autochtones, de la maternelle à la 12e année*, ministre de l'Éducation, Alberta, ministre de l'Éducation, Colombie-Britannique; ministre de l'Éducation et de la Formation, Manitoba; ministre de l'Éducation, Territoire du Yukon; ministre de l'Éducation, Territoires du Nord-Ouest; ministre de l'Éducation, Saskatchewan, Edmonton, Alberta, juin 2000. Site Web : http://www.wncp.ca [site consulté le 10 mai 2005].

RALLIEMENT NATIONAL DES MÉTIS. *Life Long Learning*, document de travail pour la séance de suivi sectorielle sur l'apprentissage continu, 13, 14, 18 et 19 novembre 2004, Winnipeg et Ottawa. Site Web : http://www.aboriginalroundtable.ca/sect/lrng/index_f.html [site consulté le February 23, 2005].

REYHNER, Jon. *Some Basics of Indigenous Language Revitalization*, Revitalizing Indigenous Languages, sous la direction de Jon Reyhner, Gina Cantoni, Robert N. St. Clair et Evangeline Parsons Yazzie, Northern Arizona University, Flagstaff, Arizona, v-xx, 1999. Site Web : http://jan.ucc.nau.edu/~jar/RIL_Intro.html [site consulté le 15 décembre, 2004].

ROMAINE, Suzanne. *La répercussion de la politique linguistique sur les langues en danger*, International Journal on Multicultural Societies 4(2), 194-212, 2002.

RUBIN, Daniel S. *Sm'algyax Language Renewal: Prospects and Options*, Revitalizing Indigenous Languages, sous la direction de Jon Reyhner, Gina Cantoni, Robert N. St. Clair et Evangeline Parsons Yazzie, Northern Arizona University, Flagstaff, Arizona, 1999. Site Web : http://jan.ucc.nau.edu/ [site consulté le 14 décembre 2004].

SABOURIN, Conrad et Julie BERNIER. *Government Responses to Language Issues: International Examples*, Bureau du Commissaire aux langues du Nunavut, Iqaluit, Nunavut, 43-51, 2001.

SKUTNABB-KANGAS, Tove, Luisa MAFFI et David HARMON. *Sharing a World of Difference: The Earth's Linguistic Cultural and Biological Diversity*, UNESCO, Terralingua, and World Wide Fund for Nature, 2003. Site Web : http://www.terralingua.org/RecPublications.htm [site consulté le 9 mai 2005].

SKUTNABB-KANGAS, Tove. *Multilingualism and the Education of Minority Children*, Minority Education: From Shame to Struggle, Sous la direction de T. Skutnabb-Kangas et J. Cummins, Multilingual Matters, Ltd., Philadelphie, Pennsylvanie, 9-44. 1988.

SKUTNABB-KANGAS, Tove. *Promotion of Linguistic Tolerance and Development*, Towards a Language Agenda : Futurist Outlook on the United Nations, sous la direction de S. Léger, Centre canadien des droits linguistiques, Université d'Ottawa, Ottawa, 579-629, 1996.

TAEHOWENHS (Amos Key Jr.). *History of Cayuga and Mohawk Language Immersion*, Sweetgrass First Nations Languages Council Inc. Raising Our Voices Language Conference, 21 et 22 octobre 2004, Woodlands Cultural Centre, Brantford, Ontario.

TAPARDJUK, Louis, ministre de la Culture, de la Langue, des Aînés et de la Jeunesse du Nunavut. *Interview du ministre Louis Tapardjuk*, Anna Maria Tremonti, The Current, émission radio de la Société Radio-Canada, Toronto, 28 février 2005. Site Web : http://www.cbc.ca/thecurrent/2005/200502/20050228.html.

TAYLOR, D.M. *Carving a New Inuit Identity: The Role of Language in the Education of Inuit Children in Arctic Quebec*, mémoire présenté à la Conférence circumpolaire sur l'éducation, Umea, Suède, juin 1990.

TAYLOR, Donald, Stephen WRIGHT et coll. *Recherches à l'initiative de Kativik : Pour des décisions éclairées*, Commission scolaire Kativik, Nunavik, 2001. Site Web : http://www.kativik.qc.ca/downloads/KSBIR_f.pdf.

TERRIPLAN CONSULTANTS, avec la collaboration de MARTIN SPIGELMAN RESEARCH, *Canada-NWT Cooperation Agreement for French and Aboriginal Languages in the Northwest Territories' Final Evaluation Report*, ministère de l'Éducation, de la Culture et de l'Emploi, Gouvernement des Territoires du Nord-Ouest, Yellowknife, ministère du Patrimoine canadien, mars 2004. Site Web : http://www.ece.gov.nt.ca/Divisions/culture_heritage/indexcult.htm [site consulté le 21 mars 2005].

TERRITOIRES DU NORD-OUEST. MINISTÈRE DE LA CULTURE, DE L'ÉDUCATION ET DE L'EMPLOI. *Revitalizing, Enhancing, and Promoting Aboriginal Languages : Strategies for Supporting Aboriginal Languages*, Yellowknife, T.N.-O., 2001.

TERRITOIRES DU NORD-OUEST. *Response to the Final Report — Special Committee on the Review of the* Official Languages Act, Yellowknife, T.N.-O., 2003.

THOM, Brian et Don BAIN. *Aboriginal Intangible Property in Canada : An Ethnographic Review*, Industrie Canada, Ottawa, 10 novembre 2004. Site Web : http://strategis.ic.gc.ca/epic/Internet/inippd-dppi.nsf/en/ip01200e.html [site consulté le 9 mai 2005].

WORLD WILDLIFE FUND. *Conservation Science : Global 200 Ecoregions*, WWF, Washington, D.C. Site Web : http://www.worldwildlife.org/science/ecoregions/g200.cfm [site consulté le 9 mai 2005].

WRIGHT, Sue. *Language Policy and Language Planning : From Nationalism to Globalisation*, Palgrave, Londres et New York, 2004.

YUKON, BUREAU DES SERVICES EN LANGUES AUTOCHTONES ET DES RELATIONS AVEC LES PREMIÈRES NATIONS. *We Are Our Language. Sharing the Gift of Language: Profile of Yukon First Nation Languages*, 2004. Site Web : http://www.gov.yk.ca/depts/eco/abservices.html [site consulté le 10 mai 2005].

Juridique

Acte pourvoyant à l'organisation du Département du Secrétaire d'État du Canada, ainsi qu'à l'administration des Terres des Sauvages et de l'Ordonnance, S.C. 1868, S.C. 1868.

Baker Lake c. ministère des Affaires indiennes et du Nord canadien, 1979, 1 F.C., 487.

Beverly and Qamanirjuaq Barren Ground Caribou Management Agreement, Accord conclu le 1er avril 2002 par les gouvernements du Canada, du Manitoba, de la Saskatchewan, des Territoires du Nord-Ouest et du Nunavut. Site Web : www.arctic-caribou.com/PDF/ManagmtAgreement.pdf (en anglais) [site consulté le 9 mai 2005].

Delgamuukw c. British Columbia [1998] 1 C.N.L.R. 14.

Indian Act, S.C. 1951.

Loi créant un régime de protection des connaissances collectives sur les ressources biologiques détenues par les peuples autochtones (en espagnol), Pérou, Loi nº 27 811, publiée dans le journal officiel *El Peruano*, 10 août 2002. Site Web : http://www.grain.org/brl/?docid=81&lawid=2041 [site consulté le 11 mai 2005].

Regina c. Powley [2003] 4 C.N.L.R. 321.

Regina c. Sioui [1990] 3 C.N.L.R. 127.

Regina c. Sparrow [1990] 1 S.C.R. 1075.

Regina c. Van der Peet [1996] 4 C.N.L.R. 177.

Royal Proclamation of 1763, R.S.C. 1985.

TOWARDS A NEW BEGINNING

A FOUNDATIONAL REPORT FOR A STRATEGY TO REVITALIZE FIRST NATION, INUIT AND MÉTIS LANGUAGES AND CULTURES

Report to the Minister of Canadian Heritage by
The Task Force on Aboriginal Languages and Cultures
June 2005

Copies of this report are available electronically: www.aboriginallanguagestaskforce.ca
and by mail:
Aboriginal Languages Directorate
Aboriginal Affairs Branch
Department of Canadian Heritage
12 York Street, 3rd Floor East, 12-3-A
Ottawa, Ontario K1A 0M5

Cover art by: Heather Nottaway
Sonny Thomas
Photography by: Cattroll Photo Associates, www.cattroll.com

The Task Force graciously acknowledges the contributions of the Elders, community members and the members of the Circle of Experts who participated in consultations, and the individuals and organizations who presented submissions, all of which contributed to the conclusions and recommendations reflected in this foundational report.

ISBN 0-662-69121-0
Catalogue No. CH4-96/2005

Comments welcomed via:
Web site: www.aboriginallanguagestaskforce.ca
Toll-free number: 1-866-353-3178
E-mail: info@aboriginallanguagestaskforce.ca

To the Honourable Liza Frulla
Minister of Canadian Heritage

On behalf of the Task Force on Aboriginal Languages and Cultures, we are pleased to provide you with our report entitled, **Towards a New Beginning: A Foundational Report for a Strategy to Revitalize First Nation, Inuit and Métis Languages and Cultures.**

It is our sincere wish that this Report be regarded as a significant step in the journey towards building a new relationship with First Nation, Inuit and Métis people, and towards restoring our pride, our self-esteem and hope for our youth for generations to come.

Respectfully submitted,

Ron Ignace
Chair

Mary Jane Jim
Co-Chair

June 28, 2005
Winnipeg, Canada

Members of the Task Force on Aboriginal Languages and Cultures

Back row, left to right: Alexina Kublu, Rosemarie McPherson, Helen Klengenberg, Linda Pelly-Landrie, Amos Key Jr.
Front row, left to right: Frank Parnell, Ruth Norton, Ron Ignace, Mary Jane Jim, Bruce Flamont

Towards a New Beginning: A Foundational Report for a Strategy to Revitalize First Nation, Inuit and Métis Languages and Cultures

Executive Summary

Our Guiding Principles

The Task Force's work was informed by values and principles taught by the Elders. It was inspired by a vision that sees First Nation, Inuit and Métis languages as gifts from the Creator carrying unique and irreplaceable values and spiritual beliefs that allow speakers to relate with their ancestors and to take part in sacred ceremonies. This vision sees the present generation recovering and strengthening the ability to speak these sacred, living languages and passing them on so that the seventh and future generations will be fluent in them. It sees these renewed languages as expressions of First Nation, Inuit and Métis nationhood in a country that has made itself whole by recognizing them in law as the original languages of Canada. This vision sees Canada providing enduring institutional support for First Nation, Inuit and Métis languages and Canadians of all origins, recognizing, sharing and supporting these principles and values.

Part I — Introduction to the Task Force Report

The Task Force acknowledges that this report is only a beginning, a foundation for the long-term, community-based work still to be done. Language and culture are the foundations of the nationhood of First Nation, Inuit and Métis people and the Task Force does not intend this report to detract from their Aboriginal and treaty rights under section 35 of the *Constitution Act, 1982*. The term "Aboriginal" is avoided as it may blur distinctions between First Nation, Inuit and Métis peoples, as well as between their different past and present government-to-government relationships with each other and with Canada.

Part II — The Task Force on Aboriginal Languages and Cultures

Composition of the Task Force

In December 2002, the Minister of Canadian Heritage announced that Canada would create a centre with a budget of $160 million over 10 years to help preserve, revitalize and promote Aboriginal languages and cultures. To advise the Minister, 10 Task Force members — Bruce Flamont, Ron Ignace, Mary Jane Jim, Amos Key Jr., Helen Klengenberg, Alexina Kublu, Rosemarie McPherson, Ruth Norton, Frank Parnell and Linda Pelly-Landrie — were appointed in December 2003 by consensus among the partners: the Assembly of First Nations, the Inuit Tapiriit Kanatami and the Métis National Council, working closely with the Government of Canada. A Circle of Experts, a group of knowledgeable and experienced language and cultural leaders, educators and community workers from across Canada, was also named to assist the Task Force.

Task Force Mandate and Terms of Reference

On appointment, the Task Force received a mandate to propose a national strategy to preserve, revitalize and promote First Nation, Inuit and Métis languages and cultures. Detailed terms of reference were provided later, calling for advice on the structure and functions of the proposed languages and cultures centre and requiring the Task Force to report back to the Minister.

How Our Elders Guided the Task Force Process

Drawn from First Nation, Inuit and Métis communities from across Canada, all Task Force members share the view that language and culture are maintained and transmitted at the family and community level, sanctified by spiritual practices and ceremonies, and symbolized by the inspiring presence of Elders. Before beginning their consultations, the Task Force held a meeting on May 14, 2004, with Elders, to seek their guidance and blessings. As a result, all Task Force processes were filled with respect for the serious and sacred nature of the work being undertaken.

Task Force Approach and Activities

For administrative and political reasons beyond the control of the Task Force, including the short timeframe, all elements of the terms of reference could not be fully addressed. However, the Task Force was able to meet with the Elders for guidance, conduct a research and literature review, carry out 16 cross-Canada community focus group consultations, consult with national First

Nation, Inuit and Métis organizations, prepare research guidelines and protocols, assess and analyze the consultation results and other data collected, and deliver this foundational report.

Part III — Our Languages and Cultures: Cornerstones for Our Philosophies

Our Languages: Our Social and Spiritual Values

A people's philosophy and culture are embedded in their language and given expression by it. Language and culture are key to the collective sense of identity and nationhood of the First Nation, Inuit and Métis peoples. Their languages arose here and are structured differently than languages born elsewhere, because they are based on relationships.

Our Languages: Our Connection to the Land

The most important relationship embodied by First Nation, Inuit and Métis languages is with the land. "The land" is more than the physical landscape; it involves the creatures and plants, as well as the people's historical and spiritual relationship to their territories. First Nation, Inuit and Métis languages show that the people are not separate from the land. They have a responsibility to protect it and to preserve the sacred and traditional knowledge associated with it.

The Past: Different Cultures, Different Perspectives

Of the many differences in cultural perspective between First Nation, Inuit and Métis peoples and other Canadians, the oral tradition is most important. It is the preserve of Elders and others whose sacred responsibility is to pass on the stories that reflect the relationship between the people and the places and events that define them. First Nation languages were the official languages of historical treaties, and the oral tradition is the basis for interpreting them now.

Our Languages and Cultures: Our Nationhood

First Nation, Inuit and Métis peoples are nations in the original sense of being groups of people linked by common bonds of language, culture, ethnicity and a collective will to maintain their distinctiveness. Canada's departure from this understanding at Confederation and its subsequent policies of assimilation contributed to language loss. The practices, traditions and customs maintained by First Nation, Inuit and Métis languages are the basis of the Aboriginal and treaty rights enshrined in the Constitution.

Our Languages: Our Responsibility, Canada's Duty

While there are worldwide trends compounding this loss of language, Canada's past assimilative actions, particularly the residential school system, cannot be ignored. Canada's failure to protect First Nation, Inuit and Métis languages and cultures means it must now provide the resources necessary to restore them. All federal departments share this responsibility. However, First Nation, Inuit and Métis peoples must also take their rightful place as the first and foremost teachers of their own languages and cultures.

Part IV — First Nation, Inuit and Métis Languages: Where We Are Now

Our Languages: Our Diversity as Peoples

A national linguistic and cultural revival strategy must reflect the diversity of First Nation, Inuit and Métis peoples and the different conditions of their languages. The exact number of languages and dialects is unknown, but around 61 are spoken today. First Nations speak 59 languages. Inuit speak various dialects of Inuktitut and Métis speak Michif, as well as some First Nation languages.

The Status of First Nation, Inuit and Métis Languages

Given their preliminary and incomplete nature, existing community-based studies assessing language vitality in terms of numbers of fluent speakers and rates of intergenerational transmission were interpreted with caution by the Task Force. What these studies do show is the diversity of First Nation, Inuit and Métis languages vitality, ranging from flourishing to critically endangered. Even languages with a large number of speakers may be flourishing in some regions or communities and be in a critical state in others.

Language Use in the Home

The Task Force cautiously assessed the data from other preliminary and incomplete sources, such as the Census, the Aboriginal Peoples Survey and a British Columbia First Nation language study. These sources provide information on mother tongue speakers, the ages of those who know the language and language use in the home. In terms of mother tongue, Cree, Ojibwe and Inuktitut are shown to be viable but losing ground. In British Columbia, First Nation intergenerational language transmission seems to be in serious decline.

First Nation, Inuit and Métis Languages in Urban Areas

Analysis of Census data shows that language strength among non-reserve First Nation people is declining and that Michif is in a critical state. The conclusion is that since First Nation, Inuit and Métis people living in cities tend not to use their languages at home, intergenerational transmission is exceedingly difficult.

Summary of Linguistic Conditions

The studies and surveys give a multidimensional picture of First Nation, Inuit and Métis languages. Some are spoken by only a few Elders, others by tens of thousands. Large language groups like the Cree, Ojibwe and Inuktitut are viable, having at least 25,000 speakers, ranging from the young to the elderly. However, all languages, including those considered viable, are losing ground and are endangered.

Part V — Calls for Action

Calls by the Assembly of First Nations

First Nations have been lobbying since 1972 for federal support for their languages. In 1998, the Assembly of First Nations declared a state of language emergency, calling on Canada to recognize and financially support First Nation languages. In 2000, the Assembly of First Nations proposed a "First Nation Language Policy for Canada," whereby Canada would recognize First Nation languages as Canada's original languages and help First Nations protect, promote and use their languages, and deliver language programs and services under their own jurisdiction.

The Royal Commission on Aboriginal Peoples

The Royal Commission on Aboriginal Peoples saw language revitalization as key to a renewed relationship between Canada and First Nation, Inuit and Métis peoples and noted that the power to establish language priorities, policies and laws is a core Aboriginal self-government authority under the Constitution. Although the focus of language conservation and revitalization efforts must shift from formal institutions to communities, families and social networks, Canada was also urged to work with First Nation, Inuit and Métis peoples to establish a national Aboriginal languages foundation to assist in this effort.

Recent Calls for Action by the National Political Organizations

The Task Force consulted directly with national First Nation, Inuit and Métis organizations. The Assembly of First Nations prefers a specific First Nation language foundation. The Métis National Council prefers that language funding come through the federal interlocutor's office and go to its provincial affiliates. The Inuit Tapiriit Kanatami expresses no preference, but reserves the right to participate at a national level and prefers to spend its share of funding on explicitly Inuit priorities.

Part VI — What We Heard in the Consultations

What Our Elders Said

Where We Are Right Now

Many of those we heard in the consultations attributed the loss of their languages and cultures to the residential schools. They said that First Nation, Inuit and Métis people are at a crossroads on language and culture, where they must make choices, take action and involve the Elders. They focused on urban centres and youth, calling for funding and support mechanisms to help young people learn and take pride in their traditional languages and cultures.

Ethics and Concepts

Elders emphasized that language, culture, spiritual values and First Nation, Inuit and Métis sense of identity are inseparable concepts. Although writing and recording are useful supplemental resources, languages must be kept alive by daily use. Teaching the languages must be done with awareness of the important values these languages carry.

Personal Practices

Elders called on First Nation, Inuit and Métis people to do the following:

- Do not forget our languages.
- Speak and write our languages.
- Teach and learn our languages.
- Respect each other's dialects and do not ridicule how others speak.
- Focus on young people.
- Start in the home to strengthen the will of the people to bring back our languages.
- Work together to build a foundation for our peoples.
- Speak with a united voice.

Institutional and Government Actions

Elders urged educational institutions to focus on:

- training programs, including immersion and bilingual schools, cultural camps and urban language programs;
- First Nation, Inuit and Métis control of language curricula to make language study mandatory, increase language teaching hours, and provide courses and programs, including degree programs, in First Nation, Inuit and Métis languages and cultures;
- development of educational resources including curricula, books, promotional and supplemental materials, technology, and research to address the needs of professions such as medicine, law and engineering;
- encouragement to youth to take leadership roles in language preservation; and
- development of other training resources, such as language mentoring programs, language teacher training programs and formal acknowledgment of Elders' ability to teach languages, including appropriate professional recognition.

Governments were urged to act:

- Recognize the value of traditional languages and cultures by entrenching them in the Constitution.
- Develop infrastructure to preserve and strengthen languages (e.g., a strategic plan, language and culture program standards, rules directing funding straight to communities, cultural awareness guidelines for researchers and program officers, protection of traditional knowledge, community-based language and culture centres governed by boards of Elders and community members, First Nation language laws requiring chiefs, council members and employees to know their traditional languages, and standardization of written languages).
- Support resource development, including lifestyles that foster language retention, by financially supporting:
  - development and distribution of teaching resources, technology and research materials;
  - research on traditional languages, cultures and knowledge; and
  - First Nation, Inuit and Métis people who choose to live a traditional lifestyle, as well as supporting initiatives to teach youth the skills to live traditionally or on the land.

What the People Said

The Role of First Nation, Inuit and Métis Languages

During 16 community consultations held across Canada in 2004, many stated that the ability to speak one's own language helps people to understand who they are in relation to themselves, their families and their communities, and to Creation itself. They spoke of the connection between one's own language and spirituality, noting that focusing on language, spirituality and ceremonies can increase personal self-esteem, familiarize people with their culture and bring about community healing. They lamented language and culture loss, especially for the young people adrift between their cultures and that of mainstream Canadian society, and stressed that revitalizing language and culture is a way to heal and reconnect with the land. They attributed language loss to Canada's assimilation policies, particularly the residential school system, as well as to individual, institutional and government complacency.

Status of First Nation, Inuit and Métis Languages

Many proposals were made to revitalize language, including federal legislation giving First Nation, Inuit and Métis languages the same recognition and respect as the English and French languages. Financial support at the same level provided for English and French was also recommended, along with additional legislation to protect traditional knowledge so that First Nation, Inuit and Métis peoples may direct the revitalization and use of their languages and cultures and benefit from them.

Need for a Community-Driven Revitalization Strategy

There was consensus on the need for a community-driven revitalization strategy, based on community commitment to identify priorities and develop and carry out plans that would involve all age groups. Action must be taken now to prevent further language loss. The strategy must be a 100-year project to overcome the legacy of the many decades of neglect, but with particular focus on critically endangered languages.

Roles and Priorities of a National Language Organization

Participants recommended that key roles of a national language organization include:

- coordinating the research and planning for a long-term language strategy;
- increasing awareness of the importance of First Nation, Inuit and Métis languages;
- partnering with industry, governments and Indigenous peoples internationally; and
- directing funds to communities.

There was consensus that the organization should be streamlined, with minimal infrastructure, that decision making should be delegated to the regional level, that immediate funding should be provided to communities with few remaining fluent speakers, and that communities should get funding for community-based research and long-term language planning. All agreed that language and cultural education should be a main program focus, with many also recommending that it coordinate a clearing house or clearing houses to allow sharing of resources and research on best practices.

Part VII — Protecting and Promoting Our Languages

Protecting and Promoting Languages at the National Level

Most of the world's Indigenous languages are in danger of extinction, including those in Canada. Regardless of the number of speakers, all First Nation, Inuit and Métis languages are equal. There are many reasons why every effort should be made to save them.

First, they are the original languages of Canada, spoken here millennia before French and English. They ground First Nation, Inuit and Métis nationhood, are recognized in treaties and are entrenched in section 35 of the *Constitution Act, 1982*. There is an intimate connection between those who speak them and this land, and the Task Force recommends that the physical connection between First Nation, Inuit and Métis peoples and the land be restored and strengthened through government-to-government agreements on co-management or similar regimes (Recommendation 1).

Further, First Nation, Inuit and Métis languages contain a wealth of traditional knowledge of benefit to Canada and the world. As a signatory to the international *Convention on Biological Diversity*, Canada is obligated to preserve traditional knowledge. The evolving domestic and international law on traditional knowledge supports the Task Force recommendation that Canada work collaboratively with First Nation, Inuit and Métis peoples to develop better traditional knowledge protection and benefit-sharing measures (Recommendation 2).

Canada's ongoing nation-building is another reason to make efforts to save these languages. Canada has acknowledged its unfinished constitutional business with First Nation, Inuit and Métis peoples and has formally acknowledged its past actions of suppressing their languages and cultures. In this context, the disparity between the national funding provided for French and English and that provided for First Nation, Inuit and Métis languages is highlighted.

Status Planning for First Nation, Inuit and Métis Languages

International experience shows that successful language revitalization requires a partnership between government and the communities whose languages are at risk. It also requires government action — for example, giving a minority language official language status — to reverse the perception that lesser-spoken languages are inferior.

Aboriginal Languages as Official Languages

Legislation giving official language status to several Aboriginal languages in the Northwest Territories and Nunavut is examined and assessed. The Task Force concluded that official language status without funding sufficient to support an adequate level of programming and services does little to sustain an endangered language and highlighted the disparity between the funding offered for the French language in these territories and that provided for the First Nation, Inuit and Métis languages.

International Language Planning

Experience in Ireland and New Zealand shows that official language status without popular support does little for language revitalization. The support and commitment of the linguistic community itself is required, as are appropriate infrastructure and adequate funding. The Task Force recommends federal legislative recognition to promote and protect First Nation, Inuit and Métis languages (Recommendation 3) and supportive federal funding at least equal to that provided for the English and French languages (Recommendations 4 and 5).

Language Status and the Individual

International experience confirms that the status of a language influences whether it will be used and supported. Past policies intended to remove language and identity from the thousands of children who were placed in residential schools caused many to lose their connection to their people and to view their languages as inferior.

A review of the recent Assembly of First Nations criticism of the federal Department of Indian Residential Schools Resolution highlights the psychological harms suffered by residential school survivors, which impeded them from passing on their languages and cultures. Those harms cannot be compensated under the current federal out-of-court resolution process, even though they resulted from actions tantamount to a breach of federal fiduciary obligation. The Task Force adopts and strengthens the Assembly of First Nations recommendation calling for compensation to any individual who attended these schools as a step towards recognizing the value of First Nation, Inuit and Métis languages to these individuals (Recommendation 6).

Language Planning in First Nation, Inuit and Métis Communities

Calls for funding for community priorities established in the consultations, coupled with international data showing grassroots participation to be key to language

revival, prompted the Task Force to recommend a long-term national language strategy, based on "bottom-up" community-driven language planning, with support from regional and national First Nation, Inuit and Métis organizations (Recommendation 7).

The need for accurate and up-to-date data to ground a national long-term strategy led the Task Force to recommend that the national language organization coordinate a community-driven baseline study of language conditions for which Canada should provide funds beyond its present linguistic and cultural funding commitment (Recommendation 8).

Successful international experience in reviving critically endangered and extinct languages led the Task Force to recommend that Canada provide additional funding support for critically endangered First Nation, Inuit and Métis languages (Recommendation 9) to allow extra and immediate revitalization work, such as documenting and archiving.

Language Education

Need for Culturally Relevant Education

In its Roundtable on Life Long Learning, Canada agreed with the Task Force that language education can play a vital role in language revitalization.

1. Immersion Language Education
   The educational and social benefits of bilingualism, including those recorded by Inuit and First Nation language immersion programs, are explored, and the disparity in funding between federal French language immersion and First Nation, Inuit and Métis language programs is highlighted. The Task Force recommends that Canada provide equivalent funding to First Nation, Inuit and Métis language immersion programs (Recommendation 10) and that it fund five-week First Nation, Inuit and Métis youth language immersion programs like those currently offered youth for English or French language immersion (Recommendation 11).

2. Second-Language Programs
   European experience shows that attaining second-language proficiency requires a high level of curriculum resources and teacher training, along with opportunities to use the language outside the classroom. Many First Nations whose schools are funded by the Department of Indian Affairs and Northern Development offer second-language programs for their languages but lack the financial and related resources (such as regional support mechanisms) to permit their students to achieve proficiency. A First Nation–sponsored study proposed a federal endowment fund for these purposes. The Task Force agrees and recommends that the DIAND increase its First Nation school funding to the same levels as those of the funding provided by the provinces for provincially managed schools (Recommendation 12).

The Community's Role in Language Education

To revitalize an endangered language, language educators advocate full community involvement, especially that of parents and Elders, so that children arrive at school with some knowledge of their language and the opportunity to use it outside the classroom.

Language Education in Correctional Institutions

The revival of interest in learning about their own cultures among First Nation, Inuit and Métis persons in the federal corrections system has led to three types of culturally relevant programming: "Pathways Units" in high-security institutions, where Elders offer guidance; minimum-security institutions allowing incarcerated persons to gradually reintegrate into the social life of their communities; and community-run healing lodges offering traditional First Nation, Inuit and Métis teachings and methods of healing. The Task Force recommends that Canada take the next step by funding First Nation, Inuit and Métis language training in federal correctional institutions (Recommendation 13).

Language Teacher Training

During the consultations, there were calls for more and better-trained language teachers. The Task Force agrees and recommends the creation of a program by Canada and the provinces along the lines of other federal youth language programs to allow First Nation, Inuit and Métis students who wish to become teachers to learn their own languages and have access to summer bursaries or appropriate employment programs (Recommendation 14).

The Royal Commission on Aboriginal Peoples and Canada's ministers of education have called for greater First Nation, Inuit and Métis teacher training and recruitment. First Nation schools are at a disadvantage in terms of salary and benefits, and the training role that First Nation, Inuit and Métis post-secondary institutions could play remains unexamined. The Task Force recommends that First Nation, Inuit and Métis organizations and the Council of Ministers of Education, Canada review progress on teacher and language teacher training, including the role that First Nation, Inuit and Métis post-secondary institutions could play (Recommendation 15). Furthermore, the Task Force

calls on the Department of Indian Affairs and Northern Development to fund these institutions so that they play a more prominent role (Recommendation 16).

Part VIII — A National Language Organization

On the basis of the Task Force's mandate and the views of consultation participants and the national First Nation, Inuit and Métis organizations, the Task Force recommends a Languages and Cultures Council (LCC) to continue the work it was unable to complete and to provide leadership in developing a long-term, national language strategy (Recommendation 17).

Languages and Cultures Council

The advantages of drawing on the corporate memory and collective wisdom of the Task Force led it to recommend that its members be named as the interim council for a one-year period to finalize the work that could not be completed within the relatively short time frame provided in the Task Force mandate (Recommendation 18).

Vision, Mission Statement and Principles

The Task Force set out a vision for the LCC that sees First Nation, Inuit and Métis language revitalization efforts being "child centred, Elder focused and community driven" and provided an LCC mission statement focusing on "supporting and advocating for the preservation, maintenance and revitalization of our languages and cultures." The Task Force sees the LCC being guided by the following principles:

- equality of access for all language and community groups;
- priorities established by each region in consultation with linguistic communities;
- fiscal responsibility and transparency and accountability to the government of Canada and to First Nation, Inuit and Métis governments; and
- appropriate recognition and fair compensation to Elders for their expertise and traditional knowledge.

Mandate

The LCC mandate would be to oversee the national language strategy, including:

- establishing a program operations function to distribute funds to national First Nation, Inuit and Métis organizations and to assist in policy development and the development of regional clearing houses and communication centres;
- continuing the Task Force work by consulting the federal government to maximize the effectiveness and coordination of policies and programs that support language and culture, including self-government, comprehensive claim and territorial language agreements;
- consulting with provincial governments to encourage collaboration and to advance an integrated language strategy;
- making recommendations to the Minister of Canadian Heritage and to stakeholders on program, planning and administration, including funding and evaluation criteria; and
- lobbying for a national language commissioner to monitor the implementation of the national language strategy.

Structure

The LCC should be independent and apolitical, and it should be governed by a 15-member council of representatives (six First Nation, two Inuit, two Métis, one from an endangered language group, two Elders, one youth and one from the Government of Canada), with staggered three-year terms, except for a nonvoting chairperson chosen to hold office for four years. Members would be experienced in language planning, programming or education, as well as in nonprofit governance, financial management and program administration; knowledgeable in community and government structures; and fluent in a First Nation, Inuit or Métis language.

Council Roles and Responsibilities

The LCC would have the following roles and responsibilities:

- overseeing development and implementation of the national language strategy;
- identifying and managing emerging priorities and implementing a plan based on community priorities;
- developing and implementing processes to properly allocate funds;
- identifying and (or) developing linkages at the national, provincial or territorial, municipal and local levels and identifying processes within government to support the implementation of the national language strategy;
- promoting languages as an integral part of Canadian and First Nation, Inuit and Métis identity;
- developing accountability frameworks;
- communicating information on the strategy to the public and to stakeholders;
- developing effective, multiyear evaluation methods and sharing with regions the responsibility for conducting evaluations;
- receiving reports from participating organizations and providing an annual report on spending, programs, services and results; and
- establishing and implementing a conflict-of-interest policy and code of ethics.

Accountability

The difficulties in measuring outcomes such as language fluency, where there is no clear definition, may hinder evaluation. The LCC should consult with communities and regions to come up with a clear set of objectives and outcomes, with reporting mechanisms and evaluative measures. This evaluation framework should match the standards of the Aboriginal Languages Initiative (ALI) program funding agreement.

Finances

Translation Services for French-Speaking First Nation, Inuit and Métis People

ALI evaluations show an inadequate level of services to French speakers, which the Task Force recommends be corrected with increased federal funding to the LCC, to enable it to provide a full range of services to French-speaking First Nation, Inuit and Métis people (Recommendation 19).

Current: Aboriginal Languages Initiative

Funded at $5 million annually over four years, ALI was created in 1998 to help reverse First Nation, Inuit and Métis language loss. The Task Force reviewed a recent evaluation urging that the administration of ALI funding be examined to ensure optimal timing for release of funds and that new allocations account for regional variations.

Interim: Over the Next Five Years

Based on the consultations and the Task Force's own findings, the Task Force sees an urgent need for the $160 million committed in 2002 for First Nation, Inuit and Métis languages and recommends that Canada provide the funds over 5, instead of 10, years (Recommendation 20).

Endowment Fund

The Task Force examined the advantages and disadvantages of an endowment, structured either as a charitable organization or as a foundation. Consultations did not support an endowment, with most people preferring to have funds for language revitalization immediately available. While the Task Force wants the LCC to continue the study and consultation on this issue, it also sees virtue in having such a fund in the long term, particularly in generating funds from nongovernmental sources, and recommends that Canada provide the funds necessary to endow such a fund in perpetuity (Recommendation 21).

Short-Term Program Delivery

The Task Force recognizes that First Nation, Inuit and Métis communities and organizations may wish to maintain existing regional program delivery structures and local decision-making processes. It recommends that the majority of funds already committed by Canada be decentralized to allow these structures and processes to continue and that the current ALI breakdown of funding for First Nation (75 percent), Inuit (15 percent) and Métis (10 percent) languages be maintained until a long-term national language strategy is developed and implemented, within the next five years (Recommendation 22).

The Task Force proposes a set of principles based on the successful aspects of the ALI to guide regional allocations of funds and recommends that regional allocations of funds to First Nations take into account variations in their languages and populations and that appropriate funding formulas be developed to account for regions with large populations and many linguistic communities (Recommendation 23).

National Projects Fund

The Task Force envisions a variety of projects that would be better addressed by the LCC than by regional or local organizations. Some of these projects involve issues going beyond a single region or language group, examining models for a national clearing house, conducting research and analysis of the federal language recognition legislation, and coordinating the national baseline survey. The Task Force recommends that 10 percent of the annual budget allocation from Canada's $160-million commitment be set aside for the LCC to use for these purposes (Recommendation 24).

Innovative Projects Fund

During the consultations, many spoke of the need to apply new technology and innovative approaches to language education and revitalization. The Task Force agrees and recommends a fund be established to promote development, testing, evaluation and integration of new pedagogical methods, but that Canada fund it separately from its existing commitment, so as not to detract from the funds urgently needed by communities to reverse current language loss (Recommendation 25).

Concluding Comments

The Task Force views this report as the first step of a 100-year journey to revitalize First Nation, Inuit and Métis languages and cultures and is confident that, with Canada's support and the collective will of First Nation, Inuit and Métis individuals, families and communities, this journey can be completed. Canada must recognize its rich linguistic heritage and accept that it is the oral histories, the songs and the dances that speak of the First Nation, Inuit and Métis connection with this land. They give the fabric of Canada the texture and coloration that

make it unlike any other fabric in the world. Restoring their languages and cultures would ensure that First Nation, Inuit and Métis peoples remain strong nations for as long as the sun shines, the grass grows and the river flows.

Task Force Recommendations

1. **The Link between Languages and the Land**
   That First Nation, Inuit and Métis governments and the federal, provincial and territorial governments enter into government-to-government agreements or accords on natural resources, environmental sustainability and traditional knowledge. The agreements or accords should recognize the importance for First Nation, Inuit and Métis people of maintaining a close connection to the land in their traditional territories, particularly wilderness areas, heritage and spiritual or sacred sites, and should provide for their meaningful participation in stewardship, management, co-management or co-jurisdiction arrangements.

2. **Protection of Traditional Knowledge**
   That Canada take a more comprehensive approach on the protection, use and benefits arising from traditional knowledge under the international *Convention on Biological Diversity* and that greater recognition be accorded to First Nation, Inuit and Métis people, particularly the Elders, in the collaborative planning process under the *Convention*.

3. **Legislative Recognition, Protection and Promotion**
   That Canada enact legislation that recognizes, protects and promotes First Nation, Inuit and Métis languages as the First Languages of Canada. This legislation, to be developed in partnership with First Nation, Inuit and Métis peoples, must recognize the constitutional status of our languages; affirm their place as one of the foundations of First Nation, Inuit and Métis nationhood; provide financial resources for their preservation, revitalization, promotion and protection; and establish the position of First Nations, Inuit and Métis Language Commissioner.

4. **Equitable Resources for Language Support**
   That Canada provide funding for First Nation, Inuit and Métis languages which is, at a minimum, at the same level as that provided for the French and English languages.

5. **Language Support from All Federal Departments**
   That funding for First Nation, Inuit and Métis languages not be limited to that provided by the Departments of Canadian Heritage, and Indian Affairs and Northern Development. All government departments, and particularly the Departments of Justice, Health, and Human Resources and Skills Development, need to adopt policies and provide funding sufficient to allow for delivery of services and programs which promote First Nation, Inuit and Métis languages, in the same manner as for the French and English languages.

6. **Restitution and Reconciliation**
   That Canada implement as soon as possible the recommendation of the Assembly of First Nations to pay a lump-sum award by way of compensation to any person who attended an Indian Residential School. Alternatively, Canada and the churches establish a restitution fund to pay a lump-sum award to any person who attended an Indian Residential School, as compensation for emotional and psychological trauma brought on by loss of connection to family and community and to language and culture.

7. **A National Language Strategy**
   That a National Language Strategy be developed through community-based planning by First Nation, Inuit and Métis language communities, as well as by their regional and national representative organizations, with coordination and technical support to be provided by the proposed national language organization.

8. **Baseline Language Survey**
   That as the first component of a national long-term strategy, the national language organization coordinate a baseline survey of language conditions. The baseline survey will be conducted by First Nation, Inuit and Métis people as part of community-based language planning and needs assessments. Further, we recommend that funding for this work be provided separately from current commitments.

9. **Funding of Critically Endangered Languages**
   That Canada provide funding, in addition to what will be available under the current commitment, for those First Nation, Inuit and Métis communities whose languages are critically endangered, in order that they may undertake additional work to preserve their languages.

10. **Funding of Immersion Programs**
That Canada provide additional funding for First Nation, Inuit and Métis language immersion programs, at a level equivalent to that provided for the French and English languages through the Minority-Language Education component of the Development of Official-Language Communities Program.

11. **Funding of Immersion Programs for Youth**
That Canada make available bursaries to enable First Nation, Inuit and Métis youth to attend five-week immersion courses in their languages and cultures in the same manner as is provided to French and English youth in the Second-Language Learning component of the Enhancement of Official Languages Program.

12. **Equitable Funding for First Nation Schools**
That funding of First Nation schools by the Department of Indian Affairs and Northern Development be provided at the same level and standard as that provided to Ministries of Education through Master Tuition Agreements.

13. **Language Education in Correctional Institutions**
That the Minister of Public Safety and Emergency Preparedness and the Commissioner of Corrections use their powers under the *Corrections and Conditional Release Act* to provide federal funding for language programming and strengthen cultural programming to federally incarcerated First Nation, Inuit, and Métis persons.

14. **Training Opportunities for Post-secondary Students**
That Canada, and the Council of Ministers of Education, Canada establish, as part of their Action Plan on Aboriginal education, a program to encourage First Nation, Inuit and Métis university students entering the teaching profession, particularly in language education, to become proficient in their languages by entering into master–apprentice programs or undertaking other cultural education in their communities. Specifically, that summer bursaries or employment programs be made available in the same manner as is provided for French and English youth language training programs.

15. **Language Teacher Training**
That First Nation, Inuit and Métis organizations and the Council of Ministers of Education, Canada conduct a review of progress made on First Nation, Inuit and Métis teacher and language teacher training initiatives relevant to recruitment and retention. Further, as part of this review, that the role of First Nation, Inuit and Métis post-secondary institutions in delivering language teacher training be reviewed, particularly with respect to immersion language teacher training.

16. **First Nation, Inuit and Métis Post-secondary Institutions**
That the Department of Indian Affairs and Northern Development provide additional resources to First Nation, Inuit and Métis post-secondary and existing institutions to enable them to establish language teacher training programs and, more specifically, immersion language teacher training programs.

17. **A National Language Organization**
That a permanent body of First Nation, Inuit and Métis representatives (Aboriginal Languages and Cultures Council or "LCC") be established.

18. **Establishment of the LCC**
That current Task Force members be named as Interim Council members and have the responsibility of establishing the LCC. The Interim Council members will act for a period of one year and carry out the following duties:
- finalize the governance structure of the LCC;
- develop a three-year strategic plan;
- establish operations by preparing operating budgets, identifying staffing requirements and recruiting staff;
- negotiate transfer of Aboriginal language funds from Canadian Heritage;
- develop terms of reference and oversee a planning study for a language clearing house;
- plan and carry out the necessary research for implementation of a baseline survey and community-based language planning;
- seek nominations for the LCC; and
- shortlist candidates and provide list to national First Nation, Inuit and Métis organizations for final selection.

19. **Provision of Services to French-Language Speakers**
That funding be provided under the Official Languages Support programs to enable the LCC to provide a full range of services to French language speaking First Nations, Inuit and Métis.

20. **Use of Short-Term Funding**
That the existing commitment of $160 million be provided on an urgent basis to First Nation, Inuit and Métis communities for language preservation

and revitalization efforts over a five-year period, rather than the proposed 10-year timeframe, taking into consideration the critical state of languages and the needs identified by the communities.

21. **Establishing a Language Endowment Fund**
That Canada provide funding to establish an endowment fund to finance community-based language programs in perpetuity.

22. **Administration of Short-Term Funding**
That the majority of funds committed by Canada be decentralized to allow existing First Nation, Inuit and Métis language decision-making structures to continue with their work. The current national allocation of funding under the Aboriginal Languages Initiative, that is, 75 percent to First Nation languages, 15 percent to Inuit languages and 10 percent to Métis languages, should be maintained until a long-term national language strategy is developed and implemented within the next five years.

23. **Allocation of Interim Funding to First Nation Languages**
That regional funding allocations for First Nation languages take into account varying populations and languages. Funding formulas should be developed which provides for base funding at the current level, with additional funding adjustments made for regions having large populations and many language communities.

24. **National Projects Fund**
That ten percent (10%) of the annual budget allocation from the $160-million commitment be set aside to establish a National Projects Fund to be administered by the LCC, in partnership with the national First Nation, Inuit and Métis political organizations.

25. **Innovative Projects Fund**
That Canada provide funding to the LCC for the creation of an Innovative Projects Fund that will support innovative projects, research and the use of new technology in language education and revitalization efforts. The Innovative Projects Fund is to be established with funding separate from the $160-million dollar commitment and should reflect participation and support by all federal government ministries.

Table of Contents

OUR GUIDING PRINCIPLES 3

PART I: Introduction to the Task Force Report 7

PART II: The Task Force on Aboriginal Languages and Cultures 13
Composition of the Task Force 13
Task Force Mandate and Terms of Reference 13
How Our Elders Guided the Task Force Process 14
Task Force Approach and Activities 15

PART III: Our Languages and Our Cultures: Cornerstones for Our Philosophies 21
Our Languages: Our Social and Spiritual Values 21
Our Languages: Our Connection to the Land 22
The Past: Different Cultures, Different Perspectives 24
Our Languages and Cultures: Our Nationhood 25
Our Languages: Our Responsibility, Canada's Duty 27

PART IV: First Nation, Inuit and Métis Languages: Where We Are Now 33
Our Languages: Our Diversity as Peoples 33
The Status of First Nation, Inuit and Métis Languages 33
Language Use in the Home 35
First Nation, Inuit and Métis Languages in Urban Areas 36
Summary of Language Conditions 37

PART V: Calls for Action 41
Calls by the Assembly of First Nations 41
The Royal Commission on Aboriginal Peoples 41
Submissions by First Nation, Inuit and Métis National Political Organizations 43

PART VI: What We Heard in the Consultations 57
What Our Elders Said 57
What the People Said 61
Status of First Nation, Inuit and Métis Languages 63
Need for a Community-Driven Revitalization Strategy 63
Roles and Priorities of a National Language Organization 64

PART VII: Protecting and Promoting Our Languages 71
Protecting and Promoting Languages at the National Level 71
- Recommendation No. 1: The Link between Languages and the Land 73
- Recommendation No. 2: Protection of Traditional Knowledge 74

Status Planning for First Nation, Inuit and Métis Languages 75
- Exhibit 1: Government of the Northwest Territories Aboriginal Languages Strategy 76
- Recommendation No. 3: Legislative Recognition, Protection and Promotion 79
- Recommendation No. 4: Equitable Resources be made available 79
- Recommendation No. 5: All Federal Departments support Languages 79

Language Status and the Individual 79
- Recommendation No. 6: Restitution and Reconciliation 81

Language Planning in First Nation, Inuit and Métis Communities 81
- Recommendation No 7: A National Language Strategy 82
- Exhibit 2: Action Plan for Endangered Languages 82
- Recommendation No. 8: Baseline Language Survey 84
- Recommendation No. 9: Funding of Critically Endangered Languages 84
- Exhibit 3: Suggested Interventions Based on Different Stages of Language Endangerment 85
- Exhibit 4: Language Funding in Nunavut for 2001–2002 86

Language Education . . . 86
Recommendation No. 10: Funding of Immersion programs . . . 88
Recommendation No. 11: Funding of Immersion programs for Youth . . . 88
Recommendation No. 12: Equitable Funding for First Nation Schools . . . 91
Recommendation No. 13: Language Education in Correctional Institutions . . . 93
Recommendation No. 14: Training Opportunities for Post secondary Students . . . 94
Recommendation No. 15: First Nation, Inuit and Métis Teacher Training . . . 95
Recommendation No. 16: First Nation, Inuit and Métis Post secondary Institutions . . . 95

PART VIII: A National Language Organization . . . 99
Languages and Cultures Council . . . 99
Recommendation No. 17: A National Language Organization . . . 99
Recommendation No. 18: Establishing the LCC . . . 101
Finances . . . 102
Exhibit 5: ALI Funding Allocations, 1998–1999 to 2001–2002 . . . 104
Translation Services for French-Speaking First Nations, Inuit and Métis . . . 106
Recommendation No. 19: Providing Services to French Language Speakers . . . 106
Recommendation No. 20: Use of Short-Term Funding . . . 106
Endowment Fund . . . 106
Recommendation No. 21: Establishing a Language Endowment Fund . . . 108
Short-Term Program Delivery . . . 108
Recommendation No. 22: Administration of Short-Term Funding . . . 108
Recommendation No. 23: Allocation of Interim Funding to First Nation Languages . . . 109
National Projects Fund . . . 109
Recommendation No. 24: National Projects Fund . . . 109
Innovative Projects Fund . . . 110
Recommendation No. 25: Innovative Projects Fund . . . 110

PART IX: THEMATIC SUMMARY OF RECOMMENDATIONS AND CONCLUDING COMMENTS . . . 113
Thematic Summary of Recommendations . . . 113
Concluding Comments . . . 115

Appendix A: Members of the Task Force on Aboriginal Languages and Cultures . . . 119
Appendix B: Circle of Experts . . . 121
Appendix C: Elders . . . 123
Appendix D: Research Protocol . . . 125
Appendix E: Speakers of Aboriginal Languages . . . 129
Appendix F: International Conventions . . . 131
Appendix G: Financial Commitments of the Action Plan for Official Languages . . . 133
Appendix H: Action Plan for Cultural Diversity . . . 135

Bibliography . . . 137
General . . . 137
Legal . . . 142

OUR GUIDING PRINCIPLES

One of our responsibilities should be to see that our language is passed on to future generations. It is our soul and identity to celebrate the uniqueness of who we are.

OUR GUIDING PRINCIPLES

Our work as a Task Force is informed by values and principles taught to us by our Elders in our own communities as well as in our consultations held in communities across Canada.

We believe that First Nation, Inuit and Métis languages are sacred and are gifts from the Creator.

We believe our languages are living languages to be used every day in our communities as expressions of our continuing nationhood.

We believe First Nation, Inuit and Métis languages embody the past and the future. To enter into a relationship with our ancestors we must speak our languages and by doing so we honour their spirits. However, we also adapt our languages to new environments, new situations and new technologies.

We believe that each generation of speakers carries the responsibility for preserving and revitalizing the unique and irreplaceable values, spiritual and traditional beliefs, and sacred ceremonies.

Our task is to ensure that the present generation of First Nation, Inuit and Métis peoples continue their traditions by recovering and strengthening their ability to speak and be understood in their own languages. Our task is also to ensure that the seventh and future generations of our young people will be fluent in their languages and will be able to articulate the traditional knowledge and spiritual beliefs embodied by them.

We believe that Canada must truly make itself whole by recognizing and acknowledging our First Nation, Inuit and Métis languages as the original languages of Canada. This recognition must be through legislation and must also provide for enduring institutional supports for First Languages in the same way that it has done for the French and English languages.

We are confident our principles and values are ones that all Canadians will recognize, share and support.[1]

1 These principals have been stated deliberately broadly to capture commonalities of First Nation, Inuit and Métis cultures, which are similar but not identical.

PART I:

INTRODUCTION TO THE TASK FORCE REPORT

In the work that must be done, we need to build relationships and unity because we all believe in the same thing.

PART I: Introduction to the Task Force Report

We recognize that language and culture are the foundations of First Nation, Inuit and Métis nationhood and that, as nations, First Nation, Inuit and Métis peoples have government-to-government relations with Canada's federal, provincial and territorial governments. Our work is premised on this fundamental reality and is not intended to abrogate or derogate from the Aboriginal and treaty rights of First Nation, Inuit and Métis peoples under section 35 of the *Constitution Act, 1982*.

Our report is grounded in Aboriginal and treaty rights referred to in section 35 of the Act. However, we have chosen to use "First Nation, Inuit and Métis," or sometimes FNIM, instead of "Aboriginal" wherever possible in this report. We believe these are more appropriate terms that affirm the unique and distinctive cultures, histories and identities of First Nation, Inuit and Métis peoples. It is our view that indiscriminate use of the term "Aboriginal" may unintentionally mask this distinctiveness and fail to recognize differences in historical and present government-to-government relationships.

This introduction is Part I of our report. What follows in Parts II to VIII reflects our view as a Task Force of the best way to set out our findings and the conclusions we were able to reach in the time available to us. We are conscious that this is only the beginning and that much work remains to be done if our many First Nation, Inuit and Métis languages and cultures are to survive and prosper in the coming years. What follows also reflects our decision on the best way to highlight Part VI, the part of our report dealing with our Canada-wide consultations, particularly the crucial initial meeting with the Elders in Winnipeg. Together, the meeting with our Elders and the subsequent consultations form the heart of our report.

Part II, entitled **The Task Force on Aboriginal Languages and Cultures**, describes who we are and how we set about discharging our duties. It is divided into four sections. Here we give the political context for the creation of this Task Force in 2002 and introduce members of the Task Force as well as the Circle of Experts with whom we consulted during the course of our work. We also discuss the broad mandate we received from the Minister of Canadian Heritage and the terms of reference provided to us subsequently. A separate section of Part II describes the crucial initial meeting with Elders from across Canada, where our work received their blessing and guidance. Without this meeting, our work would not have been able to go forward. We conclude Part II with a discussion of limitations and difficulties we encountered in fully addressing our mandate and terms of reference considering the resources and time available.

We follow with Part III, entitled **Our Languages and Cultures: Cornerstones for Our Philosophies.** There we discuss the philosophical and spiritual context for our report — the central importance of our languages and cultures for the collective sense of First Nation, Inuit and Métis identities, nationhood and place in the universe. We identify language as the primary vehicle for culture and give examples of the unique philosophies embodied by the distinctive languages of the First Peoples of Canada and transmitted by the oral tradition. We note that our many First Nation, Inuit and Métis languages are largely languages of relationship that reflect our profound connection with the land, reinforce our identities as the First Peoples of Canada and enable us to participate in sacred ceremonies under the guidance of our Elders.

We then explore the difference in cultural perspectives between First Nation, Inuit and Métis peoples and other Canadians in the context of the historical treaty process and discuss the relationship between First Nation, Inuit and Métis cultural practices and the rights enshrined in section 35 of the *Constitution Act, 1982*. We consider First Nation, Inuit and Métis nationhood through the lens of our distinctive languages and cultures and discuss Canada's obligation and fiduciary duty to rectify the damages resulting from its past assimilative policies. We end this part of our report by giving specific examples of the federally sponsored actions of the churches and residential schools that have contributed to the current endangered state of First Nation, Inuit and Métis languages.

Part IV of our report, entitled **First Nation, Inuit and Métis Languages: Where We Are Now**, deals with current language conditions. It builds on the preceding part by discussing the great variety of conditions in which our languages now find themselves; these have an impact on language planning and programs at the local, regional and national levels. We first examine the wide diversity of First Nation, Inuit and Métis languages in Canada, noting 11 language families with a total of 61 languages and an unknown number of dialects.

We then discuss language vitality in terms of the number of speakers and the potential for intergenerational transmission, bearing in mind the need for better data on the number of fluent speakers and the lack of a generally accepted definition of fluency. Using published

data and community-based surveys, we highlight the diversity of First Nation, Inuit and Métis language vitality on a scale ranging from "flourishing" to "critical."

Turning to measures of intergenerational transmission such as language use in the home, we discuss broad trends in language vitality based on factors such as number of speakers, age group and level of language comprehension, and use in the home. Moving to the urban situation, we consider the decline in language use among non-reserve First Nation people, as well as among Inuit and Métis people living away from their home communities. Here we note the need for current and accurate data on language use and transmission as existing data have gaps and shortcomings.

Part V of our report is entitled **Calls for Action**. Here we discuss the key role played by the Assembly of First Nations over the past decades in raising awareness of the importance of these issues and in proposing federal legislation to establish a First Nation languages foundation. We also examine and comment on the approach and conclusions contained in the 1996 final report of the Royal Commission on Aboriginal Peoples and conclude by reproducing the submissions made to us in 2004 by the Assembly of First Nations, the Inuit Tapiriit Kanatami and the Métis National Council.

The heart of our report is set out in Part VI, entitled **What We Heard in the Consultations**. Here we report on the input and advice from First Nation, Inuit and Métis communities on the many issues before us as a Task Force. These consultations are reported in two sections. The first section summarizes the substantive comments and advice we received during the crucial initial meeting with the Elders in Winnipeg. They are grouped under four headings: Where We Are Right Now; Ethics and Concepts; Personal Practices; and Institutional and Governmental Actions.

The second section of this part summarizes what the people said during the 16 consultation sessions held across the country. These community consultations not only expanded on the advice from Elders, but also proposed and developed the concept of a National Language Organization. Both sections include input and advice by the Circle of Experts. Here we present our findings under four broad themes, which were prevalent in our consultations. First we discuss the role of our languages and their importance for connecting with the Creator, the land and each other. We then discuss the status of First Nation, Inuit and Métis languages; the need for a community-driven revitalization strategy; and the roles and priorities of a National Language Organization. Here we highlight specific recommendations made in the areas of supporting community-based language initiatives, such as language planning and language education.

In Part VII of our report, entitled **Protecting and Promoting Our Languages**, we apply lessons learned in language revitalization among endangered languages under the broad themes raised in the community consultations: the role of First Nation, Inuit and Métis languages; status planning; community-based language planning; and language education. We conclude each of these sections with specific recommendations on actions that should be taken to recognize First Nation, Inuit and Métis languages and to assist in efforts to preserve, protect and promote them.

Part VIII of our report is entitled **A National Language Organization**. We discuss a national entity as provided for in our terms of reference and as discussed in our consultation sessions. We consider how a Languages and Cultures Council (LCC) could provide leadership in the planning and administration of a long-term national language revitalization strategy. In the first sections we propose a vision for the LCC that is child-centred, Elder-focused and community-driven; we go on to provide a mission statement oriented around support and advocacy for First Nation, Inuit and Métis languages and cultures. We propose a mandate for the LCC involving such elements as distributing funds to First Nation, Inuit and Métis organizations, helping to develop language revitalization policies and research, giving technical and financial assistance, and lobbying governments for a variety of purposes associated with language and culture including the creation of a national First Nation, Inuit and Métis Language Commissioner.

We go on to propose a structure for the LCC with 15 members whose qualifications, roles and responsibilities we outline in some detail. We recommend a body of principles such as equality of access by all language and community groups, community assessment of language needs and priorities, and modern accountability and financial transparency rules and guidelines. We note the difficulty of results-based management and accountability measures in light of the lack of a generally accepted definition of language fluency and call on the LCC to develop appropriate measures in collaboration with regions and communities.

We then consider funding of First Nation, Inuit and Métis languages through the lens of recent assessments of the Aboriginal Languages Initiative (ALI), a 1998 Canadian Heritage program, as well as the views of those with whom we consulted during the course of our work. We propose an interim (five-year) strategy and program

delivery, and conclude that the LCC should be structured to provide coordination and support for First Nation, Inuit and Métis language initiatives while avoiding the creation of a centralized bureaucracy. We discuss how the vast majority of the funds should be transferred to First Nation, Inuit and Métis organizations and communities according to the existing ALI funding split of 75% to First Nations, 15% to Inuit and 10% to Métis. We close this part of our report by considering an endowment fund, a national projects fund and an innovative projects fund. We conclude with a series of recommendations summarizing our views and conclusions.

PART II: THE TASK FORCE ON ABORIGINAL LANGUAGES AND CULTURES

Let us continue to work with one mind in the future to preserve our languages and cultures because we can do that in spite of what other realities are out there.

PART II: The Task Force on Aboriginal Languages and Cultures

Composition of the Task Force

In December 2002, the Minister of Canadian Heritage announced that Canada would establish an Aboriginal Languages and Cultures Centre as part of the commitment in the 2002 Speech from the Throne to help preserve, revitalize and promote First Nation, Inuit and Métis languages and cultures. At that time, it was already clear that, to survive and prosper, the languages and cultures of Canada's First Nation, Inuit and Métis peoples must be under their stewardship and control and receiving local community direction.

In early 2003, the Minister took the next step by creating the Task Force on Aboriginal Languages and Cultures as a body whose advice would help set the direction for this new initiative. The remaining months of 2003 involved a call for recommendations from First Nation, Inuit and Métis organizations for individuals knowledgeable in the area of languages and cultures who might be willing to serve on this Task Force. From the lengthy list of potential members, the Minister invited 10 persons to join the Task Force. These invitations were issued through consensus among the partners: the Government of Canada, the Assembly of First Nations, the Inuit Tapiriit Kanatami and the Métis National Council.

The Task Force members are Bruce Flamont, Ron Ignace, Mary Jane Jim, Amos Key Jr., Helen Klengenberg, Alexina Kublu, Rosemarie McPherson, Ruth Norton, Frank Parnell and Linda Pelly-Landrie. The Task Force members are profiled in Appendix A.

In addition, a group of knowledgeable and experienced First Nation, Inuit and Métis language and culture leaders, educators and community workers drawn from across Canada was identified and designated the Circle of Experts. The Circle's role was to be a resource group for the Task Force, providing advice, research papers and other forms of assistance as required. The members of the Circle of Experts are identified in Appendix B.

Task Force Mandate and Terms of Reference

In the letter of invitation to the members of the Task Force, the Minister noted the importance for Canada of the linguistic and cultural heritage of the First Nation, Inuit and Métis peoples and provided the Task Force with the broad mandate of proposing a national language strategy:

The official mandate of the Task Force is to propose a national strategy for the preservation, revitalization and promotion of Aboriginal languages and cultures. This will include — but not be limited to — a focus on support to communities for the preservation of their languages; interactive learning, education, communications and potential for partnering; a national repository and clearing house for best practices and tools; and learning and inter-cultural exchanges to enrich the lives of Canadians of all ethnic origins.

Given Canada's commitment to establish the Aboriginal Languages and Cultures Centre, this broad mandate was later supplemented by the Department of Canadian Heritage with more specific terms of reference related to the proposed centre itself:

1. The Task Force on Aboriginal Languages and Cultures (Task Force) will consider and make recommendations to the Minister of Canadian Heritage concerning the following:
   A. The role and mandate of a proposed non-profit corporation, as a key element of a comprehensive national strategy for the preservation, revitalization and promotion of Aboriginal languages and cultures;
   B. Appropriate names for the corporation, provisionally referred to as the Aboriginal Languages and Cultures Centre (ALCC);
   C. The proposed ALCC's organizational and governance structure and operational framework, the composition and selection criteria for the corporation's Board of Directors, consistent with relevant provisions of Treasury Board policies and the *Financial Administration Act*, to be reflected in the appropriate bylaws and Articles of Incorporation;
   D. Key priorities with respect to proposed business lines and activities for the ALCC, including but not limited to:
      (i) Encouraging and supporting in-home and community-focused activities, including research and development of innovative tools and methodologies to increase intergenerational transmission of Aboriginal languages and cultures;
      (ii) Utilizing interactive learning and communications models through the use of state-of-the-art technologies;

(iii) Generating and disseminating information on relevant effective practices and approaches;

(iv) Collecting, preserving and sharing written documents and audio-visual materials related to Aboriginal history, languages and cultures; and

(v) Fostering greater knowledge and appreciation of Aboriginal languages and cultures as an integral part of Canada's national heritage.

E. An accountability framework outlining clear objectives, mechanisms for reporting on progress, measuring results and evaluating success;

F. A system for ensuring sound financial management practices consistent with generally accepted accounting principles; processes for assessing funding proposals and reviewing funding decisions; and effective accountability provisions and remedies;

G. Options for the appropriate facilities to support the activities of the proposed ALCC;

H. Potential for obtaining charitable status and securing funding from other sources, including other levels of government, the private and voluntary sectors and effective strategies to help achieve long-term financial viability; and,

I. Effective approaches to eliminate overlap and duplication, improve coordination and maximize the effect of existing federal policies and programs that directly and indirectly support Aboriginal languages and cultures (including appropriate linkages with self-government, comprehensive claims and territorial languages agreements).

2. In conducting its activities, the Task Force shall:

A. Operate in an open, transparent, inclusive manner, in keeping with the spirit of partnership and collaboration among Aboriginal peoples and the Government of Canada, and recognizing and respecting the diversity among Aboriginal peoples;

B. Solicit and consider representations from national Aboriginal organizations, provincial and territorial governments, and agencies that are involved in the preservation, revitalization and promotion of Aboriginal languages and cultures;

C. Receive and consider representations from other interested and affected groups including, but not limited to, Elders, youth and parents;

D. Seek the views of, and invite participation from, the Circle of Experts, particularly in the initial stages of the Task Force's work and in advance of submitting a final report, as deemed appropriate by the Task Force;

E. Seek advice from other individuals and organizations with expertise in the preservation, revitalization and promotion of Aboriginal languages and cultures;

F. Commission research studies directly related to the fulfillment of its mandate; and,

G. Adopt such practices and procedures, as it may deem necessary to carry out its mandate efficiently and effectively.

3. The Task force will be required to:

A. Submit to the Minister of Canadian Heritage on September 15, 2004, a report in fulfillment of its mandate;

B. Submit such interim reports on progress as requested by the Minister; and

C. Make available to the Minister copies of submissions received and research generated by the Task Force in the course of its work.

As will be discussed in more detail below, the challenge of reconciling the broad initial mandate with the narrower terms of reference received later required more time than is normally the case with a task force or commission of this nature. In this exercise, the guidance of the Elders was essential.

How Our Elders Guided the Task Force Process

Task Force members were drawn from First Nation, Inuit and Métis communities from different parts of Canada and brought to their deliberations the perspectives, practices and traditions they inherited as part of their respective cultural legacies. One perspective all members share, however, is that while language and culture are the attributes of nations, they are maintained and transmitted at the family and community level, sanctified by spiritual practices and ceremonies, and symbolized by the inspiring presence of Elders.

After its establishment and initial meetings, the Task Force took the important step of meeting with Elders from across Canada to seek their guidance and blessing prior to undertaking consultations, in keeping with the traditional process of First Nation, Inuit and Métis peoples (see Appendix C for a list of Elders consulted). This meeting began with the protocol of a traditional feast hosted by the Anishnabe people in Winnipeg, Manitoba. The pipe ceremony and spiritual feast gave the Elders the opportunity to guide and bless the work of the Task Force and to counsel us to follow the protocols of each nation in each territory where our consultations were to be conducted. During the gathering, the Elders shared stories and traditional dances with the Task Force, thus giving us the traditional acceptance for the consultations to proceed as planned within each First

Nation, Inuit and Métis territory that we intended to visit.

The following day provided the setting for the Task Force to explain its work to the Elders and to seek their explicit guidance. Elders were invited to give their views and insights in the following areas:

- How can we preserve/save our languages?
- How can we mobilize all levels of government to support our needs?

The Elders' responses to these questions covered four key areas:

Where We Are Now
This refers to the impacts of the erosion of traditional languages and cultures on First Nation, Inuit and Métis people, families and communities.

Ethics and Concepts
Many statements were made by the Elders on the value of traditional knowledge and the ethical considerations we needed to bear in mind for our work as a Task Force. As a result, in June 2004 we developed a *Protocol and Guiding Principles for Conducting and for the Implementation of Research Using Traditional Knowledge* as a reflection of our understanding of how best to proceed in an appropriate and respectful way in discharging our Task Force duties. This document was prepared as a tool to assist in the management of Task Force research, and to ensure that researchers do not exploit traditional cultural knowledge. It also addresses approaches to gathering traditional knowledge. Please refer to Appendix D.

Personal Practices
This refers to the actions that we as individuals take to preserve and strengthen First Nation, Inuit and Métis languages and cultures. In essence, personal choice is a valuable means for creating awareness of the value and importance of our languages and cultures. Creating a personal mission to engage the community, leadership, youth and government is a useful component of this type of choice.

Institutional and Governmental Actions
This refers to the actions that can be taken by institutions and various levels of government to support the preservation, revitalization and maintenance of First Nation, Inuit and Métis languages and cultures. Here the term "government" includes the federal, provincial, territorial, First Nation, Inuit and Métis governments.

The substantive discussions with the Elders during this important two-day meeting will be addressed in detail in Part VI of this report, entitled What We Heard in the Consultations. The context provided there will permit us to highlight the central importance of their advice to us and the links between their views and our own recommendations in a better way than can be done here.

The overall result of this two-day meeting with Elders was that all Task Force processes were animated by a profound respect for the gravity of the work being undertaken. The Task Force went on to conduct its consultations and to commission research in a respectful manner with the diverse First Nation, Inuit and Métis groups with whom we met during the past year. This was a priority and meant that more time was taken for the consultations than would have been the case had such respect not been shown. Given the sacred nature of the work to be done by the Task Force, anything less would have been unacceptable.

Task Force Approach and Activities

From the outset, the Task Force has been faced with what it considers to be a serious underestimate of the time needed to carry out its mandate in a respectful, complete and dignified way. This initial underestimate has been compounded by additional events. For example, the process of consultations on the mandate and make-up of the Task Force between the Government of Canada and the Assembly of First Nations, the Inuit Tapiriit Kanatami and the Métis National Council, coupled with the large number of administrative and related tasks associated with the establishment of a group of this size, meant that the Task Force was not able to begin working in earnest until well into 2004.

The result was that the Task Force had less than a year to carry out its mandate and report back to the Minister of Canadian Heritage if it hoped to meet the deadline of September 15, 2004. This has proven to be impossible for the following reasons.

The first has to do with the breadth of the task and the paramount importance of the issues to be addressed. For instance, while international examples generally speak to revitalization and creation of fluency, in most cases they focus on revitalizing or strengthening a single language. In contrast, the Task Force was asked to propose policies and funding mechanisms to address the needs of at least 61 different languages. This massive task proved to be particularly daunting in light of the time and budgetary restrictions faced by the Task Force.

A second reason why the initial deadline was impossible to meet flowed from the need to harmonize the Task Force guiding principles cited earlier, the initial broad mandate received from the Minister and the narrower terms of reference provided later by the Department of Canadian Heritage. One of the first orders of Task Force business, therefore, was to interpret its mandate and terms of reference in light of these guiding principles. The dilemma is captured in the initial statement in the terms of reference referring to the "role and mandate of a proposed non-profit corporation as a key element of a comprehensive national strategy for the preservation, revitalization and promotion of Aboriginal languages and cultures."

This wording seems at first blush to assume the existence of a national strategy and to direct the Task Force to give priority to the composition and functioning of the proposed Aboriginal Languages and Cultures Centre. In short, it assumes that the Centre will fit into an already-existing strategic framework as a component element. Thus, the Task Force found it necessary to first consider what elements should form a national strategy before turning to the more technical issues associated with devising the vehicle in the form of the Aboriginal Languages and Cultures Centre with its corresponding structures and procedures.

This interpretation of the preferred order in which to proceed was almost universally supported by those with whom the Task Force has consulted over the past year. The many people who shared their knowledge and experience appear to speak with a single voice in calling for a long-term strategy that will address the concerns of First Nation, Inuit and Métis communities to control their own destinies within a broad national strategy in which the proposed Aboriginal Languages and Cultures Centre will play a coordinating role rather than a central or dominant role. The Task Force felt bound to do justice to this vision and to reflect it as fully as possible in this report. Given the diversity among the First Nation, Inuit and Métis peoples of Canada and the great variety of conditions in which their languages now find themselves, this has proven to be no small task.

The third reason why the deadline of September 15, 2004, could not be met has to do with the transition from the government of Prime Minister Chrétien to that of Prime Minister Martin in late 2003, the ensuing national election and the general government-wide air of uncertainty concerning Aboriginal policy and program matters.

The Task Force is not independent of government in the way that a public commission of inquiry is, having neither a budget that it controls nor staff that it employs and directs. Thus, the Task Force has been entirely dependent on the support of the federal government in discharging its mandate. The Task Force was unavoidably affected by administrative changes in government including changes in the structure and functioning of the federal government particularly relating to contracting for services, as well as staff turnover in the Department of Canadian Heritage Secretariat charged with supporting the Task Force. Despite these limitations, the Task Force carried out the following activities during the course of the past year.

1st Quarter 2004

- Reviewed mandate and terms of reference
- Adopted mission/vision statement
- Assessed needs and developed work plan
- Gathered information through government liaison, First Nation, Inuit and Métis Elders and organizations
- Collected research and conducted literature review on governance models, research on languages and culture, and past reports, such as the report of the Royal Commission on Aboriginal Peoples and *Improving the Health of Canadians*

2nd Quarter 2004

- Consulted with Elders to seek their guidance and blessing
- Consulted with First Nation, Inuit and Métis organizations and community stakeholders through 16 focus group consultations across Canada involving our Circle of Experts, key stakeholders, Elders and community members (average of 39 attendees per focus group)
- Expanded research collection through implementation of 1-800 number and Web site

3rd Quarter 2004

- Compiled and analysed information from consultations and collected data
- Commissioned research on international best practices for language revitalization, a background document on Aboriginal languages in Canada and an evaluation of the state of First Nation, Inuit and Métis languages
- Reviewed and considered findings and preliminary recommendations
- Advocated separately and collectively to promote interest in and understanding of our mandate

4th Quarter 2004

- Recruited and instructed writers on foundational report
- Continued information sessions and consultations with First Nation, Inuit and Métis organizations
- Refined findings, developed consensus on recommendations
- Provided instruction on report design and artistic input
- Adopted communications/outreach strategy for pre- and post-release of report

PART III:

OUR LANGUAGES AND OUR CULTURES: CORNERSTONES FOR OUR PHILOSOPHIES

Language is part of us. Even before we were born, we heard it in our mother's womb. It's a part of us, and it's our identity.

PART III: Our Languages and Our Cultures: Cornerstones for Our Philosophies

Our Languages: Our Social and Spiritual Values

Our languages are more than just tools of communication. They also describe who we are as peoples and tell us of our relationship to each other and to the land. The late Elder Eli Taylor from the Sioux Valley First Nation expressed this as follows:

> The Aboriginal languages were given by the Creator as an integral part of life. Embodied in Aboriginal languages is our unique relationship to the Creator, our attitudes, beliefs, values and the fundamental notion of what is truth. Aboriginal language is an asset to one's own education, formal and informal. Aboriginal language contributes to greater pride in the history and culture of the community: greater involvement and interest of parents in the education of their children, and greater respect for Elders. Language is the principal means by which culture is accumulated, shared and transmitted from generation to generation. The key to identity and retention of culture is one's ancestral language.[2]

The philosophy and culture of a people are embedded in their language and given expression by it. Language is the vehicle for a network of cultural values that operate under the level of consciousness and shape each speaker's awareness, sense of personal identity and relationships with others and with the universe itself. First Nation, Inuit and Métis languages reflect philosophies quite different from those reflected by European languages like English and French. Mary Siemens, a Dogrib language specialist from the Northwest Territories, describes this as follows:

> Our Dogrib language is very important to us because it identifies us as a people in a unique culture within the land we occupy. Our language holds our culture, our perspective, our history, and our inheritance. What type of people we are, where we came from, what land we claim, and all our legends are based on the language we speak.

2 Assembly of First Nations, *Towards Rebirth of First Nations Languages* (Ottawa: AFN, 1992), p. 14.

> Our culture depends on our language, because it contains the unique words that describe our way of life. It describes name-places for every part of our land that our ancestors traveled on. We have specific words to describe the seasonal activities, the social gatherings, and kin relations. Rules which govern our lives bring stability to our communities, and our feast days, which bring people together, are all inter-related within our language. Losing our language will not only weaken us as a people but will diminish our way of life because it depends so much on our language.[3]

Our languages were born here and are profoundly different from languages spoken and developed elsewhere in the world.[4] The deepest structures of our languages reflect our distinctive philosophies as uniquely North American peoples. Thus, our First Nation, Inuit and Métis languages have more words to describe nature through their many references to geography, weather, wildlife and the seen and unseen forces animating the universe. But the differences between the languages of Europeans and those of First Nation, Inuit and Métis peoples are deeper than mere vocabulary.

Our languages, although as different from each other as the many languages of Europe are from each other, are largely languages of relationship. They tend away from isolating the speaker from other people or from the events or phenomena of the world about which he or she is speaking. This is a broadly shared cultural value that accepts the relationship between the mind of the speaker and the person, thing or event being described.

Inuktitut offers an example of linguistic reinforcement of relationship — that between the speaker and his or her understanding of the world. For instance, where English or French might have one or two verbs meaning "to know,"the language of the Inuit has several depending on what it is that is known and the nature of how that 'knowledge' was acquired. An example

3 Northwest Territories Literacy Council, *Languages of the Land: A Manual for Aboriginal Language Activists* (Yellowknife: 1999), p. 9.

4 This is as true for Michif, the historical and official language of the Métis nation, as it is for the First Nation and Inuit languages. While reflecting its Cree and French origins, Michif arose on the North American continent as an expression of the unique culture and distinct character of the Métis nation. The title for a Michif language conference in 2005 highlights the unique character of Michif: "Our Children and Our Languages, The Way It Was": *Nutr Zaafahn pi Nutr Laang, Kaayash Aachimowyn.*

is offered by the following verbs from the Igloolik North Baffin dialect:

- ᖃᐅᔨ- ᒐᕿᖑᒥᒧᓂ-˙ "to find something out" (process),
- ᖃᐅᔨᒪ- ᒐᕿᖑᒥᒧᓂᒪᖑ-˙ "to be in state of having found something out," i.e. to, "know" (state),
- ᓴᓗ- ᒑᖑᓗᒥ-˙ "not to know" (state),
- ᓴᓗᐋᓐᓇᐃᖅ- ᒑᖑᓗᒥᒧᒥᓴᓴᖑᓂᕿ-˙ "to stop not knowing" (process),
- ᓇᓗᓐᖏ- ᒑᖑᓗᒥᓴᓴᑐᓂ-˙ "to not not know," i.e., "know" (state),
- ᓱᖅᑯᐃᖅ- ᒒᐅᒥᕿᕿᒋᒥᓂᕿ-˙ "to realize/make sense of/'ahh now I see…' " (process),
- ᓱᖅᑯᐃᒪ- ᒒᐅᒥᕿᕿᒋᒥᓂᒪᖑ-˙ "to have understanding of" (state),
- ᑐᑭ ᒐᑎᒥᓄᓂ˙ "meaning/sense", and
- ᑐᑭᓯ- ᒐᑎᒥᓄᓂᐅᓂ-˙ "find meaning/make sense of," i.e., "understand."[5]

Inuktitut has other verbs that may also be translated by "to know" that are not listed here. Evidently, they, as well as those cited above, may also be adequately expressed in a European language as they have been above. No language has a monopoly on self-expression. The point is that the presence in the language of these precise verbs shows how Inuktitut has been shaped by the environment in which it was born. Thus, speakers of Inuktitut convey directly to themselves and to others how they understand their own experience of the world of the Inuit. And this is communicated to others as part and parcel of the communication of information.

Anishnabe provides another example of how Indigenous languages reinforce relationship. Its structure establishes the relationship between the subject and object of a phrase differently than do languages such as English or French. In most contexts an Anishnabe speaker will normally refer first to the person (gin) or object (ihweh) that is the object of the statement and place the reference to himself or herself later in the phrase. While an English speaker would say, "I am speaking to you," an Anishnabe speaker would normally say the equivalent of "you are being spoken to by me." One way of saying this is *gin geganonin*.

Neither linguistic structure is superior to the other. English and Anishnabe offer different ways of highlighting aspects of the human experience of the world and of each other. Anishnabe permits the speaker to emphasize the identities of the objects of the phrase and the relationship between them. Unlike English, which focuses on awareness of oneself and on what one has to say, Anishnabe allows a speaker to focus on awareness of others as a precondition to verbal expression. Language in this context is more than simple communication of information, it is a social event whose goal is to establish and maintain the web of identities and relationships within which the speaker finds himself or herself.

That being said, the inherent flexibility of Anishnabe allows the speaker to easily change its normal subject-object order to respond to different contexts. There are very few situations in English, for example, where it would not be awkward to say, "you are being spoken to by me." However, in Anishnabe it is neither awkward nor unusual to reverse the subject-object to suit a variety of social functions or to emphasize to the listener what the speaker is saying. Storytelling is one example. Another example is provided by certain ceremonies where it is appropriate or even required to say the equivalent of "I am speaking to you" in Anishnabe: *niin giwi ganoninim*. This is to acknowledge that the speaker is addressing everyone at a ceremony.

This also highlights the sacred aspect of Anishnabe language use. To participate fully in the spiritual aspect of Anishnabe society, vocabulary, facility with the language and knowledge of the various ways and contexts within which it is appropriate to change the word order or to use particular forms of old or oratorical language are absolutely required. Elder Tobasonakwut Kinew underscores the relationship between language and ability to understand and to take part in the ceremonies:

> If you are going to do something about the languages, you should be able to do the ceremonies of your people. If you cannot do the ceremonies of your people, there cannot be a spiritual basis for your language.[6]

Our Languages: Our Connection to the Land

The fundamental relationship reflected by our First Nation, Inuit and Métis languages is our connection to the land. The words for "the land" in our various languages reflect the fact that the land is more than the mere physical landscape comprising the various material elements known to science. The "land," the "country," the "place" — all these and equivalent terms have an even subtler meaning. In the language of the Secwepemc

5 In Inuktitut linguistics, a dash indicates that the stem is a verb since it requires a subject to make it a complete word.

6 Task Force on Aboriginal Languages and Cultures, *Report on Proceedings: Consultation with Elders* (Winnipeg, Manitoba: May 2004), p. 6.

(Shuswap) people, for example, tmicw, the land, "involves its fauna and flora, as well as the people's spiritual and historical relationship with it."[7]

Innu-aimun offers another example of how our languages reinforce relationship with the land. Although referred to by Europeans as Montagnais and Naskapi respectively, the Innu of Sheshatshiu and Natuashish are a single people, speaking the Innu-aimun language and sharing a similar tradition of hunting, trading and movement from place to place across the great breadth of Labrador.

Innu-aimun reflects this lifestyle. It has numerous nouns and verbs reflecting complex relationships with nature, wildlife and each other including extensive terminology referring to hunting and describing every detail of the geography and weather of their traditional territory. The term "*nutshimit*" — "the country" in the sense of the Innu relationship with the land, the animals and the spirits — provides the conceptual framework for the traditional Innu sense of identity and their place in the universe through the constant links to Innu history and to the natural, social and mythological realms.[8]

The result is a linguistically reinforced sense of intimate connection to the land and a philosophical orientation toward the Labrador interior for social gathering, festive and spiritual activities. Their settlement in permanent villages on or near the coast has diminished the Innu capacity to renew the relationship with the land that their language reflects. It also hampers them from performing their ceremonies on the sacred sites in their traditional territory. The Innu have repeatedly called on the governments of Canada and the province of Newfoundland and Labrador to recognize and accommodate their connection to their own land as one of the keys to establishing a stable long-term relationship with them.

The relationship reflected by our languages means that we are not separate from the land. It also means that we have a responsibility for the land and all that is on it. This responsibility flows from the fact that the Creator placed the various First Nation, Inuit and Métis nations in particular places that continue to sustain us as peoples. Chief Edmund Metatawabin of Fort Albany expressed this as follows with regard to the Cree people's relationship with their traditional territory around James Bay:

> Mushkegowuk of James Bay ancestry dating back 10,000 years hold a belief that the Creator put them on this land, this garden, to oversee and take care of it for those who are not yet born. The law of maintenance or just maintaining that garden means taking care of the physical environment. It also means maintaining a harmonious relationship with other people and the animals depended on for survival.[9]

Taking care of the land takes many forms. Among the Anishnabe of Ontario and Manitoba, for instance, harvesting the wild rice that gives sustenance to the people is a life-long commitment and sacred responsibility to be carried out properly in accordance with strict protocols within designated families. Responsibility for the land for the Anishnabe means passing that responsibility on to worthy members of the younger generation within an extended family to ensure that those not yet born will, in their turn, be able to benefit from the land.

Responsibility for the land also means protecting the important places that allow us to reconnect with the land that defines who we are as peoples. These sacred places are sites where spiritual and other ceremonies are performed. They also include places where special types of plants or materials used in painting or ceremonies are found. Such special places may be the spiritual responsibility of certain families who must honour traditional protocol. Yet other sacred sites include areas used for fasting and vision quests, burial sites and places of historical significance where important events in the life of the people may have occurred.

The memory of these places and their significance are preserved in the oral tradition of the various First Nation, Inuit and Métis nations. The tradition of oral recounting in the language of a people is the special preserve of Elders and other uniquely qualified individuals whose sacred responsibility is to preserve and hand down the stories that reflect the distinctiveness of the people and the relationship between the people and the places and events that define them.

7 P. J. Murphy, George P. Nicholas and Marianne Ignace (eds.), *Coyote U: Stories and Teachings from the Secwepemc Educational Institute* (Penticton, B.C.: Theytus Books, 1999), p. 15.

8 For the centrality of *nutshimit* to the Innu sense of their identity and place in the universe, see Innu Nation and Mushuau Innu Band Council, *Gathering Voices: Finding Strength to Help Our Children* (Toronto: Douglas and McIntyre, 1995). See also the official Web site of the Innu Nation: www.innu.ca.

9 Canada, Royal Commission on Aboriginal Peoples, *Final Report of the Royal Commission on Aboriginal Peoples, Volume 1, Looking Forward, Looking Back* (Ottawa: Supply and Services Canada, 1996), p. 632.

The courts have recognized that oral history must have a role in Aboriginal rights and treaty cases. In its seminal decision in *Delgamuukw v. British Columbia*, the Supreme Court of Canada validated courtroom use of adaawk and kungax, the oral histories of the Gitksan and Wet'suwet'en nations respectively. The adaawk and kungax contain the most important laws, history, traditions and descriptions of the traditional territory of these two nations and are passed on orally from generation to generation as a living testament of the relationship of the people to their land and to particular places on that land. In rendering its decision, the Court quoted the Royal Commission on Aboriginal Peoples' succinct description of First Nation, Inuit and Métis oral history as follows:

> Oral accounts of the past include a good deal of subjective experience. They are not simply a detached recounting of factual events but, rather, are "facts enmeshed in the stories of a lifetime." They are also likely to be rooted in particular locations, making reference to particular families and communities. This contributes to a sense that there are many histories, each characterized in part by how a people see themselves, how they define their identity in relation to their environment, and how they express their uniqueness as a people.[10]

We came from the land — this land, our land. We belong to it, are part of it and find our identities in it. Our languages return us again and again to this truth. This must be grasped to understand why the retention, strengthening and expansion of our First Nation, Inuit and Métis languages and cultures is of such importance to us and, indeed, to all Canadians. For our languages, which are carried by the very breath that gives us life, connect us daily to who we are. Without this awareness and understanding, the past will not be understood and appreciated by all Canadians, and in particular, by the youth of Canada.

The Past: Different Cultures, Different Perspectives

First Nation, Inuit and Métis languages and philosophies are unique in Canada. And because of this, we do not always see things in the same way as do other Canadians. Nor should we be expected to. The reasons for our different approaches to the issues that have arisen in our relationship with other Canadians and with Canadian governments are rooted in the different philosophies reflected by our distinctive languages and cultures.

To recall the words of the Assembly of First Nations, our ancestral languages are the key to our identities and cultures, for each of our languages tell us who we are and where we came from.

First Nation, Inuit and Métis peoples rarely see the past in the same way as do other Canadians. The differences in outlook between the First Peoples of Canada and other Canadians have been noted again and again in report after report. This was the object of a separate section in Volume One of the final report of the Royal Commission on Aboriginal Peoples. The Commission highlighted the differences in interpretation of historical events between First Nation, Inuit and Métis and non-Aboriginal Canadians, ascribing them "to perspectives rooted in entirely different cultural traditions."[11]

In this regard, the approach of First Nation, Inuit and Métis peoples to the passage of time does not necessarily assume the finality of historical events. The effect of the past lingers in ways that are difficult to express in languages like English and French that are built around notions of temporal linearity, strict cause and effect, and ideas of material progress and social evolution. For the First Peoples of Canada, the past cannot be forgotten, deliberately overlooked or discarded as no longer relevant. The past is still present, but in a different form that must be addressed again in the new conditions in which it appears, now and into the future.

First Nation, Inuit and Métis approaches to the past are reflected in the oral tradition. Oral history has a variety of purposes, only one of which is the communication of information about a particular historical event. The others are social, going beyond any attempt to give a detached account of history. In our traditions, it is artificial and even presumptuous to assume that a detached account of a particular event is possible. As the earlier citation from the *Delgamuukw* case about the Gitksan and Wet'suwet'en adaawk and kungax indicates, the understanding of the person speaking is so tied up with the information being conveyed that to separate the speaker's values, perceptions, vantage point and motivations from the story is impossible and even undesirable.

Our oral tradition thus has many purposes. Among others, they may be to educate the listener for a moral purpose, to pass on aspects of culture through stories or sacred songs, or perhaps to establish the claim of a family or clan to a territory or to social authority or prestige. In keeping with the structure of our many languages, the oral tradition does not isolate, it establishes and maintains important relationships and passes them

10 *Delgamuukw v. British Columbia* [1998] 1 C.N.L.R. 14 at 49 .

11 Canada, Royal Commission on Aboriginal Peoples, *supra* note 9, p. 32.

on intact to future generations. For this reason our oral tradition has survived as a separate way of describing the human experience of this world even as we have survived as separate peoples.

The oral tradition was the primary basis of decision-making for First Nations at the time of entering the treaties and remains the basis for interpreting them. Instruments of relationship between us and other Canadians such as treaties and other protocols are not agreements set in stone or events referring to a time in the past that is now dead and gone. They are alive. They are to last for as long as the sun shines and the grass grows. They are tangible signs of the ongoing relationship between us and must be respected as such and renewed periodically.

The treaties are recorded orally in our languages, which were the official languages of the treaty negotiations and of the treaties themselves. That is why Crown representatives had the English terms translated into our various languages at the time of treaty making. It is problematic in our languages to conceive of the land as a commodity to be disposed of in the way suggested by the technical English terminology of many of Canada's treaties. We speak the same languages as our ancestors who entered into those agreements. It is difficult for us to accept that they truly understood what was meant by terms such as "cede, release, surrender and yield... forever, all their rights, titles and privileges whatsoever to the lands... ."

This wording appears in the numbered treaties entered into between 1871 and 1921 in northern Ontario, the Prairie provinces, northeastern British Columbia and parts of southern Yukon and the Northwest Territories. Similar wording appears in other treaties signed elsewhere in Canada. Concepts such as these make sense in the western European cultural tradition of feudal relations in which human beings own the land and dispose of it as they see fit. However, they were and remain foreign to our way of seeing things in a world where, as we have described earlier, human beings are in an entirely different relationship to the land.

The quality of the translations provided to our ancestors has become an issue in recent decades as the courts struggle to find the true nature of the agreement between treaty nations and the Crown. It is a hopeful sign to us that Canada's courts have finally begun to give credence to our oral tradition in cases involving our Aboriginal and treaty rights. Many of those cases involve claims by our peoples to their traditional lands or to rights associated with the land. Since our languages reflect our relationship to the land and to activities practised on the land, it is not only just, but it is also entirely fitting that the evidence contained in our oral tradition and expressed in our languages should be heard and given the weight it deserves.

In summary, it is clear that language and culture are inseparable concepts for First Nation, Inuit and Métis peoples. Over time, however, they have come to be separated to varying degrees. This process began with the first contacts between our ancestors and the Europeans who first visited these shores, mistakenly believing they had found a new world.

But our world was not lost, certainly not to us. And it was only new to those who had never lived here before. To us it was an old world, a familiar world in which our languages, cultures and sense of identity had been born. It was a world to which we were attached in ways that defied definition in the languages of the newcomers.

Our Languages and Cultures: Our Nationhood

In the introduction to this report we stated our recognition that language and culture are the foundations of First Nation, Inuit and Métis nationhood and that our many nations have government-to-government relations with the federal, provincial and territorial governments. Our nationhood is not a new idea. It has been a key element of the relationship between First Nation, Inuit and Métis peoples and the Crown since the beginning. As Regina Crowchild notes, it is expressed in the form of political autonomy and is reflected in the treaty process:

> When our peoples entered into treaties, there were nations of people. And people always wonder why, what is a nation? Because only nations can enter into treaties. Our peoples, prior to the arrival of the non-Indigenous peoples, were under a single political society. They had their own languages. They had their own spiritual beliefs. They had their own political institutions. They had the land base, and they possessed historic continuity on this land base.
>
> Within these structures they were able to enter into treaties amongst themselves as different tribes, as different nations on this land. In that capacity they entered into treaty with the British people. So, these treaties were entered into on a nation-to-nation basis. That treaty set out

> for us what our relationship will be with the British Crown and her successive governments.[12]

The nationhood of First Nation, Inuit and Métis peoples rested on foundations different from those of the European countries that were often unwieldy collections of different peoples with different languages, traditions and religions brought together by force or dynastic considerations. First Nation, Inuit and Métis peoples were nations in the original and truest sense of the term — groups of people linked by common bonds of language, culture, ethnicity and a collective desire to maintain their distinctiveness and political autonomy.

Complex internal family, clan and broader kinship systems meant that First Nation, Inuit and Métis governments rested on consensus rather than princely or parliamentary decree. Use of the old language, that spoken by our ancestors before the modern accretions resulting from contact with Europeans, gave force and solemnity to the words used by our leaders in their dealings with European nations. First Nation, Inuit and Métis people never doubted either their inherent nationhood or the sacred connection between that nationhood and the land and never intended to relinquish either.

The *Royal Proclamation of 1763* indicates that the British Crown had a similar understanding. Issued by the King in response to settler incursions on traditional First Nation lands, it contains language referring to the nation-to-nation relationship and the Crown's fiduciary duty of protection of our lands as follows:

> ... the several Nations and Tribes of Indians with whom We are connected, and who live under our protection, should not be molested or disturbed in the Possession of such Parts of Our Dominions and Territories as, not having been ceded to or purchased by Us, are reserved to them or any of them as their Hunting Grounds...[13]

This joint commitment to the nation-to-nation relationship continued well into the colonial period. In 1867, however, the British Crown abandoned this shared understanding and its own policies by granting power to Canada's Parliament over "Indians and Lands reserved for the Indians" through section 91(24) of the *Constitution Act, 1867*. Our nationhood was virtually ignored in the new federal structure. The next year Canada took direct control of our lands[14] and in 1876 passed the first version of the *Indian Act* to rationalize and facilitate the administration of our lands and to monitor and control the political autonomy of First Nation, Inuit and Métis peoples.[15]

As numerous court decisions and published studies including that of the Royal Commission on Aboriginal Peoples have noted, in the decades following Confederation, Canada increasingly failed to honour the nation-to-nation relationship reflected in the Royal Proclamation and the treaties by adopting policies that were explicitly aimed at undermining First Nation, Inuit and Métis nationhood and assimilating us into the Canadian population.[16] Canada's policies of assimilation are discussed in more detail in the section entitled "Our Languages: Our Responsibility, Canada's Duty."

Nonetheless, the many historical treaties discussed earlier, the more recent ones in Quebec, British Columbia and northern Canada, and those that are in negotiations or are slated to be negotiated in the future are premised on Canada's recognition that, as the speakers of the original languages of Canada, the First Nation, Inuit and Métis peoples were — and remain — nations with whom it is appropriate and just to enter into relations of a different kind than it has with other groups of Canadians. This is a modern constitutional and political reality as well as a historical fact. Our nationhood, the essential difference between First Nation, Inuit and Métis peoples and other Canadians, is recognized and affirmed in section 35 of the *Constitution Act, 1982* in the form of our Aboriginal and treaty rights.

Prior to the arrival of Europeans on this continent the "complex and heterogeneous human community"[17] of the First Peoples of this land was a world unto itself, a world separated from Europe by enormous distance and vastly different languages, cultures, traditions and philosophies. Following sustained contact with Europeans came a long period of cooperation involving webs of commercial partnership and military alliances. This led to considerable mutual cultural adaptation, informal alliances and more

12 Transcript of the comments of Regina Crowchild, former President of the Indian Association of Alberta, during a consultation conducted by the Royal Commission on Aboriginal Peoples on June 11, 1992, in Edmonton, Alberta, and reproduced in Canada, Royal Commission on Aboriginal Peoples, *Report of the Royal Commission on Aboriginal Peoples, Volume 2, Restructuring the Relationship* (Ottawa: Supply and Services, Canada, 1996), p. 9.

13 *Royal Proclamation of 1763*, R.S.C. 1985, Appendix II, No. 1.

14 *An Act providing for the organization of the Department of the Secretary of State of Canada and for the management of Indian and Ordnance Lands*, S.C. 1868, c. 42.

15 For a comprehensive discussion of the *Indian Act* see the Royal Commission on Aboriginal Peoples, *supra* note 9, p. 255–322.

16 *Ibid.*, p. 137–99 .

17 J. R. Miller, *Skyscrapers Hide the Heavens: A History of Indian-White Relations in Canada* (Toronto: University of Toronto Press, 1989), p. 4.

formal treaties and protocols and increasing links of various kinds between First Nation, Inuit and Métis societies and those of the incoming settlers.

Despite the economic relationships and alliances that developed during the period of cooperation, our societies continued to function nonetheless as separate worlds. Our respective cultures adapted to each other, but without losing what made them distinctive. In fact, these distinctions between us, those aspects of First Nation, Inuit and Métis cultures that were and remain different from the cultures of other Canadians, form the heart of the Aboriginal rights recognized and affirmed in section 35 of the *Constitution Act, 1982*. As the Supreme Court of Canada stated in the *Van der Peet* case, "aboriginal rights lie in the practices, customs and traditions integral to the distinctive cultures of aboriginal peoples."[18] Going on, the Court clarified that what this means is that:

> ... the practice, tradition or custom was a central and significant part of the society's distinctive culture... one of the things which made the culture distinctive — that it was one of the things that *truly made the society what it was*.[19] [emphasis in the original]

The distinctiveness of our cultures and languages are clearly acknowledged and supported by the courts in other key decisions. For example, in the *Sioui* case the Supreme Court described the European approach to First Nations as being "good policy to maintain relations with them very close to those maintained between sovereign nations."[20] Such court pronouncements are not restricted to First Nations. In other cases the inherent distinctiveness of Inuit and Métis peoples and their cultures have also drawn favourable judicial comment.

In the 1979 Baker Lake case,[21] for instance, the Federal Court found in favour of Inuit Aboriginal title in the Baker Lake area of the Northwest Territories. The Court based its decision on the fact that, at the time of British sovereignty, the Inuit of that area were members of an organized society in exclusive occupation of their traditional lands.[22] Since then Inuit have built on this important legal precedent and have established self-government based on their inherent status as nations in accordance with their traditions, language and culture over large areas of their traditional territories in Nunavik (northern Quebec), Nunavut and Nunaakput (the Northwest Territories). In northern Labrador, negotiations to resolve the land claim and establish Inuit self-government in Nunatsiavut are progressing.

Most recently, the Supreme Court acknowledged in the Powley case that the Métis community in and around Sault Ste. Marie, Ontario has the constitutionally protected Aboriginal right to hunt for food. The significance of this ruling goes far beyond hunting, for the Court took the time to investigate and comment on Métis origins and culture. The Court concluded as follows regarding the distinctive identity of the Métis as a constitutionally protected people:

> The Métis of Canada share the common experience of having forged a new culture and a distinctive group identity from their Indian or Inuit and European roots. The constitutionally significant feature of the Métis is their special status as peoples that emerged between first contact and the effective imposition of European control. The inclusion of the Métis in s. 35 represents Canada's commitment to recognize and value the distinctive Métis cultures, which grew up in areas not yet open to colonization, and which the framers of the *Constitution Act, 1982* recognized can only survive if the Métis are protected along with other aboriginal communities.[23]

In summary, it is clear that First Nation, Inuit and Métis peoples are nations not only because they possess the legal and political attributes of nationhood according to European or Canadian court room definitions. We were — and remain — nations because of the undeniable fact of our distinctive languages, cultures, traditional forms of political organization, our inherent self-governing status and a collective desire to maintain our distinctiveness.

Our Languages: Our Responsibility, Canada's Duty

The unique historical relationship between the Crown and the First Nation, Inuit and Métis peoples is fiduciary in nature. All Canadian governments acting in the name of the Crown therefore owe a duty of loyalty and protection to the First Peoples of Canada. Moreover, this duty cannot be made the responsibility of any individual department or agency. It is the duty of the entire federal, provincial or territorial government and cannot be delegated and must not be avoided. In the case of the

18 *R. v. Van der Peet*, [1996] 4 C.N.L.R. 177 at 201.
19 *Ibid.* at 204.
20 *R. v. Sioui*, [1990] 3 C.N.L.R. 127.
21 *Baker Lake v. Minister of Indian Affairs and Northern Development*, [1979] 1 F.C. 487.
22 *Ibid.* at 557–58.
23 *R. v. Powley*, [2003] 4 C.N.L.R. 321 at 327.

federal government, for instance, the Crown obligation to protect our languages cannot be restricted to the Department of Canadian Heritage as is currently the case. It must be supported by, among others, key federal departments such as Justice, Indian Affairs and Northern Development, Health, Public Safety and Emergency Preparedness and by important federal agencies such as the Public Service Commission.

That being said, however, Canada cannot speak our languages for us. Canada cannot restore them. And Canada cannot promote them among our peoples. We must take our rightful positions as the first and most appropriate teachers of our languages and cultures. We must begin by speaking our own languages to our children in our homes and communities and we must do it daily. We cannot delegate this task to our schools or leave it for the next generation. To maintain, revitalize and preserve our languages, we must use traditional and contemporary methods and strategies in the development of new approaches. We believe this will nurture and sustain the use of our languages, particularly among First Nation, Inuit and Métis youth.

There are many reasons and causes for the current state of our languages. Although Canada and the churches have acknowledged responsibility for the damage to our languages and cultures, we recognize that there are other factors reflected in worldwide trends that have compounded First Nation, Inuit and Métis language and cultural loss. We should not be compelled to view these as insurmountable obstacles in our call for action.

Our languages and cultures must flourish on their own terms and be community-driven and supported by all levels of leadership. This report recommends that a comprehensive national strategy be developed and implemented by a national language organization representing First Nation, Inuit and Métis people. This strategy rests on the premise that we must address the current state of our languages and cultures including, but not limited to, the languages that are on the verge of extinction and those that are endangered and suffering. All First Nation, Inuit and Métis languages are sacred and important, and all require immediate attention. As a participant stated during the Fort Qu'Appelle consultation:

> ... our language is sacred. We walk with ceremony and prayer dealing with our languages and it's essential that we learn our languages.
>
> Our little children are out there wandering and lost because they have lost their languages. We should try our best to teach the language with whatever is available. We don't need a curriculum. We have our chairs, tables, and desks as tools. We have everything available to teach, and when you talk about curriculum, there are so many out there, and thousand of dollars are spent and they are not suited to our way of life.[24]

Canada undertook actions in the past that were deliberate attempts to undermine our languages and cultures and is obligated to provide the necessary resources required to sustain the long-term strategy. The systemic racism and sustained assault on the core of our identity as the First Peoples of this land continues to hinder our ability to practise our cultures and to speak our own languages. This has contributed to the pressing need to restore the languages to their rightful place.

The Royal Commission on Aboriginal Peoples devoted a great deal of its final report to describing Canada's past actions in detail. There were relocations, attacks on traditional governments and spiritual practices, restrictive definitions in the *Indian Act* that forced people off their reserves, residential schools, and a host of other measures. The goal was assimilation — eradication of the differences between First Nation, Inuit and Métis peoples and other Canadians by undermining our languages and cultures.

We will not go over these harmful measures here except to note that they resulted from attitudes of racial and cultural superiority that enabled Canadian officials to transform the differences between First Nation, Inuit and Métis peoples and other Canadians into presumed inferiorities. Residential schools and church missionaries offer the most compelling example of how these attitudes operated in practice. The goal was nothing short of transforming "savage" children into "civilized" adults by teaching them the skills, habits and customs of the dominant English-speaking majority in the provinces and territories where these schools were located.

Language was key to this re-education process. For example, at Shingwauk school in Ontario, Reverend E. F. Wilson confirmed this, informing federal officials that "We make a great point of insisting that the boys talk English, as, for their advancement in civilization, this is, of all things, the most necessary."[25] Other reports and books have documented the appalling punishments and other abuses suffered by children at these schools. Often it was for little more than speaking their own languages

24 Task Force on Aboriginal Languages and Cultures, *Report on Proceedings: Consultation in Ft. Qu'Appelle* (Ft. Qu'Appelle, Saskatchewan: June 12, 2004), p. 29–30.

25 Cited in Royal Commission on Aboriginal Peoples, *supra* note 9, p. 341.

or expressing themselves in ways appropriate to their respective cultures among themselves. Mary Carpenter recounts the methods employed to divest her of her language, culture and Inuk identity:

> After a lifetime of beatings, going hungry, standing in a corridor on one leg, and walking in the snow with no shoes for speaking Inuvialuktun, and having a heavy, stinging paste rubbed on my face, which they did to stop us from expressing our Eskimo custom of raising our eyebrows for "yes" and wrinkling our noses for "no", I soon lost the ability to speak my mother tongue. When a language dies, the world it was generated from is broken down too.[26]

Ultimately, the goal of assimilation was not achieved, for First Nation, Inuit and Métis peoples are still here. Despite the forceful measures taken to eradicate our languages, they have managed to survive. This will be discussed further in "First Nation, Inuit and Métis Languages: Where We Are Now." As our consultations (discussed in Part VI) revealed, however, First Nation, Inuit and Métis peoples are determined to begin to undo the wrongs of the past. They are ready to take on the responsibility of restoring their languages and traditions. But they cannot do this alone. They have told us they need help, from one another as nations, and also from Canada.

Canada has taken a positive first step in the direction of helping us as the First Peoples of this land to take on our own responsibilities. In 1997 Canada acknowledged in the *Statement of Reconciliation* that its actions "resulted in weakening the identity of Aboriginal peoples, suppressing their languages and cultures, and outlawing their spiritual practices."[27] In particular, Canada acknowledged its role in the residential school system in "preventing children from speaking their own languages and learning about their heritage and cultures."[28] Canada then took a second step in 1998, creating an Aboriginal Languages Initiative[29] at the Department of Canadian Heritage to begin the process of rebuilding our languages.

We acknowledge Canada's first steps. They have been helpful and have served to begin the process of building awareness within the Canadian public and helping to mobilize concerned First Nation, Inuit and Métis educators and languages activists. We call on Canada to take the next step. What follows is our vision of that next step — of what all of us working together need to do to make this Task Force vision of fluency for future generations of the First peoples of Canada a reality.

26 *Ibid.*, p. 372.

27 Canada, Department of Indian Affairs and Northern Development, *Gathering Strength — Canada's Aboriginal Action Plan* (Ottawa: Public Works and Government Services Canada, 1997), p. 4.

28 *Ibid.*, p. 5.

29 For a description of this program, see the Canadian Heritage Web site at www.canadianheritage.gc.ca/progs.

PART IV:
FIRST NATION, INUIT AND MÉTIS LANGUAGES: WHERE WE ARE NOW

Go home to your communities and do not forget the youth. They sometimes get forgotten and shouldn't be. They're important and they're the next generation. We need to ask the youth what they need and want, and get them involved and get them excited about this.

PART IV: First Nation, Inuit and Métis Languages: Where We Are Now

Our Languages: Our Diversity as Peoples

A strategy to support First Nation, Inuit and Métis peoples to revive, maintain and strengthen their languages must reflect their diversity as peoples and the varying degrees of language vitality. Moreover, the approximately 61 languages that continue to be spoken are at various stages of language loss: some are fairly widely spoken while others are in a critical or endangered state. Most are somewhere in between these extremes. All are in danger.

The following section discusses some of the complexities and the variation in language conditions that impact on planning and programs at the local, regional and national levels. We first examine the diversity and sheer number of languages then we discuss language vitality, in terms of the number of speakers and the potential for intergenerational transmission. As many First Nation, Inuit and Métis people live away from their home communities, we also consider languages in urban areas.

First Nations speak a total of at least 59 languages, by far the majority of the Indigenous languages that remain in Canada. They fall into 11 different linguistic families.[30] As noted earlier, within each language there are a number of dialects. The three largest First Nation language families in Canada — the Dene (Athapaskan) family, the Algonquian family and the Siouan family — stretch across large portions of Canada and into the United States. Each language family is separate and distinct from others. Cree, a language of the Algonquian family, is as different in its sound system, grammar and vocabulary from Mohawk as English is from Japanese. Even within the same language family, there are enormous differences: Halq'emeylem, spoken near Vancouver, is as different from Nsilxcen (Okanagan) as Finnish and Hungarian, members of the Finno Ugric or Uralic family, are from each other. British Columbia has the greatest language diversity, containing 8 of the 11 language families.

The Inuit speak various mutually comprehensible dialects of a single language that is called Inuktitut in parts of the Eastern Arctic, Inuvialuktun in the Beaufort Delta area, Inuinnaqtun in the Western Arctic, and Inuttitut in northern Quebec and Labrador.[31]

Michif, the unique national language of the Métis, has evolved on the historical basis of Cree verbs and sentence structure and French-derived noun phrases.[32] Besides Michif, many Métis speak First Nation languages, in particular Cree, Dakota, Ojibwe and Dene.

The Status of First Nation, Inuit and Métis Languages

The vitality of languages may be determined by a number of factors. Two of the most commonly used measures are the number of "fluent" speakers, and the rate at which successive generations learn and speak the language (intergenerational transmission). Earlier published studies by authors and linguists estimated the number of fluent speakers of a particular language. Accurate counts of the number of fluent speakers are not available. This is due not only to the difficult task of enumeration, but also to the more fundamental question of what constitutes fluency.[33] Despite these limitations,

30 When linguists began to systematically gather data on North American First Nation and Inuit languages during the latter part of the nineteenth century and to classify these languages into families and stocks according to their genetic relationships, they chose names for these language families that sometimes derived from a word that related languages had in common. Sometimes that word came from the self-designation of a particular Aboriginal group within that language family (Salish = Flathead people of the Bitterroot Valley, Idaho; "Algonquian" from the Algonquin people of the Ottawa River Valley); sometimes it came from the terms used by other Aboriginal groups for speakers of the language family in question ("Eskimoan" from "snowshoe netter" in Algonquian languages), or from a term selected by a linguist (e.g., "Athapaskan" supposedly from the Cree word "Athapaskaw"= grass or reeds here and there). Each Aboriginal group had, and continues to have, a name for itself as a people and for its language, which have been rendered into orthographies by the Aboriginal group.

31 The Nunavut Special Parliamentary Committee appointed to review the *Official Languages Act* recommended in their interim report that Inuinnaqtun be listed as a separate language, along with Inuktitut in the Nunavut *Official Languages Act* (Legislative Assembly of Nunavut, Special Committee to Review the *Official Languages Act, Final Report*, December 2003).

32 Michif's sentence structure and much of its vocabulary is based on Cree. For this reason, it may also be counted among Algonquian languages and is reported as such by Statistics Canada.

33 There is no single or widely accepted definition of fluency. Fluency is therefore a subjective concept, the definition of which will vary depending on an individual's perspective and experience. A linguist would define a fluent speaker as someone with full phonological and grammatical accuracy and communicative competence in a language, and a good range of vocabulary, including specialized vocabulary. Fluent speakers will intuitively use their assessment of phonological (sound system) and grammatical accuracy, using a good range of vocabulary without the need to engage in code switching to the acquired dominant language, along with conversational and culturally relevant competence. Daniel S. Rubin identifies five levels of fluency — passive, symbolic, functional, fluent and creative — in "Sm'algyax Language Renewal: Prospects and Options," in *Revitalizing Indigenous Languages*, edited by Jon Reyhner, Gina Cantoni, Robert N. St. Clair and Evangeline Parsons Yazzie (Flagstaff, AZ: Northern Arizona University, 1999), p. 17–32, online: http://jan.ucc.nau.edu/.

these studies indicate the relative vitality of First Nation, Inuit and Métis languages and assist in framing the background against which a national strategy to revitalize language will operate. One such study by Kinkade compiled estimates of speakers, giving the following snapshot of First Nation and Inuit languages:[34]

- Cree had by far the largest number of speakers, estimated at 80,000, followed by Ojibwe with 45,000 speakers, Inuit (Inuktitut) with 25,000 speakers and Chipewyan with 15,000 speakers.
- In a mid-range are Mi'kmaq, some of the Dene (Athapaskan) languages, along with Mohawk, Dakota and Nakoda, all of which had between 7,000 and 15,000 speakers.
- B.C. Interior Salish languages, along with the languages in the Tsimshian family, Kwakw'ala, Nuu-chaa-nulth and several of the smaller Dene languages in northern B.C., the Northwest Territories and the Yukon, fell within a range of more than 300, but fewer than 1,000 speakers.
- Some Coast Salish languages, along with most of the Iroquoian languages, some of the northern Dene languages, Maliseet, as well as Heiltsuk, Haisla, Ktunaxa and Tlingit had fewer than 200 speakers, but more than 50.
- Other languages, such as the Han, Tagish, Tahltan, Munsee (Delaware), Western Abenaki and Upper Tanana, were reported as having fewer than 50 speakers.

Linguists and language planners classify language vitality on a scale ranging from "flourishing" to "critically endangered." Bauman's scale[35] is used in a number of community studies and is as follows:

Flourishing languages have speakers of all ages, and intergenerational transmission occurs without disruption; the language is supported in all parts of community and home life, schooling, and communications.

Enduring languages have a critical mass or percentage of speakers in all generations, although some of them have switched to another language as their home language and/or language of work and language used in communication with the outside world.

Declining languages are languages in which a significant part of the adult population, perhaps half, still speak the language, but only a portion of young people and children know the language and most use the nationally or regionally dominant language instead.

Endangered languages are languages in which people of the older generation, or Elders, know and use the language, but in which parents of childbearing age by and large use a different language with their children, thus disrupting intergenerational transmission.

Critical languages are languages that have only a handful of speakers of an elderly age, without a significant number of parent-age and adult speakers, and no new speakers being raised through intergenerational transmission.

Extinct, or sleeping, languages have no remaining speakers who learn the language in natural intergenerational transmission. Interestingly, some languages that are officially deemed "extinct" have seen efforts at revival.[36]

First Nation organizations as well as provincial and territorial organizations have conducted surveys on the state of First Nation and Inuit languages with the objective of determining the extent of intergenerational transmission.[37] A 1989 Canada-wide survey (supplemented in 1991 by the Assembly of First Nations) studied language maintenance or decline at the community level using Bauman's scale.[38] Based on the 171 (of a total of 600) First Nation communities that participated in the survey, the following trends emerged:

- 12% or 21 First Nations had flourishing languages (over 80% of all age groups are fluent in the First Nation language and many are able to read and write the language).
- 18% or 31 First Nations had enduring languages (over 60% of almost all age groups are fluent in the language).

34 M. Dale Kinkade, "The Decline of Native Languages in Canada," in *Endangered Languages*, edited by Robert H. Robins and Eugenius M. Uhlenbeck (Oxford: Berg Publishers, 1991), p. 157–76.

35 Bauman, James, *A Guide to Issues in Indian Language Retention* (Washington, D.C.: Centre for Applied Linguistics, 1980).

36 Leanne Hinton and Ken Hale (eds.), *The Green Book of Language Revitalization in Practice* (San Diego: Academic Press, 2000).

37 Assembly of First Nations (1989, 1991, 2000); Manitoba (1997); Saskatchewan (1991); Government of Northwest Territories (2000); Marianne Ignace, Kwadacha Band Language Survey and Bella Bella Heiltsuk Language Survey (Ph.D. diss., Simon Fraser University, 1999); Secwepemc Cultural Education Society (1995); Matthew (1999); First Nations, Inuit and Métis Culture, Heritage and Language Foundation (British Columbia: 2003); Yukon Aboriginal Language Service (2004).

38 Published in *Towards Linguistic Justice for First Nations* (Ottawa: AFN, 1990) and *Towards Rebirth of First Nations Languages* (Ottawa: AFN, 1992). Data from these surveys are subject to the same caution as for other surveys that rely on self-reporting. Individual interpretations of what constitutes fluency also affect survey results.

- 28% or 48 First Nations had declining languages (at least 50% of the adult population and a lesser percentage of young people are speakers of their language).
- 30% or 52 First Nations had endangered languages (less than 50% of the adult population were reported speaking the language and there were few if any young speakers or, although over 80% of the older population spoke the language, there were no identified speakers under 45 years old).
- 11% or 19 First Nations have critical languages (there were fewer than 10 speakers, or there are no known speakers living in the community).

The Assembly of First Nations survey showed that the vitality of languages varied greatly across First Nation communities. For example, the state of the Cree language ranged from enduring to critical in different First Nation communities, as did Dene languages.

Language Use in the Home

Unlike the community-based estimates of number of fluent speakers in the above calculations, the Statistics Canada Census and its post-censal surveys, the Aboriginal Peoples' Surveys of 1991, 1996 and 2001, sought to measure the number of First Nation, Inuit and Métis people with an Aboriginal mother tongue; the average age of those with knowledge of a language; and the number of those who use an Aboriginal language at home either frequently or regularly.

Although information from the Census is an important resource, **the data on First Nation, Inuit and Métis languages should be interpreted with caution**. Some communities did not participate in the survey. Data on languages from the Iroquoian family as well as some of the Algonquian languages may not be representative owing to incomplete enumeration of reserves. There is also incomplete reporting on many languages with small populations that were not counted separately, but instead may have been grouped under a linguistic family. A case in point is Michif. It was not enumerated separately until 2001 and prior to that was reported as "other Algonquian." Inaccuracies may also have resulted from sampling and reporting errors (where populations being surveyed are small), survey administration techniques, and the actual wording of questions on language that may or may not have been clear to those interviewed.

While the Task Force recognizes the shortcomings of Census data, the information nonetheless provides some assistance in identifying overall trends in language vitality. For example, information from the 1996 Census compiled by Norris indicates that three languages with more than 25,000 speakers — Cree, Ojibwe and Inuktitut — are "viable." That is, respondents to the Census survey who reported having an Aboriginal mother tongue spoken in the home were relatively young. This indicates potential for language maintenance through intergenerational transmission. For example, the average age of Inuktitut language speakers using the language in the home was 23.9 years old — well within the child bearing range.

There are also a number of languages used by small populations (fewer than 10,000) that continue to be spoken among younger age groups. They too have the potential to be maintained through intergenerational transmission. These languages include Mi'kmaq (Micmac), Montagnais-Naskapi, Maliseet, Attikamekw, Oji-Cree, and Blackfoot from the Algonquian linguistic family and Dakota of the Siouan linguistic family. A number of other languages are similarly positioned. The Gitksan from the Tsimshian linguistic family and the South Slave, Dogrib, Chipewyan, Carrier and Chilcotin from the Dene language family all reported an average age of speakers and those using it in the homes at less than 41 years of age, thus also in the child-bearing ages.

Based on the average age of speakers and the use of languages in the home, responses for quite a number of languages indicate that they are endangered. In this regard, Salish languages Nuu-chah-nulth (Nootka) and Kuitkiutl (Wakashan), Haida, Kutenai and Tlingit reported an average age of approximately 50 years old among mother tongue speakers.

Norris' analysis of 2001 APS data[39] indicates that several languages, including relatively stronger languages such as Cree and Ojibwe (Ojibway), have lost ground in terms of the number of respondents identifying an Aboriginal mother tongue. Larger drops were reported among Blackfoot and Carrier respondents. This likely reflects an aging population of Aboriginal speakers who are dying and not being replaced by younger speakers. On the other hand, some Dene languages, as well as Montagnais-Naskapi, Attikamekw and Mi'kmaq (Micmac), show an increase in mother tongue population. This suggests that young people are acquiring the language in the home.

Statistics Canada Census data do not provide complete coverage on many of the languages with few speakers. However, local surveys are helpful in filling in gaps in information. The current state of B.C.'s First Nation

39 See Appendix E for the detailed tabulations by Mary Jane Norris, reported in "The Diversity and State of Aboriginal Languages in Canada," research paper prepared for the Department of Canadian Heritage (undated).

languages, which account for at least 30 languages, is documented by a recent First Nation Language Needs Assessment.[40] Although based on only partial data on B.C. languages, it reports the following distribution of fluency reported by respondents as follows:

- None was under age 5
- 2 were aged 6–15
- 16 were aged 16–29
- 153 were aged 30–45
- 1,631 were aged 46–65
- 1,675 were aged 65+

These figures suggest that intergenerational transmission of B.C.'s First Nation languages has virtually ceased, and that almost no young children are acquiring the First Nation language in the home. Even among the population of child bearing age, especially younger parents, very few individuals are fluent.

Responses were slightly more encouraging for the category "speak/understand some of the language":

- 163 were under age 5
- 748 were aged 6–15
- 969 were aged 16–29
- 1,146 were aged 30–45
- 1,100 were aged 46–65
- 407 were aged 65+

With responses from 748 children between the ages of 6 and 15, it appears that some children are growing up with at least some knowledge of a First Nation language. However, it is not clear if this is through socialization in the home or through school programs. Many parents of child bearing age speak or understand some of their language. This may indicate that there is opportunity to learn in the home.

First Nation, Inuit and Métis Languages in Urban Areas

A strategy to respond to language needs should also take into consideration the significant numbers of individuals and families who live away from their home communities. Often they find themselves in larger urban centres. The Royal Commission on Aboriginal Peoples underscored the importance of language and culture to First Nations, Inuit and Métis living in urban areas and highlighted the obstacles many encounter in trying to maintain these in what often may be difficult social and economic circumstances.[41]

Furthermore:

> Isolation from family and home community, lack of culturally relevant resources and activities and the necessity to deal with non-Aboriginal institutions and agencies for programs and services create tensions and difficulties in maintaining Aboriginal identity in general, and even more so for Aboriginal language.[42]

The trend in language shift or loss among those living away from their communities is confirmed by Statistics Canada data. Norris' analysis of Census data indicates that, from 1996 to 2001, several key indicators of Aboriginal language strength declined among the non-reserve North American Indian[43] population as well as among the Inuit and Métis:

- North American Indian people able to speak a First Nation language well enough to conduct a conversation fell from 20% in 1996 to 16% in 2001, while those speaking it in the home declined from 13% to 8%.
- North American Indian children aged 14 and under in non-reserve areas with enough knowledge of a First Nation language to carry out a conversation declined from 12% in 1996 to 9% in 2001.

Among Métis, language use is in a critical state. Only 5% of Métis of all ages were able to converse in Michif or in a First Nation language in 2001, down from 8% five years earlier. Only 2% used their language in the home in 2001 compared with 3% in 1996. In terms of absolute numbers it should be noted that while there may be as many as half a million people who describe themselves as Métis, fewer than 1,000 are able to speak Michif. Thus, less than one half of one percent of Métis people are able to speak Michif, the historical and official language of the Métis nation.

Inuktitut, on the other hand, remains relatively strong in the North. Census data bear this out, reporting the following:

40 First Peoples' Heritage, Language and Culture Council (Victoria: 2003).

41 See Part 7, "Urban Perspectives," in Canada, Royal Commission on Aboriginal Peoples, *Final Report of the Royal Commission on Aboriginal Peoples, Volume 4, Perspectives and Realities* (Ottawa: Supply and Services Canada, 1996), p. 519–37.

42 M. J. Norris and L. Jantzen, "Aboriginal Languages in Canada's Urban Areas: Characteristics, Considerations and Implications," in *Not Strangers in These Parts: Urban Aboriginal Peoples*, edited by David Newhouse and Evelyn Peters (Ottawa: Privy Council Office, 2003), p. 110.

43 The Census uses the term "North American Indian" to refer to First Nation people.

- The number of Inuit able to carry on a conversation in their language remained unchanged at 82% between 1996 and 2001.
- There was a slight decline in language use in the home. In 2001, 64% of Inuit children used this language most often at home, down from 68% five years earlier.

The fact that First Nation, Inuit and Métis languages tend not to be used in the homes in urban areas makes intergenerational transmission exceedingly difficult. Languages with small populations with high levels of migration to urban areas are in an extremely vulnerable position. A strategy must be developed for those languages to address this reality.

Although First Nation, Inuit and Métis languages outside of their home communities are in a precarious state, there is definite interest among First Nation, Inuit and Métis people in becoming speakers of their respective languages. The Aboriginal Peoples' Surveys measured the interest among non-reserve North American Indians (First Nations), Inuit and Métis in learning an Aboriginal language. Interest was highest among Inuit (87%), followed by First Nations (64%) and Métis (50%).

Summary of Language Conditions

As the foregoing discussion illustrates, the situation of First Nation, Inuit and Métis languages is not identical because First Nation, Inuit and Métis peoples are not the same. Different origins, locations and histories mean different language conditions and language revitalization approaches and strategies.

First Nations, for example, occupy most of Canada's land mass south of the Arctic and speak a total of 59 out of the 61 First Nation, Inuit and Métis languages that continue to be spoken in this country. The acculturative forces to which First Nations are subject are not identical. Some First Nation people reside far from urban centres and follow a traditional lifestyle. Others live in or near Canadian urban centres where language maintenance is much more difficult. Although many First Nations, especially in the North, are self-governing or will be, most operate under the *Indian Act* and do not therefore have the legislative tools available under self-government arrangements that would enable them to strongly promote the use of their languages for official functions.

First Nation languages fall all along the spectrum from relatively strong (in the case of Cree) to nearly extinct (in the case of Han). However, even within the same language there may be variations. As a result, First Nation language strategies must be community-oriented and will range along a continuum from maintaining already strong languages to strengthening those that are weaker to restoring those that are in danger of disappearing. The fact that First Nations each have a land base and that some are self-governing are factors that may support their language strategies and allow a greater degree of control than is the case where speakers are more scattered and less collectively organized as in urban environments.

The Inuit, on the other hand, speak a single language divided into various mutually comprehensible dialects. They occupy four distinct political regions — Nunatsiavut (Labrador), Nunavik (northern Quebec), Nunavut and Nunaakput (Northwest Territories). All are in the Canadian Arctic, the largest geographic part of Canada. Inuit still live away from urban centres for the most part, in smaller communities in the north where it is easier to maintain aspects of their traditional ways of life. The result is that the Inuit language continues to be widely spoken, albeit with considerable variations and increasing intergenerational transmission challenges in some areas.

Moreover, Inuit are self-governing in three regions and are able to use their language in government as well as in less formal settings. In the fourth region, Nunatsiavut, the people are in the process of ratifying their land claim settlement and negotiating self-government and may soon be in the same position as Inuit in the other regions in terms of being able to legislatively promote their language for official functions. The result is that Inuit language strategies are generally focused more on maintaining and assuring the intergenerational transmission of languages that will increasingly be the languages of work and official communications in areas under their effective governmental control.

The situation of the Métis people is quite different from that of First Nations and Inuit. Although Métis people are found throughout Canada, they are particularly prominent in western and northwestern Canada. They speak their own distinctive language, Michif, as well as several First Nation languages. While they have a historical homeland in western Canada, with the exception of the Alberta Métis settlements, they have yet to obtain through litigation or negotiation a constitutionally protected land base. Therefore, Métis language strategies are directed at reviving their languages off a land base. This poses daunting challenges.

Although Michif is both the historical as well as the official language of the Métis Nation, it is now spoken by fewer than 1,000 people in Canada and is in imminent danger of disappearing if urgent measures are not adopted. Thus, Métis efforts focus on restoring this

once-widespread language and standardizing Michif vocabulary and spelling. In this regard the first Michif Language Dictionary has just been released by the Manitoba Métis Federation.

In sum, the studies and surveys considered by the Task Force portray a multi-dimensional picture of First Nation, Inuit and Métis languages spoken, in some cases only by a few Elders, and in other cases by tens of thousands of people. Some of the 61 First Nation, Inuit and Métis languages have withstood tremendous pressures, continuing to be used in homes and in the communities. More commonly spoken languages such as Inuktitut, Cree, Ojibwe and Montagnais-Naskapi are viable, having at least 25,000 speakers ranging from the young to the elderly. However, consultations and local language surveys and studies showed that all languages, including those considered "viable," are losing ground.

Despite the gravity of the current situation, First Nation, Inuit and Métis people, many from communities with critically endangered languages, continue their efforts to reverse language loss. Those communities with enduring languages are also taking steps to strengthen their languages. Finally, it is important to keep in mind that statistics on language tell only a small part of the story. As with any endeavour, it is the human spirit and the will to achieve, despite tremendous odds, that ultimately determines what the future can hold.

PART V: CALLS FOR ACTION

What we do will affect the future of our children, our young people.
What we do with our language will affect the rest of our generations.

PART V: Calls for Action

Calls by the Assembly of First Nations

First Nations have the longest track record of lobbying for recognition and support for their languages. For example, as early as 1972 in their paper entitled *Indian Control of Indian Education*, the National Indian Brotherhood sought Canada's support for education in First Nation languages and cultures.

Although two additional reports in 1990 and 1992 provided recommendations to First Nation governments on how to begin to preserve their languages and cultures, until recently the critical state of First Nation languages was for the most part a very low priority for all levels of government. However, in 1998 the Assembly of First Nations (AFN) by resolution of the Chiefs in Assembly, declared a State of Emergency regarding First Nation languages and called on Canada to take action as follows:

> That the government of Canada act immediately to recognize, officially and legally, the First Nation languages of Canada, and to make a commitment to provide the resources necessary to reverse First Nation language loss and to prevent the extinction of our languages...

In their submissions to the federal government, the AFN took the position that First Nation language rights are constitutionally protected by the wording of section 35 of the *Constitution Act, 1982*, which reads: "The existing aboriginal and treaty rights of the aboriginal peoples of Canada are hereby recognized and affirmed." Going on, the AFN noted that, far from recognizing and affirming the linguistic rights of First Nations, the Crown has historically ignored them. To correct this situation, it was proposed that Canada act in partnership with the AFN to create by legislation a national First Nation languages foundation.

This was not the first time such a body had been proposed. In 1989, for example, the former Department of the Secretary of State proposed to include Aboriginal languages in Bill C-37 an "Act to Establish a Heritage Language Institute." First Nations opposed their inclusion in Bill C-37 on the grounds that First Nation languages cannot be relegated to the status of minority languages. Instead, they have a unique position as the languages of the founding nations of Canada and as treaty signatories that must be reflected in separate provisions for their protection and maintenance.

In keeping with their long-standing views in this area, in the year 2000, the AFN advanced a plan for a First Nation language policy for Canada. The policy proposed by the AFN was to include (but not be limited to) the following:

- to recognize that First Nation languages are the first languages of Canada;
- to protect and promote the right and freedom of First Nations to revitalize, maintain and use their own languages;
- to recognize the inherent right of First Nations to take action on, and give official status to, their languages for the purpose of conducting their own internal affairs; and
- to enter into agreements with First Nations governments for the transfer of First Nation language programs and services to their jurisdiction.[44]

The Royal Commission on Aboriginal Peoples

In its 1996 final report, the Royal Commission on Aboriginal Peoples addressed the state of First Nation, Inuit and Métis languages in Volume Three, *Gathering Strength*, under the overall heading of "Arts and Heritage." The Commission proposed that language revitalization be part of a broader strategy of national renewal of the relationship between Canadian governments and First Nation, Inuit and Métis peoples. The goal of such a strategy was to remedy the interruption in the transmission of cultures resulting from prior Canadian policies of assimilation.

In the area of arts and heritage, the Royal Commission recommended a wide-ranging strategy involving the recovery of historic artifacts and sacred objects, the renewal of sacred ceremonies and recovery of access to the sites associated with them, and the protection of crafts and traditional knowledge. In addition, the Commission called for more active promotion of the visual arts and the growing body of work produced by a new generation of First Nation, Inuit and Métis scholars, journalists, writers, poets and filmmakers.

As the primary vehicle for the transmission of culture, language revival was key to the Commission's vision of restored First Nation, Inuit and Métis nationhood and cultural renewal. For the Commission, the fragile state of First Nation, Inuit and Métis languages and the threat that some might disappear in the near future involved far more than the loss of tools of communication. Rather,

44 Assembly of First Nations, *National First Nations Language Strategy: A Time To Listen and The Time To Act*, adopted by resolution of the Chiefs in Assembly, July 2000 (see AFN Web site at www.afn.ca).

it meant the imminent loss for all time of the distinctive world views and collective experience, knowledge and perspectives of entire peoples.

Language shift from a First Nation, Inuit and Métis mother tongue to either English or French was identified as the main reason for the increasingly fragile state of First Nation, Inuit and Métis languages. The Commission noted that the declining rates of intergenerational transmission of language were caused by a variety of forces, some unique to Canada and some reflective of broader trends affecting Indigenous and minority languages worldwide. Based on the ratio of home language use to mother tongue, it was observed that there were great variations in First Nation, Inuit and Métis language loss from region to region and community to community across Canada.

In the view of the Commission, there are two prerequisites to developing a national First Nation, Inuit and Métis language policy. The first is to understand the relationship between language shift and language maintenance, particularly in the context of worldwide trends, studies and revival efforts. Studying language revival strategies employed in other countries may be useful for the lessons they can provide to the unique situation in Canada. Notably, the international experience may help assess the prospects of success for particular courses of action such as language immersion programs and the like.

Although the Commission did not mention this point, it is clear that the domestic applicability of lessons drawn from international efforts will depend in the first instance on better baseline data on the state of First Nation, Inuit and Métis languages than is currently available in Canada. In the absence of this information, it was difficult for the Royal Commission to move beyond broad generalities in its assessment of language loss in Canada.

The second prerequisite to a national policy highlighted by the Commission was the relationship between language and identity. The Commission's view was that language loss does not necessarily imply cultural loss and resultant loss of identity. Canada is unique not only because of the historical forces that have contributed to language loss, but also because language loss among particular groups does not necessarily mean assimilation into the dominant culture. First Nation, Inuit and Métis peoples in Canada continue to maintain distinctive identities even where, as in the urban environment, language loss is acute and possibly irreversible.

This Royal Commission observation should not be understood to mean that language is not relevant to identity. In the same section of its report the Commission noted the vital connection between language, culture and identity, referring to language as "the quintessence of culture" and as being "symbolic of identity."[45] These statements were amply borne out by our own Task Force consultations during which First Nation, Inuit and Métis people from all over Canada spoke to us about the vital relationship between our languages and our sense of who we are. Moreover, it is also supported by the AFN, which in its submission to this Task Force, noted as follows:

> We also wish to clarify that although we refer to "Languages" in our submission, it is understood that "Cultures" is included, as it is our belief that language and culture are one and the same. Without languages there is no culture.[46]

In the context of First Nation, Inuit and Métis national identity the Commission concluded that the power to establish language priorities, policies and laws is a core nation-building and self-government authority that Canada must respect. Using Fishman's analysis of the stages of reversing language shift in First Nation, Inuit and Métis communities,[47] the Commission called on Canada immediately to begin working in concert with First Nation, Inuit and Métis nations to help revive their languages by, among other things, establishing and endowing an Aboriginal languages foundation along the lines proposed by the AFN in 1988.

Although broad national strategies and jurisdictional clarity were important to the Royal Commission vision, ultimately the success or failure of First Nation, Inuit and Métis language revitalization efforts will be determined at the community level. In this regard the Royal Commission concluded its discussion of language and culture as follows:

> Conservation or revitalization of a language demands maintaining or restoring intergenerational language transmission. Since intergenerational transmission depends primarily on family and community networks,

45 Canada, Royal Commission on Aboriginal Peoples, *Final Report of the Royal Commission on Aboriginal Peoples, Volume 3, Gathering Strength* (Ottawa: Supply and Services Canada, 1996), p. 612.

46 Assembly of First Nations Chief's Committee on Languages Submission to the Ministerial Task Force on Aboriginal Languages and Cultures, August 25, 2004, p. 2.

47 See Fishman's eight-stage language revitalization strategy quoted in: Canada, Royal Commission on Aboriginal Peoples, *supra* rom, p. 614.

> the focus of language conservation and revitalization efforts must shift from formal institutions to Aboriginal communities, families and social networks. This does not mean that other avenues should be ignored. It does mean, however, that the effect of all actions on language use and transmission in everyday communications must be taken into consideration.[48]

Submissions by First Nation, Inuit and Métis National Political Organizations

The Task Force also consulted with representative national political organizations to hear their views and recommendations on how governments and First Nation, Inuit and Métis peoples could collaborate on a national language revitalization strategy. As has been discussed earlier, there is great diversity among First Nation, Inuit and Métis peoples in terms of origins, locations, histories and current language conditions.

This diversity means that the overall perspectives of the national political organizations representing First Nation, Inuit and Métis people are not necessarily similar. For example, the AFN would prefer to see a specific First Nation languages foundation along the lines of the model it has been proposing for several years. The Métis National Council, on the other hand, would prefer to see language funding dispensed through the Federal Interlocutor's Office and directed to its provincial affiliates. The Inuit Tapiriit Kanatami expressed no preference, but would reserve the right of the Inuit to participate at a national level, preferring to take their share of any funding and spend it on explicitly Inuit priorities.

Rather than try to summarize the positions of the First Nations, Inuit and Metis national political organizations, they are reproduced below.

48 Canada, Royal Commission on Aboriginal Peoples, *supra* rom, p. 616–17.

Assembly of First Nations Chiefs Committee on Languages Submission to Ministerial Task Force on Aboriginal Languages & Cultures

August 25, 2004

Note: Due to the size of the AFN's submission, only the deck presentation is included.

Preface

For the purposes of this presentation, the following recommendations represent our strategy as it relates to First Nations languages only. We do not presume to know what is best for Métis and Inuit languages as those decisions are best left to the Métis and Inuit people.

Dedication

The following submission is dedicated to our Ancestors for their wisdom, courage, vision and love of their people and to all of our people who fight to keep the voices of our Ancestors alive.

A Declaration of First Nations

We the Original Peoples of this land know the Creator put us here.

The Creator gave us laws that govern all our relationships to live in harmony with nature and mankind.

The Laws of the Creator defined our rights and responsibilities.

The Creator gave us our spiritual beliefs, our languages, our culture, and a place on Mother Earth which provided us with all our needs.

We have maintained our Freedom, our Languages, and our Traditions from time immemorial.
We continue to exercise the rights and fulfill the responsibilities and obligations given to us by the Creator for the land upon which we were placed.
The Creator has given us the right to govern ourselves and the right to self-determination.

The rights and responsibilities given to us by the creator cannot be altered or taken away by any other Nation.

Assembly of First Nations Charter, 1982

Statement on First Nation Languages

Language is our unique relationship to the Creator, our attitudes, beliefs, values and fundamental notions of what is truth. Our Languages are the cornerstone of who we are as a People. Without our Languages our cultures cannot survive.

Towards Linguistic Justice for First Nations, Assembly of First Nations Principles for Revitalization of First Nations Languages, September 1990

- The National Indian Brotherhood formed in 1968 and became the Assembly of First Nations in 1982.
- The Assembly of First Nations (AFN) is the national representative organization of the First Nations in Canada.
- There are 633 First Nation communities in Canada representing over 50 distinct nations and languages.

Indian Residential School Policy-Impact on First Nation Languages

- The "Indian Act of Canada" enacted in 1876, granted the federal government and its agents sweeping powers over Indian education.
- Under the Act the federal government developed and implemented Indian Residential School and Indian Day School policies that were meant to assimilate Indian children into Canadian society.
- Children were forced to "un-learn" their indigenous language, culture, heritage and beliefs and to re-learn a foreign language, religion and way of life.
- These policies remained in effect for over 100 years in Canada.
- The intergenerational impact of these destructive policies are still being addressed today.

Indian Control of Indian Education

- In 1972 the National Indian Brotherhood developed a position paper on behalf of Indian leaders to take back control of their children's education.
- On February 3, 1973, the Minister of Indian Affairs and Northern Development gave official recognition to the position paper and committed to implementing its various directives.
- The position paper states that:
  "Unless a child learns about the forces which shape him: the history of his people, their values and customs, their language, he will never really know himself or his potential as a human being."

State of Emergency Respecting First Nation Languages

- A State of Emergency respecting First Nation Languages was declared by the Chiefs-in-Assembly, Resolution #35/98, at its 19th Annual General Assembly, June 25, 1998.
- The Resolution included the following Key Directives:
  - *"That the government of Canada act immediately to recognize, officially and legally, the First Nation languages of Canada, and to make a commitment to provide the resources necessary to reverse First Nation language loss and to prevent the extinction of our languages..."*
  - *"That the Government of Canada, in partnership with the Assembly of First Nations, establish a national First Nation Languages Foundation as a vehicle for the promotion of our languages, in keeping with the recommendations of the Royal Commission on Aboriginal Peoples..."*
  - *"That the aforesaid national institution be mandated, utilizing our own First Nation educators and educational institutions, to facilitate the conduct of research and documentation of First Nation languages, the development of First Nation language immersion curricula, the training of First Nation language immersion teachers, and the promotion of First Nation languages in our communities and in mainstream education institutions..."*

Chiefs Committee on Languages

- The Chiefs Committee on Languages was established in 1998 by resolution of the Executive Committee of the Assembly of First Nations to address growing concerns over the loss of First Nation languages.

Mandate of Chiefs Committee on Languages

The mandate of the CCOL is to protect and maintain Aboriginal and treaty rights to languages and provide advice, guidance and recommendations to the National Chief, AFN Executive, Confederacy of Nations and Chiefs in Assembly on matters pertaining to First Nations languages.

Constitution Act 1982

Section 35.1. Entrenches our First Nation language rights in the Canadian Constitution.
"The existing aboriginal and treaty rights of the aboriginal peoples of Canada are hereby recognized and affirmed."

Fiduciary Duty

- The Crown has historically ignored the linguistic rights of First Nations Peoples.
- The Supreme Court of Canada has declared;
  "... the historic powers and responsibilities assumed by the Crown constituted the source of a fiduciary obligation... [There is] a general guiding principle for s.35(1). That is, the government has the responsibility to act in a fiduciary capacity with respect to Aboriginal Peoples."
  R v. Sparrow

Federal Obligations

- The Federal Government has a legal obligation through various treaties, and through legislation, to provide adequate resources that will enable us to exercise this right.

International Covenants

- Article 27 of The United Nations International Covenant on Civil and Political Rights provides, *"In those states in which ethnic, religious or linguistic minorities exist, persons belonging to such minorities shall not be denied the right, in community with the other members of their group, to enjoy their own culture, to profess and practice their own religion, or to use their own language"* (Ratified by Canada, August 1976)
- Article 14 of the United Nations Draft Declaration on the Rights of Indigenous Peoples states, *"Indigenous Peoples have the right to revitalize, use, develop and transmit to future generations their histories, languages, oral traditions, philosophies, writing systems and literatures...States shall take effective measures, whenever any right of indigenous peoples may be threatened, to ensure this right is protected..."*

First Nation Languages Foundation

- Since 1988 there have been numerous proposals to create a First Nation Languages Foundation.
- In 1988 during AFN's Aboriginal Language Policy Conference (Ottawa: January 1988) the Honourable David Crombie, Minister of Secretary of State, offered to create an Aboriginal Languages Institute.
- In 1989 the Secretary of State included Aboriginal languages in Bill C-37 an "Act to Establish a Heritage Language Institute" however, First Nations opposed inclusion in Bill C-37 on the grounds that Aboriginal languages have a unique position as founding nations, signatories to treaties and under federal legislation.

First Nation Languages Foundation (Bill C-269)

- On Nov. 29, 1989, a private members bill, Bill C-269 "An Act to Establish an Aboriginal Languages Foundation" was introduced by Ethel Blondin based on the 'Kirkness Report.' The Bill was not introduced to parliament.
- A lobby for Bill C-269 identified the need for updated research and the AFN undertook and documented additional research: "Toward Linguistic Justice."
- In January 1991- An Aboriginal Language and Literacy Conference was held which once again recommended that an Aboriginal Languages & Literacy Foundation be established.

First Nation Languages Foundation (RCAP Recommendation)

- In 1996, the Royal Commission on Aboriginal Peoples (RCAP) recommended the endowment of $100 million for an Aboriginal language foundation with contributions from the federal government, churches and other private and public donors.
- RCAP recommended that the foundation be developed over a two-year period by a federally planned body composed on a majority of Aboriginal representatives.
- RCAP further supported the concept of giving Aboriginal languages "official status".

First Nation Languages Foundation (ALI Recommendation)

- In July 1997 the Aboriginal Languages Initiative was established as a result of Securing Our Future Together (Redbook II) which contained a commitment to "work with Aboriginal Peoples to establish a program to preserve, protect and teach Aboriginal languages and to ensure that these languages, which are vital components of Aboriginal culture and Canada's heritage are kept alive for future generations."
- In 2002 the ALI Evaluation recommended: The Department of Canadian Heritage should explore various delivery mechanisms, including options for an institution that could receive and distribute language funds from the federal government and the private sector, providing access to all Aboriginal language groups.

Lessons Learned from Aboriginal Languages Initiative (ALI)

- The AFN has coordinated and monitored the national ALI on behalf of First Nations since 1998.
- The ALI Evaluation in 2002 indicated that overall the initiative has been successful.

Lessons Learned from ALI: Positive Outcomes

- There are more language projects than prior to the ALI.
- Most informants viewed the ALI as an important first step.
- Heightened awareness of community and political leadership towards language revitalization.
- Increase interest in Aboriginal languages among Aboriginal politicians and community leadership.
- Links between language ability and economic opportunities. (ALI Evaluation 2002)

Lessons Learned from ALI – Negative Outcomes

- No broad national strategy and framework for language revitalization.
- No baseline data.
- Not enough resources for long-term initiatives.
- Serious delays in receiving annual funding.
- No multi-year funding arrangements.
- Lack of consultation with First Nations on guidelines and policy impacting on First Nations languages.

What should the entity be?

In 2002 – Sheila Copps, former Minister of Canadian Heritage announced the creation of a shared-governance entity that would be:

- financially accountable to the Minister of Canadian Heritage through the funding arrangements
- a not-for-profit corporation under the stewardship of the Aboriginal peoples.
- On July 13, 2000 at its Annual General Assembly, the Chiefs-in-Assembly ratified the two documents that the Chiefs Committee On Languages will present today.
- Draft - First Nations Languages and Foundation Act, 2000.
- National First Nation Language Strategy: A Time to Listen and the Time to Act, AFN Languages Sector, 2000.

First Nations Language Foundation

Our vision is:

- A First Nation Languages Foundation supported in enabling protective legislation such as that represented by the AFN Draft First Nation Languages and Foundation Act and supported by a "Declaration of Policy" by the Government of Canada on First Nation languages.

First Nation Language Policy of Canada

The Policy should include (but not be limited to) the following:

- recognize that First Nations Languages are the first languages of Canada;
- to protect and promote the right and freedom of First Nations to revitalize, maintain, and use their own languages;
- to recognize the inherent right of First Nations to take action on, and give official status to, their languages for the purpose of conducting their own internal affairs;
- to enter into agreements with First Nations Governments for the transfer of First Nations language programs and services to their jurisdiction...

1. **What should the priorities of the entity be?**
   - Implement the First Nations Languages Policy of Canada.
   - Affirm the unique status of First Nations languages.
   - Encourage provincial, territorial and local authorities to take actions that promote and protect First Nations languages.
   - Establish a First Nations Languages Foundation.
   - To facilitate throughout Canada the acquisition, preservation, maintenance, retention, renewal and use of First Nation languages, that contribute to Canada's heritage, by responding to the needs and directions of First Nations communities.

   Provide funding required to assist First Nations communities and their authorities, institutions and organizations to develop resources, and carrying out community based activities needed to protect, promote and revitalize their languages.

2. **How can these priorities be achieved?**
   A) Negotiate an agreement on the establishment of the entity.
   B) Enact enabling legislation on Aboriginal Languages to recognize the foundation: i.e." First Nations Language & Foundation Act", copyright 2000, AFN.
   C) Implement the legislation and agreement.

3. **What types of programs should it support?**
   The CCOL supports the various program needs identified by the First Nation communities and regions including:
   - Documentation
   - Orthography Development
   - Dictionary Development
   - Community Research Planning
   - Language Family Collaboration
   - Language Classes
   - Traditional & Cultural Programming
   - Master Apprentice Programming
   - Community Resource Training

   From a national perspective these are the long term strategic initiatives identified in the National First Nation Languages Strategy:
   - National Clearinghouse on First Nation Languages
   - Annual Symposium on First Nation Languages
   - National First Nation Communication Strategy
   - International Networking with Indigenous Language Groups
   - National Research Initiatives on the State of First Nation Languages.

4. **What can the entity do to support language & cultural preservation, revitalization and promotion in the Communities?**
   A) Recognize that the First Nations People of Canada must take full control of the revitalization of First Nations languages.
   B) Promote the internal use of First Nations languages in First Nation communities.
   C) Encourage First Nation governments to pass by-laws in support of First Nation languages and establish community advisory boards.
   D) Resource First Nation communities to develop their own written and oral languages, develop and approve materials relevant to their languages and restore their own languages. (National First Nation Language Strategy: Recommendations)

The "entity" or foundation is viewed as a first step for the Federal Government to recognize its responsibility to revitalize and preserve First Nation languages and cultures.

National First Nations Language Strategy

"A Time To Listen and The Time To Act"

- A National Strategy was developed by the Chiefs Committee on Languages, Technical Committee on Languages and the AFN Languages Secretariat.
- The National Strategy was adopted by the Chiefs in Assembly, 21st Annual General Assembly, July 13, 2000.

The Goals of the National First Nations Languages Strategy

- To establish an endowed First Nations Language Foundation;
- To legislate First Nation languages as official languages;
- To document First Nation languages;
- To assist in professional development and certification of fluent First Nation language speakers, teachers and elders;
- To ensure community promotion and use of First Nation languages;
- To establish a National First Nations Clearinghouse for the development of curriculum, materials and instructional aids.

Recommendation 3

- The Assembly of First Nations National Chief and Executive Committee reaffirms the establishment of a First Nations Language Foundation for language planning initiatives and language retention activities. The Foundation will facilitate throughout Canada the acquisition, preservation, maintenance, retention, renewal and use of First Nation languages, that contribute to Canada's heritage, by responding to the needs and directions of First Nation communities at the grassroots level..."

Inuit Tapiriit Kanatami Submission to Ministerial Task Force on Aboriginal Languages & Cultures

August 26, 2004

The Inuit language, Inuktitut.

ᐃ i	ᐅ u	ᐊ a	
ᐱ pi	ᐳ pu	ᐸ pa	ᑉ p
ᑎ ti	ᑐ tu	ᑕ ta	ᑦ t
ᑭ ki	ᑯ ku	ᑲ ka	ᒃ k
ᒋ gi	ᒍ gu	ᒐ ga	ᒡ g
ᒥ mi	ᒧ mu	ᒪ ma	ᒻ m
ᓂ ni	ᓄ nu	ᓇ na	ᓐ n
ᓯ si	ᓱ su	ᓴ sa	ᔅ s
ᓕ li	ᓗ lu	ᓚ la	ᓪ l
ᔨ ji	ᔪ ju	ᔭ ja	ᔾ j
ᕕ vi	ᕗ vu	ᕙ va	ᕝ v
ᕆ ri	ᕈ ru	ᕋ ra	ᕐ r
ᕿ qi	ᖁ qu	ᖃ qa	ᖅ q
ᖏ ngi	ᖑ ngu	ᖓ nga	ᖕ ng
ᖠ kli	ᖢ klu	ᖤ kla	ᖦ kl

How Inuk is Canada?

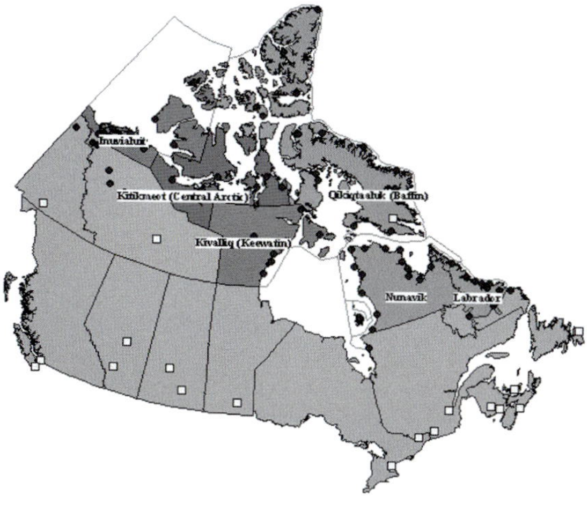

Inuit regions make up 1/3 of Canada's landmass.

Inuit Tapiriit Kanatami (ITK)

- Represents Inuit in Canada.
- The board includes representation from each of the four Inuit land-claim settlements in Canada; Inuit women; Inuit youth; Canadian circumpolar Inuit; and a President.

ITK Priorities

- Inuit-Specific Policies
- Housing (approximately 8000 units needed to meet national standard)
- Health Renewal (access)
- Economic Development / Job Creation
- Environmental Protection
- Language & Culture

Statistics

- The use of Inuktitut in Inuit households remains very strong, however there is a noticeable decline in the use of Inuktitut.
  - APS 1996, 68% Inuit used Inuktitut most often
  - APS 2001, 64% Inuit used Inuktitut most often

National Inuit Language Committee (NILC)

- The NILC is made of language technicians, each working on initiatives that preserve and strengthen Inuktitut in their respective region.
- The NILC provides expertise on all aspects of Inuktitut.

ITK and NILC

- ITK has a coordinating role with the NILC.
  - Dialect/regional specific work.
  - National Forum.

Inuit involvement with the Task Force

- Prior to Inuit becoming involved with the ALCC Task Force, Inuit agreed that in order to have Inuit participate the following principles should guide the process....

Inuit Principles

- Inuit to have equal say in governance of funds (equal to other parties);
- Inuit to get a guarantee of 15% of the funds (similar to the current ALI allocation where Inuit get about 14.5% of the funds);
- Inuit to have a separate process for selecting language initiatives to support Inuktitut;
- Inuit not obliged to join National language initiative but may do so if Inuit interests are met within a national context.

What should the priorities of the organization be?

- Undertake research and archive pertinent material and resources.
- Promote Aboriginal languages and culture.
- Learn from other cultures and language groups.
- Ensure that the ALCC is accessible to all Inuit.

How can these priorities be achieved?

- There is a need for the ALCC to be housed in a physical building, and not to be a virtual centre.
- Caution should be taken that the funding for ALCC doesn't end up in the capital costs of construction and maintenance of a building.
- Existing institutions and/or organizations should be utilized to house ALCC.
- Inuit have to have ongoing input into the design and operation of the ALCC.

What types of programs should it support?

- Community-based.
- Community accessible.
- Language and cultural learning.
- Language development.
- Continuation of a program like ALI with more resources.
- Resources for communities to develop programs that meet their needs.

What can it do to support language and cultural preservation, revitalization and promotion in the communities?

- In addition to electronic materials and tools, Inuit communities need hard copies of materials and tools as not all communities have access to the Internet or have the financial resources to be connected.
- One-stop shopping for information on best practices – learn from others, but don't duplicate and stop re-inventing the wheel.
- Ensure that there are enough resources to achieve our goals.
- Advocating for language preservation, revitalization and promotion.
- Have research readily available.
- Develop legislation that promotes Aboriginal languages and that will encourage professions, such as Teaching, to use culturally appropriate material.
- Make curriculum generic, so that it is inclusive of all Aboriginal languages and cultures. However, ensure that it is flexible, so that it can be regionalize.

Inuit Specific

- Inuit are constitutionally recognized as a distinct aboriginal group with it own language, culture, and organizations that are very different from other aboriginal groups.
- Inuit are very much in favor of a continuation of an initiative like ALI... however...
    - Inuit need initiatives that respect the uniqueness of the culture, people and environment. The federal government has to stop homogenizing aboriginal cultures in its initiatives.

Métis National Council Submission to Ministerial Task Force on Aboriginal Languages & Cultures

August 26, 2004

Tanché, Bonjour, Good Afternoon... Chair, Task Force members...

With me is President Clément Chartier and Kathy Hodgson-Smith, Interim Executive Director of the Métis National Council.

I wish to thank you for inviting us to speak to you today... on a subject which is of vital concern to the Métis Nation, that is, the preservation of our languages and culture. Indeed, our object must be more than simply preservation. Ultimately we must aim at creating conditions where the languages and cultures of the first inhabitants of this land not only survive, but thrive.

I must confess that the Métis National Council had some reservations about appearing before this Task Force. Your stated purpose is to elaborate the structure of an Aboriginal Languages and Cultures Centre that the Métis National Council has opposed from the very beginning and which our Board of Governors, as of last month, continues to oppose. In your letter of invitation you also stated that you wish to receive our views on the Task Force's national strategy, which unfortunately was not provided to us, so we cannot make comment on that. Perhaps we can do so at a future sitting of the Task Force.

We also fear that federal officials will control your report to serve their policy purposes. This was our experience when we, together with the Assembly of First Nations and the Inuit Tapiriit Kanatami, negotiated the Terms of Reference for this Task Force last year: the Terms of Reference that were presented to you were not the ones we had developed, but ones which federal officials designed. This should be made clear for the record.

We have the sense that many of the key decisions regarding the federal role in maintaining and enhancing Aboriginal languages may already have been made for us. We hope that is not the case, and that you will be free to write your interim report, and eventually your final report, which accurately reflects the perspectives of each of the three Aboriginal peoples of Canada, through their respective governments.

On April 19th, 2004, the Prime Minister held a Round Table with Aboriginal leaders in Ottawa. He made a commitment at that time that never again would policy be made by federal officials, and Aboriginal leaders simply informed of these decisions after the fact. The Métis National Council takes the Prime Minister at his word.

This sets the context for our remarks to you today.

The Key Role of Culture and Language in Métis Nation Building

There is a Métis Nation.

Métis are not "half-Indians".

Our people originally had Indian ancestry, to be sure, but there is more to being Métis than that. The Métis coalesced into a distinct people in the Old Northwest, well before Confederation or the take-over of the Northwest by Canada. We are a new Nation – a unique nation – a people original to what is now known as North America. Our Homeland roughly includes the three prairie provinces, and parts of Ontario, British Columbia, the Northwest Territories, and the northern United States.

You will understand nothing about the Métis unless you appreciate the central role that national identity plays in defining who we are. That national identity is founded, first, on a history of doing things together; and second, on a common culture that makes us different than either First Nations or Europeans.

Since the 1870s, it is safe to say that Métis history has been dominated by the overriding imperative of maintaining and protecting our national identity and heritage in the face of persistent and overwhelming pressures from the federal government and society at large to deny our existence as a distinct people. Nation building has emerged as the central vehicle for our survival as a people, and as an expression of our right of self-determination. We survive because we stick together – as families, as communities and, above all, through our national and provincial representative governments.

Our people do not fit the organizational/governmental paradigm associated with the First Nations peoples. First Nations peoples have land bases – normally called "reserves" – which each have their own government. Métis do not have reserves. Our people were dispossessed from our lands through the biggest government sponsored swindle visited upon an Aboriginal people in what is now known as Canada. Only in Alberta has any land been set aside by that province specifically for Métis.

The vast majority of Métis live either in small rural and remote communities, primarily in the northern reaches of the former Métis homeland, or in the urban centres of mainstream Canada, both large and small.

The form of organization that best gives expression to our reality is province-wide representative organizations, now emerging as governments. In this, we are very different from First Nations. It is critically important for the federal government and this Task Force to understand that we do not fit the First Nations governance paradigm. We are constantly bombarded with federal directives for "community-based" programming. However, this approach reaches a small minority of Métis living in rural communities where the majority of inhabitants happen to be Métis. If you want to reach the general Métis population, you have to deal with our provincial representative governments. This is how we are structured.

I mentioned that a common culture is one of the central foundations of our national identity. Where ever Metis have organized for collective purposes, their organizations have placed priority on Metis culture and cultural activities. This is key to the nation-building efforts to which I referred earlier. For us, there can be no separation between culture on one hand and political life of the community on the other. They go hand-in-hand.

This is why the Metis so strongly oppose any attempt by the federal government to usurp our responsibilities for the cultural well-being of our people – including the development of policy on languages and culture of the Metis Nation. If you want to help the Metis, you must give us the tools to promote our culture and preserve and enhance the use of our original languages. However, it would be wrong for the federal government to believe that it can do this for us.

Metis and Aboriginal Languages

- Historically, our people spoke many languages – French, English, Cree, Saulteaux, Dene – reflecting our mixed heritage.
- Our people also developed our own unique language: Michif – a cross between French and Cree. Michif uses French nouns, but Cree syntax and verbs.
- In 2000, the Métis National Council adopted Michif as the National Language of the Métis Nation
- However, it would be fair to say that more Metis today speak Cree, Saulteaux or Dene than Michif
- The number of fluent Michif speakers left is hard to calculate but is likely no more than 1000, with the majority being elderly and living either in Manitoba, Saskatchewan or North Dakota.
- Consequently, Métis have a two fold interest in Aboriginal language policy:

A) to protect, enhance and promote the use of Michif, our national language; and
B) to access support for other Aboriginal languages spoken by our people.

- It is therefore, critical to recognize that not all Aboriginal languages are in the same circumstances: with many other Aboriginal languages, you still have a reasonably large core of elders upon whom you can rely to transmit the language to youth – Michif does not have that luxury. The work required to rescue the language, let alone propagate it, is immense.
- It must also be recognized that our people do not have access to First Nation instruction in what are traditionally regarded as First Nation languages. Efforts must be made to ensure that Métis also have access to language support for Cree, Saulteaux and Dene.

Conditions for Successful Language Policy

1) There is a need for a Long Term Strategy: we have to develop a plan. Aboriginal languages have been eroded over centuries – this cannot be repaired in a year – long term is required – the Métis National Council and its Governing Members are working on such a plan for Michif through the Michif Language Working Group at the national level
2) Multi-Year Funding Agreements are necessary to implement such a strategy – the one-year approach is not suited to long term planning
3) Funding must be sufficient – the Métis National Council receives only $47,000 per year to foster Michif – Governing Members from $125,000 to less than $50,000 – this is not sufficient
4) Funding must flow – cannot be subject to the type of interruptions which have become characteristic of PCH Aboriginal programs – this is why the Métis National Council would support Aboriginal language program away from PCH – for the Métis. We would prefer funding to flow from the Federal Interlocutors Office.
5) There must be specific funding – a set aside – for Métis.
6) Funding channels must respect our governance structures – this is the only way to reach the Métis population as a whole – and recognize the distinctive reality of Métis relative to First Nations and Inuit

Position on the proposed Aboriginal Centre

- Pan-Aboriginal approaches do not work for Métis – nor do they respect our governance structures (e.g. NAHO)
- The ALI had a set aside for Métis to be used for Michif – this would be lost
- The ALI gave us some flexibility in terms of policy and program development – this would now be usurped by a bureaucracy over which we would have no control
- Danger that a significant proportion of new resources announced in December 2002 would be diverted to supporting a bureaucracy to process applications (such as occurred with the AHF)

Conclusions

- The Métis National Council will be interested in reviewing your interim report, and the national strategy referred to in your letter of invitation.
- But what we are really looking for is the creation of a Partnership with the federal government on how to promote, protect and enhance Métis languages and culture
- This calls for a Métis specific approach and dialogue with the Government of Canada
- It calls on the federal government to respect who we are and treat with us on a nation-to-nation or government-to-government basis. In this connection, we would probably recommend adopting the rather successful relationship we have with Human Resources and Skills Development, through our National Accord.
- If we could establish and solidify that dialogue, then we would not have to rely on this Task Force to try to develop policy for us
- The key is to provide us with the tools to allow us to do it ourselves, based on our proposed 10 year strategy. This of course includes the securing on not only dedicated funding, but in fact, adequate fiscal resources.
- We will also address this issue within our current dialogue with the federal government which we hope will end up in a Framework Agreement, which will address federal legislation which recognizes the Métis Nation, and amongst other things, provides for legislative protection, preservation and enhancement of the use of the Michif language.
- FINALLY, the key to our success is for the government of Canada to use the *Constitution Act, 1982* as the foundation upon which to build relationships with the Aboriginal Peoples within Canada, the Métis, Indian and Inuit peoples. These peoples have their own governments, mandates, structures, and languages. That is with whom the relationships must be. Those are the governmental authorities for their respective peoples.

THANK YOU.

PART VI: WHAT WE HEARD IN THE CONSULTATIONS

If you lose the language the Creator gave you, you won't be able to speak from your heart to Him.

PART VI: What We Heard in the Consultations

> Let us have a vision that when we meet the Creator we can stand before him with pride and dignity as warriors for our languages.
>
> *Elder Shirley Williams of the Wikwemikong Nation, Manitoulin Island*

The first section summarizes what our Elders said to us during the crucial meeting held with them in Winnipeg, Manitoba, on May 14, 2004. We are deeply indebted to them, and to other Elders we met across Canada, for their support and guidance. These Elders are listed in Appendix C. The second section summarizes what the people said during consultation sessions held across the country after our initial meeting with the Elders. These community consultations not only expanded on the advice from the Elders, but also proposed and developed the concept of a National Language Organization. Both sections include input and advice from the Circle of Experts.

What Our Elders Said

As described earlier in this report, the comments and advice provided by the Elders during the Winnipeg meeting are grouped under four headings: Where We Are Now; Ethics and Concepts; Personal Practices; and Institutional and Governmental Actions. They are summarized below.

Where We Are Now

The Elders noted that valuing our First Nation, Inuit and Métis languages is an enormous challenge; however, we have approached a crossroads, where choices must be made. We must either resolve to protect our languages to keep them alive in our homes and communities or we must accept that our languages will be lost to our grandchildren and their children. We cannot expect schools to keep them alive for us with the limited time and resources that are made available to our languages. Teachers struggle with inadequate classroom space and even fewer resources; and without a curricula, teachers find themselves struggling to plan, prepare resources and teach at the same time.

The Elders voiced particular concern for communities where it is especially difficult for First Nation, Inuit and Métis people to speak their languages and to practise and live their cultures. This is notably the case in certain First Nation, Inuit and Métis communities and urban centres where our people are struggling with alcohol and drug abuse. Elders stressed that people in these communities must be provided with the opportunity to access funding resources, so as to bring hope where there is hopelessness through the vehicle of language and cultural activities.

Many of the Elders attributed the loss of traditional languages and cultures to the residential school system, which utterly devalued and deliberately undermined them. The negative experiences of those who attended these schools left large numbers afraid to use their languages and ashamed of who they are as First Nation, Inuit and Métis people. The result, as Elder Mona Jules noted, is that many former students simply refused to speak their own languages or to pass them on to their own children: "Our languages are dying because of the shame instilled in our young people who are now Elders." Elder Julianna Courchene echoed these comments, noting that despite the fact that many schools now teach our languages, these efforts often go unsupported in the home:

> Parents see no importance in providing the language, so children don't see the importance of learning. When they learn in school, there is no one at home to support what they learn.

One result is that the loss of language has reversed traditional family relations to some extent. Today, young people typically know English or French better than their parents or grandparents, who often rely on their children's language skills. Elder Theo Sanderson elaborated on this: "In our community, a lot of youth speak English and the parents want to learn it too — it should be the other way around, with the parents teaching the youth their language." His comments were reinforced by Elder Mona Jules: "Grandparents were learning the language to communicate with their grandchildren, when it should be the other way around."

In this context the Elders emphasized the importance of developing support mechanisms that will help youth to learn their traditional languages, take pride in their cultures and raise their self-esteem. Elders asked that we listen carefully to the voices of youth to understand their concerns and hear their needs, and then to draw on our own spiritual guidance to help them. Children need the opportunity to be proud of who they are and to learn their traditional cultures so that they can be nurtured by the essence and power of our spirituality. Elder Mona Jules described some of what has been lost in this fast-paced world, in which people are increasingly cut off from their own traditions:

> Our children are now born in hospitals and are not delivered by midwives or

> grandmothers. In the past, they were born at home and could hear the language of the grandmothers. They were placed in baskets and could smell the medicine water. They were surrounded by their culture. In the first hour, they had a sense of who they were.

Finally, the Elders pointed out that action must be taken now to preserve and strengthen traditional languages and cultures and that they should be involved. Elder Ted Chartrand described Elders as "the best sources of languages… in the communities where they grew." That being said, however, Elders repeatedly reminded us that they are an exhaustible resource. In this regard, Elder Ollie Ittinnuar stated bluntly:

> Those of us who are Elders… know that in 10–15 years, there will not be Elders who are as fluent in their languages as we are. People are dying at a faster rate than they used to be… We're running against time, because we want to deal with this while there are still fluent speakers.

Ethics and Concepts

One of the most important points made by the Elders was that language, culture, spiritual values and our sense of identity are inseparable concepts. Elder Shirley Williams stated this emphatically as follows:

> Language and culture cannot be separate from each other — if they are, the language only becomes a tool, a thing… Our language and culture are our identity and tell us who we are, where we came from and where we are going.

Languages are therefore more than just ordered systems of words. Culture animates language. A language cannot simply be stored in books or recorded in other forms. Although writings and recordings are important as a supplemental resource for the preservation of languages, especially for languages that are spoken only by a very few, language must be kept alive by active, daily use. It must be preserved as a dynamic language by people who speak it. As an Elder stated:

> We don't need to institutionalize our language into extinction. We need to practise the living organism of language that resides in each of us… I don't want to leave my children, grandchildren and great-grandchildren the ability to ask a bureaucrat to help them retain their language — I want to leave them their language.

Another remarked on the manner in which we speak and express ourselves, observing that this is grounded in the ethics and values of our cultures. She gave the example of a conversation with her brother concerning a conflict between two groups of people. In keeping with the ethics and values of their culture, those involved in the conflict were not identified. This was to ensure that simply by talking about the conflict, she and her brother did not contribute to its escalation.

To preserve our languages, the Elders advised, we must teach these languages. Education, they pointed out, should be about learning, rather than forgetting, and about empowerment, rather than loss. An Elder shared the advice that her father gave her and her siblings when they first went to residential school:

> My mother did not speak English and my father said to us three younger ones that if we didn't hold onto our language and practise it all the time, we wouldn't be able to communicate with our mother and make her understand. He also said that he sent us to the school, not to forget our ways, but to learn what they could teach. He said to take what we were taught and to combine it with what we knew and to make it work for us.

To educate and empower our children, we need to think carefully about both what and how we teach them. Elder Shirley Morven reminded Task Force members that the world is more complicated now and that teaching children has to recognize this reality:

> Today we live in a culture that is combined mainstream and Aboriginal. When we teach our children, we have to focus on the values that we are teaching them — to reap and run or to leave an invisible footprint on our territories.

These statements are powerful. Again we are reminded that we, too, share in the responsibility to teach language, not only through ceremony, but also using every strategy we can to give it life and power.

Personal Practices

The Elders proposed specific actions that individuals can take to preserve and strengthen First Nation, Inuit and Métis languages and cultures. Here are some of their suggestions:

1. **Do not forget our languages**
We should begin our day with prayer; as the sun rises, we give thanks for another day. We give thanks for the land and all the creatures who share it with us. Our children and grandchildren must hear it so they don't forget it, and they too will embrace the words, and they too will echo these in prayer.

2. **Speak and write our languages**
We live in a world where preservation has become an important tool. While we have spoken about the importance of learning to speak our language, it is also important to equip our children and grandchildren with the tools to write our languages so that they can use them to learn abstract concepts in a world filled with technology.

3. **Teach and learn our languages**
There is opportunity to teach and learn language all around us. It does not, in every instance, require a classroom to learn. The voice is a powerful tool. It has the power to pray, it has the power to move people to action, to injure, to empower, to sing and to teach. We teach by our actions, by modelling those behaviours that construct knowledge through speech. Our kitchens can become havens for learning. We must look beyond the four walls of classrooms if we truly desire to revitalize our languages.

4. **Respect each other's dialects: Do not ridicule how others speak**
Humour exists in all of us and is a particularly strong aspect of First Nation, Inuit and Métis cultures. In the face of tragic situations, we have often risen from the depths of sadness by laughing at ourselves and at each other, not maliciously, but in a way that reflects on our imperfections openly and honestly.

   However, at the same time, we have ridiculed one another for mispronouncing words or phrases when a person is trying to learn one of our languages. Ridiculed into feeling embarrassed, we do not try again. We must be mindful to encourage those who make concerted efforts to speak and to give them praise for wanting to learn.

5. **Focus on young people**
Young people are the hope of our future. They must not only be nurtured to embrace and learn their languages and cultures, but also be mentored to embrace both worlds and to equip themselves with the tools needed to function in both worlds. Language and culture provide the tools to build good character — a character that emulates the values of respect, humility, kindness, empathy and good leadership. Our way strives to create the best in our people.

6. **Starting with our own homes, strengthen the will of the people to bring back our languages**
Our homes are the cradles for our children and grandchildren. They should be filled with the lingering smell of sweet grass, sage, tobacco or cedar or with the light of our qulliq. Our fires should be kept burning, with language as the fuel. In other words, we must practise our living culture in our homes; this is where everything should begin. All other external situations should reinforce what is practised at home.

7. **Work together to build a foundation for our peoples**
A tremendous amount of work has been done by many people over the last 40 years. Some have worked quietly in the background and others have taken a more direct leadership role to raise awareness of the state of our languages and our cultures. No one person can lay claim to having done it all on his or her own. Many have carried the torch, and many of those early crusaders have passed on to the spirit world. Their memories and their work live on in the work we do today. Through this initiative, we hope their efforts and voices will not have been in vain.

   Through common challenges, we have been brought together as nations, to work together to create that foundation of hope that our First Nation, Inuit and Métis languages will once again take their rightful place in this country. We are the First Peoples — our languages and cultures are the first languages and cultures of this country and must be accorded that status at every level of government, in the community and in our homes.

8. **Speak with a united voice — although we have different languages, we seek one and the same thing**
Our voices have been brought together by a common need — one that speaks of the preservation, revitalization and maintenance of all First Nation, Inuit and Métis languages and cultures. Our national political organizations must speak with a united voice. Together, they must call to action all governments, communities, institutions and organizations and urge all peoples to support our efforts to create partnerships and support mechanisms to encourage First Nation, Inuit and Métis linguistic and cultural initiatives.

We must not be deterred by the actions of those who may wish to see this endeavour fail.

Institutional and Governmental Actions

Aside from offering the advice and comments already described above, the Elders also gave quite specific directions on the measures that they believe ought to be taken by educational institutions and various levels of government to preserve and strengthen First Nation, Inuit and Métis languages and cultures.

In terms of educational institutions (including early childhood education centres, public schools, post-secondary institutions and community-based and continuing education programs), they urged educators to focus on several key areas, which have been summarized as follows:

1. **Consider various environments for offering training programs**
   - Provide immersion schools and bilingual schools.
   - Develop cultural camps that provide an immersion experience in language, culture and traditional ways of living, such as the skills required to live on the land.
   - Establish language nests, in which younger people (from infants to five-year-olds) are joined by Elders and where only traditional languages are spoken.
   - Establish programs to provide urban First Nation, Inuit and Métis people with opportunities to learn their languages and cultures.
   - Establish similar programs to give First Nation, Inuit and Métis people living off-reserve in towns or other small communities opportunities to learn their languages and cultures. For example, the University College of the North, which is being established in northern Manitoba, will integrate traditional knowledge into a range of programs.

2. **Consider that First Nation, Inuit and Métis peoples have control over the development of a language curriculum**
   - Make language and linguistic studies mandatory in the public education system for all grades at all levels.
   - Ensure that where First Nation, Inuit and Métis languages are offered as part of a school program, an adequate number of hours are allocated. In the public education system this should be at minimum one hour a day, rather than one and a half hours per week. Languages should be integrated into all strands of instruction, such as language arts, social studies and spiritual arts.
   - Establish language and cultural courses and programs (including post-secondary degree programs in First Nation, Inuit and Métis languages) that value traditional languages, cultures and people. This would create a support base for teachers to learn languages as part of their professional development.

3. **Develop the necessary educational resources**
   - Develop language curricula, language books and other resources for language teachers. Allow First Nation, Inuit and Métis educators who are proficient in languages to work with communities to influence local adaptive teaching strategies in their teaching resource development.
   - Develop promotional and supplemental materials to support the dynamic everyday spoken language.
   - Use available technology (e.g., the Internet, e-mail and audio recording) to share and bank languages. Create CD-ROMs and interactive video programs.
   - Conduct ongoing language and cultural research that addresses the needs of specific professions, such as medicine, law and engineering, while at all times exercising and respecting protocol guidelines.
   - Involve young people in language preservation by inviting them to be part of research projects and by creating opportunities for them to both study and experience languages and culture. Create leadership opportunities for young people wherever possible.

4. **Develop and draw on all possible sources for training**
   - Establish language mentoring programs in which apprentices and students can work together, speaking only their traditional language for 200–300 hours per year.
   - Train First Nation, Inuit and Métis language teachers.
   - Recognize and formally acknowledge Elders' ability to teach languages and the knowledge they possess and accord them appropriate professional recognition.

The Elders also suggested a number of ways in which governments might demonstrate the depth of their commitment to preserve and strengthen First Nation, Inuit and Métis languages and cultures. These are as follows:

1. **Recognize the value of traditional languages and cultures**
   - Recognize and acknowledge First Nation, Inuit and Métis languages as dynamic modern languages, rather than heritage languages. In the words of one Elder, expressing a commonly held viewpoint, "the only way to protect and preserve Aboriginal languages is to enshrine languages in the Canadian Constitution at the same level as English and French... There is no other way to protect and preserve them." Without "equality for all languages" in Canada, we run the risk of "politicizing languages into extinction." As an Elder from Rankin Inlet added, "If our languages were entrenched [in the Canadian Constitution], our identities as Aboriginal people would also be recognized."

2. **Support the development of infrastructures to preserve and strengthen languages**
   - Support the development of a strategic plan to revitalize First Nation, Inuit and Métis languages.
   - Establish and enforce standards for linguistic and cultural programs.
   - Ensure that the funding and resources intended to support First Nation, Inuit and Métis languages and cultures actually go to First Nation, Inuit and Métis people and communities.
   - Preserve the cultural authority of First Nation, Inuit and Métis people when linguistic and cultural programs and research are funded, by ensuring that those involved with the project have the cultural knowledge and understanding to work respectfully and productively with a particular First Nation, Inuit or Métis culture or community.
   - Support the protection of traditional knowledge and spirituality as intellectual property.
   - Support the development of community-based centres for learning languages and cultures. The centres should be governed by boards that include Elders and other community members. The centres could provide a range of supports, including teaching resources, reading programs, culture camps and archives of local history. These centres should be located in the communities of the languages.
   - First Nations should establish language laws that require Chiefs, council members and employees to know their traditional languages.
   - First Nations should work to standardize their written languages so that the languages will be easier to understand and learn.

3. **Support resource development, including lifestyles that foster language retention**
   - Provide funding to support the development and distribution of teaching resources, technology and research materials.
   - Provide funding to support research on traditional languages, cultures and knowledge, such as healing knowledge.
   - Provide appropriate financial assistance to First Nation, Inuit and Métis people who choose to live a traditional lifestyle, similar to the subsidies currently available to farmers.
   - Provide appropriate financial support to young people who want to learn the necessary skills to live traditionally or live on the land, such as by summer and winter fishing and trapping, preparing traditional foods, conducting spiritual practices and ceremonies, and using their traditional languages. This financial support should be similar to that currently available to university students.

What the People Said

A national program to respond to First Nation, Inuit and Métis language needs must reflect community concerns and priorities. The following section summarizes the views expressed to the Task Force by First Nation, Inuit and Métis community members over a nine-month period, during which 16 consultation sessions were held in various locations across Canada.

The Role of First Nation Languages

All across Canada, First Nation, Inuit and Métis participants spoke of the vital connection they experienced between themselves, the land and the Creator and of the need they felt to give voice to, and to honour, that connection in their own way, using their own languages. In this context, many participants stated that the ability to speak one's own language helped people to understand who they are in relation to themselves, to their families, to their communities and to Creation.

The importance of the relationship to the Creator was an important theme. As Ken Goodwill of the Standing Buffalo First Nation in Saskatchewan explained, the connection between sacred ceremonies and one's language is a fundamental part of a person's relationship to the universe and to the Creator:

> The language is our history, the tribal memory and the basis for our world view. In the case of Dakota speaking people,

> it is very much how we see things spiritually and how we react to things around us... In our concept of the universe, you can beseech the universe and the universe responds... We have a sense that all of Creation has a spirit and energy that is transferable from person to person, person to animal, and person to plant or tree. These are part of our world view. While all of it can be explained in English, it is in the Dakota languages.

Other participants echoed this sentiment many times. For instance, the Squamish consultation focused as follows on the direct connection with the Creator established by one's own language:

> ... language and culture are not only words or syllables, but... have spiritual links to the Creator. When I could pray in my own language it was like the first breath I could take after being on a life support respirator. Language and culture are an umbilical cord to the Creator.

There was a shared sentiment among those attending the consultation sessions that when a First Nation, Inuit or Métis person enters the next life, they should be able to greet the Creator in their own language and tell the Creator their name. Alex Crowchild, an Elder of Tsuu T'ina Nation, explained this in the Calgary consultation:

> ... the reason language is important is because of the ceremonies. Six hundred to 700 years ago, there were no Englishmen here. The spirits of those ceremonies that have gone before us spoke the language. We still have our ceremonies, the sun dances, the ring lodges, the night lodges, the sweat lodges. In all of these, our spiritual leaders still communicate with the spirits and those spirits can only speak the language that was there before. That is how important the language is. If it is lost, you lose your way of life.

Participants also stressed that focusing on the ceremonies and spirituality will facilitate growth, increase self-esteem, familiarize the people with their culture, and facilitate healing in communities. Many also spoke of language and culture as being intertwined and inseparable and of how both are linked to the use and occupancy of traditional lands. Teaching one without the other would result in a dilution or loss of their unique world views and an incomplete understanding of how they relate to and use their lands.

Participants from all language groups spoke with sadness of the threatened loss of their languages. It was a commonly held view that when language and culture are ignored or lost, the individual and the wider community experience cultural and spiritual poverty. A number of Elders pointed to the moral teachings inherent in language and culture. They said that, without those moral teachings, many First Nation, Inuit and Métis people become involved in substance abuse and conduct themselves in ways that are harmful to their communities, families and themselves. An Elder from Rankin Inlet in Nunavut expressed concern that there are many young people who have not been taught their language as young children and who then go to school where they learn English. Too often these young people drop out of school early and as a result are not fluent in either language. They come to be adrift between languages and cultures.

Many participants voiced their conviction that the loss of languages can be attributed in good part to colonization and Canada's assimilation policies, particularly when children were taken from their communities and placed in distant residential schools where they were systematically punished for speaking their languages. Voicing the experiences of countless others, an individual talked with profound sadness of having been taken away and being kept in the residential school for six years before returning to her family, at which point she was no longer fluent in her language. Others spoke of the lasting impact on the children of residential school survivors who were not taught their languages, so that they would be spared the suffering their parents underwent.

Loss of languages was also attributed to complacency on the part of individuals and institutions at all levels, particularly of the provincial, territorial and federal governments. In terms of government, many noted that even some First Nation, Inuit and Métis governments give very little attention or support to languages. It was pointed out, however, that First Nation, Inuit and Métis communities have many competing priorities and that when communities do not have enough housing for their people, for example, it is difficult to fund language programs.

Many participants spoke more broadly of their distress at the lack of respect accorded to their languages and of the fact that their languages are often viewed as historic remnants of the past, rather than as living languages, relevant to the present. As a result, individual First Nation, Inuit or Métis people often choose not to use their languages, despite being fluent, or choose not to develop the skills needed to become fluent. This was identified as a particular concern in Nunavut, where

many young people understand the language yet do not choose to use it. Other youth choose not to learn it at all. As pointed out by a participant from Saskatchewan, "Our youth do not value our languages. They say language is not part of their world."

A recurring theme among participants was the importance of revitalizing languages. This was seen as a means of healing at an individual and community level. It was also seen as a means of reconnecting with the land, because of its central importance in the structure of First Nation, Inuit and Métis languages. Despite the critical state of many languages, participants expressed an unwavering commitment to take the necessary steps to revitalize all of our many languages. Participants emphasized that all languages are sacred and that a concerted effort should be made to ensure that future generations benefit from the knowledge embodied by these languages. The fact that some communities may have very few fluent speakers should not preclude them from receiving support to revive their languages.

Participants in the consultations made many recommendations on what steps should be taken to assist communities in revitalizing their languages. The following section examines their views in detail. These views form the basis for the Task Force's recommendations.

Status of First Nation, Inuit and Métis Languages

In consultations across Canada, the Task Force heard that, as the original languages of Canada, First Nation, Inuit and Métis languages must be accorded the same recognition and respect as English and French. It was a widely held view that the creation of federal legislation that recognizes this fact would be one of the most important outcomes of the Task Force's work. Many referred to Canada's special relationship with First Nations, as reflected in treaties and in the *Indian Act*. They also referred to Aboriginal rights and title decisions by the courts and to the recognition and affirmation of Aboriginal rights in section 35 of the *Constitution Act, 1982* as the bases for language legislation.

Many also held the view that legislation should not only acknowledge the place of First Nation, Métis and Inuit languages in Canada's social fabric, but also provide for funding for languages on the same footing as English and French, the current official languages. In the Cambridge Bay consultation session, for instance, reference was made to inequities in language funding. Despite the fact that Inuktitut is an official language of Nunavut and the language of 72% of its people, under the Canada–Northwest Territories Cooperation Agreement, the participants said that $3,000 is provided per Francophone person to deliver services in French, whereas only $55 per person is provided to deliver services in Inuktitut. Similar frustration was expressed in other consultations. In Saskatchewan, language educators contrasted the approximately $43 million provided for French language education with the $330,000 provided for First Nation languages, in a province where there are far more people who speak First Nation languages than there are people who speak French.

In further discussions on legislation, the issue of traditional knowledge was raised. It was recommended that legislative protection should apply not only to languages, but also to intellectual property rights. Many participants voiced their concern with sharing their languages and teaching practices via technology, without any means of protecting them from being used in inappropriate ways. Intellectual property rights were seen as very important to maintaining control over the revitalization of First Nation, Inuit and Métis languages. In the interim, it was suggested, the United Nations protocol on intellectual property should be adopted to ensure protection against the inappropriate use of First Nation, Inuit and Métis languages and cultures.

Need for a Community-Driven Revitalization Strategy

Many explained that language is the breath of the community; it keeps the community alive and connects all people in a web of relations. In short, it is the community that must play a central role in revitalization. *There was broad consensus that it is the communities that must come together to identify priorities and develop plans to revitalize their languages.*

Many stated that language revitalization could be successful only if the community as a whole makes a commitment to support such an initiative. Planning should therefore be driven by the needs and will of each community. The understanding of the meaning of community should be broad enough to incorporate every type of community in which First Nation, Inuit and Métis people find themselves. It was a commonly held view that involvement and commitment by all community members is necessary to ensure that any language revitalization plan is realistic and achievable. All age groups need to be involved: youth, Elders, adults and young children all need to have a voice.

It was recognized that plans would vary from community to community, depending on the state of the language and the resources available in each. Some

languages may have a large numbers of speakers and be widely spoken; here, efforts would focus on maintaining and expanding the language. In other communities, only a few elderly speakers may be remaining; efforts here would need to concentrate on preserving the language.

Many also linked language revitalization to individual and collective healing. It is through learning and speaking the language that intergenerational communication can be achieved, and this communication could be the doorway to many positive outcomes, including the healing of the community itself. It is not only the youth who need to feel empowered by the language, but also the Elders, who may have been taught at a young age that it is shameful to speak their language. As well, some community members know the language and are afraid to speak it. One participant stated in this regard:

> Empower the nonspeakers. They are a powerful force because they feel the pain... Stop the superiority and distinguishing between the people who speak and the people who don't speak. The people who do not speak the language should not be made to feel ashamed, as it is not their fault. It is important not to ridicule those learning the language, as they need to feel encouraged.

In all consultation sessions, the Task Force heard the urgent call for immediate action to stem the loss of languages, as many are on the brink of extinction. It was pointed out that First Nation, Inuit and Métis languages have endured at least a century-long assault and neglect. Therefore, revitalizing the language is a 100-year project and should not be rushed. Nonetheless, short-term goals should be set, and projects should begin immediately. The need is urgent, though the process will be long. Many participants emphasized that there is little time remaining to prevent the imminent loss of a number of languages. There was particular concern for communities where speakers are concentrated among the elderly and where there are little or no resources to preserve the languages through recording, translating or archiving, or to train language teachers. Although all First Nation, Inuit and Métis languages are sacred, it was recommended that languages in a critical state should be given special consideration. Communities in less pressing circumstances also called for immediate access to resources to avoid their languages becoming compromised, as a result of a failure to encourage fluency in younger age groups.

Roles and Priorities of a National Language Organization

Participants discussed how a national language organization — a Languages and Cultures Council (LCC) — could be part of a long-term revitalization strategy. The following section presents their discussions, concerns and recommendations.

Goals and Objectives

Participants recommended that a primary function of the LCC should be coordinating research and planning needed to develop a long-term strategy to revitalize First Nation, Inuit and Métis languages. Many stated that a vital component of the long-term strategy should be federal legislation to protect and promote First Nation, Inuit and Métis languages. The LCC was seen as something to assist in this effort by providing information and advice to government and to national political organizations. In addition to having this work to do at the national level, the LCC was seen as supporting efforts to promote language at the community level. Examples of ways in which the LCC could assist communities included providing information to local governments on language policies and to individuals and families on the benefits of maintaining language.

There was broad consensus among those participating in the consultations that one of the primary functions of an LCC should be to provide financial assistance to communities to enable them to take the necessary steps to revitalize their languages. In addition to seeing it as a funding mechanism, many participants viewed the LCC as providing technical support to community and regional programs. The benefits of taking a collaborative approach were stressed. Considering the short time frame available to many languages and the severe shortage of learning resources, participants wished to see a sharing of materials, as well as of lessons learned, in language programs throughout the country. Those making the recommendation stressed that consideration should be given to a virtual centre, rather than one of bricks and mortar. Consideration should also be given to developing a network or regional language clearing houses.

All participants thought that increasing awareness about First Nation, Inuit and Métis languages and their importance in the communities and in Canada was a necessary function of the LCC. Within First Nation, Inuit and Métis communities, the youth should be given the opportunity to feel pride in their language, identity and history. Within the wider Canadian community, non-Aboriginal people should be made aware of the importance and diversity of First Nation,

Inuit and Métis languages. To encourage broad support for First Nation, Inuit and Métis languages, it was recommended that the LCC should create partnerships with industries and with all levels of government. Many participants were also of the view that the LCC should create awareness and build relationships with other Indigenous peoples internationally.

Governance

There was also broad consensus that the LCC should be streamlined, with minimal infrastructure, so that resources can be conserved and the majority of funds distributed at the community level. Many participants recommended that, where possible, the three national political organizations should develop an intergovernmental governance structure as a cost-saving measure. Participants emphasized that the LCC should take direction from the community level, as opposed to giving direction to the local level. The LCC should conduct its affairs in an equitable and transparent manner and not be linked to any particular political agenda. There was also agreement that all regions should have representation on the governing body and that Elders should play an advisory role.

Funding and Program Delivery

The Task Force received a consistent message from the Circle of Experts, the Elders and community representatives about the need for resources. *Participants in the consultation sessions all stated an urgent need to flow funds to communities to immediately begin addressing the critical state of their languages.* It was pointed out that existing funding is generally piecemeal and short-term, making it extremely difficult to retain personnel and carry out longer-term planning. There was also concern that, as a result of bureaucracies under the present process, program funds do not reach the community level.

Concern was expressed that communities are put in the position of competing for the limited funding currently available. Inequities result, as communities that have personnel skilled in preparing grant proposals or those with larger populations and greater administrative capacity are in a better position to receive funding for language initiatives. Others also pointed out that individuals may be denied access to funding if community organizations are given priority, and that a new program should recognize that individuals or informal groups have a place in language revitalization efforts. Funding allocations are frequently based on population, so smaller communities are left to struggle alone. One participant stated that, in the First Nation context:

> When various bands are putting out project proposals for grants, one gets funding and 14 others get none. We have to stop competing for which language is the most worthy of being saved — which one gets saved... We're all worthy of being saved.

In this same vein, others pointed out that some federal monies are provided to communities earmarked for specific endeavours. This practice ignores the fact that each community is different and has its own plan for language revitalization.

In discussions of the role of the LCC in funding, participants expressed concern that a large central administration could result in funds being taken up to support bureaucracy and that small projects would become lost in an administrative maze. *It was recommended that decision making be delegated to the regional levels, as they are better situated to be aware of, and respond to, local conditions and needs.* It was pointed out that some regions, such as the Northwest Territories, have regional language centres that should be supported and that a regionalized infrastructure is already in place as part of the current federal Aboriginal Languages Initiative. While regionalization was preferred, caution was raised that regional program delivery systems must be inclusive and nonpolitical to avoid leaving communities that are not politically affiliated without access to funding. Participants also recommended that funding allow for longer-term projects and that funding criteria be equitable.

Program Priorities for the LCC

1. **Language preservation**
   Many participants called for immediate funding for language preservation efforts, pointing out that in many communities few fluent speakers remain. It was noted that there are many lesser-spoken languages, particularly in British Columbia, where it is not unusual for a language to be spoken by only one or two communities. Preservation work, therefore, becomes more urgent. However, even languages with many speakers encounter difficulty. As pointed out by a participant in Ontario, the names and uses of local flowers are being lost, and ways of describing kinship relationships are also being forgotten.

   It was pointed out that even where communities had been able to tape-record Elders in the past, often the knowledge is inaccessible. This may be due to obsolete recording media or recordings that have been lost or that have deteriorated because of improper storage. It may also result from a lack of funds to transcribe the material.

2. **Language planning**

Providing access to resources for communities to carry out community- based research and long-term language planning was a common theme in the consultations. Participants were in agreement that it is important to identify speakers and fluency as part of initial planning to assess the effectiveness of different approaches to language revitalization. Communities also need to discuss and agree on the steps to be taken to reintegrate language into the communities, prioritize objectives in language programming and, in some cases, reach consensus on basic issues, such as a common orthography.

For instance, it is not uncommon for more than one writing system to have been developed by linguists who have studied the language at various times, and the system or systems may not be conducive to ease in writing or learning. As one participant explained:

> Our writing system was developed for Saulteaux in part by a linguist. It wasn't modern Roman orthography and when the linguists developed it, there were too many rules and a structure that didn't work. For instance, for a *d* they put an *h* in front of a *t* to make the *h* sound. A lot of children in elementary school were mispronouncing the words. We added the letters we needed, and there is still a lot that needs to be addressed in our writing system.

It was also noted that communities may need to thoroughly discuss issues such as standardization. In this context, it was recognized that some communities may need to make the difficult decision to support a particular dialect or adopt the dialect of a nearby community. There is also a need to fund development of the language through the creation of terminology for new concepts and technology.

A number of participants pointed out that current and accurate data are needed to carry out language planning. It was recommended that the LCC undertake or coordinate such research. In particular, it was recommended that a language survey be carried out, as such research would help the LCC and the communities to develop programs to support language revitalization.

3. **Education in First Nation, Inuit and Métis language and culture**

All participants agreed that language and cultural education should be a main program focus of the LCC. A number of issues should be addressed to rectify inadequacies and problems encountered with the policies and programs that language educators must work in. Concern was expressed that First Nation, Inuit and Métis languages are not given recognition or support in the school system. Particular reference was made to Indian and Northern Affairs Canada's failure to adequately fund language education programs in departmentally funded schools on reserve.

Educators pointed to the difficulty of achieving language fluency in the present language education system. When language classes are offered for 15 minutes during a school day, it is very difficult to make any progress towards achieving fluency. The problem is compounded when the language is not spoken in the home or in the community. Many participants noted that it is very difficult for First Nation, Inuit and Métis children to truly learn the language if their parents did not speak it. As one participant in the Fort Qu'Appelle consultation put it, "The learning must come from home and the community. One language teacher cannot do it."

In this regard, entering children into immersion programs when their parents are themselves unable to speak their own language would create barriers, as the parents could not participate fully in their child's education. Though numerous participants agreed that much of the focus should be on the youth, it was said that it is also necessary to begin teaching young parents the language. They, in turn, would teach their children. That being said, and despite interest in learning the language, First Nation, Inuit and Métis communities often do not have the resources or language instructors to offer courses to adults. It was therefore strongly recommended that the LCC support training and certification of language teachers, not only in second-language education, but for immersion programs as well, as there are not enough language teachers to meet the demand.

Many spoke passionately of the importance of giving young children the opportunity to connect with their heritage at a very early age and to support them in their learning as they move through their childhood and youth. Educators recommended that language education begin prior to nursery school and that parents be given the opportunity to learn as well. One participant suggested beginning language nests using the federal government's child care initiative and combining it with language instruction.

There was widespread agreement that language education must be made available at all levels, from day care through to university. Adult education should be considered as important as youth education, and there should be classes for advanced speakers as well as beginners. At the university level, advanced degrees should be available in the language that would help advance research and produce scholars of First Nation, Inuit and Métis languages.

Participants recommended that language programs incorporate traditional skills and lessons. One suggestion that was heard across Canada was that cultural camps are an effective way to transmit the language and values. This frequently involves taking the children out into the wilderness, and teaching them how to live on the land and how to interact with the environment in the manner of their ancestors. Many cited successful immersion programs, of the Maori and Hawaiians internationally and of the French in Canada, to support this approach. Others recommended funding cultural camps or immersion programs that teach traditional skills as an effective way to connect people to their culture and language.

Participants also strongly recommended that programs funded by the LCC should adopt a holistic approach, incorporating First Nation, Inuit and Métis cultures. Language and culture are intertwined, and education in the language is an important vehicle for sharing First Nation, Inuit and Métis values, teachings and histories. All participants stated that, through learning the language, many other aspects of First Nation, Inuit and Métis cultures can be taught as well. For instance, it was stressed that education programs be designed to reflect First Nation, Inuit and Métis methodologies, rather than English or French methodologies. Equally, teaching of the language should take various forms, including storytelling, drama, dance, singing and art, and that it should not be limited to classroom instruction.

Rather than being limited to language classes, which some adults may not have the time for, language participants suggested instruction should be made the focus of many community activities. The participants suggested that language instruction be made part of learning the traditional names of places and sacred sites. In this context, many recommended that Elders be recognized as experts in the language and be treated as such. This would involve accrediting and paying them as befitting their status. By employing Elders in this manner, many traditional values could be taught, such as respect and a particular protocol in approaching Elders.

Educators also spoke of the need for curriculum resources generally, because either very little is available or, when resources do exist, it is not uncommon for the material to be decades old. Therefore, the LCC should not only support the development of new materials, but also facilitate a sharing of resources.

4. Innovation and technology

Innovation and technology were prevalent themes throughout all of the workshops. All participants thought that it would be important to make use of technology in language revitalization efforts.

Recognizing the enormity of the task that lay ahead, many participants strongly recommended that the LCC coordinate a clearing house or houses to allow sharing of resources and research on best practices. Development of a Web-based national database on language programming, resources and language planning was generally envisioned. Such information would provide First Nation, Inuit and Métis communities with immediate knowledge of the promising practices of other communities so that they could build on and learn from them. Using technology would also help the LCC stay in constant touch with the communities, as well as aiding communities in sharing information with one another.

The participants pointed out that the use of innovation and technology would assist in making community education programs more accessible. Language tutorials available on CD-ROM or on-line would aid those people who cannot attend language classes. An example of successful use of technology was given by one participant, who explained how videoconferencing was used, thereby enabling Elders who were hundreds of miles apart to speak together. Another participant shared how she offered an opening prayer during a videoconference with five schools across Canada. Through that technology, she was able to share her teachings with many different children.

It was also noted that the LCC should use a multimedia approach to make learning the language fun and accessible to young children and youth. Television, music, movies and computers could increase the younger generation's exposure to the language, thereby revitalizing the language. For example, television programs such as cartoons and adventures could reach the youth. In addition, the

LCC should support radio programming already running and explore the use of the Aboriginal Peoples Television Network as a vehicle for teaching the language.

A number of participants called for the LCC to fund a national conference on languages to examine best practices and to allow sharing of resources and research.

PART VII:
PROTECTING AND PROMOTING OUR LANGUAGES

We are just like forests... many species standing strong and tall and just as we are today.

PART VII: Protecting and Promoting Our Languages

During the Task Force deliberations, we considered not only the views of First Nation, Inuit and Métis linguistic communities and organizations, but also domestic and international research on other endangered languages, particularly Indigenous languages, most of which confront similar challenges. The results of our deliberations are reported below, grouped under the four major themes highlighted in our consultations with the communities, namely:

- the rationale for protecting and promoting First Nation, Inuit and Métis languages;
- the need for status planning, including language legislation and supporting policies;
- languages in First Nation, Inuit and Métis communities; and
- languages in education.

In the discussion of these four themes, we conclude each section with specific recommendations that Canada should follow to protect and promote First Nation, Inuit and Métis languages.

Protecting and Promoting Languages at the National Level

The United Nations Educational, Scientific and Cultural Organization (UNESCO), in its *Red Book on Endangered Languages*, reported that at least half of the world's languages are in danger of extinction by the end of this century. The vast majority of these endangered languages are Indigenous and have fewer than 10,000 speakers.[49] Canadian experience mirrors international trends, with both primary and secondary research warning of the possibility of extinction for the vast majority of First Nation, Inuit and Métis languages. We do not believe that this should deter us from making every effort to save all our languages. In our consultations, we heard that all languages, whether there be 5 or 25,000 speakers, are equal and should be treated as such. We support this fundamental principle. Every effort must be made to save our languages, not only for present and future generations of First Nation, Inuit and Métis peoples, but also for fundamental reasons that speak to who we are collectively as peoples, as nations and as Canadians.

We are cognizant of the historical and legal basis for recognizing and protecting the equality of languages that the national political organizations cited in their presentations to the Task Force and that was referred to by many in our consultations with the communities. Section 35 of the *Constitution Act, 1982*, which entrenches Aboriginal and treaty rights, as well as the Crown's obligations under pre- and post-Confederation treaties and the fiduciary relationship that they reflect, leads us to affirm that government support of language revitalization is to be grounded in the principle that all First Nation, Inuit and Métis languages must be protected and promoted.[50]

This historic and constitutional reality in itself should lead Canada to unequivocally protect and promote First Nation, Inuit and Métis languages. In our view, the honour of the Crown requires no less. However, there are other equally fundamental reasons to support First Nation, Inuit and Métis languages, reasons that we believe all Canadians will identify with and support.

In the first place, First Nation, Inuit and Métis languages are the original languages of Canada. They reflect this land in a way that languages formed in Europe or elsewhere cannot. During our consultations we heard many speak of the intimate connection between the people, their languages and the land. It is this connection in fact, it is the history of First Nation, Inuit and Métis peoples and their languages and cultures – that truly defines Canada. We believe it is crucial that our languages be revitalized and protected, not only for future generations of First Nation, Inuit and Métis people, but also for all Canadians.

This is more than a symbolic reality, for the connection of First Nation, Inuit and Métis peoples to the land also speaks of a wealth of traditional knowledge, as each people and their language represent a unique way of organizing information and knowledge about the ecosystem. Environment Canada describes this knowledge as follows:

> Aboriginal traditional knowledge has been and continues to be accumulated through time spent living on the land. It encompasses all aspects of the environment — biophysical, economic, social, cultural and spiritual —

49 We do not consider the reasons for language shift and loss in this report but refer the reader to a number of studies that document and discuss this, including David Crystal, *Language Death* (Cambridge: Cambridge University Press, 2000); James Crawford, "Seven Hypotheses on Language Loss: Causes and Cures," in *Stabilizing Indigenous Languages*, ed. by G. Cantoni (Flagstaff, Ariz.: Center for Excellence in Education, Northern Arizona University, 1996); Scott Palmer, "Language of Work: The Critical Link Between Economic Change and Language Shift," in *Teaching Indigenous Languages*, edited by Jon Reyhner, 263–86 (Flagstaff, Ariz.: Northern Arizona University, 1997); Johsua Fishman, *Can Threatened Languages Be Saved? Reversing Language Shift, Revisited: A 21st Century Perspective* (Clevedon, U.K.: Multilingual Matters, 2001).

50 International conventions and instruments listed in Appendix F also point to Canada's obligation to protect First Nation, Inuit and Métis languages and cultures.

> and sees humans as an intimate part of it, rather than as external observers or controllers. TK [traditional knowledge] is part of the collective memory of a community, and is passed on orally through songs and stories, as well as through actions and observation.[51]

International research also highlights the critical linkages between Indigenous knowledge, stewardship of the land, and Indigenous languages and culture.[52] UNESCO, in its report, *Language Vitality and Endangerment*, makes clear the intrinsic value of promoting cultural diversity, stating:

> The extinction of each language results in the irrecoverable loss of unique cultural, historical and ecological knowledge. Each language is a unique expression of the human experience of the world. Thus, the knowledge of any single language may be the key to answering fundamental questions of the future. Every time a language dies, we have less evidence for understanding patterns in the structure and function of human language, human prehistory and the maintenance of the world's diverse ecosystems.[53]

The interconnection of linguistic and cultural diversity and biodiversity is strongly reflected in the Canadian physical and cultural landscape. At least 47 of the approximately 61 First Nation, Inuit and Métis languages in Canada are unique to their particular territories and not spoken in any other location on Earth.[54] Moreover, these languages are found in ecosystems that are recognized globally as being important from a standpoint of biodiversity.[55] The Arctic and high alpine tundra, the traditional territories of the Dene and Inuit; the boreal forest, the territories of the Cree, Ojibwe and Algonquin; the Northern Plains, the territories of the Blackfoot, Sioux, Oji-Cree and the Métis; and the temperate rainforest — which include the territories of at least 30 languages in British Columbia, are all in the top 200 critical ecosystems in the world.[56]

We believe this traditional knowledge must be protected, not only for Canadians, but also for all of humanity. Certainly, the 1992 *Convention on Biological Diversity*, whose objective is promoting sustainable development, recognizes this fundamental principle. Article 8(j) requires nation-state signatories:

> subject to legislation, to respect, preserve and maintain knowledge, innovations and practices of indigenous and local communities embodying traditional lifestyles relevant for the conservation and sustainable use of biological diversity and promote their wider application with the approval and involvement of the holders of such knowledge, innovations and practices and encourage the equitable sharing of the benefits arising from the utilization of such knowledge, innovations and practices.[57]

Languages have been described as being akin to the miner's canary: where languages are in danger, it is a sign of environmental distress.[58] Certainly, this is true for First Nation, Inuit and Métis languages. Language loss in Canada closely parallels the weakening of the vital connection of First Nation, Inuit and Métis people to their homelands as a result of the alienation of their lands or resource development, such as hydroelectric dams, mining and forestry. We believe (and the international experience we discuss above bears this out) that protecting and maintaining the First Nation, Inuit and Métis connection to the land is crucial to a strategy to protect language and culture, as well as Canada's biodiversity.[59]

A number of successful co-management regimes exist under various land claims agreements in the Yukon and Northwest Territories and under treaties in other parts of Canada.[60] We believe opportunities for management,

51 Environment Canada, *Aboriginal Traditional Knowledge and Environmental Management*, at http:// www.ec.gc.ca/science/sandesept02/article1_e.html.

52 Luisa Maffi (ed.), *On Biocultural Diversity: Linking Language, Knowledge, and the Environment* (Washington, D.C.: Smithsonian Institution Press, 2001).

53 UNESCO Ad Hoc Expert Group on Endangered Languages (Paris: March 13, 2003), p. 6.

54 Languages not endemic are those found in other countries. These include languages in regions that border the United States, including Haida, Tlingit, Salish, Blackfoot and Mohawk, as well as Inuktitut, which is also spoken in Greenland.

55 Tove Skutnabb-Kangas, Luisa Maffi and David Harmon, *Sharing a World of Difference: The Earth's Linguistic Cultural and Biological Diversity* (UNESCO, Terralingua, and World Wide Fund for Nature, 2003), p. 39, at http://www.terralingua.org/RecPublications.htm

56 At http://www.worldwildlife.org/science/ecoregions/g200.cfm.

57 *Convention on Biological Diversity*, 1992, at http://www.biodiv.org/convention/default.shtml. Legislation infringing on Aboriginal right must meet the justification test set down by the Supreme Court of Canada in *R. v. Sparrow*, [1990] 1 S.C.R. 1075.

58 Daniel Nettles and Suzanne Romaine, *Vanishing Voices: The Extinction of the World's Languages* (Oxford: Oxford University Press, 2000), p. 14.

59 Biodiversity or biological diversity refers to variety of life in the environment, including plants, animals and micro-organisms.

60 Tracy Campbell, "Co-management of Aboriginal Resources," *Information North* 22(1) (March 1996), Arctic Institute of North America, at http://arcticcircle.uconn.edu/NatResources/comanagement.html; *Beverly and Qamanirjuaq Barren Ground Caribou Management Agreement* (2002), at www.arctic-caribou.com/PDF/ManagmtAgreement.pdf.

co-management or co-jurisdiction should be available to all First Nation, Inuit and Métis peoples and that the agreements should clearly link traditional knowledge with sustainability objectives.

Recommendation No. 1: The Link between Languages and the Land

We recommend:

> **That First Nation, Inuit and Métis governments and the federal, provincial and territorial governments enter into government-to-government agreements or accords on natural resources, environmental sustainability and traditional knowledge. The agreements or accords should recognize the importance for First Nation, Inuit and Métis people of maintaining a close connection to the land in their traditional territories, particularly wilderness areas, heritage and spiritual or sacred sites, and should provide for their meaningful participation in stewardship, management, co-management or co-jurisdiction arrangements.**

The international *Convention on Biological Diversity* requires Canada, as a party, to take action for preserving and protecting traditional knowledge; and to provide for sharing benefits resulting from utilization of such knowledge and practices. Many First Nation, Inuit and Métis people will have other concerns, not only about use and access, but also about ownership of their traditional knowledge. One way these concerns can be met is by confirming the right of traditional knowledge holders to protect and benefit from their interests. This generally takes the form of legislation that recognizes that the holders of traditional knowledge have a right to protect and promote this knowledge and to receive benefit from its use.[61] Peru's Law 27811 illustrates the scope of this type of legislation. In addition to creating a registry to preserve and safeguard traditional knowledge and to provide authorities with information needed to defend traditional knowledge, the *Act* has the following provisions:

- Indigenous peoples in possession of collective knowledge may license third parties to use TK by written contract for a period of no more than three years. The contract is to provide for compensation for sustainable development, and a percentage of not less than five percent of the pre-tax value of the gross sales resulting from the marketing of the goods developed directly and indirectly. [Article 26]
- Protects Indigenous peoples possessing collective knowledge against disclosure, acquisition or use of TK without their consent and in an improper manner provided that the TK is not in the public domain. It is similarly protected against unauthorized disclosure where a third party has legitimately had access to collective knowledge covered by a safeguard clause. [Article 42]
- Enables Indigenous peoples to bring a complaint of an infringement of Indigenous peoples' TK. [Article 47]
- In cases where TK has passed into the public domain within the previous 20 years, a percentage of the pre-tax gross sales resulting from the marketing of the goods developed on the basis of that knowledge shall be paid into an Indigenous Peoples Development Fund. [Article 13]

The legislation also establishes an Indigenous Knowledge Protection Board that is charged with, among other duties, monitoring and overseeing the implementation of this protection regime, administering the development fund, and giving opinions on the validity of contracts for the licensing of traditional knowledge.[62]

Clearly, this type of legislation addresses a number of elements of traditional knowledge that do not fit into standard intellectual property laws. We believe such legislation holds merit and should be further investigated. *Canada's Response to the Convention on Biological Diversity* (1995) sets out principles and goals for achieving the objectives set out in the *Convention on Biodiversity*. This document refers to Article 10(c), which requires Canada to:

> Protect and encourage customary use of biological resources in accordance with traditional cultural practices that are compatible with conservation or sustainable use requirements.

However, the response does not appear to take into consideration Article 8(j), which states:

> Subject to its national legislation, respect, preserve and maintain knowledge, innovations and practices of indigenous and local communities embodying traditional

61 Such legislation is called *sui generis*, as it is unique and of a special class or nature. The courts describe Aboriginal rights as being *sui generis* in nature.

62 Law Introducing a Protection Regime for the Collective Knowledge of Indigenous People Derived From Biological Resources, Peru — Law No. 27811, published in the official journal *El Peruano* (August 10, 2002), at http://www.grain.org/brl/?docid=81&lawid=2041.

> lifestyles relevant for the conservation and sustainable use of biological diversity and promote their wider application with the approval and involvement of the holders of such knowledge, innovations and practices and encourage the equitable sharing of the benefits arising from the utilization of such knowledge, innovations and practices.

We believe that Canada's obligations under the Convention require a more comprehensive approach to protection, use and benefits arising from traditional knowledge. We also believe the custodians of traditional knowledge, particularly the Elders, must be recognized in this process.

Recommendation No. 2: Protection of Traditional Knowledge

We recommend:

> **That Canada take a more comprehensive approach to the protection, use and benefits arising from traditional knowledge under the international *Convention on Biological Diversity* and that greater recognition be accorded to First Nation, Inuit and Métis people, particularly the Elders, in the collaborative planning process under the Convention.**

We believe that protecting First Nation, Inuit and Métis languages is another step in the continual process of Canada's nation building. As the Supreme Court of Canada and others, including the Royal Commission on Aboriginal Peoples, have noted, Canada has unfinished business with the First Nation, Inuit and Métis peoples of this country.[63] Canada has acknowledged this in its 1997 *Statement of Reconciliation* as follows:

> As a country, we are burdened by past actions that resulted in weakening the identity of Aboriginal peoples, suppressing their languages and cultures, and outlawing spiritual practices. We must recognize the impact of these actions on the once self-sustaining nations that were disaggregated, disrupted, limited or even destroyed by the dispossession of traditional territory, by the relocation of Aboriginal people, and by some provisions of the *Indian Act*. We must acknowledge that the result of these actions was the erosion of the political, economic and social systems of Aboriginal people and nations.[64]

In light of the foregoing, it is clear that First Nation, Inuit and Métis languages should be protected, revitalized and maintained as a priority matter for Canada. Regrettably, our preliminary review of the federal government's present role in protecting and promoting First Nation, Inuit and Métis languages indicates there is significant room for improvement.

As stated earlier, we recognize Canada's commitment to provide $160 million to First Nation, Inuit and Métis language revitalization over the next 10 years. However, this figure does not reflect the urgency of the current situation. Nor does it adequately reflect the context in which these revitalization efforts must be made: First Nation, Inuit and Métis people are seeking resources to reverse the Crown's historic policies of assimilation that were aimed explicitly at eradicating our languages, cultures, religions, and social and political structures. This sustained assault on the core of our identity as the First Peoples of this land continues to hinder our ability to speak our own languages and practise our own cultures and has contributed to the pressing need now to restore them.

By way of contrast with other federal language policies, the current budget of $5 million a year and the commitment of $160 million over 10 years for First Nation, Inuit and Métis languages is only a very small fraction of the funding provided to promote the French and English languages. The federal Action Plan for Official Languages, announced in 2003, provides for funding totalling $751.3 million over five years from eight different government departments.[65]

The federal government has not yet adopted formal written policies on First Nation, Inuit and Métis languages. Further, it provides only minimal assistance to maintain languages and cultures; language education

63 For example, in R. v. *Van der Peet*, *supra* note 18, the Supreme Court noted that s. 35 rights must be interpreted so as to effect a reconciliation between the prior, organized Aboriginal occupation of North America and Crown sovereignty:

> ... what s. 35(1) does is provide the constitutional framework through which the fact that Aboriginals lived on the land in distinctive societies, with their own practices, traditions and cultures, is acknowledged and reconciled with the sovereignty of the Crown. The substantive rights which fall within the provision must be defined in light of this purpose: the Aboriginal rights recognized and affirmed by s. 35(1) must be directed towards the reconciliation of the pre-existence of Aboriginal societies with the sovereignty of the Crown.

64 *Statement of Reconciliation*, at http://www.irsr-rqpi.gc.ca/english/reconciliation.html.

65 Government of Canada, *The Next Act: New Momentum for Canada's Official Languages: The Action Plan for Official Languages* (Ottawa: 2003). See Appendix G for a summary of this funding.

is extremely limited; and little if any recognition is given to First Nation, Inuit and Métis languages. In our view, against international standards, such as UNESCO's yardstick on explicit and implicit government and institutional policy and attitudes to language, Canada could well be characterized as continuing to promote, either actively or passively, assimilation of First Nation, Inuit and Métis peoples. UNESCO defines "active assimilation" as occurring when government encourages minority groups to abandon their own languages by providing education for the minority group members in the dominant language. Speaking and writing in the minority languages is not encouraged. Passive assimilation occurs when the minority language does not enjoy high prestige and the dominant group is simply indifferent as to whether or not it is spoken.[66]

We believe that this situation is not in keeping with Canada's commitment to establish a renewed relationship with First Nation, Inuit and Métis people. Even Inuktitut, which is in the unique position of having official status in parts of Canada's North, is at a considerable disadvantage in terms of support in comparison with Canada's two official languages.

We urge Canada to take immediate action to remedy its historic mistreatment of, and present inaction on, First Nation, Inuit and Métis languages. In the following sections, we discuss and recommend specific avenues for Canada to begin to protect and promote our languages.

Status Planning for First Nation, Inuit and Métis Languages

International experience in language planning and policy demonstrates that for language revitalization efforts to be successful there must be a partnership between government and the communities whose languages are at risk. It is these communities that must rebuild and maintain the networks that will give life to their languages. Nonetheless, government support is vital, for without it there is very little likelihood of creating an environment in which a minority language and culture can flourish.

Government support is particularly important in addressing one factor that language planners identify as being crucial to language revitalization and maintenance. We speak here of the need to reverse the perception that First Nation, Inuit and Métis languages have less value than French or English. International experience in language planning, particularly in the area of minority group languages, finds a correlation between a language's prestige and popular interest in speaking and using the language. There is greater interest and commitment to speaking a language when it is publicly recognized and held in high regard, whereas there will be reluctance to speak a language perceived as being inferior or archaic. In fact, some language planners go so far as to suggest that conferring power and prestige on a language is the surest way of reversing language decline.[67]

Many First Nation, Inuit and Métis people have been taught that their languages are inferior and best forgotten. Generations of First Nation, Inuit and Métis people were taken away, often forcibly, from their families and communities and placed in residential schools. There, with the support and active cooperation of the churches, they were systemically stripped of their traditional languages, cultures and spiritual beliefs. During our consultations we heard many Elders speak of this with great sadness, telling us how these experiences led to many people losing the ability to properly speak their languages. Many were ashamed of their identities as First Nation, Inuit and Métis people and reluctant to have their children learn the languages for which they had suffered so much.

It is our view that while an apology by Canada and the churches would be an important step in the residential school healing process, additional steps must be taken to redress the language and culture loss brought about during this period in Canada's history. We see these steps at the national or collective level, as well as at the individual level.

At the national or collective level, we see Canada formally recognizing the importance of First Nation, Inuit and Métis languages. As we discussed in Part IV of our report, "What We Heard in the Consultations," there was broad consensus among participants in their call for Canada to recognize First Nation, Inuit and Métis languages through legislation. In fact, the Assembly of First Nations (AFN) has also been proposing this for several decades.[68] We support their call for the federal government to enact legislation to recognize the special status of First Nation, Inuit and Métis languages and turn our attention to what, in general terms, such legislation should contain. We base this portion of our discussion on Canada's experience, as well as international experience with Indigenous language protection.

66 UNESCO Ad Hoc Expert Group on Endangered Languages, *Language Vitality and Endangerment* (Paris: March 10–12, 2003), p. 13.

67 Sue Wright, *Language Policy and Language Planning: From Nationalism to Globalisation* (2004); Daniel Nettles and Suzanne Romaine, *Vanishing Voices: The Extinction of the World's Languages* (Oxford: Oxford University Press, 2000).

68 Assembly of First Nations, *Tradition and Education: Towards a Vision of the Future* (1988); *Towards Linguistic Justice for Fist Nations* (1990); *Towards Rebirth of First Nations Languages* (1991).

Aboriginal Languages as Official Languages

Domestically, First Nation and Inuit languages in the Northwest Territories and Nunavut are in the unique position of having their languages designated as official languages. The Northwest Territories *Official Languages Act* (1988) confers official language status on the Chipewyan, Cree, Dogrib, Gwich'in, Slavey and Inuit languages and provides for their use in the legislative assembly and in the courts. The *Act* also stipulates that government services are to be provided in the appropriate official language "where significant demand warrants" and provides for the appointment of a language commissioner charged with monitoring compliance with the *Act*.

This legislation is supported by an Aboriginal languages strategy that speaks to four key areas in language revitalization efforts: supporting language use in the communities, promoting the value of languages, supporting language education, and providing access to government services in the official languages. Exhibit 1 provides further details on the Northwest Territories' language strategy.

Exhibit 1
Government of the Northwest Territories Aboriginal Languages Strategy

1) Support Aboriginal linguistic communities to develop and implement strategic language plans for the revitalization, enhancement and promotion of their languages by:
- Providing funds to Aboriginal linguistic communities for the development and implementation of their strategic language plans
- Providing administrative and technical support to Aboriginal linguistic communities

2) Promote the value of the Northwest Territories' official Aboriginal languages and their continued usage in day-to-day activities by:
- Promoting the visibility of Aboriginal languages in electronic media
- Supporting the Aboriginal linguistic communities' literacy initiatives
- Coordinating activities for the promotion of Aboriginal languages of the Government of the Northwest Territories (GNWT) and the Aboriginal linguistic communities
- Officially recognizing Aboriginal language place names

3) Create a learning environment that supports the Aboriginal linguistic communities' efforts to revitalize Aboriginal languages by:
- Supporting community-based initiatives for culturally relevant early childhood programs
- Developing and implementing culturally relevant curricula
- Delivering Aboriginal language instruction programs in K–12
- Supporting schools to help them meet their linguistic and cultural goals
- Developing community capacity through the training of Aboriginal teachers and Aboriginal language specialists
- Supporting the development of training programs for interpreters and translators

4) Provide reasonable access to government programs and services in Aboriginal languages, by:
- Developing policy and guidelines on official languages in the GNWT (adopted in 1997)
- Developing and monitoring implementation plans for the delivery of services in all official languages in appropriate government departments, boards and agencies
- Developing a certification process and occupational standards to support the Aboriginal language interpretation and translation industry and to enhance the availability of such services to the GNWT

Source: Northwest Territories, Department of Education, Culture and Employment, *Revitalizing, Enhancing, and Promoting Aboriginal Languages: Strategies for Supporting Aboriginal Languages* (2001).

Funding totalling $17.5 million during the five-year period from 1999 to 2004[69] was provided to implement the *Act*'s provisions under an intergovernmental agreement with Canada. Approximately 50 percent of the funding was used to provide Aboriginal services in the territorial government, while a total of $4.3 million went to communities to develop five-year strategic plans and to implement community-based activities.[70] A recent

69 Similar levels of funding were provided in previous years; in 1991–1994, funding totalled $17.37 million.

70 Additionally, $4.6 million was provided to Aurora College for interpreter and translator training and for preparation of resource materials and promotion of Aboriginal languages, and approximately $0.5 million was allocated to terminology development and coordination and information sharing. Terriplan Consultants in association with Martin Spigelman Research, *Canada-NWT Cooperation Agreement for French and Aboriginal Languages in the Northwest Territories' Final Evaluation Report* (Yellowknife: Government of the Northwest Territories, Department of Education, Culture and Employment and Canadian Heritage March 2004), at http://www.ece.gov.nt.ca/ Divisions/culture_heritage/indexcult.htm.

evaluation of the agreement found the funding of community-based planning helpful not only for the community, but also for the funding agency, because it enabled more accurate assessment of project proposals.

Another perspective on the Northwest Territories' *Official Languages Act* is provided in the legislative committee's recent review of the *Act*, which identified a number of weaknesses. In response to recommendations made by the Committee, the territorial government amended the *Act* in 2003 to strengthen the government's commitment to, and accountability for, language policies. A Minister Responsible for Official Languages was appointed and an Aboriginal Languages Revitalization Board was established. The Board, made up of representatives from each of the linguistic communities, will advise the Minister on government and community efforts to maintain, promote and revitalize the Northwest Territories' Aboriginal languages. The Committee also recommended that a marketing plan to promote Aboriginal languages be developed and that changes be made to the *Education Act* to provide guidelines and standards for instruction in Aboriginal languages.[71] An amendment to the *Act* also provided for recognition of language rights within traditional territories. Section 11(3) sets out the following with regard to receiving language services:

> 11(3) In interpreting subsection (2), consideration shall be given to collective rights of Aboriginal peoples pertaining to Aboriginal languages and exercised within the traditional homelands of those peoples, consistent with any applicable lands, resources and self-government agreements, including land claim and treaty land entitlement agreements, and any other sources or expressions of those collective rights.[72]

Nunavut, which adopted the provisions of the Northwest Territories' legislation as its own, also recently reviewed the *Official Languages Act* to determine whether it was sufficient to support language-related initiatives such as the Bathurst Mandate vision of having Inuktitut and Inuinnaqtun as the working languages of government by the year 2020.[73] In its report the Committee concluded that the present legislation would not achieve this objective. Importantly, since the *Official Languages Act* applies only to the territorial government and not to municipalities or private businesses, it does not have the full effect of true official language legislation. As well, the language commissioner's lack of authority was found to limit the effectiveness of the legislation.

The Nunavut government continues to work towards strengthening its language law; amendments to remedy shortcomings in the *Official Languages Act* will be tabled before its legislature during 2005. On the policy front, an Inuktitut language board is being developed, on the model of successful initiatives in Greenland, as well as on that of the *Office québecois de la langue française*.

What these studies by the Northwest Territories and Nunavut legislatures show is that despite official status being accorded to First Nation and Inuit languages in the North, inequities continue to exist and programming and services are not at a level that would assist in sustaining these languages. In this context, our earlier discussion of the significant differences in funding available to French and English, in comparison with First Nation, Inuit and Métis languages, is particularly relevant.

In the northern territories, speakers of Inuit and First Nation languages make up the vast majority of the population, followed by English speakers. There is only a relatively tiny population of French speakers. Nonetheless, funding provided by Canada, as part of its minority language support program is more than 10 times that provided to the Northwest Territories and Nunavut official languages. According to the Nunavut Language Commissioner, French speakers receive $3,902 per capita in funding for language services and programs, whereas Inuit receive $44 per capita for similar programs and services. We believe that this reflects poorly on Canada as a nation and is not in keeping with the notion of the honour of the Crown.

International Language Planning

The various efforts to protect and revitalize Indigenous languages in New Zealand, Scandinavia (Norway, Finland, Sweden), South Africa and Australia demonstrate that there is no single solution to the challenge of diminishing minority language use. In some countries, such as in the United States and Sweden, legislation tends to be more general and lacking in substantive support. The Native American Languages Act (1990) (NALA) states that the United States will take action to ensure the survival of Native American languages, including preserving, protecting and promoting the

71 Government of the Northwest Territories, *Response to the Final Report — Special Committee on the Review of the Official Languages Act* (2003).

72 R.S.N.W.T. 1988, c. 56 (Supp.), s. 12; S.N.W.T. 2003, c .23.

73 Special Committee to Review the *Official Languages Act, Interim Report, Fifth Session, First Legislative Assembly, Legislative Assembly of Nunavut* (March 2002); Nunavut Department of Culture, Language, Elders and Youth, *Next Steps Toward Made-in-Nunavut Language Legislation* (June 1, 2004).

rights and freedom of Native Americans to use, practise and develop their languages. However, the Act does not provide for resources or an enforcement mechanism. As noted by Suzanne Romaine, in The Impact of Language Policy on Endangered Languages, "Those who think that NALA is a pro-active policy rather than a recommendation lacking means of enforcement just because it is written and carries the grand name of Act deceive themselves."[74]

It is also clear that language revitalization will not necessarily result from a declaration of official language status in the absence of popular will and supportive mechanisms. A case in point is the Gaelic language in Ireland. Despite the fact that Gaelic has been recognized as an official language since 1919, various government-led initiatives have not resulted in its revival.[75] Even where legislation may be supportive, as in the case of South Africa's 11 official languages, language use and support in most provinces is stagnating. This is a condition that may continue for years to come.[76]

The situation is different in New Zealand, where Maori enjoys official language status alongside English. The *Maori Language Act* (1987) has played an important role in the revitalization of the Maori language. Both Maori and English are used in public service activities, in legal agreements, in educational institutions and in many other activities of normal daily life. The Maori Languages Commission plays a central role in promoting Maori as a living language.

For example, a research base for future action was established by a 2001 survey entitled "Health of the Maori Language," conducted to ensure that future initiatives would be based on objective data, rather than subjective opinion. A 25-year plan is now in place, with a goal of having the Maori language spoken widely by Maori people by 2028.[77] As a result of this intensive effort by the Maori people, and with the support of the New Zealand government, the Maori language is a living language that continues to grow and develop.

International experience confirms that legislative recognition on its own cannot produce far-reaching improvements. Increase in language use and the transmission of the language from generation to generation will occur only if there is engagement at the grassroots or local level. The lesson from all this is that appropriate infrastructures and resources and adequate funding, as well as the support and commitment of the linguistic community,[78] are all essential for the successful protection and enhancement of First Nation, Inuit and Métis languages.

In our view, a renewed relationship between Canada and the First Nation, Inuit and Métis peoples of Canada must be built on the recognition of language as the cornerstone of a people's identity. We are therefore of the view that any First Nation, Inuit and Métis language legislation must contain the following elements:

- First, it must recognize the unique historical and constitutional position of First Nation, Inuit and Métis languages, as the original languages of Canada.
- Second, it must equally recognize the inherent right of First Nation, Inuit and Métis peoples to declare their languages as official languages within their respective jurisdictions.
- Third, and most important, it must provide for substantive policies linked to the financial and other resources necessary to ensure the preservation, protection and promotion of these languages.
- Fourth, it must establish the position of First Nation, Inuit and Métis language commissioner.

The language commissioner should be charged with responsibilities that parallel those of the Commissioner of Official Languages and the Aboriginal languages commissioners of the Northwest Territories and Nunavut, that is:

- monitor and take action to ensure recognition of the rights, status and privileges provided for in the Act by government departments and agencies;
- hear complaints and conduct investigations;
- monitor government and Parliament's activities relating to the promotion of First Nation, Inuit and Métis languages;
- provide information to the public on matters relating to First Nation, Inuit and Métis languages; and
- prepare an annual report for Parliament, including recommendations on possible amendments to the languages legislation.

The foregoing may be incorporated into language legislation; however, actual duties of a First Nation, Inuit and Métis language commissioner would need

74 Suzanne Romaine, "The Impact of Language Policy on Endangered Languages," *International Journal on Multicultural Societies*, 4(2) (UNESCO, 2002).

75 *Ibid.*

76 Dr. Marianne Ignace, unpublished paper prepared for the Task Force on Aboriginal Languages and Cultures (2004).

77 Peter James Murphy, "A Comparative Analysis of International Indigenous Language," paper prepared for the Task Force on Aboriginal Languages and Cultures, p. 31.

78 "Language community" meaning any group of people that speak a common language and self-identify as belonging to that particular group.

to be finalized as part of the research and drafting of the proposed legislation.

Recommendation No. 3: Legislative Recognition, Protection and Promotion

We recommend:

> **That Canada enact legislation that recognizes, protects and promotes First Nation, Inuit and Métis languages as the First Languages of Canada. This legislation, to be developed in partnership with First Nation, Inuit and Métis peoples, must recognize the constitutional status of our languages; affirm their place as one of the foundations of First Nation, Inuit and Métis nationhood; provide financial resources for their preservation, revitalization, promotion and protection; and establish the position of First Nation, Inuit and Métis Language Commissioner.**

Recommendation No. 4: Equitable Resources for Language Support

We recommend:

> **That Canada provide funding for First Nation, Inuit and Métis languages which is, at a minimum, at the same level as that provided for the French and English languages.**

Recommendation No. 5: Language Support from All Federal Departments

We recommend:

> **That funding for First Nation, Inuit and Métis languages not be limited to that provided by the Departments of Canadian Heritage, and Indian Affairs and Northern Development. All government departments, and particularly the Departments of Justice, Health, and Human Resources and Skills Development, need to adopt policies and provide funding sufficient to allow for delivery of services and programs which promote First Nation, Inuit and Métis languages, in the same manner as for the French and English languages.**

Language Status and the Individual

Earlier we spoke of the need to recognize, on an individual level, that First Nation, Inuit and Métis languages have value. International experience in language planning indicates that shifts away from a language are caused in large part by the way members of the linguistic community perceive the language. The residential school system in Canada forced First Nation, Inuit and Métis children to turn away from their languages and cultures. In our view, this requires that Canada acknowledge fully its role in attempting to destroy the cultural identity of the children under its care. It also requires that Canada make amends to those harmed. We note that Canada has already expressed awareness of its involvement in the residential school system in its 1997 *Statement of Reconciliation*:

> This system separated many children from their families and communities and prevented them from speaking their own languages and from learning about their heritage and cultures. In the worst cases, it left legacies of personal pain and distress that continue to reverberate in Aboriginal communities to this day. Tragically, some children were the victims of physical and sexual abuse.[79]

Residential school survivors have filed thousands of actions in the courts, some of which seek damages for breach of fiduciary duty and treaty rights, as well as loss of language and culture. Seeking to resolve these claims out of court, Canada established a new federal Department of Indian Residential Schools Resolution in 2001. This department is charged with resolving sexual and physical abuse issues through alternative dispute resolution (ADR) techniques. As part of its ADR process, Canada signed compensation agreements with many, but not all, of the churches involved in running these schools.

Under the ADR process, as well as in out-of-court settlements, Canada and the churches offer compensation only for physical and sexual abuse and refuse to compensate claimants for loss of connection to family, to community, and to language and culture. Canada and the Churches have taken the position that the resulting psychological harm brought on by this loss of identity is a concept that is foreign to law. This position continues to cause survivors grief.

[79] Canada, *Statement of Reconciliation*, at http://www.irsr-rqpi.gc.ca/english/reconciliation.html.

Canada has itself acknowledged in the *Statement of Reconciliation* passage cited above that the residential schools "prevented them from speaking their own languages and from learning about their heritage and cultures [and] … left legacies of personal pain and distress that continue to reverberate in Aboriginal communities to this day." As discussed earlier, many of our own Elders have confirmed Canada's statement, sharing with us that the residential school experiences led many people to lose their languages, to be ashamed of who they are as First Nation, Inuit and Métis people, and to become reluctant or unable to pass their languages and cultures on to their children.

Other studies and reports, including that of the Royal Commission on Aboriginal Peoples, attest to the accuracy of these statements and also discuss a wide range of general psychological harms attendant on the residential school experience.[80] Some of these are reduced self-esteem; isolation from family and loss of parental guidance; loss of spiritual values; loss of reasonable quality of education; and loss of kinship, community and traditional ways of being.[81] These are lifelong harms that have had devastating effects on the persons concerned, as well as on their communities. Canada's consistent refusal to address these harms simply adds to the pain and distress that residential school survivors experience. It is difficult for us to conceive how such a stance will assist in achieving the goals of reconciliation and renewal of the partnership between Aboriginal and non-Aboriginal Canadians mentioned in other parts of the *Statement of Reconciliation*.

There have been many reasoned criticisms of Canada's approach to these issues in the media, expert reports and academic studies, most of which have focused on the hugely disproportionate amount of money spent on processing compensation applications when compared with the amount actually paid out to survivors. Recently, the AFN, in its *Report on Canada's Dispute Resolution Plan to Compensate for Abuses in Indian Residential Schools*, has called for a lump sum award for any person who attended an Indian residential school as compensation for harms suffered, whether or not such a person suffered sexual, physical or severe emotional abuse. The AFN recommendation reads as follows:

> 1. To ensure that the full range of harms are redressed, we recommend that a lump sum award be granted to any person who attended an Indian Residential School, irrespective of whether they suffered separate harms generated by acts of sexual, physical or severe emotional abuse.[82]

We support this recommendation and call on Canada to take action to implement this as soon as possible so that the many Elders who still survive may have their losses acknowledged. We believe that this acknowledgement of the great loss that individuals suffered, particularly the loss of connection to their languages and cultures, is vital. Further, they should not be made to follow arbitrary and program-oriented procedures to seek redress for the loss of the most vital attribute, aside from life itself, that a human being can have: his or her sense of identity, as conveyed through one's own language, culture and spiritual beliefs.

We also support the recommendation on broader grounds. In our view, forcibly removing language and culture from individual First Nation, Inuit and Métis people is tantamount to a breach of Aboriginal and treaty rights, as well as a breach of the Crown's fiduciary duty, and should therefore be compensable. It is also our view that Canada's refusal to compensate individuals who continue to suffer the devastating effects of their loss of connection to their communities and their languages, cultures and spiritual beliefs fails to uphold the honour of the Crown. Further, this refusal has the effect of appearing to relegate First Nation, Inuit and Métis languages to the position of subjugated languages that can be forcibly removed from the memories of the people who spoke them, with impunity.

Canada has taken the view that while language is the collective right of a community or language group, compensation for loss of language will be a programmatic response to communities and language groups. We believe Canada's position to be fundamentally wrong. Government funding of First Nation, Inuit and Métis languages must be made on the basis of their constitutional status and should not be viewed as arising as part of the compensation for legitimate claims for damages that arise from wrongs committed against many individuals.

It is our view that while language is a collective right, it is equally a fundamental human right, as well as an individual right. The minority language right protection in section 25 of the *Canadian Charter of Rights and Freedoms* is a precedent for recognizing that language rights attach to individuals. The courts have long held that when an individual has been harmed then there

80 See chapter 10 of the *Report of the Royal Commission on Aboriginal Peoples* (Ottawa: 1996).

81 Assembly of First Nations, *Report on Canada's Dispute Resolution Plan to Compensate for Abuses in Indian Residential Schools*, p. 10, citing other expert studies and reports.

82 Assembly of First Nations, *Report on Canada's Dispute Resolution Plan to Compensate for Abuses in Indian Residential Schools* (Ottawa: 2004), p. 18.

must be compensation for that harm. We believe that this should be the case for residential school survivors. Such compensation, in our view, will also affirm the inherent value of language to each individual and begin to remove the stigma that residential schools attached to First Nation, Inuit and Métis languages and cultures.

Recommendation No. 6: Restitution and Reconciliation

We recommend:

> **That Canada implement as soon as possible the recommendation of the Assembly of First Nations to pay a lump-sum award by way of compensation to any person who attended an Indian Residential School. Alternatively, Canada and the churches establish a restitution fund to pay a lump-sum award to any person who attended an Indian Residential School, as compensation for emotional and psychological trauma brought on by loss of connection to family and community and to language and culture.**

Language Planning in First Nation, Inuit and Métis Communities

Earlier in our report we discussed the degree of endangerment that many First Nation, Inuit and Métis languages are facing. We also reported hearing from participants in the consultations about the difficulties faced by language personnel trying to implement measures to save their languages with very limited funding. First Nation, Inuit and Métis organizations have called for some time for resources to be made available to enable their communities to carry out long-term language planning.[83]

As part of the language planning process, communities are able to carry out research and dialogue on goals and priorities by:

- assessing the state of their languages and the interest in protecting and promoting those languages and identifying available resources;
- considering community views on language use and bilingualism and how language is used in the community and factors involved in language shift, language maintenance and revitalization;
- establishing realistic and reasonable goals and developing programs and (or) policies to achieve them; and
- arriving at consensus on priorities and methods to be used.[84]

During the consultations, we heard many express the view that Aboriginal governments, particularly First Nation and Métis governments, should declare their language an official language within their communities and governments; and furthermore, that official language designation should be supported by concrete policies that demonstrate commitment to that language. During our consultations we also heard some express concern that their governments either passively accepted language loss or, while stating that language was important, did little to support it. Community discussions and planning would allow members to reach consensus and give direction to their governments on the part language should play in community life and the policies that should be adopted. Examples of policies provided in the consultations include requiring employees and members of government to either be fluent in the language or be willing to learn. Further, those employees who are fluent should be provided a salary bonus, similar to that provided to official language speakers in the federal public service.

It is our view that such planning is vital for the development, implementation and evaluation of language revitalization strategies implemented at the local, regional or national levels. As discussed earlier in this report, international experience confirms that community-based or "bottom-up" language planning is crucial to the success of a national language strategy.[85] It is the community, rather than outside agencies, that must be in charge of setting priorities and establishing policies to meet common objectives.[86]

---

83 Language planning generally involves *status planning*, whereby goals are set (e.g., making it the language of the workplace) and policies and programs are put in place to achieve those goals; *corpus planning*, which is the technical component of working with the language itself, for example, by creating vocabulary to support its use in the workplace; and *acquisition planning*, whereby programs and initiatives are developed to encourage development of new speakers. In the workplace, this may include providing employees the opportunity to receive training in the language.

84 E. A. Brandt and V. Ayoungman,"Language Renewal and Language Maintenance: A Practical Guide," *Canadian Journal of Native Education* 16(2) (1989), p. 42–77.

85 Joshua Fishman (ed.), *Can Threatened Languages Be Saved? Reversing Language Shift, Revisited: A 21st Century Perspective* (Clevedon, U.K.: Multilingual Matters Ltd., 2001); Sue Wright, *Language Policy and Language Planning: From Nationalism to Globalisation* (2004); Daniel Nettles and Suzanne Romaine, *Vanishing Voices: The Extinction of the World's Languages* (Oxford: Oxford University Press, 2000).

86 See Marianne B. Ignace, *Handbook for Aboriginal Language Program Planning in British Columbia* (First Nations Education Steering Committee, April 1998), at http://www.schoolnet.ca/aboriginal/fnesc/index-e.html and Northwest Territories Literacy Council, *Languages of the Land: A Resource Manual for Aboriginal Language Activists* (Yellowknife: 1999), at http://www.nwt.literacy.ca/aborig/land/cover.htm.

Community-based language planning must involve a wide spectrum of the community, with participation from youth, young parents, adults and Elders, as well as administrative staff and members of government. The *Handbook for Aboriginal Language Program Planning in British Columbia* and the Northwest Territories' *Resource Manual for Aboriginal Language Activists* provide further information on the design and implementation of strategic language planning.

While the communities must take the lead in this process, we recognize that there are also roles for regional and national organizations in developing a long-term language strategy. As part of our mandate, we considered this in some detail and make recommendations on the role of a proposed national language organization in Part VIII of this report.

Recommendation No. 7: A National Language Strategy

We recommend:

> **That a National Language Strategy be developed through community-based planning by First Nation, Inuit and Métis language communities, as well as by their regional and national representative organizations, with coordination and technical support to be provided by the proposed national language organization.**

As a first step in community language planning, a survey to assess the condition of the language should be carried out. In addition to other needs assessment and planning activities, personal interviews may be involved with all speakers, interested learners or community members. Such assessments may be done internally by the language group or may be done by an external agency. It is our view that an assessment of language vitality or endangerment must be carried out by each First Nation, Inuit and Métis community as part of its language planning. This baseline data would not only assist in developing achievable goals but also help in monitoring progress and evaluating whether approaches and methods are achieving desired results.

Importantly, by providing the resources necessary for this key initial activity on the part of affected First Nation, Inuit and Métis communities, Canada would begin to fulfill, in part, its international obligations to protect cultural heritage. For example, the *Universal Declaration on Cultural Diversity* calls on member states to "safeguard the linguistic heritage of humanity and giving support to expression, creation and dissemination in the greatest possible number of languages." The *Action Plan for the Implementation of the Declaration on Cultural Diversity* also calls on member states to support and promote linguistic diversity and protect traditional knowledge.[87] We note also that this initiative is in keeping with UNESCO's action plan for endangered languages outlined in Exhibit 2 below:

Exhibit 2
Action Plan for Endangered Languages UNESCO

1. *Suggest* to Member States that they
   a) *Survey and profile* those languages which are found to be endangered;
   b) *Actively promote* the recognition of endangered languages of their countries;
   c) *Encourage* the documentation of endangered languages;
   d) *Create* the conditions which facilitate the active use of and access to those languages, by, inter alia, assigning all relevant languages their rightful place in the educational system, media, and access to cyberspace, subject to the wishes of individual speech communities, respecting their commitments to linguistic human rights;
   e) *Foster* speech communities' pride in their own languages and cultures, as well as secure equal prestige for all languages of a state;
   f) *Explore* the economic and social benefits of linguistic and cultural diversity as a stimulus for sustainable development;
   g) *Also provide*, where feasible and with assistance from the international community, funding for documentation, revitalization, and strengthening programmes for endangered languages as specified in 2. a–c below;

2. *Establish* a financial and administrative mechanism
   a) to support projects which document endangered languages, notably:
      - recording, collecting and publishing new materials;
      - safeguarding existing archives;
      - updating the UNESCO *Atlas of the World's Languages in Danger of Disappearing;*
   b) to initialize projects which strengthen and revitalize endangered languages, notably language training programmes which ensure intergenerational transmission;
   c) to produce and disseminate

87 See Appendix H for the complete action plan.

- training manuals for community-based documentation, teaching and curriculum development;
- creative work in endangered languages;

Source: Recommendations to UNESCO for Action Plans on the Safeguarding of Endangered Languages, March 13, 2003.

Further, Article 11 of the *Convention for the Safeguarding of the Intangible Cultural Heritage* (2003) directs state parties to, among other things, "identify and define, with the cultural communities, the various intangible cultural heritage present in its territory."[88]

We see this baseline survey and associated language planning at the community and regional levels as the foundation of a national long-term strategy. As this would involve input from more than 700 communities with 61 languages and an unknown number of dialects, we are of the view that this work would need to take place over at least three years.

Drawing from the statements of participants in the community consultations, an important aspect of a baseline survey would be the planning and coordination expected to be carried out by communities. Participants from the many consultation sessions expressed the desire for greater community input into the planning and implementation of any development that affects languages and cultures. There are many benefits that can be achieved from direct community input. Included here is a summary of some of these benefits:

- collaborative process in planning of community needs;
- strengths of partnership between community, regional and Aboriginal languages and cultures councils;
- ownership of data by the community;
- accurate language and cultural data that ultimately supports more effective planning at all levels;
- direct input of Elders, youth and parents from communities;
- data used for other community planning and development — resources for instructional and remedial purposes;
- data to support the 100-year national language strategy;
- strengthened community identity and sense of belonging;
- confidence in youth and families;
- increased language cognition and pride;
- increased healthy lifestyles through participation in traditional ceremonies, healing activities and learning opportunities;
- development of a better understanding by young people of their socioeconomic environments;
- increased understanding and knowledge among our people of their respective cultural world views — and in turn, this knowledge contributing directly to their becoming responsible members of the community and society as a whole; and
- culturally relevant language measurement tools and outcomes for First Nation, Inuit and Métis languages.

The community must be the primary place of focus for action. It is here where mobilization must take the lead role in planning, development and implementation. Stabilizing languages encompasses all aspects of the community.

Local language advocates should have a role in helping their communities to understand the fundamental issues related to the survival of a language. This is an essential component to "marketing" the idea of community mobilization for the survival and maintenance of a language. The ideal plan of action is for local communities to be directly involved in the planning, development and implementation of baseline surveys. One of the messages that participants reiterated in many sessions is that communities have the ability to determine the health of their languages and in doing so may have the means to determine with greater accuracy how critical their status is. Direct community involvement is the key to garnering support for any initiative. Participants felt that when grassroots people are empowered — given the opportunity for shared ownership and the necessary financial and capacity-building resources — they can contribute to solution-building. This is a critical factor for success.

We are aware that some communities and regions have already begun this process; however, we also recognize that this type of planning is an ongoing process that should be updated periodically.

88 Article 2 of the Convention defines "intangible cultural heritage," to include "(a) oral traditions and expressions, including language as a vehicle of the intangible cultural heritage; (b) performing arts; (c) social practices, rituals and festive events; (d) knowledge and practices concerning nature and the universe; (e) traditional craftsmanship."

Recommendation No. 8: Baseline Language Survey

We recommend:

> **That as the first component of a national long-term strategy, the national language organization coordinate a baseline survey of language conditions. The baseline survey will be conducted by First Nation, Inuit and Métis people as part of community-based language planning and needs assessments. Further, we recommend that funding for this work be provided separately from current commitments.**

We are aware that a language survey may establish that there are languages with no remaining living speakers. These languages, which have either no speakers left or speakers but no domain in which to use the language, are described in the literature as having fallen silent or asleep.[89] Certainly, at least one First Nation language, Huron Wendat, has not had any speakers for generations. These *"sleeping languages" should be able to access funding if the community wishes to take steps to bring the language back to life.*

There are cases of languages being reconstructed and revived from this state of language silence or sleep. The most notable international example is that of the revival of Hebrew as a language of daily communication, beginning in the late 19th century. Prior to 1880 no one spoke it as a mother tongue. Today, it is the official language of Israel and is taught and spoken in other countries within Jewish populations.[90] There are also examples of American Indian languages being revived. For instance, the Chochenyo language of the Muwekma Ohlone Tribe of the East Bay of California, which had been sleeping for more than 60 years, is being revived with the use of a dictionary and research compiled well over a half century ago: they've gone from knowing nothing to being able to carry on a short conversation, sing songs and play games. Now they're starting to do some creative writing.[91]

The key to the ability to revive sleeping languages is careful archiving and documentation of the language — "banking" the language, as Kirkness called it.[92] For languages in a critical state and facing extinction, documentation and archiving with the help of all modern media of audio and video recording is the most imminent and critical task. Given the number of First Nation, Inuit and Métis languages that have few speakers left, we believe it is vitally important to significantly increase funding of language preservation efforts. Those languages that have only a small number of fluent speakers left (e.g., fewer than 20), most of whom are elderly, and that therefore can be classified as being critically endangered,[93] must receive intensive support to enable their communities to take steps to document their language and culture. This may include recording, transcribing, archiving, preparing lexicons, grammars and dictionaries, or transmitting the language through intensive training activities, such as master–apprentice programs.

Recommendation No. 9: Funding of Critically Endangered Languages

We recommend:

> **That Canada provide funding, in addition to what will be available under the current commitment, for those First Nation, Inuit and Métis communities whose languages are critically endangered, in order that they may undertake additional work to preserve their languages.**

There are numerous strategies and approaches for reviving languages, many of which have been vetted on an international scale by other Indigenous groups. Joshua Fishman, a prominent sociologist in this area, has developed an eight-stage approach to reversing language shift through language planning. His work is often cited as a template for revitalizing declining and endangered languages. Exhibit 3 summarizes the types of intervention by means of the Fishman model that First Nation, Inuit and Métis communities with languages in various conditions have used and are continuing to use. We would expect that a national language program should provide support for these types of initiatives.

89 Leanne Hinton, "Sleeping Languages: Can They Be Awakened?" in *The Green Book of Language Revitalization in Practice*, ed. by L. Hinton and K. Hale (San Diego: Academic Press, 2001).

90 A summary history of the revival of Hebrew is provided in Mark Abley, *Spoken Here: Travels Among Threatened Languages* (Boston: Houghton Mifflin, 2003) p. 229–33.

91 Mike Anton, "John Peabody Harrington: The Clue to Lost Native American Languages," *Foundation for Endangered Languages Newsletter 24* (Summer 2004), at www.ogmios.org/247.htm.

92 Verna Kirkness, "The Preservation and Use of Our Languages: Respecting the Natural Order of the Creator," in *Indigenous Languages Across the Community*, ed. by Barbara Burnaby and Jon Reyhner (Flagstaff, Ariz.: Northern Arizona University, 2002), at http://jan.ucc.nau.edu.

93 Here, we speak of 20 or fewer speakers for the entire linguistic group, as opposed to speakers in a particular geographic community.

Exhibit 3
Suggested Interventions Based on Different Stages of Language Endangerment

Current Status of Language		Suggested Interventions to Strengthen Language
Stage 8:	Only a few Elders speak the language.	Implement Hinton's (1994) "Language Apprentice" Model where fluent Elders are teamed one-on-one with young adults who want to learn the language. Dispersed, isolated Elders can be connected by phone to teach others the language...
Stage 7:	Only adults beyond childbearing age speak the language.	Establish "Language Nests" after the Maori and Hawaiian, models where fluent older adults provide pre-school child-care where children are immersed in their Indigenous language...
Stage 6:	Some intergenerational use of language.	Develop places in community where language is encouraged, protected, and used exclusively. Encourage more young parents to speak the Indigenous language in home with and around their young children.
Stage 5:	Language is still very much alive and used in community.	Offer literacy in minority language. Promote voluntary programs in the schools and other community institutions to improve the prestige and use of the language. Use language in local government functions, especially social services. Give recognition to special local efforts through awards, etc.
Stage 4:	Language is required in elementary schools.	Improve instructional methods utilizing TPR [total physical response]... TPR-Storytelling... and other immersion teaching techniques. Teach reading and writing and higher level language skills... Develop two-way bilingual programs where appropriate, where non-speaking elementary students learn the Indigenous language and speakers learn a national or international language. Need to develop Indigenous language text-books to teach literacy and academic subject matter content.
Stage 3:	Language is used in places of business and by employees in less specialized work areas.	Promote language by making it the language of work used throughout the community... Develop vocabulary so that workers in an office could do their day-to-day work using their Indigenous language...
Stage 2:	Language is used by local government and in the mass media in the minority community.	Promote use of written form of language for government and business dealings/records. Promote Indigenous language newsletters, newspapers, radio stations, and television stations.
Stage 1:	Some language use by higher levels of government and in higher education.	Teach tribal college subject matter classes in the language. Develop an Indigenous language oral and written literature through dramatic presentations and publications. Give tribal/national awards for Indigenous language publications and other notable efforts to promote Indigenous languages.

Source: Adapted from Fishman's (1991, p. 88–109) Graded Intergenerational Disruption Scale for Threatened Languages, in Jon Reyhner, "Some Basics of Indigenous Language Revitalization," in *Revitalizing Indigenous Languages*, ed. by Jon Reyhner, Gina Cantoni, Robert N. St. Clair and Evangeline Parsons Yazzie (Flagstaff, Ariz.: Northern Arizona University, 1999), at http://jan.ucc.nau.edu/~jar/RIL_Intro.html.

As stated earlier, it is clear that the affected communities must play a central role in language preservation and revitalization efforts. Without the involvement and commitment of community members, it will not be possible to reverse language shift. That being said, in the absence of adequate resources community efforts will be stop gap at best. The current level of funding provided by the federal, provincial and territorial governments to First Nation, Inuit and Métis for language protection, promotion and education is not adequate to meet even the most basic needs for language planning or programming.

In sum, it is our view that it is not possible to take concrete, lasting steps to reverse language shift with the limited funds provided by Canadian Heritage through the Aboriginal Languages Initiative (ALI), the program that accounts for almost all the funding currently available for language revitalization, according to the ALI evaluation. Exhibit 4, which sets out funding provided to First Nation and Inuit and to Francophones residing in Nunavut, highlights the severity of the problem and the systemic inequity built into existing federal language funding.

Exhibit 4
Language Funding in Nunavut for 2001–2002

	Total	Population	Per individual
First Nations	$3,690,000[1]	690,101	$ 5.35[2]
Inuit	$1,100,000	25,000	$ 44.00
Inuit (ALI)	$ 738,000	25,000	$ 29.52
Francophone	$1,600,000[3]	410	$3,902.00

1 ALI funding as reported in the ALI evaluation, population figures. Department of Indian Affairs and Northern Development, Basic Departmental Data 2002 (Ottawa: DIAND, March 2003).

2 If funds were distributed equally among all 644 First Nations communities, each community would have received funding of $5,734.

3 Figures on Inuit and Francophone funding provided in a CBC radio interview by Anna Maria Tremonte, with Minister Louis Tapardjuk, Minister of Culture, Language, Elders and Youth (The Current, Feb. 28, 2005).

Although funding will increase under the commitment of $160 million over 10 years ($16 million per year), this is not enough. In this scenario, funding for First Nations would increase to approximately $12 per person or $13,416 per community. Under the Task Force's recommendation that the $160 million be distributed over five years, funding would be the equivalent of $26 per First Nation member, or $26,832 per community. Funding for Inuit would be approximately $68 per individual, or $66,000 per community, over 10 years or $136 per individual and $133,000 per community over 5 years.

It is expected that funding of Métis communities will be at approximately the same level as that of First Nation communities. Clearly, $160 million, whether over 10 or 5 years, is inadequate, particularly in light of the costs associated with conducting a baseline survey and preparing community language plans as the basis of the long-term national strategy.

Language Education

We believe that language education can and should play a vital role in language revitalization. We note that Canada, in its paper for the Canada–Aboriginal Peoples Roundtable on Lifelong Learning, expressed the same view:

> Culturally relevant and appropriate Aboriginal learning programs and services would help strengthen Aboriginal cultural identity and languages and facilitate the inclusion of Aboriginal people in a manner that recognizes their cultures and fosters their contribution to Canada. Language preservation is particularly critical since more than half of Canada's Aboriginal languages will become extinct within two generations given current trends.[94]

In this section, we discuss the role of language education in revitalization, in particular the benefits of language education in the overall educational system. We then consider the problems encountered and make recommendations on ways that government and a national language organization could assist in addressing them.

According to UNESCO, a language is considered endangered if it is not learned by the majority of children in the community.[95] Statistics on First Nation, Inuit and Métis mother tongue and language use in the home indicate that almost all languages do not meet this standard. Although studies confirm that learning language from parents or grandparents is the most preferable means of intergenerational transmission, educational institutions can and should play a role in language revitalization.

Need for Culturally Relevant Education

In a background paper prepared for the Canada–Aboriginal Peoples Roundtable on Lifelong Learning, the federal government, noting the difficulties

94 Canada,Department of Indian Affairs and Northern Development, *Canada–Aboriginal Peoples Roundtable Lifelong Learning Background Paper* (2004), at http://www.aboriginalroundtable.ca/sect/lrng/bckpr/goc_bgpr_e.html.

95 See *Basic Issues: Language Facts*, at http://portal.unesco.org/ci/en/ev.php-URL_ID=16917&URL_DO=DO_PRINTPAGE&URL_SECTION=201.html#facts.

encountered in the school system by Aboriginal children and youth, reported that "51% of the First Nation population, 42% of Métis and 58% of Inuit have less than a high school graduation certificate compared to 31% of the total Canadian population."[96] Going on, federal authorities also spoke of why the system has continued to fail so many of our youth:

> Aboriginal young people are most likely to withdraw between Grades 9 and 10. Some reasons for withdrawal by Aboriginal youth at this stage have been identified: feelings of alienation after spending eight years in a school system that too often does not support their identity because of a lack of Aboriginal high school teachers; limited curriculum dealing with contemporary Aboriginal languages, cultures, history and political issues; lack of parental and community involvement, especially where there are no local high schools; encountering racist attitudes that undermine self-esteem; the current emphasis of the public school system on intellectual cognitive achievement at the expense of spiritual, social and physical development; and the marginalization of youth in decision making about their education.[97]

In our consultations we heard both Elders and First Nation, Inuit and Métis educators express similar concerns and speak of the need to make language and culture one of the foundations of a child's education.

Immersion Language Education

A great deal of psychological, psychosociological, cultural and educational research on the advantages of bilingualism for the learner has accumulated in the last 30 years. These studies indicate that bilingualism promotes creative thinking and development of greater metalinguistical skill and is positively related to concept formation, classification, creativity, analogical reasoning and visual–spatial skills.[98]

In an address to a conference on language education, the Honourable Stéphane Dion, then President of the Privy Council and Minister of Intergovernmental Affairs, cited the following benefits as the rationale for Canada's support of immersion language education:

- students fluent in two languages obtain higher scores in both verbal and non-verbal intelligence testing;
- second-language students obtain higher test scores in reading, language and mathematics;
- second-language education significantly strengthens first-language skills in areas of reading, vocabulary, grammar and communication skills;
- second-language students have superior cross-cultural skills and adapt better to varying cultural contexts.[99]

Recent empirical research on the Inuktitut immersion program in the Kativik School District pointed to similar improvements in cognitive and language skills in children who were exposed in an early immersion program.[100] Anecdotal evidence and achievement tests administered to students in long-term Indigenous language immersion programs also verify that students who receive long-term intensive Indigenous language exposure and instruction also tend to fare better academically and socially than peers who are not exposed to their language.[101]

These benefits are also illustrated in a recent report on the Mohawk language immersion program. Modeled after French immersion programs in Quebec, the Mohawk program began in 1984 and is now a model for other Indigenous programs, both within North America and internationally. The positive effect that the immersion program has had on the students, as well as on the community as a whole, is demonstrated by the following findings:

- The program has a retention rate of at least 90 percent. This exceeds those of other school boards in the province.
- More than 85 percent of the immersion students passed either the grade 10 or grade 12 provincial English literacy test or courses. Some students took the initiative to enrol in extra English courses to ensure they met the provincial requirements.
- Graduates have fared well, with averages comparable to those of English-stream students in surrounding school boards.

---

96 *Op. cit.*

97 *Ibid.*, p. 16–17.

98 Hinton and Hale (2001), p. 17.

99 François Grosjean, *Life with Two Languages: An Introduction to Bilingualism* (Cambridge, Mass.: Harvard University Press, 1982), cited in the notes to the Stéphane Dion address, "Why Immersion and Second Language Education Will Be Important in Our Action Plan," speech delivered at Celebrating the Past, Reflecting on the Present, Cultivating the Future of CPF, October 18, 2002, Ottawa, at http://www.cpfnb.com/articles/stephane_dion.htm.

100 Taylor, Donald, Stephen, Wright, et al., "Kativik Initiated Research: The Basis for Informed Decision Making" (Nunavik, Que.: Kativik School Board, 2001). For further educational research on bilingualism see Bibliography for August and Garcia (1988); Crawford (1989); Cummins (1981, 1989); Cummins and Swain (1986); Genesee (1987); Holm and Holm (1990); Skutnabb-Kangas (1988); Taylor (1990).

101 Ignace (2004); Greymorning (1997); Ayoungman (1995).

- Of 70 graduates since 1999, as few as four are now on social assistance, the rest having gone on to post-secondary education or entering the work force.
- Graduates are articulate and confident of who they are in the community and in Canadian society.
- Many of the graduates can conduct entire portions of the ceremonies of the Longhouse, of the medicine societies, of rites of passage, of name giving and of funerals, including full orations and music.
- Many are now equipped to speak to their children in the Mohawk language and thereby ensure intergenerational transmission.[102]

The multiple benefits of bilingualism or multilingualism are also recognized in UNESCO's position paper, *Education in a Multilingual World*, in which support for mother-tongue instruction in the language of the parents or community is seen as an important means of improving educational quality by building on the knowledge and experience of the learners and teachers.[103] As well, *the Action Plan for the Implementation of the Declaration on Cultural Diversity* calls on member states to promote the use of traditional pedagogies in education and make full use of culturally appropriate methods of communication and transmission of knowledge.[104]

Although many studies attest to the benefits of immersion and bilingual programs, very few such programs are available to First Nation, Inuit or Métis students. Despite widespread interest, there are very few immersion programs and this is for a variety of reasons, including lack of support from school boards or educational authorities, limited funding, and lack of teachers and materials.

In light of the clear educational and social benefits of immersion education, we believe that funding should be made available to enable First Nation, Inuit and Métis communities that wish to provide immersion education to offer these programs. It is our view that funding should be made available at the same levels as those of funding provided for French and English immersion education through the Development of Official-Language Communities Program. Currently, First Nation, Inuit and Métis communities struggle to provide language education programs for all ages, from nursery school to adult education, within a budget that is often less than $5,000 per year. Whereas, financial support for official language minority education (that is, French outside of Quebec and English in Quebec) is projected to top $1 billion over the next four years, with funding provided for all phases of educational programming, including planning, school construction, board development, teacher training and ongoing school operations.

Recommendation No. 10: Funding of Immersion Programs

We recommend:

That Canada provide additional funding for First Nation, Inuit and Métis language immersion programs, at a level equivalent to that provided for the French and English languages through the Minority-Language Education component of the Development of Official-Language Communities Program.

It is our view that immersion language education can play an important role in language revitalization. Immersion programs should be available outside of schools as well and include summer programs for youth and short-term programs for family groups, particularly young families of parenting age. We are particularly conscious of the importance of involving youth in their languages and culture. In the consultations, we heard many express grave concern that too many of our youth have lost their way, becoming involved in substance abuse, violence and gangs or, sadly, committing suicide. We have also heard how First Nation, Inuit and Métis youth benefit from the guidance and moral grounding that their language and culture can provide. Certainly, the many studies we refer to earlier confirm the intellectual and academic benefits of learning a second language. We believe it important that our youth be given the opportunity to learn their languages in the same way as youth who speak official minority languages.

Recommendation No. 11: Funding of Immersion Programs for Youth

We recommend:

That Canada make available bursaries to enable First Nation, Inuit and Métis youth to attend five-week immersion courses in their languages and cultures in the same manner as is provided to French and English youth in the Second-Language Learning component of the Enhancement of Official Languages Program.

102 Taehowenhs Amos Key Jr., Woodlands Cultural Centre, "History of Cayuga and Mohawk Language Immersion," and at Sweetgrass First Nations Languages Council Inc., Raising Our Voices Language Conference, October 21–22, 2004, Brantford, Ontario.

103 United Nations Educational, Scientific and Cultural Organization, *Education in a Multilingual World* (Paris: UNESCO, Paris, 2003), at www.unesco.org/education.

104 Section 8 (see Appendix H for the action plan).

Second-Language Programs

Second-language programs are important for linguistic communities that do not have the resources to implement immersion programs. Such programs have demonstrated success, particularly in Europe, where experience confirms that proficiency in a target language can be achieved with maximal curriculum resources, maximally trained teachers and opportunities for students to practise their skills outside of the classroom. However, First Nation, Inuit and Métis second-language programs do not meet this standard.

A large number of First Nation language programs exist as second-language programs throughout Canada. While some are offered by local school districts, it appears that the majority are offered in schools operated by First Nations. National surveys conducted by the AFN found that First Nations indicate that second-language programs are very limited in scope. Of the 267 language programs surveyed by the AFN, two thirds were at the preschool and elementary levels. Classes in First Nation languages were generally available only to grade 3. Almost 70 percent of these language programs did not have language education for the secondary level, and 80 percent did not have classes for adults.[105]

Similar findings were reported in a survey of programs in British Columbia. The vast majority of programs are at the preschool or elementary level, and the programs tend to be on reserve in Band-operated schools. Language classes at the secondary level tend to be off reserve and operated by school districts.[106]

According to language teachers, language programs at the primary and elementary levels often suffer from insufficient instructional time. This is owing to a variety of factors, including lack of funding, lack of respect and recognition of the language, lack of curriculum and instructional resources, and lack of trained teachers to carry longer blocks of instruction.

As a result of the many obstacles confronting them, most First Nation, Inuit and Métis language programs are unable to achieve their desired objective. The reality, by consensus of language teachers who teach in such programs, is that the existing programs lead to extremely low levels of proficiency. Thus, they tend to operate at the level of fostering appreciation and awareness of the language rather than producing proficiency or fluency. Children typically learn the words for colours and numbers, the names of animals and a few terms of greeting and etiquette or mainly formulaic expressions. They do not tend to learn to communicate more broadly.[107]

The limitations inherent in these second-language education programs are largely attributable to lack of financial and related support from the provincial, federal and territorial governments. That being said, we recognize that efforts are being made to make education more inclusive. One example is the Common Curriculum Framework for Aboriginal Language and Culture Programs: Kindergarten to Grade 12. However, despite worthwhile initiatives such as this, there is much to be done, particularly in the areas of funding and jurisdiction.[108]

Despite the 1990 declaration that Inuktitut is an official language in the Northwest Territories, even the Inuit report that they are unable to provide an adequate level of education in that language.[109] Language education continues to be limited by the lack of funding from the territorial or federal governments to provide for teacher training or to develop learning materials to support Inuktitut and Inuvialuktun literacy. Even in Nunavut, Inuit hopes of being able to provide education to their children in their language have also not been realized because of a lack of funding.[110]

Little information is available on Métis languages in the school system. As the Métis National Council indicated in its presentation to the Canada–Aboriginal Peoples Roundtable on Lifelong Learning, Métis children are caught in a jurisdictional disagreement between the federal and provincial governments. Under existing federal and provincial funding agreements, there is no requirement to take into consideration the needs of, or be accountable

105 Assembly of First Nations, *Towards Linguistic Justice for First Nations* (Ottawa: AFN, 1990), p. ii.

106 Marianne Ignace, Mercedes Hinkson and Mona Jules, *Aboriginal Language Teacher Education in B.C.: Education and Certification Needs* (Squamish, B.C.: First Nations Education Steering Committee, Aboriginal Languages Sub-committee, 1998).

107 Marie Battiste, unpublished paper prepared for the Task Force on Aboriginal Languages and Cultures (2004).

108 Western Canadian Protocol for Collaboration in Basic Education, Edmonton, Alberta, 2000.

109 Designation as an official language will not necessarily result in increased funding for language education, as is the Inuit experience. The Maori also encounter this problem, as reported in Office of the Languages Commissioner of Nunavut, *Government Responses to Language Issues, 2001*. Despite the successes of *Kohanga Reo* and *Kura Kaupapa*, too few Maori students are able to access these programs for these programs to have a significant impact on Maori revitalization efforts. "Only half of Maori children receive any early childhood education, limiting the impact of *Kohanga Reo* to at most, 20 percent of Maori children under 5. Moreover, in 1999, only 14.7 percent of Maori students were enrolled in programmes where Maori was the language of instruction at least a third of the time. *Kura Kaupapa*, meanwhile account for barely 3 percent of total Maori enrolment. Perhaps an even greater hurdle to revitalization efforts is the very limited availability of Maori-intensive programmes beyond the primary level."

110 Inuit Tapiriit Kanatami, "Backgrounder on Inuit and Education," discussion paper presented at the Life Long Learning Sectoral Meetings, October 2004, Ottawa.

to, Métis communities.[111] Given this stance, it can be expected that Métis experience the same difficulty with access to language programs as do the First Nations and Inuit. However, the Métis have expressed the resolve to work collaboratively with provincial schools to improve this situation and are interested in establishing pilot kindergarten to grade 3 schools in specific Métis communities, under the control of Métis community educational authorities.[112]

Among First Nations, funding for those living on reserve is provided under tuition agreements with the Department of Indian Affairs and Northern Development (DIAND). However, these funding formulas do not make provision specifically for language education. Instead, they include it as one option among various curriculum enrichment activities. As a result, language education has been in competition for funds with other vital services, such as special needs programs or counseling.[113]

These same problems are also encountered in the federal sphere in connection with the 496 First Nation schools located on reserve. DIAND block funding for schools does not make particular provisions for language and cultural instruction in the allocation. First Nations are forced, therefore, to choose between offering language programs or providing urgently needed services, such as learning assistance. We view this as a significant problem, in light of the fact that 71,576 students — or approximately 60 percent of First Nation children for whom DIAND has responsibility under the *Indian Act* — are enrolled in First Nation schools.

Canada's failure to carry out its responsibility in First Nation education has been the subject of criticism by the Auditor General in her 2000 and 2004 reports.[114] Recently, the federal government acknowledged some of the shortcomings in DIAND support for First Nations schools in its paper presented to Canada–Aboriginal Peoples Roundtable on Lifelong Learning:

> Since the early 1970's, [DIAND] has devolved responsibility and control over day-to-day administration of on-reserve elementary/secondary education to First Nations. Devolution of responsibility for elementary/secondary education to First Nations was not accompanied by support for the development of regionally-based structures to support schools operating in First Nations communities. Band operated schools, therefore, generally operate without the support mechanisms that are available to other Canadian education providers through provincial education ministries and school boards.[115]

First Nations, their school boards and the AFN are working to address these issues. A recent study sponsored by First Nations proposed that Canada address the problems related to insufficient resources by establishing a foundation:

> ...[that] the Minister develop legislation in full partnership with First Nations that acknowledges First Nations languages as the first languages of Canada and, in addition, create an endowed foundation to ensure adequate resources for delivery of quality First Nations language and culture programs at the community level for both on- and off-reserve students. This should include, at a minimum:
> - teacher training; and,
> - appropriate pedagogy, texts, finance, buildings, equipment and traditional and innovative technology.[116]

We support the recommendations of the Minister's National Working Group on Education. We caution, however, that federal funding for a foundation of this type should not take away from DIAND's responsibility, according to the provisions and spirit and intent of treaties and the *Indian Act*, to fund education that is the equal of that provided to other Canadian children. While DIAND's stated objective is parity with provincially funded schools, the actual levels of First Nation school funding falls well short of this. According to the British Columbia First Nations Education Steering Committee, present levels of funding need to be increased significantly if this objective is to be met:

---

111 Métis National Council, background paper prepared for the Aboriginal Roundtable on Lifelong Learning, 2004, at http://www.aboriginalroundtable.ca/sect/lrng/index_e.html.

112 *Ibid.*

113 The 2005–2006 federal budget provided for increased funding for special needs education; therefore, this problem has been alleviated to some extent.

114 Auditor General, "Indian and Northern Affairs Canada — Elementary and Secondary Education," chap. 4, *April 2000 Report of the Auditor General of Canada to the House of Commons* (Ottawa: Minister of Public Works and Government Services Canada, 2004); "Indian and Northern Affairs Canada — Education Program and Post-Secondary Student Support," chap. 5, *April 2000 Report of the Auditor General of Canada to the House of Commons* (Ottawa: Minister of Public Works and Government Services Canada, 2004).

115 Canada, Department of Indian Affairs and Northern Development, *Canada–Aboriginal Peoples Roundtable Lifelong Learning Background Paper* (2004), at http://www.aboriginalroundtable.ca/sect/lrng/bckpr/goc_bgpr_e.html.

116 National Working Group on Education, *Final Report of the Minister's National Working Group on Education, Our Children – Keepers of the Sacred Knowledge* (Ottawa: DIAND, December 2002), p. 19.

> Using 1999 allocation levels for an elementary/junior secondary school with 100 students... calculated provincial funding at $1,129,152 and DIAND funding at $663,517, 41% below the provincial level. A more recent study... examined 88 band-operated schools in BC and found that the funding provided by DIAND would have to be increased by 34% to match the amounts that local school districts would have provided for the 2002/2003 school year. While the disparity in funding seems to be slowly improving, federal educational funds available to band-operated schools remain substantially below provincial levels.
>
> Assuming similar differentials in other provinces, the federal government through DIAND may be supplying only about 75% of the educational funding provided by provincial systems.[117]

More equitable levels of direct federal funding would better equip First Nation schools to provide comprehensive linguistic and cultural programs.

Recommendation No. 12: Equitable Funding for First Nation Schools

We recommend:

> **That funding of First Nation schools by the Department of Indian Affairs and Northern Development be provided at the same level and standard as that provided to Ministries of Education through Master Tuition Agreements.**

The Community's Role in Language Education

We believe Canada, as well as the provinces and territories, can and must play a role in providing the necessary support to First Nation, Inuit and Métis peoples so that we can provide quality education to our youth and children and begin to restore our languages to their rightful places in our children's lives. By the same token, we also see First Nation, Inuit and Métis communities as full and active participants in the process of improving language education in the school system and encouraging children's and youth's interest in learning their language.

Support by adults and parents is crucial for school-based language education programs to play a role in language revitalization. According to Fishman, this requires that young adults of parenting age be instructed in parenting in the language so that children will arrive at school having acquired their mother tongue at home. Further, children must be exposed to out-of-school and post-school functions in the language so that the language continues to have relevance and value.[118]

Clearly, it is critical that the lessons taught in school become part of community and family life. Otherwise, we risk seeing language education become compartmentalized and isolated from broader community processes, with very little benefit to long-term language revitalization.

Success in language programming, whether in schools or in the community, also cannot be achieved without the support of the Elders and the community. In a review of language programs, Battiste found that in successful school language programs, strong grassroots activity is evident, and community members are actively involved in the planning, organization and implementation of the programs. Successful programs that engage the community and the parents are built on extending the educational experience beyond the school and into the daily lives of the students.[119] As we stated earlier, community-based languages programs will be an important part of a long-term strategy to revitalize languages.

Language Education in Correctional Institutions

Another aspect of language education that merits comment is in connection with the many First Nation, Inuit and Métis people in Canada's correctional institutions. Since 1967 there have been many reports and studies documenting the massive overrepresentation of First Nation, Inuit and Métis people in the Canadian justice system.[120] Many of these prior reports are reviewed and summarized by the Royal Commission on Aboriginal Peoples in its 1996 publication, *Bridging the Cultural Divide: A Report on Aboriginal People and Criminal Justice in Canada.*

---

117 Bill Postl, *First Nations Schools/Provincial Schools Funding Analysis: 2002/2003 School Year* (Vancouver: First Nations Education Steering Committee, January 2004), cited in *Moving Forward: National Roundtable on Aboriginal Education*, at http://www.saee.ca/movingforward/supportD1.html.

118 Joshua Fishman, *Can Threatened Languages be Saved? Reversing Language Shift Revisited: A 21st Century Perspective* (Clevedon, U.K.: Multilingual Matters, 2000) p. 15. http://www.saee.ca/movingforward/supportD1.html.

119 Marie Battiste, unpublished paper prepared for the Task Force on Aboriginal Languages and Cultures (2004).

120 According to figures provided to the Task Force by Correctional Service Canada, First Nation, Inuit and Métis (FNIM)offenders make up nearly 20 percent of federally incarcerated persons, despite the fact that FNIM peoples as a whole make up less than 3 percent of the general Canadian population. For more statistics on incarcerated First Nation, Inuit and Métis persons, go to the Correctional Service Canada Web site, at www.csc-scc.gc.ca.

On the basis of these reports and the other evidence before it, the Royal Commission concluded that the justice system had failed First Nation, Inuit and Métis people and that it showed no signs of being remedied in the short term.[121] In its examination of the causes of this overrepresentation at the various stages of the justice system, from initial contact with the police through to incarceration and parole, the Royal Commission found three reasons for the disproportionate numbers of First Nation, Inuit and Métis people who find themselves entangled with the criminal law.[122]

The first focused on the cultural inappropriateness of mainstream justice processes for First Nation, Inuit and Métis people, who tend to seek healing and social reintegration, rather than punishment and social isolation in their own approaches to criminal behaviour. The result is to leave First Nation, Inuit and Métis people alienated from what often appears to them to be a foreign and oppressive system that inspires fear and confusion but otherwise has little meaning.

The second reason for this overrepresentation focused on socioeconomic issues: that the marginalization of First Nation, Inuit and Métis people from mainstream society inevitably places them at a disadvantage in comparison with other Canadians. The apparent neutrality of the justice system tends to discriminate against First Nation, Inuit and Métis people by applying laws that have an adverse impact on people of less means in an overwhelmingly middle-class society. Overall First Nation, Inuit and Métis peoples' lack of financial means attracts disproportionate police attention, leads to an inability to pay fines or meet the social stability criteria required to make bail, and creates the conditions for recurring rounds of remand and incarceration. As the Royal Commission put it, "Aboriginal people go to prison for being poor."[123]

The third reason highlighted by the Royal Commission focused on the historical process of colonialism that has made First Nation, Inuit and Métis people "poor beyond poverty."[124] The social disintegration of their communities brought on by the severing of access to traditional territory, outlawing of spiritual practices, undermining of traditional governments and community institutions, removal of children from their homes and communities, and general disparaging of First Nation, Inuit and Métis languages and cultures led inevitably to varying levels of social disorder that have fueled cycles of poverty, powerlessness and criminality.

In this regard, many First Nation, Inuit and Métis persons described to the Commission how their removal and placement in non-Aboriginal foster homes — where contacts with family, language and culture were severed — and their subsequent experiences in juvenile detention facilities virtually assured their eventual incarceration in a federal correctional institution.[125] One way in which First Nation, Inuit and Métis persons in federal institutions were addressing their incarceration, however, was by coming to terms with the causes of their alienation from their own families, communities and spiritual values by returning to their own social values and spiritual traditions.

This process in turn has led to a great revival in interest among prisoners in working with Elders and others to reverse the effects of their alienation from their own families, communities and nations. The federal government has tried to accommodate the initiative shown by them by giving their spirituality and spiritual leaders and Elders the same status and respect in the correctional system as that given to other religions and other religious leaders. Parliament has also formally authorized Correctional Service Canada to offer spiritual programs and to enlist the aid of local First Nation, Inuit and Métis communities in this effort through the following sections of the *Corrections and Conditional Release Act*:

80. Without limiting the generality of section 76, the Service shall provide programs designed particularly to address the needs of aboriginal offenders.

81. (1) The Minister or a person authorized by the Minister, may enter into an agreement with an aboriginal community for the provision of correctional services to aboriginal offenders and for payment by the Minister, or by a person authorized by the Minister, in respect of the provision of those services.

(3) In accordance with any agreement entered into under subsection (1), the Commissioner may transfer an offender to the care and custody of an aboriginal community, with the consent of the offender and of the aboriginal community...

121 Canada, Royal Commission on Aboriginal Peoples, *Bridging the Cultural Divide: A Report on Aboriginal People and Criminal Justice in Canada* (Ottawa: Minister of Supply and Services, 1996), p. 26–27.

122 *Ibid.*, p. 39–53.

123 *Ibid.*, p. 43.

124 *Ibid.*, p. 46.

125 *Ibid.*, p. 129.

83. (1) For greater certainty, aboriginal spirituality and aboriginal spiritual leaders and Elders have the same status as other religions and other religious leaders.
(2) The Service shall take all reasonable steps to make available to aboriginal inmates the services of an aboriginal spiritual leader or elder ...

84. Where an inmate who is applying for parole has expressed an interest in being released to an aboriginal community, the Service shall, if the inmate consents, give the aboriginal community...
(b) an opportunity to propose a plan for the inmate's release to, and integration into, the aboriginal community.

As a result of these and related provisions and given that normal correctional programs do not always work with First Nation, Inuit and Métis offenders, most federal correctional institutions offer a variety of programming delivered by Elders or other respected First Nation, Inuit and Métis spiritual advisors. For example, under section 81, a number of Healing Lodges have been established in western Canada. These lodges are an alternative to standard correctional facilities. They are run by the actual communities and offer traditional teachings and methods of healing offenders under the guidance of First Nation, Inuit and Métis staff.[126]

Under section 84, a number of minimum-security institutions run by Correctional Service Canada, but in cooperation with the communities, have been have been built near those communities so that incarcerated persons may be gradually reintegrated into community social life.[127] Moreover, even in institutions run entirely by Correctional Service Canada, Pathways Units have been established where entire wings may be populated solely by First Nation, Inuit and Métis persons and where they have regular access to Elders and are able to hold Sweats and other traditional practices.[128]

What has been missing so far is any systematic attempt to provide language training to incarcerated First Nation, Inuit and Métis persons to enable them to participate more deeply and fully in their own traditions. As we have discussed earlier and as the Elders and other persons with whom we consulted have confirmed, the ability to speak one's own language is the gift that allows someone to properly participate in the sacred ceremonies and spiritual traditions of his or her own people.

We urge Correctional Service Canada to take the next step and to fund language training in all federal correctional institutions. Ideally this would entail contracting with nearby First Nation, Inuit and Métis communities that have both speakers and trained language teachers, as well as training existing speakers among incarcerated persons. In cases where this is not possible, it may involve the next best alternative of providing facilities for distance learning of language, using the Internet or other technologies and providing training materials such as books and cassettes.

Recommendation No. 13: Language Education in Correctional Institutions

We recommend:

> **That the Minister of Public Safety and Emergency Preparedness and the Commissioner of Corrections use their powers under the *Corrections and Conditional Release Act* to provide federal funding for language programming and strengthen cultural programming to federally incarcerated First Nation, Inuit, and Métis persons.**

Language Teacher Training

Language education programs require qualified language training instructors, as well as appropriate linguistic and cultural pedagogy. Many participants in our consultations called for greater investments in teacher training, particularly in immersion teacher training. We agree. Moreover, we see this is an urgent need. Instructors are required for second-language, bilingual and immersion programs, including core subjects. Language educators must also play key roles in community-based language

126 Healing lodges are minimum-security facilities that are planned and monitored in partnership with a First Nation, Inuit or Métis (FNIM) community. Transfer to a healing lodge typically requires an offender to be rated at a minimum-security level and to be committed to following the FNIM path of healing. A holistic philosophy governs the approach, whereby individualized programming is delivered within a context of community interaction, with a focus on preparing for release. In the healing lodges, an emphasis is placed on spiritual leadership and on the value of the life experience of staff members, who act as role models.

127 Correctional Service Canada (CSC) reported to the Task Force that CSC Aboriginal community development officers contacted approximately 165 First Nation, Inuit and Métis communities and 93 FNIM organizations and committees in connection with this initiative. The number of release plans developed with a community increased from 12 at the outset to 187 in 2003–2004. Of these, 65 were in urban areas.

128 Elders and Native liaison officers play an integral role in shaping the Pathways environment, and offenders must commit to working with the Elders and staff to follow a healing path if they are to remain in the unit.

programs, an important part of a language revitalization strategy. In our consultations, a number of educators also pointed to the need for specialized training for language teachers, including bachelor and postgraduate degrees in First Nation, Inuit and Métis language education. We believe that post-secondary students should be encouraged to develop fluency in their language and urge the federal government to provide the same financial support to First Nation, Inuit and Métis students as is currently available through the Odyssey and Explore youth language training programs.[129]

Recommendation No. 14: Training Opportunities for Post-secondary Students

We recommend:

> **That Canada, and the Council of Ministers of Education, Canada establish, as part of their Action Plan on Aboriginal Education, a program to encourage First Nation, Inuit and Métis university students entering the teaching profession, particularly in language education, to become proficient in their languages by entering into master–apprentice programs or undertaking other cultural education in their communities. Specifically, that summer bursaries or employment programs be made available in the same manner as is provided for French and English youth language training programs.***

Across Canada, a number of teacher training programs have been operating for some time, and others are being developed. However, it is clear that the pressing need for First Nation, Métis and Inuit language teachers remains and, in our view, has not yet been addressed. We recognize that efforts to increase the number of First Nation, Inuit and Métis teachers have been made for some time. As well, Canada's ministers of education recently announced an action plan to address First Nation, Inuit and Métis education, including teacher training and recruitment, in collaboration with First Nation, Inuit and Métis representatives and stakeholders.[130]

Eight years ago, in its final report, the Royal Commission on Aboriginal Peoples considered the need for First Nation, Inuit and Métis teachers and made a number of specific recommendations in this regard:

3.5.15 Canadian governments, Aboriginal education authorities, post-secondary institutions and teacher education programs adopt multiple strategies to increase substantially the number of Aboriginal secondary school teachers, including
(a) promoting secondary school teaching careers for Aboriginal people;
(b) increasing access to professional training in secondary education, for example, community-based delivery of courses and concurrent programs;
(c) offering financial incentives to students.

3.5.16 Federal, provincial and territorial governments provide support to increase the number of Aboriginal people trained as teachers by
(a) expanding the number of teacher education programs delivered directly in communities; and
(b) ensuring that students in each province and territory have access to such programs.

3.5.17 Teacher education programs, in collaboration with Aboriginal organizations and government agencies that sponsor professional and para-professional training, adopt a comprehensive approach to educator training, developing career paths from para-professional training to professional certification in education careers that
(a) prepare Aboriginal students for the variety of roles required to operate Aboriginal education systems; and
(b) open opportunities for careers in provincial education systems.

3.5.18 Provinces and territories require that teacher education programs
(a) in pre-service training leading to certification include at least one component on teaching Aboriginal subject matter to all students, both Aboriginal and non-Aboriginal;
(b) develop options for pre-service training and professional development of teachers, focused on teaching Aboriginal students and addressing Aboriginal education issues; and
(c) collaborate with Aboriginal organizations or community representatives in developing Aboriginal-specific components of their programs.

129 See http://www.pch.gc.ca/progs/lo-ol/be/index_e.cfm for further information on the Odyssey and Explore programs.

130 Canadian Council of Education Ministers, press release, March 8, 2005, at http://www.cmec.ca/releases/press.en.stm?id=25.

We believe that a review of teacher training should cover progress made towards implementing these recommendations. However, we believe that a review should be expanded to include:

- *Recruitment and retention of First Nation, Inuit and Métis teachers, as well as language teachers* — We are aware of concerns that First Nation schools are at a disadvantage in recruiting teachers, as salary and benefits offered, job security and working conditions are generally not on par with their counterparts in the public system. However, we also heard educators express concern that language instructors often do not receive enough support from the administration in the provincial and territorial school systems.
- *The roles that First Nation, Inuit and Métis post-secondary institutions will play in development of teachers, particularly language teachers* — We consider that the pedagogy and First Nation, Inuit and Métis post-secondary educational institutions should play a central role in training for immersion language instructors.

Recommendation No. 15: First Nation, Inuit and Métis Teacher Training

We recommend:

> **That First Nation, Inuit and Métis organizations and the Council of Ministers of Education, Canada conduct a review of progress made on First Nation, Inuit and Métis teacher and language teacher training initiatives relevant to recruitment and retention. Further, as part of this review, that the role of First Nation, Inuit and Métis post-secondary institutions in delivering language teacher training be reviewed, particularly with respect to immersion language teacher training.**

Recommendation No. 16: First Nation, Inuit and Métis Post-secondary Institutions

We recommend:

> **That the Department of Indian Affairs and Northern Development provide additional resources to First Nation, Inuit and Métis post-secondary and existing institutions to enable them to establish language teacher training programs and, more specifically, immersion language teacher training programs.**

PART VIII:
A NATIONAL LANGUAGE ORGANIZATION

What is done to the land is done to the people, and what is done to the people, is done to the land. The Creator gave us all that we need: the forest, the people, the animals; all that grows; and, most important the language – so it is imperative that we take care of it.

PART VIII: A National Language Organization

Our mandate required that we consider alternative governance and financial management structures to support language revitalization, preservation and maintenance efforts. The following section discusses how a Languages and Cultures Council (LCC) may provide leadership in the planning and administration of a long-term national strategy. We discuss how we see the vision, mission statement, mandate, organizational structure and principles of operations. We then discuss finances, and our view of an endowment fund.

When considering how a national language organization could be structured, we took into account the views of the communities, the Circle of Experts and the national organizations. We were also mindful of the unique and distinct characteristics, interests and needs of First Nation, Inuit and Métis peoples, as well as the importance of having an organization that will be accountable and transparent. We are also conscious of the further work required to develop a long-term national strategy. In particular, it is important that discussions be held with all government departments, and particularly the Department of Indian Affairs and Northern Development, as well as the provinces and territories, so that there will be a coordinated effort to protect, promote and revitalize First Nation, Inuit and Métis languages. We therefore recommend that the LCC continue the work that the Task Force was unable to complete in the timeframe given to us.

Languages and Cultures Council

Recommendation No. 17: A National Language Organization

We recommend:

> **That a permanent body of First Nation, Inuit and Métis representatives (Aboriginal Languages and Cultures Council or "LCC") be established.**

Principles

The following principles would guide the development and implementation of the LCC.

- There is equality of access by all language and community groups.
- Each region will establish priorities in consultations with linguistic communities.
- The LCC will be managed in a fiscally responsible and transparent manner, with accountability to the Canadian, First Nation, Inuit and Métis governments.
- Elders should be appropriately recognized and fairly compensated for their expertise and traditional knowledge.

First Nation, Inuit and Métis languages and cultural practices and expressions would be the foundations of the LCC national language strategy. Information created, gathered, recorded, interpreted or published by the LCC would conform to the guiding principles for respectful treatment of Indigenous and First Nation, Inuit and Métis knowledge. We recommend that the LCC adopt *Protocols and Guiding Principles for Conducting and for the Implementation of Research Using First Nation, Inuit and Métis Knowledge.*[131]

Vision

First Nation, Inuit and Métis language revitalization efforts will be child-centred, Elder focused and community-driven.

Mission Statement

Supporting and advocating for the preservation, maintenance and revitalization of our languages and cultures.

Mandate

The mandate of the LCC is to oversee the implementation and management of the national strategy for the preservation, revitalization and promotion of First Nation, Inuit and Métis languages and cultures by addressing the immediate and long-term strategic issues, priorities, resources and directions. This includes but is not limited to the following areas:

1. Establishing a program operations function that will:

   (a) distribute funds to First Nation, Inuit and Métis national organizations for the preservation, revitalization and promotion of First Nation, Inuit and Métis languages;
   (b) assist in the development of policies and strategies through research and support in preservation, revitalization and promotion efforts, including:

131 See Appendix D. The protocol is a lengthy document and not all of it has been reproduced. Appendix D is the part that pertains to the mandate of the proposed LCC and supports the discussion on traditional knowledge. The portions that have not been reproduced deal with programming issues of less relevance for present purposes.

   (i) providing technical support for a baseline study and needs assessment to be implemented by First Nation, Inuit and Métis linguistic communities,
   (ii) working in collaboration with communities, regions and national organizations to develop a long-term national strategy, and
   (iii) supporting legislative recognition of First Nation, Inuit and Métis languages by carrying out necessary research and policy development, in cooperation with the communities, regions and national organizations; and

(c) assist financially and technically in the development of regional clearing houses and communications centres for information related to the preservation, revitalization and promotion of First Nation, Inuit and Métis languages and cultures, including:

   (i) disseminating information, such as best practices, curriculum and resources,
   (ii) developing a communications strategy, including networking, public relations, newsletters, a Web site and conferences, and
   (iii) assisting and supporting the development of a national Web site database for information access and software sharing across First Nation, Inuit and Métis communities.

2. Continuing the work of the Task Force on Aboriginal Languages and Cultures, including consulting with government departments to examine effective approaches and improve coordination to maximize the impact of existing federal policies and programs directly or indirectly supporting Aboriginal languages and cultures — this would include linkages with self-government, comprehensive claims — and territorial languages agreements.

3. Consulting with provincial governments and agencies, including ministries of education, to encourage collaboration and to advance an integrated agenda on language revitalization.

4. Making recommendations to the Minister responsible and stakeholders on program planning and administration, including funding and evaluation criteria.

5. Promoting the creation of the position of a national language commissioner to take responsibility for monitoring implementation of a long-term national strategy.

Structure

The LCC would be an independent and apolitical First Nation, Inuit and Métis–controlled entity. We propose that the entity be governed by a council of representatives, with the representation as follows:

- six members representing First Nations;
- two members representing the Inuit;
- two members representing the Métis;
- one member representing an endangered language group;
- two *ex officio* Elders (one male and one female) on a rotational basis from First Nation, Inuit and Métis cultures;
- one youth on a rotational basis from First Nation, Inuit and Métis cultures; and
- one *ex officio* member appointed by the federal government.

The Council would select one of its members to act as chairperson. The chair would hold office for a period of four years and would not have a vote.

Each member of the Council (with the exception of the chair) would hold office for three years from the effective date of their appointment. Appointments would be staggered to ensure continuity and retain experience among Council members. A Council member failing, without just cause, to attend three or more meetings consecutively would be considered to have vacated the appointment. Should a Council member be unwilling or unable to complete a term, the LCC should seek an alternate appointee to serve the balance of the term.

Further planning and refinement of the governance and corporate structure would be required. The short timeframe and other limitations on the work of the Task Force, discussed earlier, prevented us from fully addressing these matters in our terms of reference. We propose that current Task Force members continue as the interim Council for one year, to take advantage of our acquired corporate memory and collective wisdom, which would expedite the planning and refinement of the LCC governance and corporate structure.

Recommendation No. 18: Establishment of the LCC

We recommend:

That current Task Force members be named as the Interim Council members and have the responsibility of establishing the LCC. The Interim Council members will act for a period of one year and carry out the following duties:

- **finalize the governance structure of the LCC;**
- **develop a three-year strategic plan;**
- **establish operations by preparing operating budgets, identifying staffing requirements and recruiting staff;**
- **negotiate transfer of Aboriginal language funds from Canadian Heritage;**
- **develop terms of reference and oversee a planning study for a language clearing house;**
- **plan and carry out the necessary research for implementation of a baseline survey and community-based language planning;**
- **seek nominations for the LCC; and**
- **shortlist candidates and provide the list to the national First Nation, Inuit and Métis organizations for final selection.**

Roles and Responsibilities of the Council

Candidates being considered for the council of representatives should possess the following qualifications:

- experienced in First Nation, Inuit or Métis language planning, programming or education;
- knowledgeable about First Nation, Inuit or Métis communities and government structures;
- experienced in non-profit governance, financial management and program administration; and
- fluent in a First Nation, Inuit or Métis language (in the case of candidates from critically endangered languages, he or she must be learning the language).

The Council would have the following roles and responsibilities:

- overseeing the development, implementation and management of the national language strategy;
- identifying and managing emerging priorities for action and implementing a plan, based on the community priorities identified in community language plans;
- developing and implementing processes for allocating funding under the strategy, based on the guidelines agreed to by the stakeholders;
- identifying and (or) developing linkages at the national, provincial or territorial, municipal and local levels to support the implementation of the national language strategy;
- identifying processes within the government to facilitate the successful implementation of the national language strategy;
- promoting languages as an integral part of Canadian and First Nation, Inuit and Métis identity;
- developing accountability frameworks to ensure program and financial accountability;
- disseminating information and communications on the implementation and performance of the national language strategy to First Nation, Inuit and Métis communities, government and the public, including through distribution of a Web-based newsletter;
- developing effective means for evaluation, based on multi-year measurement and assessment methods, aimed at the preservation, revitalization and promotion of the languages;
- sharing with the regions the responsibility for conducting evaluations;
- receiving reports from the participating organizations and providing an annual report to the First Nation, Inuit and Métis leadership and communities and Canada on funds spent, programs funded by the organization and, location, services delivered and results achieved;
- implementing a dispute resolution process; and
- establishing and implementing a conflict-of-interest policy and a code of ethics.

Accountability

It is crucial, in our view, that the LCC be committed to helping ensure successful outcomes linked to accountability measures. The ALI evaluation refers to the need for evaluative measures to assess whether projects achieve their objectives. In this regard, the "creation of more formal, measurable outcome and output measures to facilitate future evaluations" was recommended. The vast majority of projects are likely to identify either the objective of increasing fluency in speakers or of increasing the number of speakers.

We are aware of the difficulties this raises. As we discussed in "Part V — Where We Are Now," there is no agreement on what constitutes fluency. Therefore, evaluation will be difficult. We note as well that the Official Languages in Education Program, which provides an annual budget of approximately $164 million to the ministries of education, also encounters the same difficulty. A recent evaluation of this program made the following observation:

> there is not currently any tool for consistently and on a national level measuring students at the end of their core or immersion second-language program. While New Brunswick has a system for evaluating students' ability at the end of the secondary cycle, this is an exception. Most of the provinces and territories do not measure students' command of the second language when they finish their schooling.[132]

In collaboration with regions and communities, the LCC would seek to overcome these difficulties by establishing measures for determining outcomes and developing instruments for effective project evaluation. We recommend that the LCC put in place an evaluation process that, at a minimum, provides for the same standards as in the current ALI program funding agreement. A clear set of objectives and expected outcomes, with reporting mechanisms and other evaluative measures, would be developed in consultation with the communities and regions. Further, the LCC would regularly consult First Nation, Inuit and Métis communities to ensure that resources are applied and programming is directed towards assisting the achievement of language-planning objectives. As part of this process, the LCC must develop funding applications and reporting forms that both reflect and accommodate the diversity of perspectives and the needs of communities while they allow for accurate information gathering and the provision of meaningful information for community-based decision making.

Finances

In the following section we discuss funding under the ALI program and consider the level of funding required in the interim, until a long-term national strategy has been completed. We also discuss the principles that should govern long-term funding of First Nation, Inuit and Métis language programs.

Current: Aboriginal Languages Initiative

The ALI was established in 1998 in response to the commitment made by the federal government in *Gathering Strength — Canada's Aboriginal Action Plan* to preserve, protect and revitalize Aboriginal languages. The long-term goals and objectives of ALI were to increase the number of Aboriginal language speakers by expanding the domains in which First Nation, Inuit and Métis languages are spoken and increasing intergenerational language transmission.

The immediate objectives of the ALI are as follows:

- to increase the number and quality of Aboriginal language projects in Aboriginal communities;
- to increase the number of communities involved in Aboriginal language activities;
- to support the development of long-term strategies to revitalize and maintain Aboriginal languages; and
- to focus on early language learning.

Funding of $20 million ($5 million a year) was administered by the Assembly of First Nations, the Métis National Council and the Inuit Tapiriit Kanatami. Funding of First Nations is provided by way of a contribution agreement with the Assembly of First Nations, while the Métis and Inuit submit specific proposals. An evaluation of the ALI (see also Exhibit 5) reported the following:[133]

- Since most provinces (with the exception of British Columbia and Quebec) do not fund Aboriginal languages, ALI is the only source of funding available for language planning, preservation and revitalization for the vast majority of First Nation, Inuit and Métis languages.
- In light of the critical state of First Nation, Inuit and Métis languages, the amount of funding available is negligible. This is confirmed by a parallel evaluation carried out by First Nations Confederacy of Cultural Education Centres (FNCCEC), which reported that in the first year of the ALI program, Saskatchewan communities received $2,200 per year for their languages.[134]

132 Prairie Research Associates Inc., *Evaluation of the Official Languages in Education Program* (Ottawa: Department of Canadian Heritage, June 25, 2003). Available from http://www.canadianheritage.gc.ca/progs/em-cr/eval/2003/2003_09/index_e.cfm.

133 Consilium, *Evaluation of the Aboriginal Language Initiative: Final Report* (Ottawa: Department of Canadian Heritage, February 26, 2003).

134 FNCCEC Web site at www.fnccec.com.

- While the lack of baseline data and evaluative measures made it difficult to assess how well ALI was able to achieve the long-term objective of increasing the number of First Nation, Inuit and Métis language speakers, the evaluation was able to confirm that short-term objectives of increasing the number of language programs (1,200 over four years) was achieved.

Thus, while there was general agreement with how the ALI funds were being administered, concern was expressed in the following areas:

- Since funding does not reach communities until February, this means that projects must borrow funds to operate or expend funds intended for the year over a two-month period.
- Despite the fact that multi-year funding is needed to allow communities to carry out major initiatives, funding is short-term and usually project-specific.
- As discussed in the FNCCEC report and as illustrated by the funding summary in Exhibit 5, inequities exist in ALI regional allocations.
- Costs for administration, particularly by the three national organizations, should be contained so that funds not be taken up before reaching the communities.
- Funding for endangered languages should not be administered on a national basis by one organization but should be administered by the regions, which are in a better position to respond to local needs.
- French-speaking First Nations expressed concern that they were unable to receive services in French, and the committee reviewing proposals was not French-speaking.
- Urban-based Aboriginal peoples do not have adequate access to ALI funds.
- Individuals and informal groups also do not have adequate access to funds under the current administration.

Exhibit 5

ALI Funding Allocations, 1998–1999 to 2001–2002

ALI Funding Allocations ($)	**1998–1999**	**1999–2000**	**2000–2001**	**2001–2002**	**Totals**
First Nations					
Assembly of First Nations	110,250	222,000	214,500	184,500	731,250
Critical Languages	628,425	1,265,400	1,222,650	1,051,650	4,168,125
Mi'kmaw Kina'matnewey	146,632.5	295,260	285,285	245,385	972,562.5
Assembly of First Nations for New Brunswick and Prince Edward Island	146,632.5	295,260	285,285	245,385	972,562.5
Assembly of First Nations for Quebec and Labrador	146,632.5	295,260	285,285	245,385	972,562.5
Sweetgrass First Nations Language Council	146,632.5	295,260	285,285	245,385	972,562.5
Assembly of Manitoba Chiefs	146,632.5	295,260	285,285	245,385	972,562.5
Saskatchewan Indian Cultural Centre	146,632.5	295,260	285,285	245,385	972,562.5
Assembly of First Nations for Alberta	146,632.5	295,260	285,285	245,385	972,562.5
First Peoples Cultural Foundation	146,632.5	295,260	285,285	245,385	972,562.5
Council of Yukon First Nations	146,632.5	295,260	285,285	245,385	972,562.5
Dene Nation	146,632.5	295,260	285,285	245,385	972,562.5
Total ($)	**2,205,000**	**4,440,000**	**4,290,000**	**3,690,000**	**14,625,000**
Michif					
Métis National Council	60,000	57,000	55,000	47,000	219,000
Métis Nation of Saskatchewan	49,600	150,000	145,000	125,000	469,600
Métis Provincial Council of British Columbia	40,000	28,711	53,500	45,250	167,461
Métis Nation of Ontario	40,000	55,000	53,500	45,250	145,600
Métis Nation of Alberta	40,000	125,000	120,000	105,000	390,000
Manitoba Métis Federation	64,000	150,000	145,000	175,000	534,000
Total ($)	**293,600**	**565,711**	**572,000**	**542,500**	**1,973,811**
Inuktitut					
Inuit Tapiriit Kanatami	63,000	70,000	70,000	70,000	273,000
Inuvialuit Regional Corporation	63,000	158,277	152,493	129,253	503,023
Kitimeot Inuit Association	8,372	0	0	99,755	108,127
Kivalliq Inuit Association	63,000	123,018	118,506	100,460	404,984
Torngasok Cultural Centre	63,000	100,000	153,139	129,818	445,957
Avataq Cultural Institute	63,000	121,300	116,851	99,056	400,207
Qikiqtani Inuit Association	63,000	0	0	109,658	172,658
Total ($)	**386,372**	**572,595**	**610,989**	**738,000**	**2,307,956**
Canadian Heritage (Admin.)	60,000	80,000	280,000	80,000	500,000
Yearly Total ($)	**2,944,972**	**5,658,306**	**5,752,989**	**5,050,500**	
ALI Total ($)					**19,406,767**

Sources: Annual and interim ALI reports collected from Department of Canadian Heritage, Assembly of First Nations, Métis National Council and Inuit Tapiriit Kanatami; Consilium, *Evaluation of the Aboriginal Language Initiative: Final Report* (Ottawa: Canadian Heritage, February 26, 2003).

Notes: Cells in which there are zero funds indicate that the groups did not use their allocated funds for that year. The discrepancy between the funding allocation total quoted above and the original $20 million allocated is due to the lapsing of funds amounting to over $600,000 by the regional delivery organizations. The funds allocated to Canadian Heritage for the 2000–2001 year cover the cost of the program officer and the program evaluation, which the department is mandated to carry out.

Recommendations for improving the ALI program administration included:

> ALI should continue to focus on community-level projects, but also provide opportunities for regional and national projects, including language research and strategic planning at the community, regional and national level; highly innovative projects; capacity building for regional and local language personnel; and resource development.
>
> The Department of Canadian Heritage should take the lead in facilitating a national dialogue to advance Aboriginal languages revitalization. Measures should be explored to better coordinate efforts and to share information. PCH [Department of Canadian Heritage] could begin this process by sponsoring a national Aboriginal languages conference.
>
> Improvements to ALI administration and delivery should include:
>
> - multi-year funding arrangements to enable better planning;
> - ensuring that program funds are made available to Aboriginal language groups now unable to access them;
> - exploration of standardized, easy-to-use reporting systems for projects, and on-line or alternative data recording and collection systems for PCH and delivery organizations in order to facilitate application, reporting, and performance tracking;
> - creation of more formal, measurable outcome and output measures to facilitate future evaluations and greater involvement by PCH and delivery organizations in on-going project monitoring;
> - earlier distribution of program information, and targeted information to identified groups now not accessing the program;
> - web-based site not only for the dissemination of program and project information but also for the collection of program and project information into a national web-based database; and
> - research and baseline data collection on Aboriginal languages.

A program audit conducted on the performance of the ALI during the 2002–2003 fiscal year identified a number of program and financial management issues that required addressing, including:[135]

- lack of baseline data to evaluate performance and achievement of objectives;
- information provided by the service delivery agencies for decision making was frequently incomplete, late or both;
- some regional First Nation delivery agencies did not meet program requirements or encountered difficulty in coordinating projects, for example, when their own funding and resources were cut back; and
- administrative costs during 2002–2003 exceeded the 15 percent provided for in program terms and conditions, for example, the Assembly of First Nations (12.5 percent at the national level and 10 percent at the regional level) and three Métis organizations.

Further, it is our view that two areas of funding administration should be examined carefully. First, we have heard many express concern that the timing of the release of funds results in projects having only weeks to spend funds that should have been accessible throughout the year. Further, funds for critical languages were not released, thereby resulting in program surpluses. Given the serious threats to the survival of many languages, every effort must be made to correct these problems. All parties should address this on a priority basis.

Second, the regional allocations for First Nation languages do not adequately take into consideration the variations in populations and languages. A funding formula could allow a baseline or core amount for each region, with adjustments made for population and number of languages For example, right now British Columbia, which has some 32 languages in 192 communities, and Ontario, which has a large population, receive the same amount of funding as other regions with much smaller populations and fewer communities and languages.

We are confident that these issues can be addressed by working cooperatively with First Nation, Inuit and Métis organizations. We also propose guidelines and operating principles that would assist in this area. Delivery organizations have asked that reporting requirements be streamlined and that online reporting be considered. A funding formula should be developed that reflects these variations in conditions.

Interim: Over the Next Five Years

In the February 2003 Speech from the Throne, the federal government committed $172.5 million over 11 years for the preservation, revitalization and promotion of Aboriginal languages and cultures.[136]

135 Canada, Department of Canadian Heritage, *Corporate Review Branch, Program Audit of the Aboriginal Languages Initiative* (Ottawa: Canadian Heritage, October 20, 2004).

136 This figure was decreased to $160 million to allow for an allocation of $2.5 million for the Task Force on Aboriginal Languages and Cultures, and $10 million for a two-year extension to ALI.

While we recognize the importance of this commitment, we are also aware that First Nation, Inuit and Métis national organizations and community groups do not think this is enough — they are calling on government to recognize the importance of protecting and promoting their languages. Further, they insist that this recognition be supported by a significant increase in funding. We agree that increased funding for First Nation, Inuit and Métis languages is warranted and urgently needed.

Translation Services for French-Speaking First Nation, Inuit and Métis

In carrying out its mandate, the LCC must ensure that all First Nations, Inuit and Métis receive equitable treatment. This would require, in our view, a commitment to provide equivalent services to French-speaking First Nations and Métis. Concern had been expressed in the ALI evaluation that services to French speakers was not adequate and prevented full participation. We are aware that limited funding (up to $5,000 per annum) is available to community organizations through the Department of Canadian Heritage. However, these funds are not adequate, given the level of services required for all facets of program delivery and governance.[137]

Recommendation No. 19: Provision of Services to French-Language Speakers

We recommend:

> **That funding be provided under the Official Languages Support programs to enable the LCC to provide a full range of services to French language speaking First Nations, Inuit and Métis.**

Recommendation No. 20: Use of Short-Term Funding

We recommend:

> **That the existing commitment of $160 million be provided on an urgent basis to First Nation, Inuit and Métis communities for language preservation and revitalization efforts over a five-year period, rather than the proposed 10-year timeframe, taking into consideration the critical state of languages and the needs identified by the communities.**

The funding required to ensure that all First Nation, Inuit and Métis languages again take their rightful place in their communities and in the broader Canadian community is unknown. It is expected that community-based planning and needs assessments will provide information on the financial and other resources required. However, we have heard submissions from many First Nation, Inuit and Métis groups and individuals that funding of First Nation, Inuit and Métis languages should be at the same level as that provided for the French language. There are also calls to establish an endowment of at least $500 million to $750 million to assist in achieving equity in government support for languages and culture.

Endowment Fund

In keeping with our mandate, the Task Force considered the issue of an endowment fund. Two alternative structures for the financial management of such a fund were examined. Options to establish an endowment fund include incorporating a charitable organization, either as a foundation or as a public charity, or by way of a trust agreement.

In selecting an organizational structure, consideration must be given to tax consequences. It is critical that the endowment fund's income not be reduced by taxation. Generally, tax-exempt status is obtained by establishing an entity as a registered charity. Registered charities under the *Income Tax Act* include charitable organizations, public foundations and private foundations. They are distinguished from one another by the purposes or activities they are empowered or plan to undertake, with the determination being made by the Canada Revenue Agency, as part of the application and approval process.

The vast majority of registered charities in Canada have been designated as charitable organizations. For the most part, these are direct-service groups, rather than those that fund others. The technical requirements for a charitable organization are as follows:

i. It must devote all of its resources to charitable activities which it carries on itself.
ii. It must not pay any of its income to the personal benefit of an interested person.
iii. More than half of its officials must be at "arm's length," in other words, unrelated.
iv. It can not have received more than half of its capital from a single person or group, other than governments, other charitable organizations, public foundations and certain other non-profit organizations.

137 We are aware that a number of First Nations also wish to receive translation services for their own languages; however, our objective here is to provide equity in services between English- and French-speaking First Nations.

A charitable organization is prohibited from carrying on any business, other than a "related business," which is not defined. The *Income Tax Act* permits an organization to operate an essentially unrelated business so long as it is carried on by volunteers. A charitable organization must meet a "disbursement quota" test over five years, where for each year on average the amount it spends on its charitable activities plus the amount it gives to other charities is not less than 80 percent of the gifts for which it has given receipts in the previous year (subject, of course, to certain exceptions). Gifts to other charities (except those designated as associated charities) cannot exceed half of the organization's income.

Under the *Income Tax Act*, a charitable organization is permitted certain political activities, specifically those that are ancillary and incidental to its charitable activities and that do not directly or indirectly support or oppose political parties or candidates, so long as "substantially all" (interpreted by the Canada Revenue Agency to mean 90 percent or more) of its resources are devoted to its charitable activities. Political activities are included so as not to disqualify an organization with a limited amount of political activity, on the basis that it is not devoting all of its assets to charitable activity. Political activity is excluded in calculating the disbursement quota for the organization.

A public foundation must:

i. be constituted and operated exclusively for charitable purposes;
ii. be a corporation or trust;
iii. not pay any of its income to the personal benefit of an interested person;
iv. not be a charitable organization;
v. have more than half of its officials who are unrelated; and
vi. not have received more than half of its capital from a single person or group, other than governments, charitable organizations, other public foundations and certain other non-profit organizations (or 75 percent in the case of older foundations without exceptions).

Public foundations have the same restrictions on unrelated businesses as do charitable organizations and similar provisions with respect to political activities. They are also prohibited from acquiring control of any corporation and from incurring debt, except for certain purposes.

The disbursement quota rules for public foundations include the same requirement as for charitable organizations to spend 80 percent of gifts for which receipts are given. However, they are also subject to a complex formula, the effect of which is to require every foundation in each year to spend part of its capital and the gifts it has received from other charities on charitable activities and gifts to qualified donees.

Should a charitable organizational structure be used for the LCC, the ongoing requirements for maintaining status as a public or charitable organization must be considered in light of the fact that few First Nation, Inuit or Métis community organizations are currently able to meet the criteria for "qualified donee" status. They would therefore not qualify for funding. Consideration should also be given to the types of ancillary "political" activities that may be undertaken by the Council of representatives, so as to avoid any potential difficulty arising out of carrying out necessary work on behalf of First Nation, Inuit and Métis languages.[138]

Further consideration of the corporate structure to administer a language endowment would be necessary. Large sums of money would require more complex systems, whereas a smaller fund may be administered to take economies of scale into account in management and investment. In this latter case, a trust agreement may be most suitable. However, if a language organization with a mandate to establish an endowment fund was established under legislation as a Crown corporation and declared an Agent of the Crown in whole or in part for the purposes of fundraising, the issue of complying with the charitable organizations provisions of the *Income Tax Act* will not arise.[139]

We note that interest in a language endowment fund was not uniform among the First Nation, Inuit and Métis people with whom we consulted. In consultations with the national political organizations, for instance, we heard the AFN call for the establishment of a foundation that would include such an endowment fund. We also heard in community consultations that First Nations in British Columbia, Manitoba and Ontario currently operate or are planning to establish charitable organizations to support language revitalization efforts. However, we are particularly mindful that from all the consultations we heard, communities urgently need funds, now, to address the imminent loss of their languages.

In short, almost all those whom we consulted did not wish to see funds placed in an endowment. Instead, they preferred that available funds be directed immediately to

138 It is also possible to establish an organization by way of federal legislation, with designation or partial designation as an A<None>gent of the Crown.

139 Treasury Board of Canada, *Agent Status and Crown Corporations* (Ottawa: Treasury Board of Canada), at http://www.tbs-sct.gc.ca/ccpi-pise/agent_e.asp.

the important task of saving languages. Certainly, information from primary and secondary research also supports the need for immediate action.

That being said, we nonetheless believe that an endowment fund or funds can play an important role in a long-term language revitalization strategy. We therefore recommend that the LCC continue to investigate and consult with First Nation, Inuit and Métis peoples on how this may be achieved.

Given the magnitude of the task ahead, we recognize the importance of seeking assistance and support from a variety of sources, in addition to the federal government. We are aware that many First Nation, Inuit and Métis peoples have successfully forged relationships with private donors, school boards and universities, as well as with federal and provincial departments. An endowed fund would assist in generating funding other than that from government sources. We support the establishment of such a fund. However, we believe that it should be capitalized through means other than the existing commitment of funds by Canadian Heritage. Further, we believe that the Department of Indian Affairs and Northern Development, as lead department responsible for First Nations, and as their fiduciary, should play a significant role in capitalizing a First Nation fund.

Recommendation No. 21: Establishing a Language Endowment Fund

We recommend:

> **That Canada provide funding to establish an endowment fund to finance community-based language programs in perpetuity.**

Short-Term Program Delivery

We recognize that First Nation, Inuit and Métis peoples have diverse languages and cultures and that they have inherent rights strengthened by their relationship to the land and reflected historically in their treaties and nation-to-nation relationships with the Crown. We also recognize that regional program delivery structures are established facts of life and that First Nation, Inuit and Métis communities and organizations may wish to see these structures maintained.

We are also conscious that decisions about language must be made at the community level. We therefore recommend that the majority of the $160 million be decentralized to the regions. While the LCC would oversee development and implementation of the national strategy, First Nation, Inuit and Métis peoples can best determine their particular language preservation, revitalization and promotion needs. Existing First Nation, Inuit and Métis language initiative delivery mechanisms should not be displaced in the interim or in the long-term national strategy.

Recommendation No. 22: Administration of Short-Term Funding

We recommend:

> **That the majority of funds committed by Canada be decentralized to allow existing First Nation, Inuit and Métis language decision-making structures to continue with their work. The current national allocation of funding under the Aboriginal Languages Initiative, that is, 75 percent to First Nation languages, 15 percent to Inuit languages and 10 percent to Métis languages, should be maintained until a long-term national language strategy is developed and implemented within the next five years.**

The experiences and, in particular, the successful approaches of the ALI, should be incorporated into ongoing administrative planning. To address concerns raised in the ALI evaluation, we propose that the following principles form part of the criteria for regional allocations of funds:

- Regions may take up to a maximum of 10 percent of their annual budget for administration purposes.
- There may be equality of access by all languages and cultural communities, with access available to individuals and family groups, as well as to communities and language organizations.
- Local communities may be given the opportunity to designate individual local or regional organizations to deliver language programming on their behalf.
- Provision may be made for language programming for First Nation, Inuit and Métis people living away from their home communities and particular consideration should be given to urban areas with large First Nation, Inuit and Métis populations.
- Funding should be disbursed in a timely manner and provisions be made to allow communities to carry access funds for multi-year programs.
- Regional allocations must take into consideration variations in populations, number of communities and languages.

With regard to regional allocations, we are mindful of concerns expressed that the existing distribution of ALI funds does not adequately take into account significant

differences in populations and languages in the regions. We therefore recommend that funding beyond that currently available be distributed taking into account these factors.

Recommendation No. 23: Allocation of Interim Funding to First Nation Languages

We recommend:

> **That regional funding allocations for First Nation languages take into account varying populations and languages. Funding formulas should be developed which provides for base funding at the current level, with additional funding adjustments made for regions having large populations and many language communities.**

National Projects Fund

In the consultations, we heard many participants call for a coordinated approach to language revitalization efforts so that strategies and lessons learned in other regions can be applied as quickly as possible in their own areas. In our deliberations on a national strategy and the mandate of the LCC, we were conscious of the number of issues, concerns and strategies that are broader in scope than one particular region or language group. For example, many called for a national database on language education resources and a clearing house or network of regional clearing houses.

There are a number of First Nation, Inuit and Métis language organizations currently providing services; these organizations should be supported and their work should not be duplicated. We envision a virtual clearing house with a central node connecting regional custodians holding collections for their constituents. Roles of the coordinating body (the LCC) and regional custodians would be similar to those of other national and international clearing houses. For example, the international Biodiversity Information Clearing House distinguishes between the roles of the custodian of information and the coordinating body as follows:

The responsibilities of a custodian include the following:

- to define and maintain quality standards
- to organise the building of the database
- to update the dataset
- to ensure the continued integrity of the data
- to ensure appropriate access to the dataset
- to maintain documentation of the dataset
- to advise on appropriate uses of the dataset

The coordinating node will be engaged in the following as a minimum:

- managing the technology of information retrieval and exchange
- soliciting cooperation from a network of clearing houses
- managing and controlling thesauri and meta-databases
- providing advice and instruction on how to access information through the network
- negotiating custodial agreements
- drafting terms and conditions or a protocol for cooperation
- assisting with legal issues[140]

As part of initial planning for the clearing house, the LCC should examine delivery models and structures of other education and language education clearing houses, for example, the Center for Advanced Research on Language Acquisition, which is one of the U.S. Department of Education's National Language Resource Centers.

A national projects fund could also provide funding for research and analysis for the proposed language legislation and provide support for national language conferences.

Another important task involves national coordination of the baseline survey. Technical support for the baseline survey, as well as for community-based language planning and needs assessment, is required. Ongoing research and policy development is also an important function. We therefore recommend that a small portion of the interim funds be held at the national level to enable the LCC to carry out or coordinate these types of projects.

140 Ian Crain, *Biodiversity Information Clearing House: Concepts and Challenges* (Cambridge, U.K.: World Conservation Monitoring Centre), at http://www.unep-wcmc.org/resources/publications/2_clearing_house/chm.html#5.

Recommendation No. 24: National Projects Fund

We recommend:

That ten percent (10%) of the annual budget allocation from the $160-million commitment be set aside to establish a National Projects Fund to be administered by the LCC, in partnership with the national First Nation, Inuit and Métis political organizations.

Innovative Projects Fund

In our consultations, we heard many express the view that new technology and innovative approaches be applied to language education and revitalization efforts. In our view, such projects should be encouraged, and those demonstrating potential should be made known to First Nation, Inuit and Métis communities so that lessons learned may be applied as quickly as possible. Funding of national demonstration or research projects would be cost-effective, since many communities could apply best practices as they are developed. We recommend that such a fund be established to promote development, testing, evaluation and integration of new pedagogical methods.

Projects funded should be required to demonstrate excellence in planning, methodology and project administration, with proposals being vetted by specialists in the field.

While this type of program has the potential to assist in First Nation, Inuit and Métis language revitalization efforts, we recognize that funds are urgently needed in the communities to prevent further irretrievable loss of some languages. We therefore recommend that the federal government support this initiative by contributing the needed funds.

Recommendation No. 25: Innovative Projects Fund

We recommend:

That Canada provide funding to the LCC for the creation of an Innovative Projects Fund that will support innovative projects, research and the use of new technology in language education and revitalization efforts. The Innovative Projects Fund is to be established with funding separate from the $160-million dollar commitment and should reflect participation and support by all federal government ministries.

PART IX:
SUMMARY OF RECOMMENDATIONS AND CONCLUDING COMMENTS

Strive to make sure the passion is maintained and the people that think nothing is being done will think differently when they hear the children speaking.

PART IX: Thematic Summary of Recommendations and Concluding Comments

Thematic Summary of Recommendations

Language Status

Legislative Recognition, Protection and Promotion

That Canada enact legislation that recognizes, protects and promotes First Nation, Inuit and Métis languages as the First Languages of Canada. This legislation, to be developed in partnership with First Nation, Inuit and Métis peoples, must recognize the constitutional status of our languages; affirm their place as one of the foundations of First Nation, Inuit and Métis nationhood; provide financial resources for their preservation, revitalization, promotion and protection; and establish the position of First Nation, Inuit and Métis Language Commissioner. **(Recommendation 3)**

Restitution and Reconciliation

That Canada implement as soon as possible the recommendation of the Assembly of First Nations to pay a lump-sum award by way of compensation to any person who attended an Indian Residential School. Alternatively, Canada and the churches establish a restitution fund to pay a lump-sum award to any person who attended an Indian Residential School, as compensation for emotional and psychological trauma brought on by loss of connection to family and community and to language and culture. **(Recommendation 6)**

Language Planning

The Link between Languages and the Land

That First Nation, Inuit and Métis governments and the federal, provincial and territorial governments enter into government-to-government agreements or accords on natural resources, environmental sustainability and traditional knowledge. The agreements or accords should recognize the importance for First Nation, Inuit and Métis people of maintaining a close connection to the land in their traditional territories, particularly wilderness areas, heritage and spiritual or sacred sites, and should provide for their meaningful participation in stewardship, management, co-management or co-jurisdiction arrangements. **(Recommendation 1)**

Protection of Traditional Knowledge

That Canada take a more comprehensive approach to the protection, use and benefits arising from traditional knowledge under the international *Convention on Biological Diversity* and that greater recognition be accorded to First Nation, Inuit and Métis people, particularly the Elders, in the collaborative planning process under the Convention. **(Recommendation 2)**

A National Language Strategy

That a National Language Strategy be developed through community-based planning by First Nation, Inuit and Métis language communities, as well as by their regional and national representative organizations, with coordination and technical support to be provided by the proposed national language organization. **(Recommendation 7)**

Baseline Language Survey

That as the first component of a national long-term strategy, the national language organization coordinate a baseline survey of language conditions. The baseline survey will be conducted by First Nation, Inuit and Métis people as part of community-based language planning and needs assessments. Further, we recommend that funding for this work be provided separately from current commitments. **(Recommendation 8)**

Language Equity

Equitable Resources for Language Support

That Canada provide funding for First Nation, Inuit and Métis languages which is, at a minimum, at the same level as that provided for the French and English languages. **(Recommendation 4)**

Language Support from All Federal Departments

That funding for First Nation, Inuit and Métis languages not be limited to that provided by the Departments of Canadian Heritage, and Indian Affairs and Northern Development. All government departments, and particularly the Departments of Justice, Health, and Human Resources and Skills Development, need to adopt policies and provide funding sufficient to allow for delivery of services

and programs which promote First Nation, Inuit and Métis languages, in the same manner as for the French and English languages. **(Recommendation 5)**

Funding of Immersion Programs

That Canada provide additional funding for First Nation, Inuit and Métis language immersion programs, at a level equivalent to that provided for the French and English languages through the Minority-Language Education component of the Development of Official-Language Communities Program. **(Recommendation 10)**

Equitable Funding for First Nation Schools

That funding of First Nation schools by the Department of Indian Affairs and Northern Development be provided at the same level and standard as that provided to Ministries of Education through Master Tuition Agreements. **(Recommendation 12)**

Language Education

Language Teacher Training

That First Nation, Inuit and Métis organizations and the Council of Ministers of Education, Canada conduct a review of progress made on First Nation, Inuit and Métis teacher and language teacher training initiatives relevant to recruitment and retention. Further, as part of this review, that the role of First Nation, Inuit and Métis post-secondary institutions in delivering language teacher training be reviewed, particularly with respect to immersion language teacher training. **(Recommendation 15)**

First Nation, Inuit and Métis Post-secondary Institutions

That the Department of Indian Affairs and Northern Development provide additional resources to First Nation, Inuit and Métis post-secondary and existing institutions to enable them to establish language teacher training programs and, more specifically, immersion language teacher training programs. **(Recommendation 16)**

Language Education in Correctional Institutions

That the Minister of Public Safety and Emergency Preparedness and the Commissioner of Corrections use their powers under the *Corrections and Conditional Release Act* to provide federal funding for language programming and strengthen cultural programming to federally incarcerated First Nation, Inuit and Métis persons. **(Recommendation 13)**

Training Opportunities for Post-secondary Students

That Canada, and the Council of Ministers of Education, Canada establish, as part of their Action Plan on Aboriginal Education, a program to encourage First Nation, Inuit and Métis university students entering the teaching profession, particularly in language education, to become proficient in their languages by entering into master–apprentice programs or undertaking other cultural education in their communities. Specifically, that summer bursaries or employment programs be made available in the same manner as is provided for French and English youth language training programs. **(Recommendation 14)**

Funding of Immersion Programs for Youth

That Canada make available bursaries to enable First Nation, Inuit and Métis youth to attend five-week immersion courses in their languages and cultures in the same manner as is provided to French and English youth in the Second-Language Learning component of the Enhancement of Official Languages Program. **(Recommendation 11)**

Langauges and Cultures Council

A National Language Organization

That a permanent body of First Nation, Inuit and Métis representatives (Aboriginal Languages and Cultures Council or "LCC") be established. **(Recommendation 17)**

Establishment of the LCC

That current Task Force members be named as Interim Council members and have the responsibility of establishing the LCC. The Interim Council members will act for a period of one year and carry out the following duties:

- finalize the governance structure of the LCC;
- develop a three-year strategic plan;
- establish operations by preparing operating budgets, identifying staffing requirements and recruiting staff;
- negotiate transfer of Aboriginal language funds from Canadian Heritage;

- develop terms of reference and oversee a planning study for a language clearing house;
- plan and carry out the necessary research for implementation of a baseline survey and community-based language planning;
- seek nominations for the LCC; and
- shortlist candidates and provide list to national First Nation, Inuit and Métis organizations for final selection. **(Recommendation 18)**

Provision of Services to French-Language Speakers

That funding be provided under the Official Languages Support programs to enable the LCC to provide a full range of services to French-speaking First Nations, Inuit and Métis. **(Recommendation 19)**

Funding

Funding of Critically Endangered Languages

That Canada provide funding, in addition to what will be available under the current commitment, for those First Nation, Inuit and Métis communities whose languages are critically endangered, in order that they may undertake additional work to preserve their languages. **(Recommendation 9)**

Use of Short-Term Funding

That the existing commitment of $160 million be provided on an urgent basis to First Nation, Inuit and Métis communities for language preservation and revitalization efforts over a five-year period, rather than the proposed 10-year timeframe, taking into consideration the critical state of languages and the needs identified by the communities. **(Recommendation 20)**

Administration of Short-Term Funding

That the majority of funds committed by Canada be decentralized to allow existing First Nation, Inuit and Métis language decision-making structures to continue with their work. The current national allocation of funding under the Aboriginal Languages Initiative, that is, 75 percent to First Nation languages, 15 percent to Inuit languages and 10 percent to Métis languages, should be maintained until a long-term national language strategy is developed and implemented within the next five years. **(Recommendation 22)**

Establishing a Language Endowment Fund

That Canada provide funding to establish an endowment fund to finance community-based language programs in perpetuity. **(Recommendation 21)**

Allocation of Interim Funding to First Nation Languages

That regional funding allocations for First Nation languages take into account varying populations and languages. Funding formulas should be developed which provides for base funding at the current level, with additional funding adjustments made for regions having large populations and many language communities. **(Recommendation 23)**

National Projects Fund

That ten percent (10%) of the annual budget allocation from the $160-million commitment be set aside to establish a National Projects Fund to be administered by the LCC, in partnership with the national First Nation, Inuit and Métis political organizations. **(Recommendation 24)**

Innovative Projects Fund

That Canada provide funding to the LCC for the creation of an Innovative Projects Fund that will support innovative projects, research and the use of new technology in language education and revitalization efforts. The Innovative Projects Fund is to be established with funding separate from the $160-million dollar commitment and should reflect participation and support by all federal government ministries. **(Recommendation 25)**

Concluding Comments

We have now completed the findings and recommendations of the consultations process as the Task Force on Aboriginal Languages and Cultures. However, we recognize that there is much to be done in developing the Aboriginal Languages and Cultures Council structure. We view this foundational report as a new beginning, the first step of what many described as being a 100-year journey to the revitalization of our languages and cultures.

During our consultations with First Nation, Inuit and Métis, we heard many speak of the importance of rebuilding and strengthening relations so that our

languages can again take their rightful place in our homes and communities. We are also conscious of Canada's commitment to rebuild relations with Aboriginal peoples and truly bring First Nations, Inuit and Métis into the circle of confederation. We believe this report and recommendations are an important step towards achieving that goal.

We are confident, as are the First Nation, Inuit and Métis people we consulted, that our languages can be revitalized and strengthened. With the support of government and the collective will of First Nation, Inuit and Métis individuals, families and communities, we believe we can reverse the harm caused by past policies that were designed to remove our identities from us.

Canada must play an important role in language revitalization. Official language legislation, policies and enormous amounts of funding for the French and English languages over the past 40 years, ever since the Royal Commission on Bilingualism and Biculturalism tabled its report, are testimony to the role a government can take in protecting and promoting language and identity. Canadian identity is described by the Commissioner of Official Languages as a fabric woven of many threads, a joining of English and French speakers to make up Canada's social fabric. We believe it is time for Canada to recognize that Canada's linguistic heritage runs deeper than the French and English languages. It is, in fact, the oral histories, the stories of creation that explain how First Peoples came to be on this land, millennia before the French or English, and the songs and dances that speak of our connection with the land that give this fabric the unique texture and vibrancy that make it unlike any other fabric in the world. These national treasures must be protected for future generations. Therefore, we now call on Canada to recognize First Nation, Inuit and Métis languages as Canada's first languages and to provide the necessary resources for protecting, maintaining and promoting them.

We also call on First Nation, Inuit and Métis to take action to save our languages, to keep them alive and thriving for future generations. This will require commitment from all people, from the children, the youth, adults and Elders. We therefore urge communities to enter into dialogue and to identify actions and develop strategies to promote language revitalization. It will also require the support of First Nation, Inuit and Métis governments to devise policies that truly affirm language and culture as the foundation of nationhood.

It is through this kind of action that the vision expressed to us by many Elders can become a reality. By such actions, our grandchildren and their grandchildren, to the seventh generation, may truly come to know their history and their connection to the land, to their people and to the Creator. We conclude our report with the hope that it will help us, as the First Nation, Inuit and Métis people of Canada, to remain strong nations, secure in our identities for as long the sun shines, the grass grows and the river flows.

APPENDICES

When we hear teachings we hear ancient words and they should be protected and given to our children.

Appendix A: Members of the Task Force on Aboriginal Languages and Cultures

Bruce Flamont

Bruce Flamont's support for language development over the years involves curriculum development for young learners, as well as lecturing at universities, high schools and Métis functions in Saskatchewan. He is proficient in Michif. Raised by grandparents Alexandre and Marie-Adèle Flamont (born 1876) he learned of his Métis and Canadian history and culture from their perspective.

Ron Ignace

Ron Ignace is a member of the Secwepemc Nation. Elected in 1982, he was chief of the Skeetchestn Band until 2003 and served as chair of the Shuswap Tribal Council for several years. From 1997 to 2003, he was chair of the Assembly of First Nations Chiefs Committee on Languages. Between 1987 and 2002, he served as president of the Secwepemc Cultural Education Society and cochaired the Aboriginal university partnership between the Secwepemc Nation and Simon Fraser University, where he has taught courses in the Secwepemc language and First Nation studies.

Mary Jane Jim

She is "Kajit", raven/crow clan. Born, raised and educated in Yukon, her primary mentors are her grandmother Annie Ned, and parents Stella and Paddy Jim. She has always been a strong advocate of First Nation languages, culture, heritage and rights. She served as a member of the executive to the Assembly of First Nations for two terms. Prior to that, she served as a member of the executive to the Council for Yukon First Nations and the Yukon Indian Women's Association. Today, she owns and operates a consulting company, Duu Chuu Management, along with her husband Timothy Cant. She is a proud mother to Jason and Ian and grandmother to Justine, Jordana, Jurnee Winter and Giles.

Amos Key Jr.

Amos Key Jr., Turtle Clan of the Mohawk Nation, was raised in the Cayuga language. Currently, he is executive director of the First Nations Languages Department at the Woodland Cultural Centre, in Brantford. He chairs the Canadian Aboriginal Festival Pow Wow and the Canadian Aboriginal Music Awards, and is a producer at CKRZ 100.3 FM. His achievements include establishing the Gawenniyo Cayuga and Mohawk language immersion schools and private school board and the regional Sweetgrass First Nations Language Council Inc., which currently administers the Aboriginal Languages Initiative for the Ontario Region.

Helen Klengenberg

Helen Kimnik Klengenberg was born and raised on the land. Land and her language are extremely important to her; she sees all her dealings to be for the protection of the land and its resources, including its people. She has worked extensively with territorial and municipal governments, including the land claims organization, on issues of social and cultural development. Helen holds a master's degree in business administration and a bachelor of arts in political science. She presently owns and operates her own business, in Iqaluit, Nunavut.

Alexina Kublu

Alexina Kublu, a certified Inuktitut–English interpreter, has taught Inuktitut in various Nunavut communities, including the Nunavut Arctic College, and has contributed to the development of Inuktitut training materials. Her involvement with various boards and committees includes the Nunavut Kamatsiaqtut Help Line, the Nunatta Sunakkutaangit Museum, the Canadian Association for Suicide Prevention and the Akitsiraq Law School Society; she also has membership on the Canadian Interpreters and Translators Council. She is currently a senior justice of the peace for the Nunavut Justices of the Peace Program.

Rosemarie McPherson

Rosemarie McPherson received her grade 12 in Cranberry Portage and her diploma in adult education from Brandon University. Currently, she serves as a member for non-profit organizations and has assisted in the establishment of the Metis Child and Family Services system for Manitoba. Fluent in English, Michif, Saulteaux, Plains Cree and Swampy Cree, she was involved in implementing the Manitoba Métis Federation's Michif Language Program. She is currently employed by the Manitoba Department of Justice in Dauphin.

Ruth Norton

Ruth Norton is a member of the Sagkeeng First Nation in Manitoba. She is an avid believer in the importance of First Nation languages and a fluent speaker of Ojibwe and Algonquin. She obtained her master's degree in Canadian studies from Carleton University in 1994. Her background includes the development of an Aboriginal school curriculum, and she currently works with the Manitoba First Nations Education Resource Centre in the development of immersion language programs. She has 7 children, 16 grandchildren and 3 great-grandchildren.

Frank Parnell

Frank Parnell has more than 25 years of executive management experience in First Nation communities in northern British Columbia. He is the current president of the Prince Rupert Friendship Centre and is the founding chief executive officer of the Tribal Resources Investment Corporation, which provides small business loans to Aboriginal entrepreneurs. He continues to work tirelessly on various committees supporting the development of Aboriginal education, language and cultural programs in the provinces, believing that "each time an Aboriginal language dies, a piece of Canada dies."

Linda Pelly-Landrie

Linda Pelly-Landrie has more than 20 years of experience in working for First Nation governments, particularly in the field of Aboriginal languages. She is the former president of the First Nations Confederacy of Cultural Education Centres and is a former member of the Heritage Advisory Group to the Minister of Canadian Heritage. She served as president of the Saskatchewan Indian Cultural Centre from 1989 to 2004. She holds a master's degree in education and is currently completing her doctorate in education, specializing in curriculum development.

Appendix B: Circle of Experts

The following are the members of the Circle of Experts: Catharyn Andersen is the director of the Torngâsok Cultural Centre in Nain, Labrador and is completing work on a master's thesis in linguistics at Memorial University.

Marie Battiste is a Mi'kmaq educator, a professor at the University of Saskatchewan and a United Nations technical expert on guidelines for protecting indigenous knowledge and heritage.

Elizabeth Biscaye, executive director of the Native Communications Society, is also the regional Chipewyan language coordinator for the Akaitcho Territory government.

Peter Christmas is the executive director for the Mi'kmaw Association for Cultural Studies and cochair of the Culture and Heritage Committee of the Nova Scotia Tripartite Forum.

Irene Collins is director of Métis governance and intergovernmental relations with the Métis Nation of Alberta and serves as a committee member of the Michif Working Group.

Norman Edward Fleury is a Métis Elder and currently the director of the Michif Language Program of the Manitoba Metis Federation.

Mark Kalluak is a cultural and heritage advisor for the Government of Nunavut, who has received numerous awards for his dedication to literacy, language and culture.

John Medicine Horse Kelly is an associate professor of journalism and communications and director of the Centre for Indigenous Research, Culture, Learning and Education at Carleton University.

Verna Kirkness has been a pioneer in First Nation education and the cause of Aboriginal language renewal. She was the founding director of the First Nations House of Learning, at the University of British Columbia.

Carrielynn Lamouche is a Métis from Gift Lake, Alberta. She serves on the board of directors of the Aboriginal Healing Foundation and is very involved in issues affecting persons with disabilities.

Jamie Lewis is an Ojibway and a member of the Batchewana First Nation near Sault Ste. Marie. She works for the Aboriginal Healing Foundation in Ottawa, Ontario.

Alicie Nalukturuk is from Inukjuak and her first language is Inuttitut. She is a commissioner of the Kativik School Board and a freelance translator.

The Honourable Louis Tapardjuk, Sr., is from Igloolik, where he works closely with community Elders and is actively involved in the field of Inuit cultural and Inuktitut language retention. He is the Nunavut Minister of Language, Culture, Elders and Youth and Minister of Human Resources.

Judi Tutcho is fluent in North Slavey and acts as a strong advocate for the preservation and promotion of Aboriginal languages in the Northwest Territories.

Gilbert Whiteduck is director of the Kitigan Zibi Education Council and president of the First Nations Confederacy of Cultural Education Centres.

Appendix C: Elders

Steven Anavilok
Mary Avalak
Peter Avalak
Alice Hitkoak Ayalik
Rose Ballantyne
Ted Ballantyne
David Bearskin
Ellen Bearskin
Margaret Bearskin
Samuel Bearskin
Florence Carrier
Ted Chartrand
Bess Cooley
George Courchene
Julianne Courchene
Elijah Cox
Marion Cox
Alex Crowchild
Verna Demontigny
Anne Desjarlais
Cecile Desjarlais
Bruce Dumont
Lizzie Hall
Mary Hall
Percy Henry
Ollie Ittinnuar
Edith Josie
Mona Jules
Mark Kalluak
Senator Morris Kenequon
Tobasonakwut Kinew
William Lathlin
Margaret Liske
Doreen Madden
Helen Maksagak
Shirley Morven
Alice Nalukturuk
Mary Pangaman
Michel Paper
Edith Pearl Papequash
Joseph Peepabano
Mary Peepabano
Harvey Pelletier
Mervin Pelletier
Theo Sanderson
Clara Schinkel
David Shem
Hubert Skye
Shirley Williams
Margaret Workman
Grace Zoldy

Appendix D: Excerpt from *Protocols and Guiding Principles for Conducting and for the Implementation of Research Using First Nation, Inuit and Métis Knowledge*

Expected Protocol

This protocol has been adopted to ensure that, in all research sponsored by the Task Force on Aboriginal Language and Culture or involving First Nation, Inuit and Métis peoples is conducted with the appropriate respect to all cultures, languages, knowledge and values of FNIM peoples and to the standards used by FNIM peoples to validate tradition.

Such research may include populations pertaining to First Nation, Inuit and Métis people, research involving FNIM respondents, or collaborative research involving any aspect of FNIM intellectual property.

Protocols and principles for conducting research in a First Nation, Inuit or Métis context are to be addressed by the researchers who are conducting research on language and culture, whether directly or indirectly, and regardless of whether the researcher is First Nation, Inuit, Métis or non-Aboriginal. The researchers must be cognizant that First Nation, Inuit or Métis research in any context is determined by traditions of thought and the experiences of FNIM peoples, which include a way of thinking, social gatherings, stories and values specific to FNIM cultures and traditions.

Research in First Nation, Inuit and Métis studies must benefit FNIM peoples at a local level.

The outcomes of research must include results specific to the needs of the researched community.

Among the tangible benefits that a community should be able to expect from a research project is the provision of research results in a form that is useful and accessible to the community.

Ethical Considerations

The people participating will have control over the results of the research process and, as such, have the absolute right to exercise control over the information from research findings. This includes the right to exercise it, to restrict access to it or to withdraw part or all of the information from the actual research project findings.

The rights, interests and sensitivities of the people being researched are paramount and acknowledged and protected. Included is the protection of any intellectual cultural property rights pertaining to traditional medicines, ceremonies, songs, rituals and other sacred cultural traditions.

Research tools and techniques that are open, direct and transparent will be used at all times. Secret or covert work will not be acceptable or tolerated. All participants will be fully informed that they are involved in a research study prior to the study process.

The consent of the First Nation, Inuit and Métis people involved in the research will be sought and confirmed before the research commences. With regard to informed consent, the researcher will need to establish who speaks for the community and what the conditions of the informed consent will be. Appropriate institutional advice will be made available to guide the consultation process.

The aims of the research, as well as the expected outcomes of such an investigation, will be conveyed to the people involved in the research in a clear, concise and appropriate way.

The researchers will exercise the principle of honesty and will accurately represent their skills and experience to those who are asked to become involved in the research.

Researchers will not exploit informants or the information gathered from the research for personal gain or aggrandizement. Where possible and appropriate, fair return should be accorded to participants for their services, and they shall also be acknowledged in the final research output.

First Nation, Inuit and Métis values must be acknowledged and incorporated into the research design and methodology. Ways to acknowledge and incorporate these values include, but are not limited to, ensuring that:

- First Nation, Inuit and Métis values are upheld at all times;

- First Nation, Inuit and Métis people are consulted and have given clear direction on research activity before, during and after research;
- appropriate aspects of First Nation, Inuit and Métis peoples are understood, acknowledged and upheld;
- First Nation, Inuit and Métis culture is strictly upheld and observed; and
- there are no traditional protocols breached in the application of program development.

All individuals or groups involved in the research process will be given a copy of the research to ensure accountability to the First Nation, Inuit and Métis peoples.

Protection

Protection goes beyond the requirement to obtain informed consent from the participant. As a general rule, consultation should occur if First Nation, Inuit and Métis people are to be involved as participants in the project or when the research project relates to issues of importance to those FNIM people. Sharing of information on the linguistic and cultural components should involve providing guidance to researchers on what needs to be protected and how this protection will be exercised.

Participatory Approach

The terms of the research, as well as the research methodology, will be designed in consultation with the Task Force members. First Nation, Inuit and Métis people will have the right to participate in, and enjoy, the benefits that will result from research and FNIM involvement in this research. The rationale for including, or excluding, First Nation, Inuit and Métis participants in the research needs to be examined, and appropriate rationales are provided for conducting community-based research. First Nation, Inuit and Métis knowledge systems and processes must be respected. The people involved in the research will be considered as having an equal interest in the project.

Intellectual Property Rights of the Research

It will be necessary to establish ownership of the research, where the ownership of the end result of the research will reside, and how it will be shared.

Respect for First Nation, Inuit and Métis Knowledge Systems and Processes

Acknowledging and respecting First Nation, Inuit and Métis knowledge systems and processes is a matter of protocol and the traditional knowledge is a major component in the research process.

Researchers must respect the cultural property rights of First Nation, Inuit and Métis, whether it is tangible or intangible, in relation to knowledge, ideas, cultural expressions and cultural materials.

Where the knowledge of an individual or a group forms the basis of, or contributes significantly to, the research, the importance of that contribution should be reflected in the reporting process and properly cited. The ways of doing this are, but are not limited to, the following:

- recognizing the value of traditional knowledge and its contribution to the research;
- using research that has traditional qualitative experiences as its subject matter with great diligence, as ownership of information resides with persons or community;
- incorporating relevant First Nation, Inuit and Métis knowledge, learning and research processes into all stages of research, including project design and methodology;
- ensuring research design and methods protect the privacy, integrity and well-being of the participants; and
- respecting First Nation, Inuit and Métis peoples' rights to maintain the secrecy of FNIM knowledge and practices.

There must be recognition of the diversity and uniqueness of peoples, as well as of individuals.

Research in First Nation, Inuit and Métis studies must show an appreciation of the diversity of FNIM peoples, who have different languages, cultures, histories and perspectives.

Researchers should recognize the diversity of First Nation, Inuit and Métis individual groups and communities and the implications in planning, carrying out and reporting their research. Reporting on research is sensitive when dealing with traditional knowledge. Researchers must be cognizant of the following:

- When extrapolating from research, do not generalize from understandings of one First Nation, Inuit and Métis community to others or to all FNIM peoples.
- Do not apply stereotypes to communities and individuals when undertaking research.
- Identify diversity within a researched community, for example, on the basis of gender, age, religion and community interest.
- Do not presume that the view of one group represents the collective view of the community.
- Differentiate between individual, group and collective rights, responsibilities and ownership.
- Undertake research only if it does not conflict with individuals' rights, wishes or freedom.
- Respect individual rights to participate in research and in the disposal of research material.

The intellectual and cultural property rights of First Nation, Inuit and Métis peoples should be respected and preserved.

First Nation, Inuit and Métis cultural and intellectual property rights are part of the heritage that exists in the cultural practices, resources and knowledge systems of FNIM peoples and are passed on by their expression of cultural identity.

First Nation, Inuit and Métis intellectual property is not static but extends to things that may be created based on that heritage.

It is a fundamental principle of research to acknowledge the sources of information and those who have contributed to the research.

Continuing First Nation, Inuit and Métis ownership of the cultural and intellectual property rights in the materials on which the research is based should be recognized and acknowledged in the design of a research project. To respect this ownership, researchers must:

- Identify appropriate persons — traditional owners, custodians, Elders, etc. — who are responsible for the knowledge sought or the practices to be studied. They must be involved and give informed consent to the research and any resulting publications.

- Allow First Nation, Inuit and Métis owners of knowledge to determine the intellectual property that they are contributing to the research.

- Recognize that the knowledge and resources First Nation, Inuit and Métis peoples bring to the project remain their intellectual property.

- Negotiate by prior agreement joint ownership or allocation of the results of the project.

- Agree in writing on the apportionment of intellectual property rights.

- Agree about identification or otherwise of individuals involved in the research and whether those who took part in research should be acknowledged in any publication.

- Refer to informed consent and community participation, where obtained, in any research publication.

- Acknowledge the source of information obtained from First Nation, Inuit and Métis peoples (including any flora or fauna identified or studied with the assistance of FNIM peoples) in any publication or report.

- Consider whether joint authorship with community members is appropriate, that is, where the contribution has been significant.

- Show or distribute restricted material only with the express permission of those who provided the information or are responsible for it.

Traditional Guidelines for Research

Consultation involves an honest exchange of information about aims, methods and potential outcomes (for all parties). Consultation should not be considered merely an opportunity for researchers to tell the community what they, the researchers, may want:

- Being properly and fully informed about the aims and methods of a research project, its implications and potential outcomes allows groups to decide for themselves whether to oppose or to embrace the project.

- It is ethical practice in any research on First Nation, Inuit and Métis issues to include consultation with those who may be directly affected by the research or research outcomes, whether or not the research involved field work.

- Acknowledging and respecting First Nation, Inuit and Métis knowledge systems and processes is not only a matter of courtesy but also a recognition that such knowledge can make a significant contribution to the research process.

- Research must respect the cultural property rights of First Nation, Inuit and Métis peoples in relation to knowledge, ideas, cultural expressions and cultural materials.

- Research in First Nation, Inuit and Métis studies must show an appreciation of the diversity of FNIM peoples, who have different languages, cultures, histories and perspectives.

- There must be recognition of the diversity and uniqueness of peoples, as well as individuals.

- The intellectual and cultural property rights of First Nation, Inuit and Métis peoples must be respected and preserved.

- First Nation, Inuit and Métis cultural and intellectual property are part of the heritage that exists in the cultural practices, resources and knowledge systems of FNIM peoples and that are passed on by them in expressing their cultural identity.

- First Nation, Inuit and Métis intellectual property is not static but extends to things that may be created based on heritage.

- It is a fundamental principle of research to acknowledge the sources of information and those who have contributed to the research.

- First Nation, Inuit and Métis researchers, individuals and communities should be involved in research as collaborators.

- First Nation, Inuit and Métis communities and individuals have a right to be involved in any research project focused on them and their culture.

- Participants have the right to withdraw from a project at any time.

- Research on First Nation, Inuit and Métis issues should also incorporate FNIM perspectives. This is often most effectively achieved by facilitating more direct involvement in the research.

Appendix E: Speakers of Aboriginal Languages

Aboriginal Languages	Mother Tongue	Index of Continuity	Percent of Children in Linguistically Mixed Marriages	Index of Ability	Average Age of Population with: Knowledge of Aboriginal Language	Aboriginal Mother Tongue	Aboriginal Home Language	Viability Status of Language
Algonquian Family	146,635	70	34	117	30.5	30.9	28.8	Mostly viable
Cree	87,555	72	31	117	29.9	30.2	27.9	Viable large
Ojibwe	25,885	55	47	122	34.9	36.2	34.4	Viable large
Montagnais-Naskapi	9,070	94	19	104	25.1	25.2	24.8	Viable small
Mi'kmaq	7,310	72	43	111	29.5	29.9	29.2	Viable small
Oji-Cree	5,400	80	27	114	25.7	26.3	26.8	Viable small
Attikamekw	3,995	97	7	103	21.8	21.9	21.5	Viable small
Blackfoot	4,145	61	50	135	36.4	39.7	40.6	Viable small
Algonquian	2,275	58	50	119	29.8	30.7	31.4	Viable small
Malecite	655	37	83	148	40.5	44.0	44.8	Viable small
Algonquian NIE	350	40	75	159	47.2	52.2	46.7	Uncertain
Inuktitut Family	27,780	86	19	109	23.9	23.9	23.3	Viable large
Athapaskan Family	20,090	68	41	117	31.4	32.5	30.0	Mostly viable
Dene	9,000	86	28	107	24.4	24.8	24.1	Viable small
South Slave	2,620	55	45	124	35.6	37.8	38.4	Viable small
Dogrib	2,085	72	29	118	28.3	29.8	30.6	Viable small
Carrier	2,190	51	70	130	37.5	41.4	40.5	Viable small
Chipewyan	1,455	44	82	128	39.4	40.2	40.7	Viable small
Athapaskan, NIE	1,310	37	70	129	41.6	44.7	44.2	Uncertain
Chilcotin	705	65	55	130	32.2	37.0	36.9	Viable small
Kutchin-Gwich'in (Loucheux)	430	24	67	114	53.0	53.1	56.8	Endangered
North Slave (Hare)	290	60	36	116	38.3	39.1	39.8	Endangered
(Dakota) Siouan NIE	4,295	67	49	111	31.0	31.9	28.0	Viable small
Family								
Salish Family	3,200	25	79	132	42.0	48.7	47.2	Endangered
Salish NIE	1,850	24	80	130	43.0	49.7	48.5	Endangered
Shuswap	745	25	80	134	38.7	46.3	42.9	Endangered
Thompson	595	31	80	135	43.1	48.6	48.3	Endangered
Tsimshian Family	2,460	31	71	132	43.2	48.0	49.6	Mostly endangered
Gitksan	1,200	39	76	123	41.4	45.2	45.7	Viable small
Nisga'a	795	23	70	146	41.8	47.5	57.6	Endangered
Tsimshian	465	24	83	132	50.5	55.9	52.7	Endangered
Wakashan Family	1,650	27	79	118	47.3	51.3	51.1	Endangered
Wakashan	1,070	24	88	129	47.7	53.0	53.2	Endangered
Nootka	590	31	69	99	46.5	48.1	48.4	Endangered
Iroquoian Family	590	13	88	160	36.4	46.5	52.0	Uncertain
Mohawk	350	10	100	184	36.6	46.1	60.5	Uncertain
Iroquoian NIE	235	13	80	128	35.8	47.0	41.4	Uncertain
Haida Isolate	240	6	100	144	46.7	50.4	64.6	Endangered
Tlingit Isolate	145	21	100	128	45.5	49.3	41.6	Endangered
Kutenai Isolate	120	17	67	200	37.1	52.3	41.2	Endangered
Aboriginal Languages NIE	1,405	28	68	176	43.0	47.0	45.8	Endangered
Total Aboriginal Languages	208,610	70	34	117	30.4	31.0	28.3	Mix of viable and endangered

Source: Adapted from Mary Jane Norris, "Canada's Aboriginal Languages," *Canadian Social Trends* (Winter 1998), 8–16, based on the 1996 Census data.

Notes:

NIE = Not included elsewhere

The indicators — index of continuity, index of ability and average age with mother tongue and home language — are based on single and multiple responses (of mother tongue and home language) combined. The index of continuity is a ratio of the number of persons with a given home language to the number with that particular mother tongue, times 100. The index of ability is a ratio of the number of persons reporting knowledge of a given language to the number with that particular mother tongue, times 100.

The viability "status" of the individual languages is based on a classification from M. Dale Kinkade's "The Decline of Native Languages in Canada," in *Endangered Languages*, ed. by R.H. Robins and E.M. Uhlenbeck (Oxford: Berg Publishers 1991).

Data for the Iroquoian family is not particularly representative due to the significant impact of incomplete enumeration of reserves for this language family. Other languages such as those in the Algonquian family may be affected to some extent by incomplete enumeration.

Appendix F: International Conventions

The specific declarations and covenants that are of relevance for the connection between international human rights and indigenous culture and language include:

- The *Universal Declaration of Human Rights*, 1948, states the basic principle against discrimination on the grounds of language: "Article 2. Everyone is entitled to all the rights and freedoms set forth in this Declaration, without distinction of any kind, such as ... language ..."
- The rights of persons belonging to minorities are furthermore established by the 1966 *International Covenant on Civil and Political Rights* and the 1992 *Declaration on the Rights of Persons belonging to National or Ethnic, Religious and Linguistic Minorities.*
- The *International Covenant on Civil and Political Rights*, which entered into force in 1976, states that "In those states in which ethnic, religious or linguistic minorities exist, persons belonging to such minorities shall not be denied the right, in community with the other members of the group, to enjoy their own culture, to profess and practise their own religion, or to use their own language."
- The 1989 ILO *Convention 169 concerning Indigenous and Tribal Peoples in Independent Countries* states as follows:

  Article 5

  In applying the provisions of this Convention:

  (a) the social, cultural, religious and spiritual values and practices of these peoples shall be recognized and protected, and due account shall be taken of the nature of the problems which face them both as groups and as individuals;

  (b) the integrity of the values, practices and institutions of these peoples shall be respected;

  (c) policies aimed at mitigating the difficulties experienced by these peoples in facing new conditions of life and work shall be adopted, with the participation and co-operation of the peoples affected.
- Article 28 of ILO *Convention 169* requires that "children belonging to the peoples concerned shall, wherever practicable, be taught to read and write in their own indigenous language or in the language most commonly used by the group to which they belong" and that "adequate measures shall be taken to ensure that these peoples have the opportunity to attain fluency in the national language or in one of the official languages of the country." The article provides at the same time that "measures shall be taken to preserve and promote the development and practice of the indigenous languages of the peoples concerned."
- The 1989 *Convention on the Rights of the Child* sheds light on another aspect of the language issue in education. It emphasizes that language also has to be considered as an educational value. Article 29 sets up that "the education of the child shall be directed to ... the development of respect for the child's ... cultural identity, language and values."
- Article 8(j) of the 1992 *Convention on Biological Diversity* requires member states to take action to protect and preserve traditional knowledge and encourage equitable sharing of the benefits arising from the use of such knowledge and practices.
- Article 14 of the 1994 United Nations *Draft Declaration on the Rights of Indigenous Peoples* states, "Indigenous peoples have the right to revitalize, use, develop and transmit to future generations their histories, languages, oral traditions, philosophies, writing systems and literatures, and to designate and retain their own names for communities, places and persons ... States shall take effective measures, whenever any right of indigenous peoples may be threatened, to ensure this right is protected."
- The *Universal Declaration on Cultural Diversity*, adopted in 2001, recognizes the relationship between cultural and linguistic diversity and biodiversity and calls on governments to take steps to promote cultural diversity.
- Article 2 of the *Convention for the Safeguarding of the Intangible Cultural Heritage* (October 2003), at its 32nd session, defines "intangible cultural heritage" as including "(a) oral traditions and expressions, including language as a vehicle of the intangible cultural heritage; (b) performing arts; (c) social practices, rituals and festive events; (d) knowledge and practices concerning nature and the universe; (e) traditional craftsmanship."

Appendix G: Financial Commitments of the Action Plan for Official Languages

Canadian Heritage

• Education	
Targeted Funding – minority language	$ 209.0 M
Targeted Funding – second language	$ 137.0 M
Summer Language Bursary Program	$ 24.0 M
Official Language Monitor Program	$ 11.5 M
Total over five years	**$ 381.5 M**

• Support to communities	
Support to minority communities	$ 19.0 M
Intergovernmental cooperation	$ 14.5 M
Total over five years	**$ 33.5 M**

Treasury Board Secretariat

• Investing in Innovation	$ 14.0 M
Centre of Excellence	$ 12.0 M
Rebuilding Capacity (Public Service Commission)	$ 38.6 M
Total over five years	**$ 64.6 M**

Health Canada

• Support to communities	
Networking	$ 14.0 M
Training and Retention	$ 75.0 M
Primary Health Care Transition Fund (2000 Agreement on Health)	$ 30.0 M
Total over five years	**$ 119.0 M**

Human Resources [and Skills] Development Canada

• Support to communities	
Literacy	$ 7.4 M
Pilot Projects for Child Care	$ 10.8 M
Develop NGO Capacity	$ 3.8 M
Total over five years	**$ 22.0 M**

• Economic Development	
Internships	$ 7.3 M
Total over five years	**$ 7.3 M**

Industry Canada

• Economic Development	
Outreach and Counselling	$ 8.0 M
Internships	$ 2.0 M
Pilot Projects (Tele-Training and Tele-Learning)	$ 10.0 M
Francommunautés virtuelles	$ 13.0 M
Total over five years	**$ 33.0 M**

• Language Industry	
Canadian Network of Languages Industries (Coordination and Governance)	$ 5.0 M
Marketing and Branding	$ 5.0 M
Research Centre for Language Technologies	$ 10.0 M
Total over five years	**$ 20.0 M**

Justice Canada	
• Accountability and Coordination Framework	$ 2.5 M
Total over five years	**$ 2.5 M**
• Support to communities	
Legal Obligations	$ 27.0 M
Access to Justice	$ 18.5 M
Total over five years	**$ 45.5 M**
Citizenship and Immigration Canada	
• Support to communities	
Recruitment and Integration of Immigrants	$ 9.0 M
Total over five years	**$ 9.0 M**
Privy Council Office, Intergovernmental Affairs	
• Implementation of the Action Plan for Official Languages, including the accountability and coordination framework	$ 13.5 M
Total over five years	**$ 13.5 M**
Total for the Action Plan over five years	**$751.3 million**

Appendix H: Action Plan for Cultural Diversity

MAIN LINES OF AN ACTION PLAN FOR THE IMPLEMENTATION OF THE UNESCO UNIVERSAL DECLARATION ON CULTURAL DIVERSITY

The Member States commit themselves to taking appropriate steps to disseminate widely the "UNESCO Universal Declaration on Cultural Diversity" and to encourage its effective application, in particular by cooperating with a view to achieving the following objectives:

1. Deepening the international debate on questions relating to cultural diversity, particularly in respect of its links with development and its impact on policy-making, at both national and international level; taking forward notably consideration of the opportunity of an international legal instrument on cultural diversity.

2. Advancing in the definition of principles, standards and practices, on both the national and the international levels, as well as of awareness-raising modalities and patterns of cooperation, that are most conducive to the safeguarding and promotion of cultural diversity.

3. Fostering the exchange of knowledge and best practices in regard to cultural pluralism with a view to facilitating, in diversified societies, the inclusion and participation of persons and groups from varied cultural backgrounds.

4. Making further headway in understanding and clarifying the content of cultural rights as an integral part of human rights.

5. Safeguarding the linguistic heritage of humanity and giving support to expression, creation and dissemination in the greatest possible number of languages.

6. Encouraging linguistic diversity — while respecting the mother tongue — at all levels of education, wherever possible, and fostering the learning of several languages from the youngest age.

7. Promoting through education an awareness of the positive value of cultural diversity and improving to this end both curriculum design and teacher education.

8. Incorporating, where appropriate, traditional pedagogies into the education process with a view to preserving and making full use of culturally appropriate methods of communication and transmission of knowledge.

9. Encouraging "digital literacy" and ensuring greater mastery of the new information and communication technologies, which should be seen both as educational discipline and as pedagogical tools capable of enhancing the effectiveness of educational services.

10. Promoting linguistic diversity in cyberspace and encouraging universal access through the global network to all information in the public domain.

11. Countering the digital divide, in close cooperation in relevant United Nations system organizations, by fostering access by the developing countries to the new technologies, by helping them to master information technologies and by facilitating the digital dissemination of endogenous cultural products and access by those countries to the educational, cultural and scientific digital resources available worldwide.

12. Encouraging the production, safeguarding and dissemination of diversified contents in the media and global information networks and, to that end, promoting the role of public radio and television services in the development of audiovisual productions of good quality, in particular by fostering the establishment of cooperative mechanisms to facilitate their distribution.

13. Formulating policies and strategies for the preservation and enhancement of the cultural and natural heritage, notably the oral and intangible cultural heritage, and combating illicit traffic in cultural goods and services.

14. Respecting and protecting traditional knowledge, in particular that of indigenous peoples; recognizing the contribution of traditional knowledge, particularly with regard to environmental protection and the management of natural resources, and fostering synergies between modern science and local knowledge.

15. Fostering the mobility of creators, artists, researchers, scientists and intellectuals and the development of international research programmes and partnerships, while striving to preserve and enhance the creative capacity of developing countries and countries in transition.

16. Ensuring protection of copyright and related rights in the interest of the development of contemporary creativity and fair remuneration for creative work, while at the same time upholding a public right of access to culture, in accordance with Article 27 of the Universal Declaration of Human Rights.

17. Assisting in the emergence or consolidation of cultural industries in the developing countries and countries in transition and, to this end, cooperating in the development of the necessary infrastructures and skills, fostering the emergence of viable local markets, and facilitating access for the cultural products of those countries to the global market and international distribution networks.

18. Developing cultural policies, including operational support arrangements and/or appropriate regulatory frameworks, designed to promote the principles enshrined in this Declaration, in accordance with the international obligations incumbent upon each State.

19. Involving civil society closely in framing of public policies aimed at safeguarding and promoting cultural diversity.

20. Recognizing and encouraging the contribution that the private sector can make to enhancing cultural diversity and facilitating to that end the establishment of forums for dialogue between the public sector and the private sector.

The Member States recommend that the Director-General take the objectives set forth in this Action Plan into account in the implementation of UNESCO's programmes and communicate the latter to institutions of the United Nations system and to other intergovernmental and non-governmental organizations concerned with a view to enhancing the synergy of actions in favour of cultural diversity. [141]

141 [The Declaration was regarded by member states as an inadequate response to specific threats to cultural diversity in the era of globalization. For this reason, a binding standard-setting instrument on the Protection of the Diversity of Cultural Contents and Artistic Expressions is being drafted. The *Draft International Convention on the Protection of the Diversity of Cultural Contents and Artistic Expressions* (Paris: United Nations Educational, Scientific and Cultural Organization, n.d.), Resolution 32C/34, will be considered at UNESCO's next session in October 2005.

Bibliography

General

Abley, Mark. *Spoken Here: Travels Among Threatened Languages*. Boston: Houghton Mifflin, 2003.

Alexander, Merle, K. Chamundeeswari, Alphonse Kambu, et al. *The Role of Registers and Databases in the Protection of Traditional Knowledge: A Comparative Analysis*. Tokyo: United Nations University Institute of Advanced Studies, 2004. Available from http://www.ias.unu.edu [accessed May 10, 2005].

Anton, Mike. "John Peabody Harrington: The Clue to Lost Native American Languages." *OGMIOS Newsletter* 2.12(24) (Summer – August 30, 2004). Foundation for Endangered Languages, Reading, U.K. Available from www.ogmios.org/247.htm [accessed December 15, 2004].

Assembly of First Nations. *Tradition and Education: Towards a Vision of the Future*. Ottawa: AFN, 1988.

——— *Towards Linguistic Justice for First Nations*. Ottawa: AFN, 1990.

——— *Towards Rebirth of First Nations Languages*. Ottawa: AFN, 1992.

——— *National First Nations Language Strategy: A Time to Listen and the Time to Act*. Adopted by resolution of the Chiefs in Assembly, July 2000. Ottawa: AFN, 2000.

——— *Report on Canada's Dispute Resolution Plan to Compensate for Abuses in Indian Residential Schools*. Ottawa: AFN, 2004.

Assembly of First Nations Chiefs' Committee on Languages. Submission to the Task Force on Aboriginal Languages and Cultures, Canadian Heritage, Ottawa, August 25, 2004.

August, D., and E.E. Garcia. *Language Minority Education in the United States: Research, Policy and Practice*. Springfield, Ill.: Charles C. Thomas, 1988.

Ayoungman, V. "Native Language Renewal: Dispelling the Myths, Planning for the Future." *Bilingual Research Journal* 19(1): 183–87.

Battiste, Marie. "Evaluation Measures for Aboriginal Language and Culture Project: A Literature Review." Paper prepared for the Task Force on Aboriginal Languages and Cultures, Canadian Heritage, Ottawa, November 2004.

Bauman, James. *A Guide to Issues in Indian Language Retention*. Washington, D.C.: Centre for Applied Linguistics, 1980.

Brandt, E.A, and V. Ayoungman. "Language Renewal and Language Maintenance: A Practical Guide." *Canadian Journal of Native Education* 16(2) (1989): 42–77.

Brascoupé, Simon, and Karin Endemann. *Intellectual Property and Aboriginal People: A Working Paper*. Ottawa: Strategic Research and Analysis Directorate, Department of Indian Affairs and Northern Development, and Intellectual Policy Directorate, Industry Canada, 1999. Available from http://www.ainc-inac.gc.ca/ pr/ra /intpro/intpro_e.html [accessed May 10, 2005].

Brascoupé, Simon, and Howard Mann. *A Community Guide to Protecting Indigenous Knowledge*. Ottawa: Research and Analysis Directorate, Department of Indian Affairs and Northern Development, June 2001. Available from http://www.ainc-inac.gc.ca/pr/ra/ind/index1_e.html [accessed June 22, 2005].

Campbell, Tracy. "Co-management of Aboriginal Resources." *Information North* 22(1) (March 1996). Arctic Institute of North America. Available from http://arcticcircle.uconn.edu/NatResources/comanagement.html [accessed May 9, 2005].

Canada, Government of. *The Next Act: New Momentum for Canada's Linguistic Duality: The Action Plan for Official Languages*. Ottawa: Minister of Supply and Services, 2003. Available from http://www.pco-bcp.gc.ca/aia/default.asp?Language=E&Page=ActionPlan&sub=ActionPlan&doc=cover_e.htm [accessed January 12, 2005].

Canada. Auditor General. "Indian and Northern Affairs Canada — Elementary and Secondary Education." Chap. 4 in *April 2000 Report of the Auditor General of Canada* to the House of Commons. Ottawa: Ministry of Public Works and Government Services Canada, 2000. Available from http://www.oag-bvg.ca [accessed May 15, 2005].

——— "Indian and Northern Affairs — Education Program and Post Secondary Student Support." Chap. 5 in *November 2004 Report of the Auditor General of Canada* to the House of Commons. Available from http://www.oag-bvg.ca [accessed May 15, 2005].

Canada. Canadian Environmental Assessment Agency. *Considering Aboriginal Traditional Knowledge in Environmental Assessments Conducted under the* Canadian Environmental Assessment Act — *Interim Principles*. Ottawa: CEAA, 2004. Available from http://www.ceaa-acee.gc.ca/012/atk_e.htm [accessed May 9, 2005].

Canada. Canadian Heritage. "Minority-Language Education." In *Official Languages*. Ottawa: Canadian Heritage. Available from http://www.pch.gc.ca/progs/lo-ol/be/index_e.cfm [accessed February 19, 2005].

——— "Second-Language Learning." In *Official Languages*. Ottawa: Canadian Heritage. Available from http://www.pch.gc.ca/progs/lo-ol/be/index_e.cfm [accessed February 19, 2005].

——— *Traditions: National Gatherings on Indigenous Knowledge*. Ottawa: Canadian Heritage. Available from http://www.traditions.gc.ca/index_e.cfm [accessed May 3, 2005].

——— *Copyright Reform Process*. Ottawa: Canadian Heritage. Available from http://www.canadianheritage.gc.ca/progs/ac-ca/progs/pda-cpb/reform/index_e.cfm [accessed May 11, 2005].

Canada. Canadian Heritage. Corporate Review Branch. *Program Audit of the Aboriginal Languages Initiative*. Ottawa: Canadian Heritage, October 20, 2004.

Canada. Canadian Heritage. Task Force on Aboriginal Languages and Cultures. Minutes of Task Force consultations. Ottawa: Canadian Heritage, May 2004.

Canada. Correctional Service Canada. Aboriginal Initiatives Branch. *Facts and Figures: Demographic Overview of Aboriginal Offenders in Federal Corrections*. Ottawa: CSC, 1999. Available from http://www.csc-scc.gc.ca/text/prgrm/correctional/abissues/know/10_e.shtml.

Canada. Department of Indian Affairs and Northern Development. "Statement of Reconciliation." In *Gathering Strength — Canada's Aboriginal Action Plan 1998*, 4–5. Ottawa: Public Works and Government Services Canada, 1998.

——— *Basic Departmental Data 2002*. Ottawa: DIAND, March 2003.

——— *Canada–Aboriginal Peoples Roundtable Lifelong Learning Background Paper*. Ottawa: DIAND, 2004. Available from www.aboriginalroundtable.ca/sect/lrng/bckpr/goc_bgpr_e.html [accessed May 21, 2005].

Canada. Department of Indian Affairs and Northern Development. National Working Group on Education. *Final Report of the Minister's National Working Group on Education: Our Children – Keepers of the Sacred Knowledge*. Ottawa: Department of Indian Affairs and Northern Development, December 2002.

Canada. Environment Canada. *Aboriginal Traditional Knowledge and Environmental Management*. Ottawa: Environment Canada, 2002. Available from http://www.cc.gc.ca/science/sandesept02/article1_e.html [accessed May 12, 2005].

——— "Aboriginal Traditional Knowledge and Environmental Management." *Science and Environment Bulletin* (September–October 2002). Ottawa: Environment Canada. Available from http://www.ec.gc.ca/science/sandesept02/article1_e.html [accessed May 4, 2005].

Canada. Royal Commission on Aboriginal Peoples. *Bridging the Cultural Divide: A Report on Aboriginal People and Criminal Justice in Canada*. Ottawa: Minister of Supply and Services, 1996.

——— *Final Report of the Royal Commission on Aboriginal Peoples*. 5 vols. Ottawa: Supply and Services Canada, 1996.

——— *Gathering Strength: Canada's Aboriginal Action Plan 1998*. Ottawa: Public Works and Government Services Canada, 1998.

Canada. Treasury Board of Canada. *Agent Status and Crown Corporations*. Ottawa: Treasury Board of Canada. Available from http://www.tbs-sct.gc.ca/ccpi-pise/agent_e.asp [accessed May 4, 2005].

Consilium. *Evaluation of the Aboriginal Language Initiative: Final Report*. Ottawa: Canadian Heritage, February 26, 2003.

Council of Ministers of Education in Canada. "Education Ministers Adopt Three Ambitious Action Plans on Aboriginal Education, Literacy, and Postsecondary Capacity." Press release, March 8, 2005. Available from http://www.cmec.ca/releases/press.en.stm?id=25 [accessed March 15, 2005].

Crain, Ian. *Biodiversity Information Clearing House: Concepts and Challenges*. Cambridge, U.K.: World Conservation Monitoring Centre. Available from http://www.unep-wcmc.org/resources/publications/2_clearing_house/chm.html#5 [accessed May 7, 2005].

Crawford, James. *Bilingual Education: History, Policies, Theory and Practice*. Trenton, N.J.: Crane Publishing, 1989.

——— "Seven Hypotheses on Language Loss: Causes and Cures." In *Stabilizing Indigenous Languages*. Edited by G. Cantoni. Flagstaff, Ariz.: Center for Excellence in Education, Northern Arizona University, 1996. Available from http://www.ncela.gwu.edu/pubs/stabilize/ii-policy/hypotheses.htm [accessed May 10, 2005].

Crosscurrent Associates, Hay River, *Languages of the Land: A Manual for Aboriginal Language Activists*. Yellowknife, N.W.T.: Northwest Territories Literacy Council, 1999. Available from http://www.nwt.literacy.ca/aborig/land/cover.htm [accessed January 20, 2005].

Crystal, David. *Language Death*. Cambridge: Cambridge University Press, 2000.

Cummins, J. "The Role of Primary Language Development in Promoting Educational Success for Language Minority Students." In *California State Department of Education, Schooling and Language Minority Students: A Theoretical Framework*. Los Angeles, Calif.: Evaluation Dissemination and Assessment Center, California State University, 1981.

——— *Empowering Minority Students*. Sacramento, Calif.: California Association for Bilingual Education, 1989.

Cummins, J., and M. Swain. *Bilingualism in Education: Aspects of Theory, Research and Practice*. New York: Longman, 1986.

Dion, Stéphane. "Why Immersion and Second Language Education Will Be Important in Our Action Plan." Notes for an address by the Hon. Stéphane Dion, President of the Privy Council and Minister of Intergovernmental Affairs. Speech delivered at the conference Celebrating the Past, Reflecting on the Present, Cultivating the Future of CPF, Ottawa, October 18, 2002. Available from http://www.cpfnb.com/articles.

First Nations Confederacy of Cultural Education Centres. "From Grassroots to Towers: Looking Back at the Past Three Years: Preliminary Report, Aboriginal Languages Initiative." Unpublished report. Ottawa: FNCCEC, December 2002.

First Peoples' Heritage Language and Culture Council. *First Nations, Inuit and Métis' Language*. Victoria, B.C.: First People's Cultural Foundation, 2003.

Fishman, Joshua, ed. *Can Threatened Languages Be Saved? Reversing Language Shift, Revisited: A 21st Century Perspective*. Clevedon, U.K.: Multilingual Matters, 2001.

Genesee, F. *Learning Through Two Languages: Studies of Immersion and Bilingual Education*. Cambridge, Mass.: Newbury House, 1987.

Greymorning, Stephen. "Reflections on the Arapaho Language Project, or When Bambi Spoke Arapaho and Other Tales of Arapaho Language Revitalization Efforts." In *The Green Book of Language Revitalization in Practice*. Edited by Leanne Hinton and Ken Hale. San Diego: Academic Press, 2001.

Grosjean, François. *Life with Two Languages: An Introduction to Bilingualism*. Cambridge: Harvard University Press, 1982.

Hansen, Stephen, and Justin Van Fleet. *Traditional Knowledge and Intellectual Property: A Handbook on Issues and Options for Traditional Knowledge Holders in Protecting Their Intellectual Property and Maintaining Biological Diversity*. Washington, D.C.: American Association for the Advancement of Science, 2003. Available from http://www.ip.aaas.org/tekindex.nsf [accessed May 10, 2005].

Hinton, Leanne. "Sleeping Languages: Can They be Awakened?" In The *Green Book of Language Revitalization in Practice*. Edited by L. Hinton and K. Hale, 413–18. San Diego: Academic Press, 2001.

Hinton, Leanne, and Ken Hale, eds. The *Green Book of Language Revitalization in Practice*. San Diego: Academic Press, 2001.

Holm, A., and W. Holm. "Rock Point, A Navajo Way to Go to School: A Valediction." *Annals AAPSS* 508 (1990): 170–84.

Ignace, Marianne. *Handbook for Aboriginal Language Program Planning in British Columbia*. Vancouver, B.C.: First Nations Education Steering Committee, April 1998. Available from http://www.schoolnet.ca/aboriginal/fnesc/index-e.html.

——— *Heiltsuk Language Survey*. Compiled for Heiltsuk Band. Secwepemc Cultural Education Society/Simon Fraser University Program, Kamloops, B.C., March 1999.

——— *Kwadacha Band Language Survey: Fort Ware*. Compiled for Kwadacha Band and Aatse Davie School. Secwepemc Cultural Education Society/Simon Fraser University Program, Kamloops, B.C., March 1999.

Ignace, Marianne, Markey, and Associates. "Backgrounder to the Task Force on Aboriginal Languages and Cultures." Paper prepared for the Task Force on Aboriginal Languages and Cultures, Canadian Heritage, Ottawa, October 2, 2004.

Ignace, Marianne, Mercedes Hinkson, and Mona Jules. *Aboriginal Language Teacher Education in B.C.: Education and Certification Needs*. Squamish, B.C.: First Nations Education Steering Committee, Aboriginal Languages Sub-committee, 1998.

Innu Nation and Mushuau Band Council. *Gathering Voices: Finding Strength to Help Our Children*. Toronto: Douglas and McIntyre, 1995.

Inuit Tapiriit Kanatami. "Backgrounder on Inuit and Education." Background paper presented at the Life Long Learning Sectoral Follow-up Session, Winnipeg and Ottawa, November 13–14, 18–19, 2004.

Kaska Dene Council. "Traditional Knowledge: Policy and Legal Options." Presented to the World Intellectual Property Organization Intergovernmental Committee on Intellectual Property and Genetic Resources Meeting, March 17, 2004. Item 6. Document 6/4. Available from http://www.wipo.int /tk/en/igc/ngo/kdc_igc6_doc6_4.pdf.

Kinkade, M. Dale. "The Decline of Native Languages in Canada." In *Endangered Languages*. Edited by Robert H. Robins and Eugenius M. Uhlenbeck, 157–76. Oxford: Berg Publishers, 1991.

Kirkness, Verna. "The Preservation and Use of Our Languages: Respecting the Natural Order of the Creator." In *Indigenous Languages Across the Community*. Edited by Barbara Burnaby and Jon Reyhner, 17–23. Flagstaff, Ariz.: Northern Arizona University, 2002. Available from http://jan.ucc.nau.edu/ [accessed December 15, 2004].

Maffi, Luisa, ed. *On Biocultural Diversity: Linking Language, Knowledge, and the Environment*. Washington, D.C.: Smithsonian Institution Press, 2001.

Mann, Howard. Indigenous Peoples and the Use of *Intellectual Property Rights in Canada: Case Studies Related to Intellectual Property Rights and the Protection of Biodiversity*. Ottawa: Intellectual Property Policy Directorate, Corporate Governance Branch, Industry Canada, n.d.

Métis National Council. "Life Long Learning." Background paper presented at the Life Long Learning Sectoral Follow-up Session, Winnipeg and Ottawa, 13–14, 18–19 November, 2004. Available from http://www.aboriginalroundtable.ca/sect/lrng/index_e.html [accessed February 23, 2005].

Métis Nation of Alberta. Our Children and Our Languages — The Way It Was: Nutr Zaafahn pi Nutr Laang, Kaayash Aachimowyn. The 4th Michif Language Conference, Calgary, Alta., March 13–April 2, 2005.

Miller, J.R. *Skyscrapers Hide the Heavens: A History of Indian–White Relations in Canada*. Toronto: University of Toronto Press, 1989.

Murphy, Peter James. "A Comparative Analysis of International Indigenous Language Revitalization Initiatives." Paper prepared for the Task Force on Aboriginal Languages and Cultures, Canadian Heritage, Ottawa, n.d.

Murphy, Peter James, George P. Nicholas, and Marianne Ignace, eds. *Coyote U: Stories and Teachings from the Secwepemc Educational Institute*. Penticton, B.C.: Theytus Books, 1999.

Nettles, Daniel, and Suzanne Romaine. *Vanishing Voices: The Extinction of the World's Languages*. Oxford: Oxford University Press, 2000.

Norris, Mary Jane. "The Diversity and State of Aboriginal Languages in Canada." Research paper prepared for Canadian Heritage, Ottawa, n.d.

——— "Canada's Aboriginal Languages." *Canadian Social Trends* (Winter 1998), 8–16. Statistics Canada catalogue no. 11-008, Ottawa. Available from http://www.statcan.ca/english/ads/11-008-XPE/aborige.pdf [accessed June 22, 2005].

Norris, M.J., and L. Jantzen. "Aboriginal Languages in Canada's Urban Areas: Characteristics, Considerations and Implications." In *Not Strangers in These Parts: Urban Aboriginal Peoples*. Edited by David Newhouse and Evelyn Peters, 93–118. Ottawa: Canada, Policy Research Initiative, 2003.

Northwest Territories. *Response to the Final Report — Special Committee on the Review of the* Official Languages Act. Yellowknife, N.W.T.: Government of the Northwest Territories, 2003.

Northwest Territories. Department of Culture, Education and Employment. *Revitalizing, Enhancing, and Promoting Aboriginal Languages: Strategies for Supporting Aboriginal Languages*. Yellowknife, N.W.T.: Government of the Northwest Territories, 2001.

Northwest Territories Literacy Council. *Languages of the Land: A Manual for Aboriginal Language Activists*. Yellowknife, N.W.T.: 1999. Available from http://www.nwt.literacy.ca/aborig/land/cover.htm.

Nunavut. Department of Culture, Language, Elders and Youth. *Next Steps Toward Made-in-Nunavut Language Legislation*. Iqaluit, Nun.: Legislative Assembly of Nunavut, June 1, 2004.

Nunavut. Special Committee to Review the *Official Languages Act. Final Report: Fifth Session, First Legislative Assembly*. Iqaluit, Nun.: Legislative Assembly of Nunavut, December 2003. Available from http://www.assembly.nu.ca/old/english/committees/languages/final_report.pdf [accessed January 7, 2005].

Palmer, Scott. "Language of Work: The Critical Link Between Economic Change and Language Shift." In *Teaching Indigenous Languages*. Edited by Jon Reyhner, 263–86. Flagstaff, Ariz.: Northern Arizona University, 1997.

Postl, Bill. *First Nations Schools/Provincial Schools Funding Analysis: 2002/2003 School Year*. Vancouver, B.C.: First Nations Education Steering Committee, January 2004. Available from http://www.saee.ca/movingforward/supportD1.html [accessed January 5, 2005].

Prairie Research Associates, Inc. *Evaluation of the Official Languages in Education Program*. Ottawa: Department of Canadian Heritage, June 25, 2003. Available from http://www.canadianheritage.gc.ca/progs/em-cr/eval/2003/2003_09/index_e.cfm.

Reyhner, Jon. "Some Basics of Indigenous Language Revitalization." In *Revitalizing Indigenous Languages*. Edited by Jon Reyhner, Gina Cantoni, Robert N. St. Clair, and Evangeline Parsons Yazzie, v–xx. Flagstaff, Ariz.: Northern Arizona University, 1999. Available from http://jan.ucc.nau.edu/~jar/RIL_Intro.html [accessed December 15, 2004].

Romaine, Suzanne. "The Impact of Language Policy on Endangered Languages." *International Journal on Multicultural Societies* 4(2) (2002): 194–212.

Rubin, Daniel S. "Sm'algyax Language Renewal: Prospects and Options." In *Revitalizing Indigenous Languages*. Edited by Jon Reyhner, Gina Cantoni, Robert N. St. Clair, and Evangeline Parsons Yazzie, 17–32. Flagstaff, Ariz.: Northern Arizona University, 1999. Available from http://jan.ucc.nau.edu/ [accessed December 14, 2004].

Sabourin, Conrad, and Julie Bernier. *Government Responses to Language Issues: International Examples*, 43–51. Iqaluit, Nun.: Office of the Languages Commissioner of Nunavut, 2001.

Skutnabb-Kangas, Tove. "Multilingualism and the Education of Minority Children." In *Minority Education: From Shame to Struggle*. Edited by T. Skutnabb-Kangas and J. Cummins, 9–44. Philadelphia, Penn.: Multilingual Matters, Ltd., 1988.

——— "Promotion of Linguistic Tolerance and Development." In *Towards a Language Agenda: Futurist Outlook on the United Nations*. Edited by S. Léger, 579–629. Ottawa: Canadian Centre for Linguistic Rights, University of Ottawa, 1996.

Skutnabb-Kangas, Tove, Luisa Maffi, and David Harmon. *Sharing a World of Difference: The Earth's Linguistic Cultural and Biological Diversity*. United Nations Educational, Scientific and Cultural Organization, Terralingua, and World Wide Fund for Nature, 2003. Available from http://www.terralingua.org/RecPublications.htm [accessed May 9, 2005].

Taehowenhs [Amos Key Jr.] "History of Cayuga and Mohawk Language Immersion." Presentation at the Sweetgrass First Nations Languages Council Inc. Raising Our Voices Language Conference, Woodlands Cultural Centre, Brantford, Ont., October 21–22, 2004.

Tapardjuk, Louis. "Nunavut Minister." Interview by Anna Maria Tremonti with Minister Louis Tapardjuk, Nunavut Minister of Culture, Language, Elders and Youth. *The Current*. Toronto: CBC Radio, 28 February 2005. Available from http://www.cbc.ca/thecurrent/2005/200502/20050228.html.

Taylor, D.M. "Carving a New Inuit Identity: The Role of Language in the Education of Inuit Children in Arctic Quebec." Paper presented at the Circumpolar Education Conference, Umea, Sweden, June 1990.

Taylor, Donald, Stephen Wright, et al., "Kativik Initiated Research: The Basis for Informed Decision Making." Nunavik, Quebec: Kativik School Board, 2001. Available from http://www.kativik.qc.ca/downloads/KSBIR_e.pdf.

Terriplan Consultants in association with Martin Spigelman Research. *Canada–NWT Cooperation Agreement for French and Aboriginal Languages in the Northwest Territories: Final Evaluation Report*. Yellowknife, N.W.T.: Government of the Northwest Territories, Department of Education, Culture and Employment, and Canadian Heritage, March 2004. Available from http://www.ece.gov.nt.ca/Divisions/culture_heritage/indexcult.htm [accessed March 21, 2005].

Thom, Brian, and Don Bain. *Aboriginal Intangible Property in Canada: An Ethnographic Review*. Ottawa: Industry Canada, November 10, 2004. Available from http://strategis.ic.gc.ca/epic/Internet/inippd-dppi.nsf/en/ip01200e.html [accessed May 9, 2005].

United Nations Educational, Scientific and Cultural Organization. *UNESCO Universal Declaration on Cultural Diversity*. Adopted by the 31st Session of the General Conference of UNESCO, Paris, November 2, 2001.

——— *Education in a Multilingual World*. Paris: UNESCO, 2003. Available from www.unesco.org/education [accessed May 10, 2005].

——— *Draft International Convention on the Protection of the Diversity of Cultural Contents and Artistic Expressions*. Paris: UNESCO, July 2004. Resolution 32C/34. Available from www.cptech.org/unesco/.

United Nations Educational, Scientific and Cultural Organization. Intangible Cultural Heritage Section. Ad Hoc Expert Group on Endangered Languages. *Language Vitality and Endangerment*. Approved March 31, 2003 by the participants of the International Expert Meeting on the UNESCO Programme Safeguarding Endangered Language, Paris, March 10–12, 2003. Available from http://portal.unesco.org/culture/en/file_download.php/4794680ecb5664addb9af1234a4a1839Language+Vitality+and+Endangerment.pdf [accessed June 19, 2005].

United Nations Environment Programme. Secretariat of the *Convention on Biological Diversity*. Convention on Biological Diversity. New York: UNEP, 1992. Available from http://www.biodiv.org/convention/default.shtml [accessed May 9, 2005].

Western Canadian Protocol for Collaboration in Basic Education. *The Common Curriculum Framework for Aboriginal Language and Culture Programs: Kindergarten to Grade 12*. Edmonton, Alta: Minister of Learning, Alberta; the Minister of Education, British Columbia; the Minister of Education and Training, Manitoba; the Minister of Education, Yukon Territory; the Minister of Education, Northwest Territories; and the Minister of Education, Saskatchewan, June 2000. Available from http://www.wncp.ca [accessed May 10, 2005].

World Intellectual Property Organization. *Intellectual Property and Traditional Knowledge*. Geneva, Switzerland: WIPO. WIPO Publication No. 920(E). Available from http://www.wipo.int/tk/en/tk/index.html [accessed May 10, 2005].

World Wildlife Fund. *Conservation Science: Global 200 Ecoregions*. Washington, D.C.: WWF. Available from http://www.worldwildlife.org/science/ecoregions/g200.cfm [accessed May 9, 2005].

Wright, Sue. *Language Policy and Language Planning: From Nationalism to Globalisation*. London and New York: Palgrave, 2004.

Yukon, First Nations Relations/Aboriginal Language Service. "We Are Our Language. Sharing the Gift of Language: Profile of Yukon First Nation Languages," Yukon First Nations Relations/ Aboriginal Language Services, 2004. Available from http://www.gov.yk.ca/depts/eco/abservices.html [accessed May 10, 2005].

Legal

An Act providing for the organization of the Department of the Secretary of State of Canada and for the management of Indian and Ordnance Lands, S.C. 1868.

Baker Lake v. Minister of Indian Affairs and Northern Development [1979] 1 F.C. 487.

Beverly and Qamanirjuaq Barren Ground Caribou Management Agreement, April 1, 2002. Agreement between the governments of Canada, Manitoba, Saskatchewan, Northwest Territories and Nunavut. Available from www.arctic-caribou.com/ PDF/ManagmtAgreement.pdf [accessed May 9, 2005].

Delgamuukw v. British Columbia [1998] 1 C.N.L.R. 14.

Indian Act, S.C. 1951.

Law Introducing a Protection Regime for the Collective Knowledge of Indigenous People Derived from Biological Resources (in Spanish). *El Peruano* (August 10, 2002). Peru – Law No. 27811. Available from http://www.grain.org/brl/?docid=81&lawid=2041 [accessed May 11, 2005].

Regina v. Powley [2003] 4 C.N.L.R. 321.

Regina v. Sioui [1990] 3 C.N.L.R. 127.

Regina v. Sparrow [1990] 1 S.C.R. 1075.

Regina v. Van der Peet [1996] 4 C.N.L.R. 177.

Royal Proclamation of 1763, R.S.C. 1985.